COORDENADORES

Fernanda Schaefer

Frederico Glitz

20
22

TELE**MEDICINA**

DESAFIOS ÉTICOS E REGULATÓRIOS

Adriano Marteleto **Godinho** • Amanda de Meirelles **Belliard** • Antônio Carlos **Efing** • Eduardo **Dantas** • Fernanda **Schaefer** • Filipe **Medon** • Frederico **Glitz** • Gabriel **Schulman** • Igor de Lucena **Mascarenhas** • João Pedro **Gebran Neto** • José Luiz de Moura **Faleiros Júnior** • Karin Cristina Bório **Mancia** • Luciana **Dadalto** • Rafaella **Nogaroli** • Renan **Sequeira** • Rudi **Roman** • Silvio **Guidi** • Taíssa **Barreira**

Dados Internacionais de Catalogação na Publicação (CIP) de acordo com ISBD

T268
    Telemedicina: desafios éticos e regulatórios / Adriano Marteleto Godinho ... [et al.] ; coordenado por Fernanda Schaefer, Frederico Glitz. - Indaiatuba, SP : Editora Foco, 2022.

    232 p. ; 17cm x 24cm.

    Inclui bibliografia e índice.

    ISBN: 978-65-5515-494-8

    1. Direito. 2. Direito médico. 3. Telemedicina. I. Godinho, Adriano Marteleto. II. Belliard, Amanda de Meirelles. III. Efing, Antônio Carlos. IV. Dantas, Eduardo. V. Schaefer, Fernanda. VI. Medon, Filipe. VII. Glitz, Frederico E. Z. VIII. Schulman, Gabriel. IX. Mascarenhas, Igor de Lucena. X. Gebran Neto, João Pedro. XI. Faleiros Júnior, José Luiz de Moura. XII. Mancia, Karin Cristina Bório. XIII. Dadalto, Luciana. XIV. Nogaroli, Rafaella. XV. Sequeira, Renan. XVI. Roman, Rudi. XVII. Guidi, Silvio. XVIII. Barreira, Taíssa. XIX. Título.

2022-815   CDD 614.1   CDU 340.6

Elaborado por Vagner Rodolfo da Silva - CRB-8/9410
Índices para Catálogo Sistemático:
1. Direito privado 614.1   2. Direito privado 340.6

COORDENADORES

**Fernanda
Schaefer
Frederico
Glitz**

TELEMEDICINA
DESAFIOS ÉTICOS E REGULATÓRIOS

Adriano Marteleto **Godinho** • Amanda de Meirelles **Belliard** • Antônio Carlos **Efing** • Eduardo **Dantas** • Fernanda **Schaefer** • Filipe **Medon** • Frederico **Glitz** • Gabriel **Schulman** • Igor de Lucena **Mascarenhas** • João Pedro **Gebran Neto** • José Luiz de Moura **Faleiros Júnior** • Karin Cristina Bório **Mancia** • Luciana **Dadalto** • Rafaella **Nogaroli** • Renan **Sequeira** • Rudi **Roman** • Silvio **Guidi** • Taíssa **Barreira**

2022 © Editora Foco

Coordenadores: Fernanda Schaefer e Frederico Glitz
Autores: Adriano Marteleto Godinho, Amanda de Meirelles Belliard, Antônio Carlos Efing, Eduardo Dantas, Fernanda Schaefer, Filipe Medon, Frederico Glitz, Gabriel Schulman, Igor de Lucena Mascarenhas, João Pedro Gebran Neto, José Luiz de Moura Faleiros Júnior, Karin Cristina Bório Mancia, Luciana Dadalto, Rafaella Nogaroli, Renan Sequeira, Rudi Roman, Silvio Guidi e Taíssa Barreira
Diretor Acadêmico: Leonardo Pereira
Editor: Roberta Densa
Assistente Editorial: Paula Morishita
Revisora Sênior: Georgia Renata Dias
Revisora: Simone Dias
Capa Criação: Leonardo Hermano
Diagramação: Ladislau Lima e Aparecida Lima
Impressão miolo e capa: FORMA CERTA

DIREITOS AUTORAIS: É proibida a reprodução parcial ou total desta publicação, por qualquer forma ou meio, sem a prévia autorização da Editora FOCO, com exceção do teor das questões de concursos públicos que, por serem atos oficiais, não são protegidas como Direitos Autorais, na forma do Artigo 8º, IV, da Lei 9.610/1998. Referida vedação se estende às características gráficas da obra e sua editoração. A punição para a violação dos Direitos Autorais é crime previsto no Artigo 184 do Código Penal e as sanções civis às violações dos Direitos Autorais estão previstas nos Artigos 101 a 110 da Lei 9.610/1998. Os comentários das questões são de responsabilidade dos autores.

NOTAS DA EDITORA:

Atualizações e erratas: A presente obra é vendida como está, atualizada até a data do seu fechamento, informação que consta na página II do livro. Havendo a publicação de legislação de suma relevância, a editora, de forma discricionária, se empenhará em disponibilizar atualização futura.

Erratas: A Editora se compromete a disponibilizar no site www.editorafoco.com.br, na seção Atualizações, eventuais erratas por razões de erros técnicos ou de conteúdo. Solicitamos, outrossim, que o leitor faça a gentileza de colaborar com a perfeição da obra, comunicando eventual erro encontrado por meio de mensagem para contato@editorafoco.com.br. O acesso será disponibilizado durante a vigência da edição da obra.

Impresso no Brasil (04.2022) – Data de Fechamento (04.2022)

2022
Todos os direitos reservados à
Editora Foco Jurídico Ltda.
Avenida Itororó, 348 – Sala 05 – Cidade Nova
CEP 13334-050 – Indaiatuba – SP
E-mail: contato@editorafoco.com.br
www.editorafoco.com.br

PREFÁCIO

Fernanda Schaefer e Frederico Glitz reuniram um time de craques para tratar de um tema que está (ou deveria estar) na ordem do dia: a telemedicina. O uso da tecnologia na saúde altera a prática médica em todo o mundo e, incrementada pela necessidade de combate a pandemia COVID, a telemedicina fatalmente vai dar seu *frog jump*. Do uso emergencial logo estaremos no seu uso corriqueiro, duradouro, permanente (o que já vem acontecendo, às vezes imperceptivelmente: me ocorre o exemplo do *Telessaúde Brasil Redes* e suas estratégias de teleconsultorias e telediagnósticos, entre outras aplicações ligadas à saúde digital). Doravante, diagnósticos e tratamentos médicos não serão mais – pelo menos em boa parte – presenciais. A telemedicina será a medicina.

A regulação da telemedicina tem se dado por intermédio de normas infralegais, notadamente por resoluções do Conselho Federal de Medicina (CFM). No plano legal, temos apenas a Lei nº 13.989/2020, que trata do uso emergencial dela nos tempos da pandemia. Aliás, pouca gente atentou, mas a lei foi vetada em dois dispositivos: o parágrafo único do art. 2º (que reconhecia validade às receitas médicas em suporte digital) e o art. 6º que remetia a regulação da telemedicina, para depois da pandemia, ao CFM. O Congresso derrubou ambos os vetos. E isso revela que o CFM reassume o protagonismo no assunto. Convém, entanto, não esquecer o princípio da legalidade, ainda atuante e fundamental em nossa ordem jurídica. Como resolver esse imbróglio?

Não que o CFM não faça sua parte, e talvez o faça bem. Recolho, aleatoriamente, algumas normativas que tratam do assunto, direta ou indiretamente: a Resolução 2.299/2021 normatiza a emissão de documentos médicos eletrônicos; a Resolução 1.643/2002 define e disciplina a prestação de serviços através da telemedicina (a definição ali dada é: o exercício da Medicina através da utilização de metodologias interativas de comunicação audiovisual e de dados, com o objetivo de assistência, educação e pesquisa em saúde); e a Resolução 1.821/2007 trata da digitalização e uso dos sistemas informatizados para a guarda e manuseio dos documentos dos prontuários dos pacientes.

Mas o busílis da regulação é bem revelado no próprio Código de Ética Médica (Resolução 2.217/2019): enquanto o art. 37 diz que é vedado ao médico prescrever tratamento e outros procedimentos sem exame direto do paciente (salvo em casos de urgência ou emergência e impossibilidade comprovada de realizá-lo, devendo, nesse caso, fazê-lo imediatamente depois de cessado o impedimento), o art. 32 veda ao médico deixar de usar todos os meios disponíveis de promoção de saúde e de prevenção, diagnóstico e tratamento de doenças, cientificamente reconhecidos e a seu alcance, em favor do paciente. É bem verdade que o próprio Código de Ética diz, no § 1º do art. 37, que o atendimento médico a distância, nos moldes da telemedicina ou de outro método, dar-se-á sob regulamentação do CFM. Ora pois, é necessário regular.

Aqui entra a doutrina, esse elemento formador e informador da construção das realidades jurídicas e que não pode ser desconsiderado. Forjada na experiência diária, no estudo dedicado, na reflexão crítica, a doutrina cumpre seu papel definindo conceitos, estabelecendo categorias, conformando pensares. Enfim, fazendo aquilo que a regulação da telemedicina precisa para se criar e crescer em solo forte e adequado.

Volto então ao time de craques que os dois organizadores (eles craques eles também) deste *Telemedicina*: desafios éticos e regulatórios reuniram. Cada um deles um ás do Direito, estes bambambãs entram em campo para jogar o jogo bom, o jogo limpo, o jogo de quem se preocupa com a saúde das pessoas com as pessoas e suas saúdes. Com seus talentos e habilidades, contribuem para bem entender o tema e colocam o bom Direito à disposição do legislador.

Mas o jogo não acaba tão cedo. Muito há que se pensar e refletir, rumo a uma boa regulação da telemedicina. Me incomodam alguns problemas: a saúde privada e a saúde pública na telemedicina, a eventual queda na qualidade na atenção à saúde, a ética no exercício profissional, a privacidade dos atendidos e a proteção de seus dados, a necessidade de uma estratégia global de uso da telemedicina e os obstáculos tecnológicos nos lugares e países mais pobres e por aí afora. São outras partidas, e outros jogos. Mas o time está formado e pronto para enfrentar, com galhardia e precisão, todos esses problemas (e tantos quantos se apresentem). Outros notáveis serão convocados, e o time – que já é campeão – só vai melhorar (o leitor atento já vai adivinhando: sugiro desde já um segundo volume e outros mais).

Falo isso porque tenho certeza que as comunidades jurídica e médica estão atentas a esse livro e aos estudos que, dele tirados, virão logo em seguida. O legislador também saberá aproveitar a refinada produção doutrinária aqui posta.

Parabéns Fernanda, Frederico e todo o time: com essa jogada sensacional, vocês marcaram um golaço.

Eroulths Cortiano Júnior

Doutorado em Direito pela Universidade Federal do Paraná (2001). Professor Associado (graduação, mestrado e doutorado) da Universidade Federal do Paraná. Pós-doutorado em Direito pela *Università degli Studi di Torino*.

APRESENTAÇÃO

A Telemática (*tele*comunicação + infor*mática*) em Saúde caracteriza-se pela aplicação conjugada dos meios de telecomunicação e informática às atividades sanitárias destinadas à promoção, à prevenção e à cura, individual ou coletiva e que permitem diversas formas de comunicação entre profissionais de saúde ou entre esses e seus pacientes, distantes fisicamente.

Nota-se em diversos documentos (nacionais e internacionais) uma confusão conceitual que acaba denominando Telemedicina toda e qualquer prática médica realizada a distância. No entanto, não se pode confundir a espécie Telemedicina com o gênero Telemática em Saúde. Ensina Daniel Sigulem[1] que "genericamente a Telemática (telecomunicação + informática) em Saúde é a utilização dos serviços de saúde a distância, para promover a saúde global, educar e controlar doenças. Dependendo da finalidade são também utilizados o termo Telessaúde (*Telehealth*), quando a telemática está orientada para o campo da gestão da Saúde Pública e, com maior frequência, Telemedicina (*Telemedicine*), quando orientada aos aspectos clínicos".

Como não há um conceito uniforme, buscando sistematizar o assunto, a presente obra adotará o entendimento amplo e geral de que a Medicina a distância é o exercício da Medicina combinada com recursos avançados de informática e telecomunicações (Telemática em Saúde) que possibilitam o diagnóstico, o tratamento e a acompanhamento de pacientes distantes fisicamente dos médicos, bem como, permitem a educação, o controle epidemiológico, a coleta de dados e a troca de informações entre agentes de saúde e médicos, entre outras inúmeras utilidades. A Telemática em Saúde varia, portanto, com relação às suas finalidades: Telemedicina e Telessaúde.

A *Telessaúde* engloba todas as ações de Medicina a distância voltadas à prevenção de doenças (Medicina preventiva), educação e coleta de dados sanitários. São, portanto, direcionadas a uma coletividade, a políticas de saúde pública e à disseminação do conhecimento. Os procedimentos mais utilizados pelas redes de Telessaúde são: teledidática; telefonia social; comunidades; bibliotecas virtuais e videoconferências; aplicativos didáticos para *smartphones*; e mais recente o uso de inteligência artificial (*machine learning*).

A *Telemedicina* abarca toda a prática médica a distância voltada para o tratamento e diagnóstico de pacientes individualizados (identificados ou identificáveis), que utiliza sistemas que coletam, armazenam, processam, recuperam e comunicam dados sobre os pacientes. Os procedimentos mais utilizados pelas redes de Tele-

---

1. SIGULEM, D. *Telemedicina*: uma nova forma de assistência em saúde. Disponível em: http://www.cibersaude.com.br. Acesso em: 29 out. 2002.

medicina são: a teleconsulta, a teleinterconsulta, o telediagnóstico, a telecirurgia, a teletriagem, o telemonitoramento, a teleorientação e teleconsultoria (revogada Resolução 2.227/2018); teleatendimento; telepatologia; telerradiologia (Resolução 2.107/2014, CFM); telemonitoramento ou televigilância (*homecare*); telediagnóstico; teleconferência; telecirurgia; teleterapia; sistemas de apoio à decisão; aplicativos de atendimento para *smartphones*.

A Telemedicina há muitos anos se apresenta como uma grande e revolucionária promessa da Medicina, mas, no Brasil, encontrava muita resistência até o advento da pandemia da Covid-19. O novo vírus impôs medidas restritivas que incluíam a necessidade de menor circulação de pessoas. A fim de dar continuidade aos serviços de saúde e aproximar médicos e pacientes a Lei n. 13.989/20, autorizou, em caráter excepcional e genericamente o uso da telemedicina, sem delimitar em quais modalidades.

Quase dois anos se passaram da declaração do estado de emergência sanitária de importância internacional (Lei 13.979/20) e, ao que tudo indica, a telemedicina veio para ficar, ampliando seus espaços e sua aceitação, mas, igualmente, impondo uma nova série de desafios a serem enfrentados. Diante da nova realidade, a presente obra tem por principal objetivo sistematizar o assunto, cuidando de sua necessária fidelidade conceitual e análise crítica das suas mais variadas aplicações e técnicas.

Partindo de uma breve nota histórica sobre o desenvolvimento da telemedicina, Fernanda Schaefer discorre sobre a necessidade de se padronizar o uso das expressões telemedicina e telessaúde para evitar inseguranças jurídicas e equívocos legislativos. No artigo de abertura da obra *Telemedicina*: conceituar é preciso a autora, em um esforço dogmático importante, tenta conciliar conceitos técnicos a fim de permitir a compreensão das diferenças e das modalidades da prática médica a distância, propondo o uso rigoroso da distinção nas normas que versarem sobre o tema.

A Telemedicina não é só uma promessa do setor privado, mas também se apresenta como proposta no Sistema Único de Saúde (SUS). Esse é o tema do artigo *Telemedicina no Sistema Único de Saúde*, de João Pedro Gebran Neto e Rudi Roman. Segundo os autores, os primeiros passos para implementação dessa espécie telemática no sistema público foram dados em 2005 pelo Ministério da Saúde quando criou o Projeto Piloto de Telemática e Telemedicina em Apoio à Atenção Primária à Saúde, com o objetivo inicial de aperfeiçoar a qualidade do atendimento e ampliar a capacitação profissional. Em 2007 a iniciativa foi vinculada ao Programa Nacional de Telessaúde que mantinha o seu foco na ampliação das ações de capacitação profissional. Desde então, o programa tem se expandido, inclusive quanto aos seus objetivos. No entanto, embora ao longo dos anos o programa tenha sido ampliado, ganhando papel destacado durante a pandemia de Covid-19, ainda não goza do *status* de política pública de saúde, o que lhes traz diversas dificuldades operacionais, inclusive quanto ao seu regular financiamento. Para os autores é necessário reconhecer a telemedicina como um instrumento de otimização de recursos financeiros e que possibilita o acesso a ações e serviços de saúde nos mais distantes rincões do país sendo, portanto, necessário transformá-la em política pública. Após apresentar vários conceitos fundamentais de modalidades de telemedicina e afirmar que os termos devem ser pensados a partir dos fins que representam, o artigo encerra apresentando a necessidade da associação da telemedicina com o prontuário eletrônico para fortalecer a Atenção Primária à Saúde e impedir agravos de saúde que encareçam e desestruturam o SUS.

Adriano Marteleto Godinho e Igor de Lucena Mascarenhas apresentam a *Telemedicina e o Processo de Consentimento Informado do Paciente*. O artigo propõe debate sobre a obtenção do consentimento do paciente para o uso da telemedicina à luz do princípio bioético da autonomia e do direito à autodeterminação, garantidores do direito de escolha de tratamentos que se deseja ou não receber. Após explicar o processo tradicional de obtenção do consentimento do paciente, os autores advertem que o método de consentimento em telemedicina não pode ser o mesmo. Destacam que o médico deve informar que a telemedicina não é um meio 100% ideal para todos os casos, devendo comunicar os riscos do exercício da Medicina a distância, as medidas adotadas para mitigar esses riscos, os detalhes do procedimento médico em si, a realização do tratamento de dados e as formas preservação do sigilo.

Dando continuidade às especificidades do consentimento esclarecido do paciente, Rafaella Nogaroli apresenta a discussão *Responsabilidade Civil Médica e Consentimento do Paciente nas Cirurgias Robóticas Realizadas à Distância (Telecirurgias)*. Após traçar preciso panorama dos benefícios e dos riscos das cirurgias robóticas, a autora passa a analisar a responsabilidade civil do médico que realiza telecirurgia destacando a necessidade de se avaliar tanto a atuação do profissional durante o ato médico, quanto o desempenho do robô e seu estado de conservação e esterilização. Quanto ao consentimento do paciente o artigo destaca a necessidade de esclarecimento também quantos aos riscos e benefícios da própria tecnologia, devendo explicar quais as (des)vantagens da cirurgia robótica em face do procedimento tradicional e qual é a experiência do médico e de sua equipe com a tecnologia que será empregada.

Antônio Carlos Efing e Amanda de Meirelles Belliard, no artigo *Prestação Contratual On-line e suas Interfaces Consumeristas na Telemedicina*, analisam os impactos de adoção de sistemas digitais para a prestação de serviços de saúde em relações estabelecidas entre consumidor (paciente) e fornecedor (médico ou estabelecimento de saúde), discorrendo sobre a preocupação com a coleta, armazenamento e tratamento de dados e a tutela dos consumidores, bem como, a necessidade de solidificação de tutela legal que atenda às peculiaridades da telemedicina e suas repercussões.

Gabriel Schulman apresenta estudo sobre a *Cobertura da Telemedicina na Saúde Suplementar: Controvérsias e Perspectivas*. Após discorrer sobre o crescimento dos atendimentos realizados por telemedicina a partir do advento da pandemia de Covid-19, em 2020, o autor passa a analisar a cobertura da telemedicina na saúde suplementar brasileira, destacando a fragilidade do marco legal e como a jurisprudência vem cuidando do assunto. O interessante levantamento jurisprudencial realizado nos tribunais brasileiros, permitiu ao autor concluir que a oferta de teleatendimento é um dever das operadoras de saúde, ressaltando-se, no entanto, que dos julgados analisados não há aprofundamento em questões importantes como as inerentes à responsabilidade civil, proteção de dados e questões contratuais.

Telemedicina e as Healthtechs: avanços, perspectivas e desafios do setor, escrito por Karin Cristina Bório Mancia, aborda desenvolvimento expressivo das *healthtechs* nos últimos anos e quais são as promessas e os impactos desse mercado no oferecimento de serviços de saúde. Após contextualização da regulamentação brasileira sobre telemedicina, a autora apresenta o cenário do uso de diferentes tecnologias para o atendimento de pacientes durante a pandemia e como as *healthtechs* estão investindo nessa área, otimizando ações e produtos e democratizando o acesso. Ao final, destaca a necessidade de um desenho jurídico plural que reconheça a importância do setor, mas que também garanta segurança ao usuário desses serviços.

Frederico E. Z. Glitz, no ensaio *Desafios para a internacionalização da Telemedicina*: uma perspectiva brasileira, analisa as dificuldades trazidas pela ausência de regulamentação específica, no Brasil, sobre o exercício da telemedicina em âmbito internacional. O autor destaca a dificuldade em se fixar o critério do local de realização do serviço e a consequente complexidade da exigência de registros locais. Além disso, dada a natureza das relações internacionais, lembra que diversas formalidades locais também poderiam vir a ser exigidas e que, nem sempre, a estas relações se aplicaria o Direito brasileiro. Ao final, conclui que a ausência de definições regulamentares dificulta o desenvolvimento dos serviços médicos transfronteiriços, mesmo aqueles mais simples como uma consulta.

No artigo *Telemedicina e Inteligência Artificial*: breve panorama de seus principais desafios jurídicos, José Luiz de Moura Faleiros Júnior, com os olhos voltados a um futuro que já se apresenta, analisa o impacto do desenvolvimento algorítmico na telemedicina, apresentando os benefícios e riscos jurídicos que as novas tendências tecnológicas trazem consigo. O estudo dá especial destaque à precarização da proteção de dados pessoais sensíveis em razão da utilização de meios informáticos para a prestação de serviços médicos e do uso indiscriminado de algoritmos de inteligência artificial, como por exemplo, atendimentos realizados por *chatbots* e, até mesmo, em consultórios virtuais criados em espaços de realidade virtual e realidade aumentada como o Metaverso.

Telemedina, LGPD e Lei 14.289/2022: discussões introdutórias é o estudo apresentado por Filipe Medon. Partindo da assertiva de que o corpo humano produz dados e, por isso, passou a ser um objeto conectado a diferentes dispositivos com finalidades diversas, esclarece o autor que a LGPD, diferente do Regulamento Europeu, não criou uma categoria especial para os dados de saúde, sendo esses inseridos no que se denomina dados sensíveis. O avanço da telemedicina provoca também uma digitalização cada vez maior dos dados referentes à saúde, o que impõe ao profissional da saúde uma responsabilidade ainda maior com relação ao tratamento desses dados. A partir dessas premissas, o autor discorre sobre os desafios trazidos para a tutela da privacidade do paciente e traz como exemplo a Lei n. 14.289/2022 que dispõe especificamente sobre o sigilo de informações da pessoa que vive com infecção pelos vírus da imunodeficiência humana (HIV) e das hepatites crônicas (HBV e HCV) e de pessoa com hanseníase e com tuberculose.

Renan Sequeira e Silvio Guidi abordam o importante tema *Incidentes de Segurança na Telemedicina*. Como toda e qualquer prestação de serviço realizada com a intermediação de diversas tecnologias, a telemedicina também está exposta a riscos, tratados pelos autores como incidentes de segurança. Afirmam que a vulnerabilidade reside em dois pontos: a transformação de fatos em dados sensíveis e a replicação desses dados para uma cadeia de outros indivíduos que terão a eles acesso. A fim de mitigar essas vulnerabilidades os autores explicam os instrumentos jurídicos preventivos e paliativos introduzidos pela Lei Geral de Proteção de Dados (Capítulo VII) como boas práticas de segurança no uso da telemedicina.

Como se nota, a Medicina chegou século XXI fortemente pressionada por forças mercadológicas e tecnológicas. Neste contexto, os dados clínicos passaram a ser economicamente cobiçados por laboratórios multinacionais e por alguns setores do governo que vêm neles não apenas uma forma de proporcionar avanço científico, mas também uma possibilidade de promover diferentes formas de controle social. É diante desse quadro tecnológico e informacional que surge a preocupação em proteger dados de saúde que, por sua natureza, são considerados sensíveis. No artigo *Lei Geral de Proteção de Dados Pessoais, Telemática em Saúde e Proteção de Dados de Saúde Durante a Pandemia*, Fernanda Schaefer analisa como os dados de saúde estão sendo utilizados durante a pandemia e que limitações podem ser invocadas para frear seu uso indiscriminado por diferentes autoridades.

Luciana Dadalto e Taíssa Barreira, com a sensibilidade que lhes é peculiar, abordam o uso da telemedicina no oferecimento de cuidados paliativos. No texto *(Tele)Cuidados Paliativos* as autoras analisam como a tecnologia vem revolucionando os cuidados médicos, incluindo-se os cuidados paliativos, forma de cuidado que garante ao paciente com doença grave qualidade da vida. Afirmam a telemedicina como aliada dos cuidados paliativos, sendo aquela forma de garantir acesso a esses serviços. Entre os serviços oferecidos, destacou-se o telecuidado que com o uso das tecnologias de comunicação e informática permitem cuidados a distância sem, no entanto, se descuidar ou dispensar eventuais cuidados presenciais. Destacam as autoras que o uso do telecuidado fortalece os cuidados paliativos, humanizando o atendimento aos doentes graves, aproximando paciente, equipe de saúde e familiares.

Eduardo Dantas no texto *Desafios regulatórios para um futuro que já aconteceu: a telemedicina no âmbito dos Conselhos Regionais e Federal de Medicina* afirma que a realidade que se impôs à teoria durante a pandemia e tornou impossível o retorno ao estado anterior nas questões referentes à telemedicina, o que significa afirmar que a regulação ética-deontológica da telemedicina para o período pós-pandêmico deverá levar em conta o cenário já bem estabelecido e as lições aprendidas. A partir da apresentação de um caso prático, o autor afirma a necessidade de compatibilização entre a norma ética, a legislação vigente e futuras normativas que surjam para regulamentar o assunto e a prática médica a distância.

A obra é um convite dos(as) autores(as) à reflexão sobre o tema e eventual proposta de regulamentação. Desejamos uma boa leitura e que delas muitas discussões possam surgir!

Fernanda Schaefer
Frederico Glitz

SUMÁRIO

PREFÁCIO
Eroulths Cortiano Júnior V

APRESENTAÇÃO
Fernanda Schaefer e Frederico Glitz VII

TELEMEDICINA: CONCEITUAR É PRECISO
Fernanda Schaefer 1

TELEMEDICINA NO SISTEMA ÚNICO DE SAÚDE
João Pedro Gebran Neto e Rudi Roman 15

TELEMEDICINA E O PROCESSO DE CONSENTIMENTO INFORMADO DO PACIENTE
Adriano Marteleto Godinho e Igor de Lucena Mascarenhas 41

RESPONSABILIDADE CIVIL MÉDICA E CONSENTIMENTO DO PACIENTE NAS CIRURGIAS ROBÓTICAS REALIZADAS À DISTÂNCIA (TELECIRURGIAS)
Rafaella Nogaroli 59

PRESTAÇÃO CONTRATUAL *ON-LINE* E SUAS INTERFACES CONSUMERISTAS NA TELEMEDICINA
Antônio Carlos Efing e Amanda de Meirelles Belliard 79

COBERTURA DA TELEMEDICINA NA SAÚDE SUPLEMENTAR: CONTROVÉRSIAS E PERSPECTIVAS
Gabriel Schulman 89

TELEMEDICINA E AS *HEALTHTECHS* – AVANÇOS, PERSPECTIVAS E DESAFIOS DO SETOR
Karin Cristina Bório Mancia 103

DESAFIOS PARA A INTERNACIONALIZAÇÃO DA TELEMEDICINA: UMA PERSPECTIVA BRASILEIRA
Frederico Glitz 119

TELEMEDICINA E INTELIGÊNCIA ARTIFICIAL: BREVE PANORAMA DE SEUS PRINCIPAIS DESAFIOS JURÍDICOS
José Luiz de Moura Faleiros Júnior 133

TELEMEDICINA, LGPD E LEI 14.289/2022: DISCUSSÕES INTRODUTÓRIAS
Filipe Medon 155

INCIDENTE DE SEGURANÇA NA TELEMEDICINA
Renan Sequeira e Silvio Guidi 167

LEI GERAL DE PROTEÇÃO DE DADOS PESSOAIS, TELEMÁTICA EM SAÚDE E PROTEÇÃO DE DADOS DE SAÚDE DURANTE A PANDEMIA
Fernanda Schaefer 181

(TELE)CUIDADOS PALIATIVOS
Luciana Dadalto e Taíssa Barreira 195

DESAFIOS REGULATÓRIOS PARA UM FUTURO QUE JÁ ACONTECEU: A TELEMEDICINA NO ÂMBITO DOS CONSELHOS REGIONAIS E FEDERAL DE MEDICINA
Eduardo Dantas 209

TELEMEDICINA: CONCEITUAR É PRECISO

Fernanda Schaefer

Pós-Doutora no Programa de Pós-Graduação *Stricto Sensu* em Bioética da PUC-PR, bolsista CAPES. Doutora em Direito das Relações Sociais na Universidade Federal do Paraná, curso em que realizou Doutorado Sanduíche nas Universidades do País Basco e Universidade de Deusto (Espanha) como bolsista CAPES. Professora do UniCuritiba. Coordenadora do Curso de Especialização em Direito Médico e da Saúde da PUC-PR. Assessora Jurídica CAOP Saúde MPPR. Contato: ferschaefer@hotmail.com.

Sumário: 1. Notas históricas sobre telemedicina – 2. Conceituar é preciso – 3. Considerações finais – 4. Referências.

1. NOTAS HISTÓRICAS SOBRE TELEMEDICINA

A história da telemedicina não é tão recente quanto se imagina. O seu surgimento, assim como os questionamentos éticos e jurídicos que de sua prática decorrem, remontam há mais de um século, confundindo-se com o próprio desenvolvimento das tecnologias de comunicação e informática.

O primeiro relato do uso da telemedicina com intermediação de tecnologias de informação e comunicação data do final do século XIX com transmissões feitas com o uso de rádio, telégrafos e telefones. Com o desenvolvimento das telecomunicações foi possível criar redes que possibilitaram a transmissão de dados de pacientes a médicos fisicamente distantes.

Em 1906, na Holanda, Willem Einthoven estendeu um quilômetro e meio de fios telefônicos para interligar um equipamento de eletrocardiografia desenvolvido em seu laboratório ao hospital local onde realizava exames que denominou de telecardiogramas.[1] Pouco mais tarde, durante a I Guerra Mundial (1914-1918), o rádio era utilizado para conectar os médicos das frentes de batalhas a hospitais distantes, primeiro por meio do código Morse e depois por meio de voz.

A primeira transmissão de imagens médicas ocorreu apenas na década de (19)40, quando foram transmitidas imagens radiográficas ainda por meio telefônico entre *West Chester* e *Philadelphia* (EUA). Na década de (19)50 radiologistas do Hospital Jean-Talon de Montreal (Canadá) criaram a teleradiologia, utilizando circuitos fechados de televisão para a transmissão de imagens médicas. Também na mesma década, em 1959, no Estado de Nebraska (EUA), foi utilizado de maneira

---

1. BARBOSA, P. R. B. Informática médica e telemedicina. *Anais da Academia Nacional de Medicina*, São Paulo, v. 160, n. 2, p. 121-123. jul./dez. 2000.

pioneira um circuito fechado de televisão para fornecer serviços de saúde mental em um centro da universidade médica local (Instituto de Psiquiátrico de Nebraska); que em 1964 estabeleceu ligação audiovisual bidirecional com um hospital estatal (Hospital Mental de Norfolk), distante 180 quilômetros. E, assim, o primeiro uso do termo telemedicina na literatura médica data de 1950, em artigo publicado na Revista *Radioloy*, que aborda o uso de linhas de rádio e telefone para a obtenção de diagnósticos de radiografias.[2]

Com a corrida espacial, em 1950 a NASA desenvolveu técnicas de monitoramento das funções vitais dos astronautas. Com a Corrida Espacial o uso do vídeo para transmissão de dados e imagens médicas ganhou força e qualidade. Desde então, a Agência Espacial tem desenvolvido sistemas de saúde cada vez mais eficientes para as missões espaciais.

A partir da década de 60 diversos países começaram a utilizar sistemas de televisão para realizar diagnóstico e acompanhamento de pacientes a distância, especialmente em áreas consideradas remotas ou de difícil acesso. Na mesma década, surgiram os cursos de educação a distância voltados a profissionais da saúde.

A primeira notícia sobre o uso sistematizado da telemedicina é de projeto desenvolvido no Hospital Geral de Boston (EUA) que possibilitou o atendimento especializado, o monitoramento e a vigilância de pacientes a distância, com o uso de televisão (1962). Os resultados obtidos com as experiências americanas acabaram se disseminando e influenciando a criação de projetos de telemedicina em outros países como o Canadá e França (na mesma década), Itália (com o Tele-EGC) e Austrália (década de 70), Noruega (década de 80).[3]

Na Europa, os investimentos na área de telemática em saúde se desenvolveram com maior visibilidade a partir dos anos (19)80 quando foi criado o programa da Comissão Europeia para Aplicações Telemáticas (*AIM – Advanced Informatics in Medicine*), a partir do qual se desenvolveram vários outros projetos (os mais relevantes: *FEST – Framework for European Services in Telemedicine* e *EPIC – European Prototype for Integrate Care*), que receberam maiores investimentos nos anos (19)90.

As Guerras do início do século XX levaram a telemedicina novamente para os campos de batalha, ampliando sua aplicação para alcançar, inclusive, cirurgias remotas.[4] Com todos esses impulsos, a telemedicina chegou ao século XXI fortemente influen-

---

2. ZUNDEL, K. M. (1996). *Telemedicine*: history, applications, and impact on librarianship. Bulletin of the Medical Library Association, 84(1).
3. SANTOS, Weverson Soares; SOUSA JÚNIOR, João Henriques; SOARES, João Coelho; RAASCH, Michele. Reflexões acerca do uso da telemedicina no Brasil: oportunidade ou ameaça? *Revista Gestão em Sistemas de Saúde*, 9(3), p. 433-453. São Paulo, set./dez. 2020.
4. Vale informar que a primeira telecirurgia já havia sido testada em 1998 entre EUA e Áustria. A segunda telecirurgia realizada no mundo aconteceu em território brasileiro, em 17 set. 2000. A cirurgia (laparoscopia) foi realizada no Hospital Sírio Libanês de São Paulo, com a intervenção de um 'robô' comandado pelo médico americano Louis Kavoussi, do Hospital John Hopkins (Baltimore, EUA), por meio de um sistema de videoconferência. O médico americano foi encarregado de comandar o braço mecânico que tinha por função iluminar internamente o paciente, manipular a câmera de vídeo e controlar a intensidade da corrente do bisturi. A cirurgia propriamente dita foi realizada pelo médico brasileiro. Hoje, as pretensões da telecirurgia

ciada pelas novas tecnologias desde as mais complexas como robôs para realização de telecirurgias, até as mais simples como os diversos wearables *(fitness trackers, smart healt watches; wearable ECG monitors; wearable blood pressure monitors; biosensors)*.

No Brasil, a situação foi um pouco diversa em razão do pouco acesso às novas tecnologias e do alto custo de implantação e utilização. Apenas na década de 80 começaram a ser desenvolvidos importantes projetos na área de informática na saúde.

Em 1994 foi criada a Telecardio, empresa especializada em realizar eletrocardiogramas a distância. No mesmo ano foi criada a empresa InterClínicas, especializada em aconselhamento médico por telefone. Em 1995 o InCor lançou o ECG-Fax que oferecia a análise de eletrocardiogramas enviados via fax.[5] Em 1997 a Unicamp criou o primeiro Hospital Virtual Brasileiro e, logo em seguida, em 1998 a Faculdade de Medicina da USP criou uma disciplina específica de Telemedicina, idealizada pelo professor György Miklós Böhm. No mesmo ano, o Laboratório Fleury começou a liberar o resultado de exames em meio virtual.

Em 1998 foi criada pelo Governo Federal a Rede Nacional de Informações em Saúde (RNIS).[6] Nos anos 2000 o Instituto Materno Infantil de Recife estabeleceu parceria com o *Saint Jude Children Hospital* (Memphis) para execução de projeto de telepatologia e tele educação. Também no início dos anos 2000, o Hospital Sírio Libanês realizou a primeira telecirurgia acompanhada por médicos do *John Hopkins Hospital* (EUA). A partir de 2006 a telemedicina começou a receber investimentos do Ministério da Saúde para o desenvolvimento de ações e serviços junto ao Sistema Único de Saúde (ex.: Programa Telessaúde Brasil em Redes; Rede Universitária de Telemedicina – RUTE).

> Do ponto de vista político, ocorreram algumas iniciativas visando o desenvolvimento da telemedicina no país, a exemplo da criação da Rede Nacional de Ensino e Pesquisa (RNP) em 1989, da Rede Universitária de Telemedicina (Rute) em 2006 e do Programa Nacional de Telessaúde em 2007, lideradas basicamente pelo MS, às quais se agregaram os ministérios da Ciência, Tecnologia e Inovação e da Educação. Contudo, tais iniciativas podem ser consideradas tímidas, na medida em que não se converteram em políticas de Estado, por carecerem de uma ampla articulação interministerial. Para exemplificar, a ausência do Ministério do Desenvolvimento, Indústria e Comércio Exterior (MDIC) e de outros órgãos da área econômica não promoveu articulações ou políticas efetivas para que a ampliação do uso da telemedicina estivesse associada ao desenvolvimento da base produtiva nacional, apesar de algumas iniciativas isoladas a exemplo de discussões sobre o tema no âmbito do Grupo Executivo do Complexo Industrial da Saúde (Gecis), extinto em dezembro de 2017, ou do Programa Inova Saúde, iniciativa do Banco Nacional de Desenvolvimento Econômico e Social (BNDES) e da Financiadora de Estudos e Projetos (Finep). Ou seja, os esforços nacionais em telemedicina não tiveram uma orientação que permitisse aliar o desenvolvimento tecnológico e da base produtiva em saúde com a melhoria do acesso e da qualidade dos serviços de saúde no âmbito do SUS.

---

    vão muito além da mera assistência. Disponível no site http://cienciahoje.uol.com.br/controlPanel/materia/view/2256. Acesso em: 10 ago. 2009.

5.   EL KHOURI, S.G. *Telemedicina*: análise de sua evolução no brasil. São Paulo, 2003. Dissertação de Mestrado apresentada à Faculdade de Medicina da USP. 247. p. 130.
6.   Maiores informações vide: http://www.datasus.gov.br/rnis/.

Desde então, a cada dia e em diferentes regiões do Brasil, diversos projetos públicos e privados estudam a possibilidade de usar tecnologias de comunicação e informática para melhorar a atenção à saúde individual e coletiva e a pandemia deu um grande impulso ao setor.

Embora, atualmente, o Brasil seja um grande consumidor de novas tecnologias a telemedicina há décadas enfrenta resistências das mais diferentes frentes, o que embora impacte na sua ampla adoção, não exclui o seu desenvolvimento, ainda de que maneira tímida.

A telemática em saúde pretende impactar não só a forma como se oferecem serviços de saúde[7] e como se realiza pesquisa e aperfeiçoamento de profissionais da área de saúde, mas também traz consigo a promessa de acesso universal, equidade e qualidade. No entanto, "para além da dimensão sanitária, que se reflete na melhoria das condições de vida do ser humano, identificam-se transbordamentos na dimensão econômica [...] que tem o potencial de ser fonte geradora de inovações [...]".[8] Daí a necessidade de seus marcos regulatórios serem precisos, evitando as diversas inseguranças jurídicas que a adoção de conceitos imperfeitos, fragmentados e setorizados pode gerar.

2. CONCEITUAR É PRECISO

A Telemática (*tele*comunicação[9] + infor*mática*[10]) em Saúde caracteriza-se pela aplicação conjugada dos meios de telecomunicação e informática às atividades sanitárias destinadas à promoção, à prevenção e à cura, individual ou coletiva e que permitem a comunicação entre profissionais de saúde ou entre esses e seus pacientes distantes fisi-

---

7. Segundo Maldonado, Marques e Cruz "O Brasil é um país que oferece oportunidades ímpares para o desenvolvimento e as aplicações da telemedicina. Sua grande extensão territorial, milhares de locais isolados e de difícil acesso, distribuição extremamente desigual de recursos médicos de boa qualidade, entre outros aspectos que vêm desafiando a efetivação do direito à saúde – universal, integral e equânime – permitem prever a existência de um grande potencial de expansão da telemedicina no país. Os esforços dos governos estaduais e federal na implementação da telemedicina consubstanciam essa perspectiva" (MALDONADO, Jose Manuel de Varge; MARQUES, Alexandre Barbosa; CRUZ, Antonio. Telemedicina: desafios à sua difusão no Brasil. *Cadernos de Saúde Pública*, 32, Sup 2, p. S1-S12. p. S2. Rio de Janeiro, 2016).
8. WHO. World Health Organization. Telemedicine, Opportunities and Developments in Member States, 2010. Disponível em: http://www.who.int/goe/publications/goe_telemedicine_2010.pdf. Acesso em: 30 jan. 2022.
9. Telecomunicações, na definição de Ralph M. Stair e George W. Reynolds "referem-se à transmissão eletrônica de sinais para as comunicações, incluindo meios como telefone, rádio e televisão. [...]. A comunicação de dados, um subconjunto especializado das telecomunicações, refere-se à coleta eletrônica, ao processamento e à distribuição dos dados – geralmente, entre os dispositivos de hardware do computador. A comunicação de dados é completada por meio do uso da tecnologia de telecomunicação" (STAIR, R.M.; REYNOLDS, G.W. Telecomunicações e redes. In: STAIR, R. M.; REYNOLDS, G. W. *Princípios de sistemas de informação*. Trad. Alexandre Melo de Oliveira. 4. ed. Rio de Janeiro: LTC, 2002. p. 172).
10. Informática é a junção dos termos *informação* + *automática*, sendo considerada "a ciência que estuda o tratamento automático e racional da informação". Termo utilizado pela primeira vez em 1957 pelo alemão Karl Steinbuch, em artigo publicado sob o título *Informatik: Automatische Informationsverarbeitung* (Informática: Processamento de Informação). Mas o termo se popularizou a partir de 1962 quando foi empregado pelo francês Philippe Dreyfus (*informatique*) na designação da sua empresa "Sociedade de Informática Aplicada" (SIA). Em 1967 a Academia Francesa adotou o termo para designar a "ciência do tratamento da informação" e a partir de então o termo se difundiu por todo mundo (LANCHARRO, E. A.; LOPEZ, M. G.; FERNANDEZ, S. P. *Informática básica*. São Paulo: Pearson Makron Books, 1991. p. 01).

camente (telemedicina), bem como podem ser utilizadas para a promoção de cursos de aperfeiçoamento e formação dos profissionais da saúde, disseminação do conhecimento, gestão da saúde (pública e privada), troca de informações entre profissionais sobre pacientes não identificados (telessaúde[11]).[12] Portanto, telemática em saúde é gênero, do qual a telemedicina e a telessaúde se apresentam como espécies, com distinções importantes.

Na obra Proteção de Dados de Saúde na Sociedade de Informação,[13] apresentamos os quadros adiante para auxiliar na classificação das modalidades telemáticas em saúde e, por isso, o repetimos aqui (com as necessárias atualizações).

Importante notar, que algumas das modalidades adiante indicadas poderão variar entre Telessaúde e Telemedicina, dependendo da destinação que está lhe sendo dada. Portanto, frise-se, para além do nome que se dá, é preciso sempre verificar a finalidade para a qual está sendo empregada.

TELESSAÚDE		
PROCEDIMENTO	CONCEITO	EXEMPLOS DE UTILIZAÇÃO
Teledidática ou Teleducação	São tecnologias interativas destinadas a promover informações sobre saúde com troca de experiências médicas, ensino a distância e educação continuada para profissionais da área de saúde[14]	– *Hospital Sírio Libanês* utiliza o sistema de ensino à distância para oferecer diversos cursos[15] – *Canal Saúde da Fiocruz* que realiza cursos e palestras na área de saúde[16] – *Portal UNASUS* que oferece diversos cursos gratuitos para profissionais de saúde[17]
Telefonia Social	São sistemas de teleatendimento preventivo que utilizam a telefonia convencional[18]	– Medical Call Centers e Telessocorro – Serviços de escuta e acolhimento psicológico[19] – Serviços de telefonia criados por Municípios durante a pandemia para orientar a população sobre a Covid-19[20] – *Disque Saúde do Ministério da Saúde* 0800 044 6543
Comunidades Virtuais	São grupos de profissionais que utilizam meios oferecidos pela Internet para discutir temas de saúde e publicar artigos científicos[21]	– *Associação Médica Brasileira*[22] – *Hospital Virtual Brasileiro*[23] (UNICAMP)

---

11. Mais recentemente a OMS (2019) tem utilizado o termo *e-health* para se referir à telessaúde, definindo-o como o campo do conhecimento que utiliza ferramentas e soluções digitais para melhorar a qualidade de vida coletiva.
12. SCHAEFER, Fernanda. *Proteção de dados de saúde na sociedade de informação*. Curitiba: Juruá, 2010.
13. SCHAEFER, Fernanda. *Proteção de dados de saúde na sociedade de informação*. Curitiba: Juruá, 2010.
14. Vide: TELEMEDICINA tem aplicações de interesse para o Brasil. Disponíveis em: http://www.comciencia.br. Acesso em: 06 nov. 2008.
15. Vide: https://www.hospitalsiriolibanes.org.br/iep/Paginas/default.aspx. Acesso em: 30 jan. 2022.
16. Vide: https://campusvirtual.fiocruz.br/portal/?q=inscricao-selecao. Acesso em: 30 jan. 2022.
17. Vide: https://www.unasus.gov.br/cursos/busca. Acesso em: 30 jan. 2022.
18. Vide: TELEMEDICINA tem aplicações de interesse para o Brasil. Disponíveis no site http://www.comciencia.br. Acesso em: 06 nov. 2008.
19. Por exemplo, o telepaz em Curitiba 3350-8500.
20. São exemplos: (41) 3350-9000; Paraná 0800 644 4414.
21. Andrés Luís Ramires Seabra, 2001, [s.p.].
22. Vide: http://www. amb.org.br. Acesso em: 30 jan. 2022.
23. Vide: http://www.hospvirt.org.br. Acesso em: 30 jan. 2022.

TELESSAÚDE		
PROCEDIMENTO	**CONCEITO**	**EXEMPLOS DE UTILIZAÇÃO**
Videoconferências	Sobre Medicina preventiva.	– *Estação Digital Médica* (USP)[24]
Bibliotecas virtuais	Diversos artigos sobre saúde disponíveis on-line ou em multimídias.	– *Biblioteca Virtual em Saúde*[25] – *Cochrane Library*[26] – *Scientific Electronic Library OnLine (Scielo)*[27]

TELEMEDICINA		
PROCEDIMENTO	**CONCEITO**	**EXEMPLOS DE UTILIZAÇÃO**
Teleconsulta[28] ou Consulta em conexão direta	O paciente consulta diretamente o médico por qualquer meio de telecomunicação. Não há exames. clínicos ou um segundo médico presente (junto ao paciente)[29]	– Consultas on-line pela Internet como as oferecidas por diversos planos de saúde durante a pandemia. – *Projeto Telessaúde em Apoio à Atenção Primária* Ministério da Saúde[30] (Decreto 9.795/19, cria o Departamento de Saúde Digital)
Teleassistência	Utilizada em situações de emergência em que o paciente não tem acesso direto ao médico ou centro hospitalar[31]	Consulta telefônica é a forma mais comum
Teleatendimento	Comunicação entre o paciente e o serviço médico para agendamento de consultas, informações, internamento...[32]	Alguns Estados brasileiros utilizam esse sistema para agendamento de consultas junto ao Sistema Único de Saúde,[33] como é o caso do Estado do Paraná Durante a pandemia o Governo Federal disponibilizou o TeleSUS, uma tentativa de dar celeridade à prestação dos serviços de saúde[34]

---

24. Vide: https://edm.org.br. Acesso em: 30 jan. 2022.
25. Vide: http://www.bireme.br. Acesso em: 30 jan. 2022.
26. Vide: https://www.cochranelibrary.com. Acesso em: 30 jan. 2022.
27. Vide: https://www.scielo.br. Acesso em: 30 jan. 2022.
28. Durante a pandemia a Organização Pan-Americana de Saúde (OPAS) manifestou-se sobre a essencialidade das teleconsultas, afirmando serem formas eficazes e seguras de avaliar casos suspeitos e orientar o diagnóstico e o tratamento do paciente, minimizando os riscos de contaminação. Vide: https://www3.paho.org/ish/images/docs/covid-19-teleconsultas-pt.pdf. Acesso e 30 jan. 2022.
29. André Luís Ramires Seabra, 2001, [s.p.].
30. Embora denominado Projeto Telessaúde, na verdade é iniciativa que tem por objetivo integrar as equipes do Programa Saúde da Família e oferece tanto ações de telessaúde como atividades intimamente vinculadas à telemedicina. Segundo o Ministério da Saúde, tem por objetivo: Objetivos: melhoria da qualidade do atendimento na Atenção Básica no Sistema Único de Saúde (SUS), com resultados positivos na resolubilidade do nível primário de atenção; expressiva redução de custos e do tempo de deslocamentos; fixação dos profissionais de saúde nos locais de difícil acesso; melhor agilidade no atendimento prestado; e otimização dos recursos dentro do sistema como um todo, beneficiando, dessa forma, aproximadamente 10 milhões de usuários do SUS (vide: https://www.gov.br/saude/pt-br/assuntos/saude-digital/telessaude/telessaude. Acesso em: 30 jan. 2022).
31. Informação disponível no site http://www2.dbd.puc-rio.br/pergamum/tesesabertas/0313148_07_cap_02.pdf. Acesso em: 09 ago. 2009.
32. Modalidades da telemedicina. Disponível no site http://www.caduceusvirtual.com.br/ artigo. Acesso em: 02 fev. 2004.
33. Rosa Sposito, 2004, p. 81, noticia a Rede de Telessaúde que interliga Recife, Cabo de Santo Agostinho, Camaragibe e Igarassu, todos municípios de Pernambuco, visando a racionalização do deslocamento de pacientes entre os grandes centros.
34. Vide: https://www.gov.br/pt-br/noticias/saude-e-vigilancia-sanitaria/2021/05/teleatendimento-se-torna--alternativa-durante-a-crise-da-covid-19. Acesso em: 30 jan. 2022.

TELEMEDICINA		
PROCEDIMENTO	CONCEITO	EXEMPLOS DE UTILIZAÇÃO
Telepatologia	Troca de imagens estáticas ou dinâmicas de lâminas ou órgãos em estudo anatomopatológico para estudo, diagnóstico e/ou tratamento[35]	Utilizado pelo *Centro de Medicina Diagnóstica Fleury*[36]
Teleradiologia	Troca de imagens radiológicas,[37] ultrassonográficas, tomográficas ou de ressonância magnética para estudo, diagnóstico e/ou tratamento.[38]	Autorizada pela Resolução 2.107/2014, CFM.[39] Utilizado pelo *Hospital Israelita Albert Einstein*.[40] Implementado na rede pública de saúde do Estado de São Paulo – Sedi.[41]
Telemonitoração ou Televigilância ou *Home Care (Telecare ou Telehealth)*	Monitoramento remoto de parâmetros vitais de pacientes com transmissão eletrônica de dados médicos, o que permite ao médico vigiar o estado de saúde de seu paciente.[42]	Leitura a distância de sinais biológicos básicos (pressão arterial; eletrocardiograma, frequência cardíaca. Serviços fornecidos por empresas como a *ITMS, TeleCardio, TeleSaúde*.
Telepatologia	Exercício da especialidade médica em Patologia mediado por TICs como objetivo de emissão de relatório, como suporte a atividades anatomopatológicas.	Autorizada pela Resolução 2.107/2014, CFM.[43]
Tele-eletrocardiografia	Permite diagnóstico (ou segunda opinião) rápido e preciso de pacientes em atendimento de urgência e emergência.	Convênio firmado entre o Hospital do Coração de São Paulo e o SAMU[44]

---

35. André Luís Ramires Seabra, 2001, [s.p.].
36. Rosa Sposito, 2004, p. 80.
37. André Luís Ramires Seabra, 2001, [s.p.]
38. Utilizam sistemas denominados PACS (*Picture Archiving and Communication Systems*), sistemas que armazenam e processam imagens radiográficas. Esses sistemas podem ser integrados a visualizadores (*browsers*) da *World Wide Web* (WWW) como o *Internet Explorer* ou o *Netscape* para que essas imagens possam ser encaminhadas a outros médicos ou ao próprio paciente pelo sistema da teleradiologia.
39. Vide: https://sistemas.cfm.org.br/normas/arquivos/resolucoes/BR/2014/2107_2014.pdf. Acesso em: 30 jan. 2022.
40. Rosa Sposito, 2004. p. 80-81.
41. O Sedi é o Serviço Estadual de Diagnóstico por Imagem. Já em sua implementação pelo Estado de São Paulo conta com cinquenta profissionais concentrados em uma única sede e que têm por função emitir laudos de mamografias, ressonâncias magnéticas, radiografias e tomografias computadorizadas, durante as 24 horas do dia e cujo prazo de emissão é de trinta minutos (o prazo máximo é de quatro horas, mas só foi utilizado quando necessária uma segunda opinião). No primeiro mês de teste (outubro de 2009) esses profissionais emitiram 40 000 laudos que foram encaminhados a sete unidades de saúde. O Estado de São Paulo espera chegar a 1,5 milhão de laudos/mês até final de 2011, quando cinquenta hospitais da rede pública estadual devem estar completamente integrados ao serviço. (Naira Magalhães, 2009, p. 116-118).
42. André Luís Ramires Seabra, 2001, [s.p.].
43. Vide: https://www.in.gov.br/en/web/dou/-/resolucao-n-2.264-de-20-de-setembro-de-2019-227466641. Acesso em: 30 jan. 2022.
44. O convênio permite que os sinais vitais do paciente atendido por equipes do SAMU (Serviço de Atendimento Móvel de Urgência) sejam encaminhados imediatamente a médicos do Hospital do Coração, que analisarão as informações encaminhadas, emitirão o diagnóstico e oferecerão orientações. O equipamento será instalado em 326 ambulâncias do país inteiro, mas apenas naquelas que possuem médicos em suas equipes. Atualmente o serviço já está disponível para nove Estados, mas pretende-se que até o final de 2010 já esteja presente em 450 ambulâncias do SAMU. Reportagem veiculada no Jornal Hoje, da Rede Globo, em 28 jan. 2010, disponível no site http://g1.globo.com/jornalhoje/0,,MUL1466969-16022,00-EXAMES+NO+CORACAO+PODEM+SER+ FEITOS+EM+AMBULANCIAS.html.

TELEMEDICINA		
PROCEDIMENTO	CONCEITO	EXEMPLOS DE UTILIZAÇÃO
Telediagnóstico	Sistemas de opiniões médicas sobre casos apresentados. Há um médico presente (junto ao paciente) e outro distante que emitirá uma segunda opinião[45]	Serviços de segunda opinião médica como o oferecido pelo *IMIP (Instituto Materno Infantil de Pernambuco)* em parceria com o hospital americano St. Jude Children's Research Hospital[46] – *Projeto Cyberambulatório* (USP).
Teleconferência ou teleinterconsulta ou tele expertise	Reunião médica que busca opiniões e sugestões para casos individuais.[47] É uma das práticas mais difundidas.	A maioria dos hospitais universitários também utiliza esse procedimento. – Rede Sarah http://www.sarah.br
Telecirurgia	Cirurgia realizada a distância com o uso de "robôs cirurgiões" operados por médicos distantes fisicamente do paciente[48]	Equipamento *Da Vinci, Hospital Sírio Libanês*[49]
Sistemas de apoio à decisão	*Softwares* destinados a auxiliar os médicos a diagnosticar e/ou prescrever tratamentos[50]	*Lepidus* – Sistema de auxílio de diagnóstico (USP – Ribeirão Preto)[51] Outros exemplos: QMR, DxPlain, Meditel.
Teletriagem	*Softwares* de inteligência artificial que realizam a triagem de pacientes, determinando a prioridade de atendimento.	*Saúde Online Paraná*[52]
Videochamadas	Chamadas de vídeo realizada entre médicos para discussão de casos, entre médico e paciente e entre paciente e familiares.	Lei 14.198/2021 – dispõe sobre videochamadas entre pacientes internados em serviços de saúde impossibilitados de receber visitas e seus familiares[53]

Dos quadros antes apresentados resta claro que a telemedicina não se resume à teleconsulta (preocupação maior de muitas discussões brasileiras). Para além das modalidades antes descritas (de maneira exemplificativa) é preciso aqui retomar o conceito telemedicina e para isso destacam-se os seguintes conceitos, comumente repetidos em diversos trabalhos acadêmicos e normas de diferentes órgãos.

---

45. André Luís Ramires Seabra, 2001, [s.p.].
46. Fabíola Blah, 2000, [s.p.].
47. Modalidades da telemedicina. Disponível em: http://www.caduceusvirtual.com.br/ artigo. Acesso em: 02 fev. 2004.
48. Modalidades da telemedicina. Disponível em: http://www.caduceusvirtual.com.br/ artigo. Acesso em: 02 fev. 2004.
49. Não se deve confundir a telecirurgia com a utilização do sistema de videoconferência para que médicos fisicamente distantes acompanhem as cirurgias e orientem os médicos diretamente envolvidos nos procedimentos cirúrgicos. A telecirurgia, ou cirurgia robótica, é a utilização de equipamentos (robôs) manuseados por médicos presentes ou distantes. Atualmente, vem ganhando espaço nas áreas de: urologia, ginecologia e cirurgia bariátrica e já conta com um Centro de Desenvolvimento e Treinamento em Cirurgia Robótica, instalado no Hospital Sírio Libanês (Renata de Gaspari Valdejão, 2008, p. 04-05). A cirurgia robótica está hoje regulada pela Resolução 2.311/2022, CFM
50. Daniel Sigulem et al, 1998, [s.p.].
51. STELLA, R. Médico virtual. Disponível em: http://www.usp.br/jorusp/arquivo/2000/ jusp531/ manchet/rep_res/rep_int/pesqui3.html. Acesso em: jul. 2003.
52. Vide: https://www.seti.pr.gov.br/Noticia/Aplicativo-Saude-Online-Parana-auxilia-populacao-nas-praticas--de-prevencao-da-Covid-19. Acesso em: 30 jan. 2022.
53. Vide: http://www.planalto.gov.br/ccivil_03/_ato2019-2022/2021/lei/L14198.htm. Acesso em: 30 jan. 2022.

Segundo a Organização Mundial da Saúde (OMS, 2010)[54] a telemedicina se caracteriza pela "prestação de serviços de saúde, onde a distância é um fator crítico, por todos os profissionais de saúde que usam tecnologias de informação e de comunicação para a troca de informações válidas para diagnóstico, tratamento e prevenção de doenças e lesões, pesquisa e avaliação e para a continuidade da educação dos prestadores de cuidados de saúde, tudo no interesse do avanço da saúde dos indivíduos e das suas comunidades".[55] Em 2019, o conceito foi reduzido para "uso das tecnologias de informação e comunicação na saúde, viabilizando a oferta de serviços ligados aos cuidados com a saúde, especialmente nos casos onde a distância é um fator crítico".

Para a *American Telemedicine Association* (ATA) telemedicina "além da oferta de serviços ligados aos cuidados de saúde, inclui também a educação remota para o médico e paciente".

Na Declaração de Tel Aviv (51ª Assembleia Geral da Associação Médica Mundial), que dispõe sobre a responsabilidade ética na utilização da telemedicina, define-se a telemedicina como "o exercício da medicina a distância, cujas intervenções, diagnósticos, decisões de tratamentos e recomendações são baseadas em dados, documentos e outra informação transmitida através de sistemas de telecomunicação".

Para a Associação Médica Mundial (AMM) telemedicina é "[...] a prática da medicina a distância, na qual intervenções, diagnósticos, terapias, decisões e recomendações de tratamento subsequentes são baseadas em dados do paciente, documentos e outras informações transmitidas por meio de sistemas de telecomunicações. A telemedicina pode ocorrer entre um médico e um paciente ou entre dois ou mais médicos, incluindo outros profissionais de saúde".

Maldonado, Cruz e Marques[56] defendem que

> A telemedicina não é uma atividade exclusivamente médica, e sim a sinergia entre profissionais de saúde e de tecnologia, para o desenvolvimento de atividades multiprofissionais que envolvem gestão e planejamento, pesquisa e desenvolvimento de conceitos e soluções em educação, assistência e pesquisa científica em saúde, além de aspectos éticos e legais. Portanto, mais que um conjunto de atividades multiprofissionais, é uma área de atuação interdisciplinar.

Com razão os autores apresentam a necessária perspectiva inter e multidisciplinar do tema. No entanto, o conceito desenvolvido, aproxima-se mais do que se

---

54. Vale aqui informar que a Organização Pan-Americana da Saúde (OPAS) em parceria com o Banco Interamericano de Desenvolvimento (BID), em 2020, criou uma ferramenta para analisar instituições que têm capacidade para oferecer consultas a distância. Disponível em: https://news.un.org/pt/story/2020/09/1725702. Acesso em: 30 jan. 2022.
55. Vide: *Defining evaluation indicators for telemedicine as a tool for reducing health inequities*. Disponível em: https://www3.paho.org/ish/images/docs/covid-19-teleconsultas-pt.pdf. Acesso em: 30 jan. 2022.
56. MALDONADO, Jose Manuel de Varge; MARQUES, Alexandre Barbosa; CRUZ, Antonio. Telemedicina: desafios à sua difusão no Brasil. *Cadernos de Saúde Pública*, 32, Sup 2, p. S1-S12. p. S3. Rio de Janeiro, 2016.

pretende por telemática em saúde, uma vez que traz elementos da telemedicina e da telessaúde.

Na mesma confusão incorre a vigente Resolução 1.645/2002, CFM, que definiu telemedicina "como o exercício da Medicina através da utilização de metodologias interativas de comunicação audiovisual e de dados, com o objetivo de assistência, educação e pesquisa em Saúde".

Embora a revogada Resolução 2.227/2018, CFM, tenha tentado aperfeiçoar o conceito, o equívoco conceitual se manteve, pois limitou-se a repetir que a telemedicina seria "o exercício da medicina mediado por tecnologias para fins de assistência, educação, pesquisa, prevenção de doenças e lesões e promoção de saúde".

Para os Descritores em Ciências da Saúde (DeCS) telemedicina é a "oferta dos serviços de saúde por telecomunicação remota". O conceito não representa a amplitude dessa modalidade telemática, além de trazer outra dificuldade prática: o que deve ser compreendido como serviço de saúde.

O conceito trazido pela Lei 13.989/20, que autorizou em caráter excepcional e temporário o uso da telemedicina durante a pandemia, também tem seus defeitos. Segundo o "art. 3º entende-se por telemedicina, entre outros, o exercício da medicina mediado por tecnologias para fins de assistência, pesquisa, prevenção de doenças e lesões e promoção de saúde". O conceito, além de ser amplo, abarca não só a telemedicina em si, mas também, as noções de telessaúde.

No entanto, lendo os artigos seguintes da norma, percebe-se que o que a lei visou autorizar durante a pandemia foi tão somente o uso de receitas médicas em suporte digital (art. 2º, parágrafo único) e a teleconsulta, uma vez que no art. 4º afirma que "o médico deverá informar ao paciente todas as limitações inerentes ao uso da telemedicina, tendo vista a *impossibilidade de realização de exame físico durante a consulta*" (destaque nosso). Claro está que embora tenha utilizado conceito amplo de telemedicina, a lei está a se referir exclusivamente à teleconsulta.

Assim, entre a adoção de conceitos amplos e restritos, de conceitos que tratam como sinônimos telessaúde e telemedicina, as confusões vão se estabelecendo e a prática médica a distância se desenvolvendo em meio a essa dissintonia que, sem dúvida, prejudica todo o seu potencial.

Nota-se, portanto, que a telemática em saúde não se resume à telemedicina, como esta também não se apresenta apenas sob a forma de teleconsulta. As suas aplicações são variadas e muitas delas há anos fazem parte obrigatória dos diversos serviços de saúde como a utilização de monitores para acompanhar os sinais vitais de pacientes internados, o monitoramento remoto de dados de marca-passo, o uso de dados biométricos para aferir pressão e glicose.

Então, embora os conceitos possam ser plurais, o cuidado conceitual, bem como a sua compreensão, deve ser levado a sério, sob o risco de as novas regulações não dizerem aquilo que pretendem dizer apenas por repetir o que costumeiramente se reproduz como conceito.[57] A precisão conceitual, superadas as concepções e imposições binaristas, é essencial para o sucesso da regulação e para a segurança jurídica daqueles que usam sistemas telemáticos.

3. CONSIDERAÇÕES FINAIS

No cenário do primeiro quarto do século XXI pode-se afirmar que a telemedicina é uma prática que se estabeleceu, especialmente em razão do grande impulso dado pela pandemia.[58] Cuida-se agora, de encarar seus desafios regulatórios, que não podem ser resolvidos com os olhos do passado, mas como o necessário olhar das tecnologias presentes e emergentes, dos direitos que se pretendem proteger e das ações e políticas de saúde que se pretende fomentar.

Esse artigo destina-se a dar subsídios para que a regulamentação, seja ela ética ou jurídica, preocupe-se também com a precisão daquilo que pretende regular, a fim de evitar qualquer tipo de insegurança jurídica.

Um exemplo do que a ausência de entendimento sobre os conceitos pode gerar confusão é bastante recente. Diante da declaração do estado de emergência sanitária de interesse internacional (Lei 13.979/20), o Conselho Federal de Medicina encaminhou ao Ministério da Saúde o Ofício 1.756[59] (19.03.20) solicitando, em caráter temporário e extraordinário, a liberação da teleorientação; o telemonitoramento e a teleinterconsulta.[60] Em resposta, o Ministério da Saúde liberou, com a Portaria 467, de 20 de março de 2020, em caráter excepcional e temporário, a teleconsulta (que não havia sido objeto da solicitação). Para completar, a Agência Nacional de Saúde Suplementar (ANS), ao se manifestar sobre o assunto, autorizou a assistência privada

---

57. Segundo Friede "se é plenamente correto afirmar que as ciências, de modo geral, não se traduzem em verdades absolutas (ou, sob outra ótica, em princípios imutáveis e intangíveis de validez permanente e universal), mas apenas e limitadamente na busca incansável por estas mesmas verdades (no sentido da explicação correta e absoluta para cada fenômeno natural ou social (cultural)), não menos acertada constitui a afirmação segundo a qual o raciocínio binário humano se constitui no principal fator limitante do próprio desenvolvimento científico" (FRIEDE, Reis. Percepção científica do direito. *História*. São Paulo, 28(2):2009, p. 238).
58. Segundo Maldonado e Cruz "tendência de adoção da telemedicina, catalisada pelo contexto da pandemia Covid-19 e pelas tecnologias associadas à revolução 4.0, é concreta. Portanto, exige o aprimoramento da articulação nacional e territorial, assim como das relações internacionais em saúde e das estratégicas públicas e privadas. A análise dessa tendência, sem qualquer determinismo, é fundamental não apenas para prospectar como será o futuro do sistema de saúde, mas também para orientar ações e políticas públicas do presente que visem consolidar o SUS e concretizar o acesso universal à saúde no porvir" (MALDONADO, José; CRUZ, Antonio. Impactos da covid-19 na telemedicina no Brasil. Cadernos do Desenvolvimento, v. 16, n. 28, p. 175. Rio de Janeiro, jan./jun. 2021).
59. Vide: https://portal.cfm.org.br/images/PDF/2020_oficio_telemedicina.pdf. Acesso em: 30 de jan. 2022.
60. Define o Ofício, com base na Resolução n. 1.643/02, CFM:
    "*Teleorientação*: para que profissionais da medicina realizem à distância a orientação e o encaminhamento de pacientes em isolamento;
    Telemonitoramento: ato realizado sob orientação e supervisão médica para monitoramento ou vigência à distância de parâmetros de saúde e/ou doença.
    Teleinterconsulta: exclusivamente para troca de informações e opiniões entre médicos, para auxílio diagnóstico ou terapêutico".

à saúde a prestar serviços de telessaúde,[61-62] referindo-se, na verdade a serviços ligados à telemedicina. Para fechar a confusão, a Lei 13.989/20 autorizou a telemedicina de maneira ampla, embora seu principal objetivo tenha sido o de autorizar a teleconsulta.[63] Esse é o tipo de desordem regulatória que não pode acontecer.

Assim, se fôssemos levar à risca o que cada um dos órgãos pediu e o que foi liberado, teríamos um claro conflito com aquilo que na prática médica e empresarial está sendo oferecido como telemedicina. Daí a necessidade do uso preciso dos termos, representando exatamente a modalidade telemática que se pretende regular. É mandatório que conceitos informáticos, de telecomunicações, médicos e jurídicos estejam em plena consonância para que a legislação seja realmente eficaz e suficientemente flexível, buscando acompanhar as constantes inovações do setor, sem que com isso perca a sua objetividade, utilidade ou atualidade.

A telemedicina é, sem dúvidas, uma das grandes promessas da Medicina que, durante a pandemia, mostrou sua força e importância. O futuro já se apresentou, resta agora pensar com cautela como a sua regulação será feita, não só porque se deve pensar os mecanismos telemáticos como uma forma de promover os serviços de saúde, mas também porque devem ser eles pensados como uma maneira de reduzir as inequidades em saúde.[64]

> Nesse sentido, a telemedicina precisa ser compreendida no âmbito de uma concepção que privilegie a sua inserção para a melhoria do acesso e do cuidado em saúde, dentro dos marcos de um sistema universal, superando uma perspectiva fragmentada, individualizada e excludente da saúde, que tem prejudicado o avanço em termos conceituais e de políticas públicas.[65]

---

61. Vide: NT 3/20, DIRAD/ANS; NT 4/20, DIRAD/ANS; NT 6/20, GGRAS/ANS; NT 10/20, DIRAD/ANS. Técnica n. 3/20/DIRAD-DIDES. Disponível em: https://www.ans.gov.br/images/stories/noticias/pdf/covid_19/Nota_Tecnica_n_3_2020_DIRAD-DIDES_DIDES.pdf. Acesso em: 20 jun. 20.
    NT 3/20, DIRAD/ANS Nota Técnica 4/20/DIRAD-DIDES. Disponível em: https://www.ans.gov.br/images/stories/noticias/pdf/covid_19/Nota_Tecnica_n_4_2020_DIRAD-DIDES_DIDES.pdf. Acesso em: 20 jun. 20.
    NT 3/20, DIRAD/ANS Nota Técnica 6/20/DIRAD-DIDES. Disponível em: https://www.ans.gov.br/images/stories/noticias/pdf/covid_19/nota-tecnica-6-2020-dirad-dides-dides.pdf. Acesso em: 20 jun. 20.
    NT 3/20, DIRAD/ANS Nota Técnica n. 10/20/DIRAD-DIFIS. Disponível em: http://www.ans.gov.br/images/stories/noticias/pdf/Nota_10.pdf. Acesso em: 20 jun. 2020.
    NT 3/20, DIRAD/ANS Nota Técnica 11/2020/DIFIS-DIOPE-DIPRO. Disponível em: http://www.ans.gov.br/images/Nota_Conjunta_11_-_Boletim_COVID-19.pdf. Acesso em: 22 de jun. 2020.
62. Sobre o assunto: SCHAEFER, Fernanda. Planos de saúde e covid-19: breves considerações. In: KFOURI NETO, Miguel; NOGAROLI, Rafaella (Coord.) *Debates contemporâneos em direito médico e da saúde*. São Paulo: Ed. RT, 2020. p. 563-587.
63. Art. 3º, Lei 13.989/20. "Entende-se por telemedicina, entre outros, o exercício da medicina mediado por tecnologias para fins de assistência, pesquisa, prevenção de doenças e lesões e promoção de saúde". Conceito que confunde Telemedicina e Telessaúde e que se distancia da teleconsulta, autorizada pela Portaria 467/20, MS.
64. Sobre o assunto, sugere-se a leitura do *Who Guideline Recommendations on Digital Interventions for Health System Strengthening*. Disponível em: https://apps.who.int/iris/bitstream/handle/10665/311941/9789241550505-eng.pdf?ua=1. Acesso em: 30 jan. 2022.
65. MALDONADO, José; CRUZ, Antonio. Impactos da covid-19 na telemedicina no Brasil. *Cadernos do Desenvolvimento*. v. 16, n. 28, p. 175. Rio de Janeiro, jan.-jun. 2021.

Não se está aqui a desconsiderar os riscos do uso da telemedicina, eles também devem ser sopesados a partir dos direitos que se pretende tutelar. No entanto, a mera existência de riscos já não é mais suficiente para afastar a possibilidade de adoção da telemedicina no Brasil como uma realidade clínica e até mesmo como parte integrante da política pública de Atenção Básica de Saúde do SUS.

A aversão aos riscos, a necessidade de mudança cultural, profissional e relacional, não são mais suficientes para rechaçar novas e importantes tecnologias na área de saúde. "De fato, quaisquer condutas que objetivem manter o *status quo* em face da pressão para modificá-lo representam uma das principais barreiras à inovação do ponto de vista institucional".[66]

Reformulações importantes, não apenas regulatórias, são inevitáveis e urgentes. Se a pandemia nos ensinou que às vezes rápidas respostas na área de saúde são necessárias, também evidenciou que o Brasil não pode permanecer inerte em face das conquistas da telemática em saúde. O desafio está posto, e a resposta regulatória, embora deva ser técnica e refletida, precisa ocorrer com certa brevidade.

4. REFERÊNCIAS

BARBOSA, P. R. B. Informática médica e telemedicina. *Anais da Academia Nacional de Medicina*. v. 160, n. 2, p. 121-123. São Paulo, jul./dez. 2000.

BLAH, F. Telemedicina é usada no Recife para tratar jovens com câncer. *JC Online*, Recife. Disponível em: http://www2.uol.com.br/JC/_2000/2802/ if2302b.htm. Acesso em: ago. 2009.

EL KHOURI, S.G. *Telemedicina*: análise de sua evolução no brasil. São Paulo, Dissertação de Mestrado apresentada à Faculdade de Medicina da USP, 2003.

FRIEDE, Reis. Percepção científica do direito. *História*, São Paulo, 28(2):2009.

MALDONADO, José; CRUZ, Antonio. Impactos da Covid-19 na telemedicina no Brasil. *Cadernos do Desenvolvimento*. v. 16, n. 28, p. 173-196. Rio de Janeiro, jan.-jun. 2021.

MALDONADO, José; MARQUES, Alexandre Barbosa; CRUZ, Antonio. Telemedicina: desafios à sua difusão no Brasil. *Cadernos de Saúde Pública*. 32, Sup 2, p. S1-S12. Rio de Janeiro, 2016.

MODALIDADES da telemedicina. Disponível em: http://www.caduceus virtual.com.br/artigo. Acesso em: 02 fev. 2004.

SANTOS, Weverson Soares; SOUSA JÚNIOR, João Henriques; SOARES, João Coelho; RAASCH, Michele. Reflexões acerca do uso da telemedicina no Brasil: oportunidade ou ameaça? *Revista Gestão em Sistemas de Saúde*. 9(3), p. 433-453. São Paulo, set./dez. 2020.

SCHAEFER, Fernanda. *Proteção de dados de saúde na sociedade de informação*. Curitiba: Juruá, 2010.

SCHAEFER, Fernanda. Planos de saúde e Covid-19: breves considerações. In: KFOURI NETO, Miguel; NOGAROLI, Rafaella (Coord.) *Debates contemporâneos em direito médico e da saúde*. São Paulo: Ed. RT, 2020.

SEABRA, A. L. R. *Telemedicina*. Disponível em: http://www.lava. med.br/livro. Acesso em: nov. 2002.

---

66. CLARK; GOODWIN apud MALDONADO, José; CRUZ, Antonio. Impactos da covid-19 na telemedicina no Brasil. *Cadernos do Desenvolvimento*. v. 16, n. 28, p. 177. Rio de Janeiro, jan.-jun. 2021.

SIGULEM, D. *Telemedicina*: uma nova forma de assistência em saúde. Disponível em: http://www.cibersaude.com.br. Acesso em: 29 out. 2002.

SIGULEM, D. *Introdução à informática em saúde*: um novo paradigma de aprendizado na prática médica da UNIFESP/EPM. São Paulo: UNIFESP/EPM, 1997.

SIGULEM, D.; ANÇÃO, M. S.; RAMOS, M. P.; LEÃO, B.F. Sistema de apoio à decisão em medicina. *Atualização terapêutica* – manual prático de diagnóstico e tratamento. 1998. (CD-ROM)

SPOSITO, Rosa. Tratamento à distância: a alta velocidade se infiltra em hospitais e laboratórios do país. *INFO*, p. 78-81, maio 2004.

STELLA, R. *Médico virtual*. Disponível em: http://www.usp.br/jorusp/arquivo/2000/jusp531/manchet/rep_res/rep_int/pesqui3.html. Acesso em: jul. 2003.

VALDEJÃO, R. G. Robôs são parceiros do médico na sala de cirurgia. *Folha de São Paulo*, Caderno Especial – Carreiras, São Paulo, 22 jun. 08, p. 04-05.

WHO. World Health Organization. Telemedicine, Opportunities and Developments in Member States, 2010. Disponível em: http://www.who.int/goe/publications/goe_telemedicine_2010.pdf. Acesso em: 30 jan. 2022.

ZUNDEL, K. M. (1996). *Telemedicine*: history, applications, and impact on librarianship. Bulletin of the Medical Library Association, *84*(1).

TELEMEDICINA NO SISTEMA ÚNICO DE SAÚDE

João Pedro Gebran Neto

Doutor *Honoris Causa* em Direito à Saúde. Mestre em Direito Constitucional. Membro do Fórum Nacional de Saúde do CNJ. Desembargador Federal no TRF4.

Rudi Roman

Mestre em Epidemiologia. Médico de Família e Comunidade. Coordenador da equipe de Teleconsultoria e Regulação do Núcleo Técnico-Científico de Telessaúde do Rio Grande do Sul (TelessaúdeRS-UFRGS).

Sumário: 1. História da telemedicina no Sistema Único de Saúde – 2. Regulamentação da telemedicina no Brasil – 3. Telemedicina em tempos pandêmicos – 4. O Sistema Único de Saúde e os vazios assistenciais – 5. Possibilidades de uso da telemedicina – 6. Consulta remota – 7. Tecnologia como unificação de informações (prontuário eletrônico): projeto do CNJ/Comitê Executivo Nacional – 8. Considerações finais – 9. Referências.

1. HISTÓRIA DA TELEMEDICINA NO SISTEMA ÚNICO DE SAÚDE

Em dezembro de 2005, o Ministério da Saúde brasileiro (MS), por meio da Secretaria de Gestão do Trabalho e da Educação em Saúde (SGTES) e do Departamento de Gestão da Educação na Saúde (DEGES), deu os primeiros passos para a fundação da telemedicina no Sistema Único de Saúde (SUS) com a estruturação do Projeto Piloto de Telemática e Telemedicina em apoio à Atenção Primária à Saúde (APS) no Brasil. Como objetivo inicial buscava-se a formação de núcleos capazes de desenvolver ações em saúde, aperfeiçoando a qualidade do atendimento da Atenção Básica[1] do SUS, por meio da ampliação da capacitação das equipes de Saúde da Família.

Em janeiro de 2007, após reuniões e pactuações ao longo do ano anterior, a iniciativa foi vinculada, na forma de projeto piloto, ao Programa Nacional de Telessaúde, instituído no âmbito do MS pela Portaria GM 35, como propósito de desenvolver ações de apoio e assistência à saúde, sobretudo na forma de Educação Permanente da Saúde da Família.[2] Para tanto, foram definidas nove instituições universitárias com experiência em telemedicina e telessaúde (ou APS) que ficaram responsáveis pela implantação e pela coordenação de núcleos de telessaúde nos estados do Ama-

---

1. Embora os termos 'Atenção Primária à Saúde' e 'Atenção Básica' possam ter aplicações específicas e distintas, no presente capítulo são utilizados de forma intercambiável, procurando preservar a denominação utilizada nos diferentes momentos da política pública de saúde no Brasil.
2. GUSSO, Gustavo; LOPES, José Mauro Ceratti (Org.). *Tratado de Medicina de Família e Comunidade*: princípios, formação e prática. Porto Alegre: Artmed, 2018.

zonas (AM), Ceará (CE), Goiás (GO), Minas Gerais (MG), Pernambuco (PE), Rio de Janeiro (RJ), Rio Grande do Sul (RS), Santa Catarina (SC) e São Paulo (SP). Além dos núcleos, foram definidos 900 pontos remotos de acesso para equipes de saúde da família, observando critérios geográficos, de porte populacional, cobertura de saúde da família e desenvolvimento humano dos municípios. Nessa etapa, tamanha era a necessidade de fomentar o uso das tecnologias de informação e comunicação na atenção primária que o financiamento, além de prover a estrutura e a operação dos núcleos, incluía o abastecimento dos pontos remotos com os equipamentos necessários para uso da telessaúde, restando como única contrapartida para a gestão local o custeio do acesso à internet.[3]

Simultaneamente, o MS firmou convênio com a Rede Nacional de Ensino e Pesquisa (RNP) para acesso de alto desempenho à internet, e com o Ministério da Ciência e Tecnologia (MCT) para utilização da Rede Universitária de Telemedicina (RUTE) como forma de integrar iniciativas de educação em saúde existentes e estimular o estabelecimento de núcleos e pontos remotos a partir de instituições universitárias formadoras de recursos humanos, em regiões não contempladas pelos projetos piloto.[4]

Cada núcleo original trilhou um caminho inicial com especificidades próprias. Como exemplos, Minas Gerais fortaleceu um serviço pioneiro (desde 2005) de telediagnóstico em cardiologia, Amazonas desenvolveu estrutura para enfrentar desafios de transmissão de dados e carência de profissionais, Santa Catarina estabeleceu uma rede estadual de telemedicina e virou referência em telerradiologia.[5] O Núcleo Técnico de Telessaúde do RS pioneiro da Universidade Federal do Rio Grande do Sul, o TelessaúdeRS-UFRGS, será aqui destacado como um exemplo de caminhos que podem ser seguidos com ganho de escala, da tecnologia que pode ser utilizada e dos convênios que podem ser celebrados entre a administração pública e instituições públicas e/ou privadas.[6-7]

Ainda antes da promoção dos projetos piloto nacionais pelas Portarias 402/2010[8] e 2.546/2011[9] do Gabinete do Ministério da Saúde que instituíram o Programa

---

3. GUSSO, Gustavo; LOPES, José Mauro Ceratti (Org.). *Tratado de Medicina de Família e Comunidade*: princípios, formação e prática. Porto Alegre: Artmed, 2018.
4. Ibidem.
5. Ibidem.
6. HARZHEIM, Erno et al. Telehealth in Rio Grande do Sul, Brazil: bridging the gaps. *Telemedicine and e-Health*, New Rochelle, v. 22, p. 938-944, 2016. DOI 10.1089/tmj.2015.0210.
7. GONÇALVES, Marcelo Rodrigues et al. Expanding primary care access: a telehealth success Story. *Annals of Family Medicine*, Leawood, KS, v. 15, n. 4, p. 383, July 2017. Doi: 10.1370/afm.2086.
8. BRASIL. Ministério da Saúde, Gabinete do Ministro. Portaria 402, de 24 de fevereiro de 2010. Institui, em âmbito nacional, o Programa Telessaúde Brasil para apoio à Estratégia de Saúde da Família no Sistema Único de Saúde, institui o Programa Nacional de Bolsas do Telessaúde Brasil e dá outras providências. *Diário Oficial da União*: seção 1, Brasília, DF, fev. 2010. [revogada]. Disponível em: https://bvsms.saude.gov.br/bvs/saudelegis/gm/2010/prt0402_24_02_2010_comp.html. Acesso em: 15 dez. 2021.
9. BRASIL. Ministério da Saúde, Gabinete do Ministro. Portaria 2.546, de 27 de outubro de 2011. Redefine e amplia o Programa Telessaúde Brasil, que passa a ser denominado Programa Nacional Telessaúde Brasil

Telessaúde Brasil para apoio à Estratégia de Saúde da Família no SUS, o Telessaúde RS-UFRGS expandia seus territórios dentro do RS com apoio da comissão intergestores bipartite. Em 2009 foi possível dobrar o número de pontos remotos e em 2011 ampliar a cobertura para todo o território gaúcho.[10] Ao mesmo tempo em que universaliza a elegibilidade dos municípios gaúchos à telessaúde, o núcleo dá passos importantes na diversificação das suas ações, com iniciativas de telediagnóstico e apoio à regulação ambulatorial.[11]

No âmbito nacional, em 2013, na esteira do Programa de Valorização da Atenção Básica (PROVAB) e com apoio e financiamento da Secretaria de Atenção à Saúde do MS (SAS/MS), o Telessaúde RS-UFRGS expandiu suas ações para além das fronteiras do RS, passando a oferecer aos médicos participantes do PROVAB de qualquer lugar do país, e mais tarde, também, para os participantes do Programa Mais Médicos, plantão de especialistas em APS para consultorias síncronas, por meio de ligação gratuita (0800 644 6543). No mesmo ano iniciam dentro do RS os projetos RegulaSUS[12] e RespiraNET.[13]

A consultoria telefônica síncrona por 0800, com abrangência nacional, rapidamente rompeu a tendência histórica de baixa utilização da telessaúde por médicos, em comparação às outras categorias, e logo foi expandida para todos os médicos da APS e outras categorias profissionais. Até outubro de 2021, a ação acumula aproximadamente 280 mil consultorias respondidas para profissionais das 27 unidades federativas do Brasil (UFs).[14] A equipe de 66 consultores atende médicos, enfermeiros e dentistas da APS, de segunda à sexta-feira, das 8h às 20h pelo horário de Brasília, sem interrupção ao meio-dia. Dados dos últimos 2 anos do serviço apontam que 75% das discussões resultam em manutenção do cuidado na APS, evitando o encaminhamento dos pacientes para a atenção especializada e aumentando a resolubilidade das equipes de atenção primária.

Redes (Telessaúde Brasil Redes). *Diário Oficial da União*: seção 1, Brasília, DF, out. 2011. Disponível em: https://bvsms.saude.gov.br/bvs/saudelegis/gm/2011/prt2546_27_10_2011.html. Acesso em: 15 dez. 2021.

10. UNIVERSIDADE FEDERAL DO RIO GRANDE DO SUL. Faculdade de Medicina. Programa de Pós-Graduação em Epidemiologia. TelessaúdeRS (TelessaúdeRS-UFRGS). [Relatório interno]. Porto Alegre, 2021.
11. Ibidem.
12. UNIVERSIDADE FEDERAL DO RIO GRANDE DO SUL. Faculdade de Medicina. Programa de Pós-Graduação em Epidemiologia. TelessaúdeRS (TelessaúdeRS-UFRGS); RIO GRANDE DO SUL. Secretaria da Saúde. *RegulaSUS*. Porto Alegre, [2021]. Disponível em: https://www.ufrgs.br/telessauders/regulasus/. Acesso em: 15 dez. 2021.
13. UNIVERSIDADE FEDERAL DO RIO GRANDE DO SUL. Faculdade de Medicina. Programa de Pós-Graduação em Epidemiologia. TelessaúdeRS (TelessaúdeRS-UFRGS); Rio Grande do Sul. Secretaria da Saúde. HOSPITAL DE CLÍNICAS DE PORTO ALEGRE. *RespiraNET*. Porto Alegre, 2021. Disponível em: https://www.ufrgs.br/telessauders/telediagnostico/respiranet/. Acesso em: 15 dez. 2021.
14. UNIVERSIDADE FEDERAL DO RIO GRANDE DO SUL. Faculdade de Medicina. Programa de Pós-Graduação em Epidemiologia. TelessaúdeRS (TelessaúdeRS-UFRGS). [Relatório interno]. Porto Alegre, 2021.

O projeto RegulaSUS do TelessaúdeRS,[15-16] disciplinado pelas Resoluções CIB/RS 510/2013, 170/2014, 238/2014 e 454/2014, estabeleceu a principal estratégia de regulação ambulatorial adotada no RS. O processo de trabalho consiste em: (1) revisão das filas de espera para consulta especializada observando critérios de criticidade do acesso; (2) definição dos motivos mais frequentes de encaminhamento; (3) revisão crítica da literatura científica pertinente aos motivos de referência; (4) produção e validação externa de um protocolo com critérios objetivos de encaminhamento e conteúdo descritivo mínimo a ser informado para cada motivo de referência; (5) classificação das filas de espera a partir dos protocolos, com oferta de consultoria telefônica para os casos com informações insuficientes ou sem critério de referência. Até outubro de 2021, o projeto publicou protocolos de encaminhamento para 298 motivos de referência e discutiu mais de 108 mil casos em fila de espera, de 439 municípios do RS. Como resultado, agendas de consulta especializada na capital tiveram redução de 20 a 80% na fila e no tempo de espera, dependendo da especialidade. Inspirado neste modelo, o Hospital Sírio Libanês explorou o método de regulação orientada por protocolos e apoiada por consultoria em outras regiões do país por meio do projeto Regula + Brasil, financiado com recursos do Programa de Apoio ao Desenvolvimento Institucional do Sistema Único de Saúde (PROADI-SUS).

O projeto RespiraNET[17] consiste na oferta descentralizada de espirometria – exame que avalia a função pulmonar – com interpretação remota dos resultados por pneumologista do TelessaúdeRS-UFRGS na capital. As doenças respiratórias crônicas sempre tiveram destaque no RS em comparação com outras UFs e a oferta de exame da função pulmonar historicamente é insuficiente e restrita a serviços especializados. Com essa iniciativa, até outubro de 2021, o RespiraNET expandiu a oferta pública em mais de 36 mil exames. Sucederam à iniciativa do RespiraNET, os projetos: EstomatoNET,[18] em 2015, orientado para diagnóstico de lesões bucais a partir de fotografias; DermatoNET,[19] em 2017, orientado para o diagnóstico de lesões

---

15. PFEIL, Juliana Nunes et al. A telemedicine strategy to reduce waiting lists and time to specialist care: a retrospective cohort study. *Journal of Telemedicine and Telecare*, London, p. 1-8, Oct. 2020. DOI 10.1177/1357633X20963935.
16. KATZ, Natan et al. Acesso e regulação ao cuidado especializado no Rio Grande do Sul: a estratégia RegulaSUS do TelessaúdeRS-UFRGS. *Ciência & Saúde Coletiva*, Rio de Janeiro, v. 25, n. 4, p. 1389-1400, v. 25, n. 4, p. 1389-1399, jan./abr. 2020. DOI 10.1590/1413-81232020254.28942019.
17. Universidade Federal do Rio Grande do Sul. Faculdade de Medicina. Programa de Pós-Graduação em Epidemiologia. TelessaúdeRS (TelessaúdeRS-UFRGS); RIO GRANDE DO SUL. Secretaria da Saúde. HOSPITAL DE CLÍNICAS DE PORTO ALEGRE. *RespiraNET*. Porto Alegre, 2021. Disponível em: https://www.ufrgs.br/telessauders/telediagnostico/respiranet/. Acesso em: 15 dez. 2021.
18. Universidade Federal do Rio Grande do Sul. Faculdade de Medicina. Programa de Pós-Graduação em Epidemiologia. TelessaúdeRS (TelessaúdeRS-UFRGS); RIO GRANDE DO SUL. Secretaria da Saúde; BRASIL. Ministério da Saúde. *EstomatoNET*. Porto Alegre, [2021]. Disponível em: https://www.ufrgs.br/telessauders/telediagnostico/estomatonet/. Acesso em: 15 dez. 2021.
19. niversidade Federal do Rio Grande do Sul. Faculdade de Medicina. Programa de Pós-Graduação em Epidemiologia. TelessaúdeRS (TelessaúdeRS-UFRGS); RIO GRANDE DO SUL. Secretaria da Saúde. *DermatoNET*. Porto Alegre, 2021. Disponível em: https://www.ufrgs.br/telessauders/telediagnostico/dermatonet/. Acesso em: 15 dez. 2021.

de pele também por fotografias; e, por último, o TeleOftalmo,[20] em 2017, projeto de diagnóstico oftalmológico estabelecido com recursos PROADI-SUS do Hospital Moinhos de Vento, que utiliza equipamentos em consultórios descentralizados, operados remotamente por oftalmologistas na central de comando em uma das sedes do TelessaúdeRS-UFRGS em Porto Alegre/RS.

Além dos protocolos do RegulaSUS, é profícua a produção de materiais assistenciais, disponibilizados no *site* do Telessaúde RS-UFRGS (www.telessauders.ufrgs.br), e a produção científica, na forma de dissertações, teses, livros e artigos científicos. O núcleo ofereceu, de 2009 a 2021, 38 cursos de ensino a distância, em 136 edições, com 71.792 participantes certificados, incluindo, múltiplas edições de curso de formação de consultores e reguladores para telessaúde, por encomenda do próprio MS.

Compromissado com a saúde pública e atento às necessidades da sociedade, em 2019, de maneira inédita e diferente dos habituais convênios, o Telessaúde RS-UFRGS firmou um contrato com a Justiça Federal do RS para atuar como Núcleo de Apoio Técnico (NAT-Jus), avaliando pleitos judiciais para demandas em saúde. Como resultado, até outubro de 2021, foram produzidas avaliações técnicas para mais de 1.400 pleitos em saúde.[21] Esse apoio, consistente, permite aos magistrados da Justiça Federal do RS tomarem decisões qualificadas e baseadas em evidências.

Com o início da pandemia de Covid-19 em 2020, no Brasil, e como uma resposta a ela, o MS institui novos serviços de telemedicina. Um dos primeiros foi o TeleSUS,[22] serviço de escala sem comparação no mundo, que atendia e avaliava em escala nacional e 24 horas por dia pessoas suspeitas para Covid-19 por meio de *chatbots* e atendimento telefônico por profissionais de saúde no número 136, inclusive médicos, que forneciam prescrições e atestados, quando necessário.

Outro projeto foi o TelePsi,[23] parceria com o Hospital de Clínicas de Porto Alegre (HCPA), ofereceu atendimento remoto em saúde mental para apoiar emocionalmente os profissionais nas linhas de frente do sistema de saúde durante a pandemia. Com recursos PROADI-SUS e apoio do Hospital Israelita Albert Einstein (HIAE) foi desenvolvido o 'Consultório Virtual de Saúde da Família', que consistia em uma plataforma para que os profissionais das equipes de saúde da família, de todo o Brasil, pudessem

---

20. Universidade Federal do Rio Grande do Sul. Faculdade de Medicina. Programa de Pós-Graduação em Epidemiologia. TelessaúdeRS (TelessaúdeRS-UFRGS); RIO GRANDE DO SUL. Secretaria da Saúde; HOSPITAL MOINHOS DE VENTO. *TeleOftalmo*. Porto Alegre, 2021. Disponível em: https://www.ufrgs.br/telessauders/telediagnostico/teleoftalmo//. Acesso em: 15 dez. 2021.
21. UNIVERSIDADE FEDERAL DO RIO GRANDE DO SUL. Faculdade de Medicina. Programa de Pós-Graduação em Epidemiologia. TelessaúdeRS (TelessaúdeRS-UFRGS). [Relatório interno]. Porto Alegre, 2021.
22. BRASIL. Ministério da Saúde. Secretaria de Atenção Primária. *TeleSUS*. Brasília, DF, [2021]. Disponível em: https://aps.saude.gov.br/ape/corona/telesus. Acesso em: 15 dez. 2021.
23. BRASIL. Ministério da Saúde. Secretaria de Atenção Primária à Saúde; HOSPITAL DE CLÍNICAS DE PORTO ALEGRE. *TelePsi*. Porto Alegre, [2021]. Disponível em: https://telepsi.hcpa.edu.br/. Acesso em: 15 dez. 2021.

continuar assistindo à sua população de referência portadora de doenças crônicas por meio de consultas remotas na vigência da pandemia. Por questões políticas, entretanto, as iniciativas foram descontinuadas ainda em 2020.

Apesar da relevante trajetória da telessaúde no SUS, inclusive em situações de emergência em saúde pública,[24] os núcleos de telessaúde e o Programa Telessaúde Brasil Redes ainda não se beneficiam do *status* de política pública de saúde. Por consequência, incorrem dificuldades cíclicas relacionadas ao financiamento regular da estrutura necessária à manutenção das atividades desenvolvidas, bem como reduzida margem para esforços de inovação. Espera-se, no entanto, que este paradigma seja superado em curto ou médio prazo, considerando a inexorabilidade da incorporação tecnológica em saúde e o potencial de integração e otimização da assistência à saúde associados à telessaúde e à telemedicina.[25]

2. REGULAMENTAÇÃO DA TELEMEDICINA NO BRASIL

Embora seja esperado que a norma suceda a inovação e ocupe o vácuo da disciplina, não é o que se observa na construção da regulamentação da telemedicina no Brasil. Desde muito cedo tem sido vedado aos médicos, por códigos deontológicos, Decreto-lei 4.113/1942 (ainda vigente) e posteriormente pelos códigos de ética, a possibilidade de atendimento direto por meios de comunicação.[26] A primeira regulamentação a respeito do tema no país, a Resolução do Conselho Federal de Medicina (CFM) 1.643/2002,[27] que, embora reconheça a telemedicina como o exercício da Medicina através de meios de comunicação e permita o suporte diagnóstico e terapêutico remotos em situação de emergência ou quando solicitado por médico responsável, se furta de enfrentar a vedação ética para o atendimento remoto sem tais qualificadores, a despeito de estar inspirada na Declaração de Tel Aviv de 1999, da Associação Médica Mundial, que atribui autonomia ao profissional quanto ao uso da telemedicina.

Nova edição do Código de Ética Médica (CEM),[28] de 2009, sete anos depois, manteve totalmente inalterada a vedação ao atendimento remoto constante da edição

---

24. SILVA, Rodolfo Souza da et al. O papel da telessaúde na pandemia Covid-19: uma experiência brasileira. *Ciência & Saúde Coletiva*, v. 26, n. 6, p. 2149–2157, Rio de Janeiro, 2021. DOI 10.1590/1413-81232021266.39662020.
25. HARZHEIM, Erno et al. Telessaúde como eixo organizacional dos sistemas universais de saúde do século XXI. *Revista Brasileira de Medicina de Família e Comunidade*, v. 14, n. 41, Rio de Janeiro, p. 1881, 2019. DOI 10.5712/rbmfc14(41)1881.
26. SCHMITZ, Carlos André Aita et al. Dezoito anos em dois dias: os próximos passos para a consulta remota no Brasil. *Scielo Preprints*, 2021. Versão 3. DOI 10.1590/SciELOPreprints.3126.
27. CONSELHO FEDERAL DE MEDICINA (Brasil). Resolução CFM 1.643/2002. Define e disciplina a prestação de serviços através da Telemedicina. Brasília, DF; 26 ago. 2002. Disponível em: https://sistemas.cfm.org.br/normas/visualizar/resolucoes/BR/2002/1643. Acesso em: 15 dez. 2021.
28. Idem. Resolução CFM 1.931/2009. Aprova o Código de Ética Médica. Brasília, DF, 24 set. 2009. Disponível em: https://portal.cfm.org.br/index.php?option=com_content&id=20670:resolucao-cfm-no 19312009-. Acesso em: 15 dez. 2021.

do CEM de 1988.[29] Apenas em 2011, por meio do entendimento do CFM à Resolução CFM 1.974[30] é que se observa tímido avanço ao permitir "[...] orientar por telefone pacientes que já conheça, aos quais já prestou atendimento presencial, para esclarecer dúvidas em relação a um medicamento prescrito, por exemplo".[31] Enquanto isso, ainda em 2011, foi promulgada a Lei 12.551[32] que alterou a Consolidação das Leis do Trabalho e equiparou o trabalho remoto ao presencial.

Voltando ao campo da (tele)medicina, avanço mais expressivo foi determinado pela Resolução CFM 2.107/2014[33] que, disciplinando o exercício da radiologia à distância, estabeleceu os preceitos legais a serem observados para diagnósticos em condições análogas de distância. Mais tarde, em 2017, o parecer CFM 14,[34] estendeu o arbitrado para o atendimento por telefone (Resolução 1.974/2011) para os aplicativos de mensagens tipo WhatsApp®.

A controvérsia em torno do tema, embora latente, toma corpo a partir de 2018. O CFM, após longo e aprofundado debate, editou a Resolução CFM 2.227/2018,[35] publicada em 6 de fevereiro de 2019, regulando a telemedicina como forma de prestação de serviços médicos por tecnologias. Essa resolução decorria de decisão proferida em sessão plenária do referido Conselho, datada de 13 de dezembro de 2018, o que aparentemente lhe dava ampla legitimidade dentre os profissionais médicos.

Não obstante, não foi isso que se verificou. Houve grande reação por parte de médicos[36] e suas associações, inclusive conselhos regionais, que entendiam que a

---

29. SCHMITZ, Carlos André Aita et al. Dezoito anos em dois dias: os próximos passos para a consulta remota no Brasil. *Scielo Preprints*, 2021. Versão 3. DOI 10.1590/SciELOPreprints.3126.
30. CONSELHO FEDERAL DE MEDICINA (Brasil). Resolução CFM 1.974/2011. Estabelece os critérios norteadores da propaganda em Medicina, conceituando os anúncios, a divulgação de assuntos médicos, o sensacionalismo, a autopromoção e as proibições referentes à matéria. Brasília, DF, 19 ago. 2011. Disponível em: https://sistemas.cfm.org.br/normas/visualizar/resolucoes/BR/2011/1974. Acesso em: 15 dez. 2021.
31. CONSELHO FEDERAL DE MEDICINA (Brasil). *Perguntas frequentes*. Brasília, DF, [2011-]. f. 2. Disponível em: https://portal.cfm.org.br/publicidademedica/imprimir/perguntasfrequentes_imprimir.html. Acesso em: 15 dez. 2021.
32. BRASIL. Lei Federal 12.551, de 15 de dezembro de 2011. Altera o art. 6º da Consolidação das Leis do Trabalho (CLT), aprovada pelo Decreto-Lei 5.452, de 1º de maio de 1943, para equiparar os efeitos jurídicos da subordinação exercida por meios telemáticos e informatizados à exercida por meios pessoais e diretos. *Diário Oficial da União*: seção 1, Brasília, DF, p. 3, 16 dez. 2011. Disponível em: https://www.planalto.gov.br/ccivil_03/_ato2011-2014/2011/lei/l12551.htm. Acesso em: 15 dez. 2021.
33. CONSELHO FEDERAL DE MEDICINA (Brasil). Resolução CFM 2.107/2014. Define e normatiza a Telerradiologia e revoga a Resolução CFM 1890/09, publicada no D.O.U. de 19 janeiro de 2009, Seção I, p. 94-5p. Brasília, DF, 25 set. 2014. Disponível em: https://sistemas.cfm.org.br/normas/arquivos/resolucoes/BR/2014/2107_2014.pdf. Acesso em: 15 dez. 2021.
34. Idem. Processo-consulta CFM 50/2016: parecer CFM 14/2017. Assunto: uso do WhatsApp em ambiente hospitalar. Relator: Emmanuel Fortes S. Cavalcanti. Brasília, DF, 27 abr. 2017. Disponível em: https://sistemas.cfm.org.br/normas/visualizar/pareceres/BR/2017/14. Acesso em: 15 dez. 2021.
35. Idem. Resolução CFM 2.227/2018. Define e disciplina a telemedicina como forma de prestação de serviços médicos mediados por tecnologias. Brasília, DF, 6 fev. 2019. [revogada]. Disponível em: https://sistemas.cfm.org.br/normas/visualizar/resolucoes/BR/2018/2227. Acesso em: 15 dez. 2021.
36. Idem. Conselheiros do CFM revogam a Resolução 2.227/2018, que trata da Telemedicina. Brasília, DF, 22 fev. 2019. Disponível em: https://portal.cfm.org.br/noticias/conselheiros-do-cfm-revogam-a-resolucao-no-2-227-2018-que-trata-da-telemedicina/. Acesso em: 15 dez. 2021.

disciplina violava direitos médicos e dos pacientes, chegando-se a sustentar que se tratava de regulamentação "hedionda".[37]

Diante das contestações e insurgência, em 26 de fevereiro de 2019 o próprio CFM decidiu, novamente em sessão plenária, revogar aquilo que havia sido aprovado há poucos meses, repristinando a remota Resolução 1.643/2002,[38] que se furta de abordar o atendimento direto, salvo em situação de emergência e a pedido de colega.

A revogada Resolução CMF 2.227/2018 estabelecia a atividade como "[...] o exercício da medicina mediado por tecnologias para fins de assistência, educação, pesquisa, prevenção de doenças e lesões e promoção de saúde".[39] A ser realizada em tempo real *on-line* (síncrona) ou *off-line* (assíncrona), por multimeios em tecnologia, é permitida dentro do território nacional. Previa-se, ainda, a possibilidade de teleconsulta entre médico e paciente, precedido de prévia relação presencial entre ambos, com consentimento do paciente na utilização dessa tecnologia, dentre outros regramentos (art. 4º, § 1º).[40] Também, previa a teleinterconsulta, historicamente estabelecida no SUS como teleconsultoria, destinada aos médicos, para troca de informações, com ou sem a presença do paciente, permitindo acesso a informações de qualidade, possibilitando a aproximação entre profissionais de diferentes especialidades e dando acesso à informação qualificada para locais remotos (art. 6º). Tratava, ainda, de telediagnóstico (arts. 7º e 9º), telecirurgia (art. 8º), de telemetria médica (art. 10), telemonitoramento (art. 11), dentre outros regramentos.[41]

Verifica-se que o regulamento médico enfim avançava, o que acabou gerando reações contrárias. Embora caibam críticas à obrigatoriedade de primeiro atendimento presencial e ao abuso no uso do prefixo 'tele' como se a prática médica remota tivesse essência diversa da presencial, é indispensável que se diga, além de adequada e com finalidades nobres, estava a resolução calcada em sólida orientação internacional, firmada na 51ª Assembleia Geral da Associação Médica Mundial, de outubro de 1999,[42] ou seja, cerca de vinte anos antes, na Declaração de Tel Aviv e mantida nas edições posteriores.

---

37. BATISTA, Vera. Telemedicina – CFM reconhece erro e revogará a Resolução 2227/18. *Correio Braziliense*: Blog do Servidor, Brasília, DF, 22 fev. 2019. Disponível em: https://blogs.correiobraziliense.com.br/servidor/telemedicina-cfm-reconhece-erro-e-revogara-a-resolucao-2227-18/. Acesso em: 15 dez. 2021.
38. Conselho Federal de Medicina (Brasil). Resolução CFM 1.643/2002. Define e disciplina a prestação de serviços através da Telemedicina. Brasília, DF, 26 ago. 2002. Disponível em: https://sistemas.cfm.org.br/normas/visualizar/resolucoes/BR/2002/1643. Acesso em: 15 dez. 2021.
39. Idem. Resolução CFM 2.227/2018. Define e disciplina a telemedicina como forma de prestação de serviços médicos mediados por tecnologias. Brasília, DF, 6 fev. 2019. [revogada]. f. 3. Disponível em: https://sistemas.cfm.org.br/normas/visualizar/resolucoes/BR/2018/2227. Acesso em: 15 dez. 2021.
40. Ibidem.
41. Ibidem.
42. Declaração de Tel Aviv: sobre responsabilidades e normas éticas na utilização da telemedicina. Assembleia Geral da Associação Médica Mundial, 51, 1999, Tel Aviv, out. 1999. [tradução]. Disponível em: http://www.dhnet.org.br/direitos/codetica/medica/27telaviv.html. Acesso em: 15 dez. 2021.

O tempo, porém, é o senhor da razão. O infeliz advento da pandemia de Covid-19 fez os olhos do mundo voltarem-se aos problemas da saúde, não sendo diferente com o Brasil, que se viu obrigado a voltar seus olhos para o SUS, suas virtudes e suas mazelas.

3. TELEMEDICINA EM TEMPOS PANDÊMICOS

Como destacado anteriormente, até o advento da pandemia de Covid-19, não havia liberação e regulamentação para a consulta médica remota no Brasil, mas apenas a Resolução CFM 1.643/2002[43] com toda sua limitação. A brevíssima vigência da regulamentação para a utilização da tecnologia para o exercício da Medicina sequer pode ser considerada, porque pouco se tem notícia sobre sua efetiva utilização.

Posteriormente, para fazer frente à pandemia, o MS investiu acertadamente na telemedicina como ferramenta de enfrentamento da emergência de saúde pública, nos termos da Portaria MS 467, de 20 de março de 2020.[44]

Aquilo que restou rejeitado pela classe médica acabou tornando-se necessário para fazer frente aos graves problemas trazidos pelo coronavírus SARS-CoV-2, tanto para o distanciamento entre doentes e demais pessoas, evitando locomoções e reuniões em salas de espera, quanto pela necessidade de aproximação entre os profissionais de saúde e pacientes residentes em locais remotos.

E, uma vez mais, a Declaração de Tel Aviv serve de fundamento para autorizar o uso da telemedicina, dispondo o édito ministerial que a "[...] interação à distância podem contemplar o atendimento pré-clínico, de suporte assistencial, de consulta, monitoramento e diagnóstico, por meio de tecnologia da informação e comunicação, no âmbito do SUS, bem como na saúde suplementar e privada".[45] O mesmo ato disciplina os registros do prontuário clínico do paciente (art. 4º), bem como permite a emissão de receitas e atestados médicos por meio eletrônico (arts. 5º e 6º).[46] As regras da referida portaria[47] são genéricas, limitando-se a utilização da telemedicina

---

43. CONSELHO FEDERAL DE MEDICINA (Brasil). Resolução CFM 1.643/2002. Define e disciplina a prestação de serviços através da Telemedicina. Brasília, DF; 26 ago. 2002. Disponível em: https://sistemas.cfm.org.br/normas/visualizar/resolucoes/BR/2002/1643. Acesso em: 15 dez. 2021.
44. BRASIL. Ministério da Saúde, Gabinete do Ministro. Portaria 467, de 20 de março de 2020. Dispõe, em caráter excepcional e temporário, sobre as ações de Telemedicina, com o objetivo de regulamentar e operacionalizar as medidas de enfrentamento da emergência de saúde pública de importância internacional previstas no art. 3º da Lei 13.979, de 6 de fevereiro de 2020, decorrente da epidemia de COVID-19. *Diário Oficial da União*: seção 1, Brasília, DF, ed. 56-B, p. 1, 23 mar. 2020. Disponível em: https://www.in.gov.br/en/web/dou/-/portaria-n-467-de-20-de-marco-de-2020-249312996. Acesso em: 15 dez. 2021.
45. BRASIL. Ministério da Saúde, Gabinete do Ministro. Portaria 467, de 20 de março de 2020. Dispõe, em caráter excepcional e temporário, sobre as ações de Telemedicina, com o objetivo de regulamentar e operacionalizar as medidas de enfrentamento da emergência de saúde pública de importância internacional previstas no art. 3º da Lei 13.979, de 6 de fevereiro de 2020, decorrente da epidemia de COVID-19. *Diário Oficial da União*: seção 1, Brasília, DF, ed. 56-B, p. 1, 23 mar. 2020. Online. Disponível em: https://www.in.gov.br/en/web/dou/-/portaria-n-467-de-20-de-marco-de-2020-249312996. Acesso em: 15 dez. 2021.
46. Ibidem.
47. Ibidem.

como alternativa à consulta presencial e emissão de prescrições médicas e atestados. Comparando-a com a resolução revogada do CFM,[48] verifica-se que limitava a intermediação pela tecnologia ao caráter meio, sem pressupor distinção entre as práticas presencial e remota.

Desse breve escorço das normas que regulam a telemedicina, verifica-se que pouco regramento existe sobre o uso de tecnologias para atendimento virtual e mesmo para outras atividades remotas falta regulamentação mais específica.

Tratando-se de atividade que prescinde de autorização estatal para a sua realização, e não havendo impeditivo criado por lei ou pelo próprio conselho da categoria profissional, há liberdade para atuação, embora o regramento seja recomendável e a obediência às regras da ética profissional possam, em tese, ensejar limitações implícitas e/ou indiretas.

Como apontado anteriormente, o Código de Ética Médica brasileiro exige, para prescrição de tratamento e outros procedimentos, o exame direto do paciente (art. 37[49]), ressalvando os casos de urgência e emergência, bem como autorizando a regulação do tema pelo Conselho Federal de Medicina (art. 37, § 1º).[50]

Há, também, a orientação firmada no Parecer CFM 08/2020 que, em resposta à consulta, assentou "é vedado realizar exames médicos ocupacionais com recursos de telemedicina sem proceder o exame clínico direto no trabalhador".[51] Esta orientação é bastante específica, fundada em regulamentação própria para a Medicina do Trabalho, que expressamente veda a emissão de atestado de saúde ocupacional (ASO) sem o exame médico do trabalhador (art. 6º, II, da Resolução 2.183, de 21 de junho de 2018).

Embora a regulamentação infralegal seja relativamente nova, vez que o Código de Ética Médica é datado de 27 de setembro de 2018, tendo sofrido duas modificações posteriores, é certo que elas não acompanharam a evolução tecnológica, ignorando as possibilidades de realização de cirurgias remotas, utilização da robótica, teleassistência médica e teleconsultas, entre tantas outras possibilidades.

---

48. Conselho Federal de Medicina (Brasil). Resolução CFM 2.227/2018. Define e disciplina a telemedicina como forma de prestação de serviços médicos mediados por tecnologias. Brasília, DF, 6 fev. 2019. [revogada]. Disponível em: https://sistemas.cfm.org.br/normas/visualizar/resolucoes/BR/2018/2227. Acesso em: 15 dez. 2021.
49. Art. 37. Prescrever tratamento e outros procedimentos sem exame direto do paciente, salvo em casos de urgência ou emergência e impossibilidade comprovada de realizá-lo, devendo, nesse caso, fazê-lo imediatamente depois de cessado o impedimento, assim como consultar, diagnosticar ou prescrever por qualquer meio de comunicação de massa. § 1º O atendimento médico a distância, nos moldes da telemedicina ou de outro método, dar-se-á sob regulamentação do Conselho Federal de Medicina.
50. CONSELHO FEDERAL DE MEDICINA (Brasil). Resolução CFM 1.931/2009. Aprova o Código de Ética Médica. Brasília, DF, 24 set. 2009. Disponível em: https://portal.cfm.org.br/index.php?option=com_content&id=20670:resolucao-cfm-no-19312009-. Acesso em: 15 dez. 2021.
51. CONSELHO FEDERAL DE MEDICINA (Brasil). Processo-consulta CFM 12/2020: parecer CFM 8/2020. Assunto: telemedicina e exames ocupacionais. Relatora: Rosylane Nascimento das Mercês Rocha. Brasília, DF: 21 maio 2020. f. 4. Disponível em: https://www.anamt.org.br/portal/wp-content/uploads/2021/03/Parecer-CFM-82020.pdf. Acesso em: 15 dez. 2021.

Enfim, parece que andava bem a revogada resolução do CFM,[52] que não apenas avançava no tema, antecipando-se à pandemia, como também trazia regras bastante razoáveis a disciplinar aquilo que certamente chega com atraso e que revolucionará a assistência à saúde que conhecemos.

4. O SISTEMA ÚNICO DE SAÚDE E OS VAZIOS ASSISTENCIAIS

Muitos são os desafios do SUS, instituído pela Constituição Federal de 1988, e organizado por meio da Lei 8.080/1990. O maior deles, nesses pouco mais de 30 anos de existência, é organizar o atendimento de saúde para toda a população brasileira (princípio da universalidade de cobertura e atendimento), de modo inclusivo, algo que até então era não apenas desorganizado, mas também excludente.

E isso, por certo demandou esforços de diversas ordens, tornando o SUS uma das, senão a maior, conquista da nova Carta Política brasileira. Mas, de fato, muito há que ser feito, inclusive superar o subfinanciamento dos entes públicos ao sistema de saúde.

A tecnologia, todavia, auxilia tanto na otimização dos recursos financeiros, quanto possibilita levar o atendimento aos mais remotos rincões. Como expõe a introdução da Declaração de Tel Aviv:

> 2. A utilização da telemedicina tem muitas vantagens potenciais e sua demanda aumenta cada vez mais. Os pacientes que não têm acesso a especialistas, ou inclusive à atenção básica, podem beneficiar-se muito com esta utilização. Por exemplo, a telemedicina permite a transmissão de imagens médicas para realizar uma avaliação à distância em especialidades tais como radiologia, patologia, oftalmologia, cardiologia, dermatologia e ortopedia. Isto pode facilitar muito os serviços do especialista, ao mesmo tempo em que diminui os possíveis riscos e custos relativos ao transporte do paciente e/ou a imagem de diagnóstico. Os sistemas de comunicações como a videoconferência e o correio eletrônico permitem aos médicos de diversas especialidades consultar colegas e pacientes com maior frequência, e manter excelentes resultados dessas consultas. A telecirurgia ou a colaboração eletrônica entre locais sobre telecirurgia, faz com que cirurgiões com menos experiência realizem operações de urgência com o assessoramento e a ajuda de cirurgiões experientes. Os contínuos avanços da tecnologia criam novos sistemas de assistência a pacientes que ampliarão a margem dos benefícios que oferece a telemedicina a muito mais do que existe agora. Ademais, a telemedicina oferece um maior acesso à educação e à pesquisa médica, em especial para os estudantes e os médicos que se encontram em regiões distantes.[53]

Esta afirmativa fala de perto com recentes informações constantes em relatório do Conselho Nacional de Justiça (CNJ), intitulado 'Judicialização e Sociedade: ações para acesso à saúde pública de qualidade':

---

52. Idem. Resolução CFM 2.227/2018. Define e disciplina a telemedicina como forma de prestação de serviços médicos mediados por tecnologias. Brasília, DF, 6 fev. 2019. [revogada]. Disponível em: https://sistemas.cfm.org.br/normas/visualizar/resolucoes/BR/2018/2227. Acesso em: 15 dez. 2021.
53. Declaração de Tel Aviv: sobre responsabilidades e normas éticas na utilização da telemedicina. Assembleia Geral da Associação Médica Mundial, 51., 1999, Tel Aviv, out. 1999. [tradução]. Disponível em: http://www.dhnet.org.br/direitos/codetica/medica/27telaviv.html. Acesso em: 15 dez. 2021.

[...] busca apresentar informações sobre os desafios de atendimento às demandas por saúde pela população que acaba por recorrer ao Poder Judiciário de modo a subsidiar de dados quantitativos e qualitativos o Plano Nacional para o Poder Judiciário [...]. Para tanto, este estudo conta com o levantamento de informações importantes fornecidas pelo Ministério da Saúde, como, por exemplo, cobertura vacinal, número de profissionais de saúde e quantidade de internações, entre os anos de 2019 e 2020, por meio do Sistema de Internações Hospitalares (SIH), do Cadastro Nacional de Estabelecimentos de Saúde (CNES) e o Sistema de Informações Ambulatoriais (SIA). Além dos dados do Ministério da Saúde foi realizada uma pesquisa, por meio da aplicação de questionários junto a secretarias de saúde estaduais e municipais e Tribunais de Justiça a respeito dos motivos para a alta demanda de processos e entender como gestores públicos de saúde e o Poder Judiciário interagem para atingir o melhor interesse da sociedade em relação aos serviços de saúde.[54]

Confirmou-se no relatório algo reconhecido pelos estudos de demografia médica: a má distribuição geográfica de profissionais de saúde pelo país, com a concentração de especialistas nos grandes centros e vazios assistenciais em localidades mais remotas.[55]

Não obstante, mesmo contando com um sistema de saúde tão completo e acessível à sua população, há grandes desigualdades na distribuição dos médicos pelo território brasileiro. A região Centro Oeste apresenta uma densidade de 2,36 médicos por mil habitantes, região Sul apresenta 2,3 e a Nordeste 1,4. A região Sudeste denota a maior densidade de médicos com 2,81. Já a região Norte do país detém os piores indicadores com 1,4 médicos por mil habitantes, acarretando uma expressiva vulnerabilidade, visto que seus habitantes encontram maior dificuldade ao acesso de médicos quando comparado as demais regiões.[56]

E não se buscará tratar aqui das razões desses contrastes, mas consignar que a telemedicina é potente ferramenta para minimizar diversas mazelas. O quantitativo geral de médicos por habitantes, ou mesmo de outros profissionais da saúde, está a revelar a desigualdade na assistência pública à saúde, como é percebido na tabela a seguir:

---

54. CONSELHO NACIONAL DE JUSTIÇA (Brasil). *Judicialização e sociedade*: ações para acesso à saúde pública de qualidade. Brasília, DF: CNJ, 2021. p. 12. Disponível em: https://www.cnj.jus.br/wp-content/uploads/2021/06/Relatorio_Judicializacao-e-Sociedade.pdf. Acesso em: 15 dez. 2021.
55. SCHEFFER, Mário (Coord.). *Demografia médica no Brasil 2020*. São Paulo: FMUSP; CFM, 2020.
56. BRITO, Bruno; LEITÃO, Luciana. Telemedicina no Brasil: uma estratégia possível para o cuidado em saúde em tempo de pandemia? *Saúde em Redes*, v. 6, supl. 2, Porto Alegre, p. 7-19, 2020. DOI 10.18310/2446-48132020v6n2Suplem.3202g550.

Figura 1 – Taxa de profissionais de atendimento à saúde mais frequentes por mil habitantes por Unidade da Federação.[57]

Estados	Taxa Auxiliar	Taxa Agente	Taxa Médico	Taxa Técnico
AC	0,96	2,82	1,86	3,25
AL	1,62	2,74	2,54	2,05
AM	1,11	2,75	1,76	3,41
AP	1,02	2,20	1,36	4,46
BA	0,94	2,61	2,73	2,74
CE	1,28	2,38	2,34	1,84
DF	2,74	0,55	4,53	4,79
ES	1,08	1,81	4,25	3,91
GO	0,80	1,93	3,04	2,95
MA	0,80	3,06	1,35	2,77
MG	1,37	2,30	4,86	3,61
MS	1,21	2,78	3,57	3,16
MT	0,84	2,23	2,66	3,26
PA	0,46	2,43	1,59	2,76
PB	0,96	2,86	2,66	2,84
PE	1,25	2,29	2,94	3,09
PI	1,48	2,93	2,03	2,71
PR	1,55	1,54	4,25	2,75
RJ	1,33	1,54	4,03	3,63
RN	1,33	2,45	2,76	2,96
RO	1,26	2,26	2,33	3,34
RR	1,70	3,09	2,32	5,64
RS	0,95	1,24	5,13	4,10
SC	0,92	1,67	4,90	3,47
SE	2,19	2,68	3,23	2,08
SP	2,14	0,98	5,14	2,98
TO	1,09	3,48	2,40	4,56
TOTAL	1,44	1,90	3,80	3,12

Fonte: Ministério da Saúde, 2020

Observe-se que a taxa de médicos, no Estado de São Paulo é de 5,14 por mil habitantes, ao passo que em alguns estados, como Maranhão ou Acre, não chega a 2 por mil habitantes, cerca de metade da média nacional (3,8).

O relatório do CNJ[58] apresentou mapas com os quantitativos de médicos especialistas em alguns Estados brasileiros, cujas imagens bem revelam a escassez de profissionais em determinadas regiões, difícil de ser ignorada mesmo quando considerados as diferentes densidades populacionais, como no caso de ortopedistas

---

57. CONSELHO NACIONAL DE JUSTIÇA (Brasil). *Judicialização e sociedade*: ações para acesso à saúde pública de qualidade. Brasília, DF: CNJ, 2021. p. 46. Disponível em: https://www.cnj.jus.br/wp-content/uploads/2021/06/Relatorio_Judicializacao-e-Sociedade.pdf. Acesso em: 15 dez. 2021.
58. Ibidem.

e traumatologistas nos estados do Piauí e São Paulo, como se percebe nas figuras adiante:

Figura 2 – Municípios do Piauí e de São Paulo de acordo com seu quantitativo de médicos nas especialidades ortopedia e traumatologia.[59]

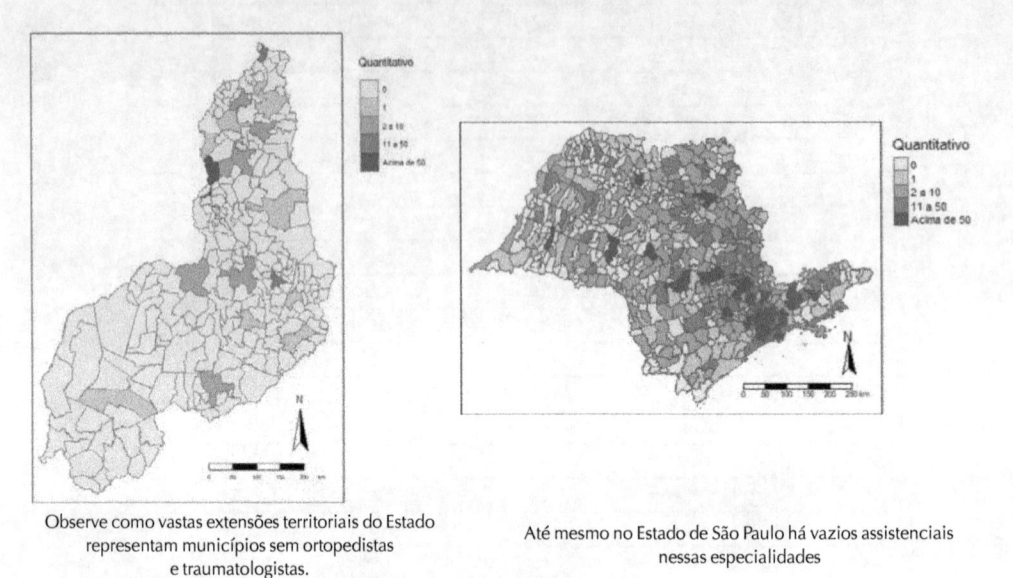

Observe como vastas extensões territoriais do Estado representam municípios sem ortopedistas e traumatologistas.

Até mesmo no Estado de São Paulo há vazios assistenciais nessas especialidades

A deficiência e a concentração de especialistas em determinadas regiões acarretam em demora no atendimento e, via de consequência, no agravamento das enfermidades dos pacientes e maiores custos para o tratamento das complicações decorrentes da espera.

A tabela adiante indica o tempo médio para atendimento em algumas especialidades cujas demandas judiciais são recorrentes. Ainda que o universo de amostra seja limitado, é revelador o fato de os próprios Estados que responderam aos questionários informarem que consultas com ortopedistas, oftalmologistas ou cardiologistas possam ter filas de espera de mais de ano para cerca de um terço dos casos.[60] Apenas na Oncologia, especialidade tempo sensível e com a Lei 12.732/2012,[61] específica, determinando prazos, a espera é medida em meses.

---

59. CONSELHO NACIONAL DE JUSTIÇA (Brasil). *Judicialização e sociedade*: ações para acesso à saúde pública de qualidade. Brasília, DF: CNJ, 2021. p. 36, 39. Disponível em: https://www.cnj.jus.br/wp-content/uploads/2021/06/Relatorio_Judicializacao-e-Sociedade.pdf. Acesso em: 15 dez. 2021
60. Ibidem, p. 70.
61. BRASIL. Lei Federal 12.732, de 22 de novembro de 2012. Dispõe sobre o primeiro tratamento de paciente com neoplasia maligna comprovada e estabelece prazo para seu início. *Diário Oficial da União*: seção 1, Brasília, DF, p. 1, 23 nov. 2012. Disponível em: https://www.planalto.gov.br/ccivil_03/_ato2011-2014/2011/lei/l12551.htm. Acesso em: 15 dez. 2021.

Figura 4 – Tempo médio para a realização de consultas em determinadas especialidades nos estados respondentes (em valor absoluto e %).[62]

Especialidade	Tempo	Quantidade de respondentes	% de respondentes
Consulta Ortopedia	Menos de 1 ano	5	62,5%
	Mais de 1 ano	3	37,5%
	Total	8	100%
Consulta Oftalmologia	Menos de 1 ano	4	66,7%
	Mais de 1 ano	2	33,3%
	Total	6	100%
Consulta Oncologia	Menos de 1 mês	5	62,5%
	Mais de 1 mês	3	37,5%
	Total	8	100%
Consulta Cardiologia	Menos de 6 meses	4	57,1%
	Mais de 6 meses	3	42,9%
	Total	7	100%

Os dados permitem concluir não apenas a dispersão desigual de médicos, principalmente especialistas, no território nacional ou mesmo no interior dos estados, mas também falhas na prestação de serviços de saúde que se acham contemplados na política pública de saúde.

E a telemedicina certamente pode amenizar esse problema, levando o acesso rápido e econômico para regiões remotas que, em tese, não apresentam densidade populacional ou condições suficientes para fixação de profissionais especializados. Sem falar que, na outra ponta, representa aos profissionais de saúde acesso a novos mercados de prestação de serviços, sem necessidade de deslocamento físico.

A pandemia de Covid-19 tornou imperioso o regramento do atendimento virtual, como meio de assegurar assistência às pessoas sem prescindir das medidas não farmacológicas necessárias para conter uma epidemia de transmissão respiratória. Com isso, a telemedicina era não apenas uma possibilidade, mas uma necessidade, motivo pelo qual foi editada a Lei 13.989/2020,[63] permitindo a utilização da tecnologia, ainda que em caráter emergencial.

---

62. CONSELHO NACIONAL DE JUSTIÇA (Brasil). *Judicialização e sociedade*: ações para acesso à saúde pública de qualidade. Brasília, DF: CNJ, 2021. p. 70. Disponível em: https://www.cnj.jus.br/wp-content/uploads/2021/06/Relatorio_Judicializacao-e-Sociedade.pdf. Acesso em: 15 dez. 2021.

63. BRASIL. Lei Federal 13.989, de 15 de abril de 2020. Dispõe sobre o uso da telemedicina durante a crise causada pelo coronavírus (SARS-CoV-2). *Diário Oficial da União*: seção 1, Brasília, DF, ed. 73, p. 1, 16 abr. 2020. Disponível em: https://www.in.gov.br/en/web/dou/-/lei-n-13.989-de-15-de-abril-de-2020-252726328. Acesso em: 15 dez. 2021.

5. POSSIBILIDADES DE USO DA TELEMEDICINA

Embora a legislação e sua regulação autorizem a telemedicina, a perspectiva legislada é genérica. "Entende-se por telemedicina, entre outros, o exercício da medicina mediado por tecnologias para fins de assistência, pesquisa, prevenção de doenças e lesões e promoção de saúde [...]", consoante a dicção do art. 3º, da Lei 13.989/2020,[64] cuja autorização está limitada à duração da crise de Covid-19 (art. 1º).

Todavia, como sinalado antes, a Resolução CFM 2.227/2018[65] discorria sobre diferentes aplicações da tecnologia na prática médica. Se por um lado esgotava as aplicações contemporâneas a sua edição, por outro perpetuava o uso de tecnologias condicionado à promulgação de norma, criando barreiras à incorporação tecnológica. Superada esta limitação, a fim de evitar tautologia, reproduzem-se textos da regra revogada, sobre as possibilidades atuais.

"A *teleconsulta* é a consulta médica remota, mediada por tecnologias, com médico e paciente localizados em diferentes espaços geográficos [...]" (art. 4º), a qual deveria ser precedida de estabelecimento presencial da relação médico paciente.[66]

Esta modalidade, incorporada para o período da crise de Covid-19, dispensando a própria relação pessoal prévia, permite suprir os vazios geográficos antes mencionados, aproximando Medicina de qualidade aos pacientes, tornando possível o atendimento de pessoas que, até hoje, eram privadas de assistência.

Evidentemente que precauções devem ser adotadas, a iniciar-se pelo consentimento do paciente com o atendimento remoto. Também o médico deve cercar-se de cuidados com o atendimento virtual, assegurando-se sobre a qualidade dos exames eventualmente apresentados pelo paciente, bem como cuidando de registrar e guardar as informações relativas ao atendimento. Mas a utilização da teleconsulta direta, entre médico e paciente, é avanço que mais garante acesso, do que acarreta riscos, especialmente em localidades desassistidas.[67] Nas regiões onde há vazios absolutos de assistências médicas, permitir-se essa modalidade de atendimento é medida imperativa.

Onde há vazios assistenciais relativos, equivale dizer, existem profissionais de saúde aptos para o atendimento, mas sem a especialização que seria exigida, a

---

64. BRASIL. Lei Federal 13.989, de 15 de abril de 2020. Dispõe sobre o uso da telemedicina durante a crise causada pelo coronavírus (SARS-CoV-2). *Diário Oficial da União*: seção 1, Brasília, DF, ed. 73, p. 1, 16 abr. 2020. Online. Disponível em: https://www.in.gov.br/en/web/dou/-/lei-n-13.989-de-15-de-abril-de-2020-252726328. Acesso em: 15 dez. 2021.
65. CONSELHO FEDERAL DE MEDICINA (Brasil). Resolução CFM 2.227/2018. Define e disciplina a telemedicina como forma de prestação de serviços médicos mediados por tecnologias. Brasília, DF, 6 fev. 2019. [revogada]. Disponível em: https://sistemas.cfm.org.br/normas/visualizar/resolucoes/BR/2018/2227. Acesso em: 15 dez. 2021.
66. Ibidem. f. 3, grifo nosso.
67. SCHMITZ, Carlos André Aita et al. Teleconsulta: nova fronteira da interação entre médicos e pacientes. *Revista Brasileira de Medicina de Família e Comunidade*, Rio de Janeiro, v. 12, n. 39, p. 1–7, 2017. DOI 10.5712/rbmfc12(39)1540.

teleinterconsulta, historicamente conhecida como teleconsultoria, é modalidade de assistência bastante adequada e estabelecida muito antes da pandemia pela telessaúde no SUS (ver exemplo dos serviços do Telessaúde RS – 0800 e RegulaSUS), consistente na "[...] troca de informações e opiniões entre médicos, com ou sem a presença do paciente, para auxílio diagnóstico ou terapêutico, clínico ou cirúrgico".[68]

Muitas regiões são dotadas de médicos, mas o estado de saúde do paciente está a exigir a interação com especialistas. Como apontado no relatório do CNJ,[69] há demora no atendimento em muitas especialidades, muitas vezes em razão da ausência de especialistas em determinadas localidades, o que demandaria não apenas a contratação do profissional, mas o deslocamento deste até onde se acha o paciente, ou que este seja levado até o hospital ou a clínica médica para ser atendido de modo presencial.

"O *telediagnóstico* é o ato médico a distância, geográfica e/ou temporal, com a transmissão de gráficos, imagens e dados para emissão de laudo ou parecer por médico com Registro de Qualificação de Especialista (RQE) na área relacionada ao procedimento".[70] Nem só de consultas médicas ou de consulta com especialistas padecem as distâncias geográficas, mas também da falta de estrutura e recursos humanos para a realização de exames complementares. Muitos deles podem ser realizados à distância, com as devidas cautelas na sua execução e interpretação.

A tecnologia permite até mesmo atos médicos, como cirurgias, realizadas a distância, com os devidos cuidados. "A *telecirurgia* é a realização de procedimento cirúrgico remoto, mediado por tecnologias interativas seguras, com médico executor e equipamento robótico em espaços físicos distintos".[71] Mas não apenas o uso de robôs para a realização dos atos médicos, mas também a realização de cirurgias por médicos, sob a orientação de outro que se ache remoto, por meio de teleconferência.[72]

A *teletriagem* médica "o ato realizado por um médico com avaliação dos sintomas, a distância, para definição e direcionamento do paciente ao tipo adequado de assistência que necessita ou a um especialista".[73] O uso da tecnologia, no caso

---

68. CONSELHO FEDERAL DE MEDICINA (Brasil). Resolução CFM 2.227/2018. Define e disciplina a telemedicina como forma de prestação de serviços médicos mediados por tecnologias. Brasília, DF, 6 fev. 2019. [revogada]. f. 3. Disponível em: https://sistemas.cfm.org.br/normas/visualizar/resolucoes/BR/2018/2227. Acesso em: 15 dez. 2021.
69. CONSELHO NACIONAL DE JUSTIÇA (Brasil). *Judicialização e sociedade*: ações para acesso à saúde pública de qualidade. Brasília, DF: CNJ, 2021. p. 70. Disponível em: https://www.cnj.jus.br/wp-content/uploads/2021/06/Relatorio_Judicializacao-e-Sociedade.pdf. Acesso em: 15 dez. 2021.
70. CONSELHO FEDERAL DE MEDICINA (Brasil). Resolução CFM 2.227/2018. Define e disciplina a telemedicina como forma de prestação de serviços médicos mediados por tecnologias. Brasília, DF, 6 fev. 2019. [revogada]. f. 3, grifo nosso. Disponível em: https://sistemas.cfm.org.br/normas/visualizar/resolucoes/BR/2018/2227. Acesso em: 15 dez. 2021.
71. CONSELHO FEDERAL DE MEDICINA (Brasil). Resolução CFM 2.227/2018. Define e disciplina a telemedicina como forma de prestação de serviços médicos mediados por tecnologias. Brasília, DF, 6 fev. 2019. [revogada]. f. 3, grifo nosso. Disponível em: https://sistemas.cfm.org.br/normas/visualizar/resolucoes/BR/2018/2227. Acesso em: 15 dez. 2021.
72. Ibidem, f. 4, grifo nosso.
73. Ibidem, f. 5, grifo nosso.

da teletriagem, permite otimizar os serviços de saúde, mediante o direcionamento do paciente para a finalidade ou especialista adequado para o caso. Nem sempre as dificuldades de gerenciamento estão relacionadas à existência de especialista, mas aos protocolos de regulação que orientam o encaminhamento do usuário da saúde. Uma adequada triagem evita que determinadas especialidades sejam sobrecarregadas, bem como impede o retrabalho e o desperdício de esforços. Deve-se destacar, entretanto, que esta modalidade de teletriagem médica, criada apenas para abarcar interações remotas não precedidas por atendimento presencial, se torna sem sentido com a superação do condicionante das teleconsultas.

> O *telemonitoramento* é o ato realizado sob orientação e supervisão médica para monitoramento ou vigilância a distância de parâmetros de saúde e/ou doença, por meio de aquisição direta de imagens, sinais e dados de equipamentos e/ou dispositivos agregados ou implantáveis nos pacientes em regime de internação clínica ou domiciliar, em comunidade terapêutica, em instituição de longa permanência de idosos ou no translado de paciente até sua chegada ao estabelecimento de saúde.[74]

A resolução ainda previa a existência de *teleorientação*, "[...] consistente em ato médico realizado para preenchimento a distância de declaração de saúde e para contratação ou adesão a plano privado de assistência à saúde [...]",[75] bem como *teleconsultoria* "[...] ato de consultoria mediada por tecnologias entre médicos e gestores, profissionais e trabalhadores da área da saúde, com a finalidade de esclarecer dúvidas sobre procedimentos, ações de saúde e questões relativas ao processo de trabalho.=".[76] Ambas, como se vê da própria descrição do ato médico virtual, não têm por objeto o paciente e sua atenção à saúde, mas a contratação de plano de saúde ou questões relativas ao processo de trabalho.

Embora a digressão acima, das diferentes modalidades de telemedicina, esteja relacionada com o ato revogado pelo CFM,[77] o rol apresentado explora as possibilidades contemporâneas de utilização da tecnologia digital para atender os vazios assistenciais e aproximar a medicina, e, diga-se, a medicina de qualidade, e os pacientes.

O HIAE[78] foi pioneiro no Brasil em utilizar a tecnologia como ferramenta para a atenção à saúde, oferecendo atendimentos remotos para instituições e para o público

---

74. Ibidem, f. 5, grifo nosso.
75. Ibidem, f. 5.
76. CONSELHO FEDERAL DE MEDICINA (Brasil). Resolução CFM 2.227/2018. Define e disciplina a telemedicina como forma de prestação de serviços médicos mediados por tecnologias. Brasília, DF, 6 fev. 2019. [revogada]. f. 5-6. Disponível em: https://sistemas.cfm.org.br/normas/visualizar/resolucoes/BR/2018/2227. Acesso em: 15 dez. 2021.
77. CONSELHO FEDERAL DE MEDICINA (Brasil). Resolução CFM 2.227/2018. Define e disciplina a telemedicina como forma de prestação de serviços médicos mediados por tecnologias. Brasília, DF, 6 fev. 2019. [revogada]. f. 3. Disponível em: https://sistemas.cfm.org.br/normas/visualizar/resolucoes/BR/2018/2227. Acesso em: 15 dez. 2021.
78. HOSPITAL ALBERT EINSTEIN. *Telemedicina Einstein*. São Paulo, [S.d]. Disponível em: https://www.einstein.br/Pages/home-telemedicina.aspx. Acesso em: 15 dez. 2021.

em geral. Outra importante instituição de saúde, o Hospital Sírio Libanês,[79] também oferece atendimentos remotos no contexto da assistência privada à saúde como o HIAE, mas também na esfera pública através do projeto Regula + Brasil,[80] que é uma adaptação do projeto de regulação pioneiro do Telessaúde RS-UFRGS.

Enfim, o rol apresentado demonstra que são muitas as utilidades da telemedicina, com destacados estabelecimentos de saúde voltando-se a criar ferramentas para fomentar seus negócios e prestar melhores serviços para os seus pacientes e clientes.

6. CONSULTA REMOTA

A consulta remota, ou teleconsulta, sem dúvida é o ponto onde resta celeuma a respeito do uso da telemedicina. Consiste na interação entre profissional de saúde e paciente ocupando espaços não contíguos e mediada por tecnologia. Embora seja comum relacionar sua aplicação a distâncias geográficas significativas, a pandemia de Covid-19 demonstrou bem sua utilidade mesmo em contextos onde isso não é fator limitante. Além de reduzir o contato físico das pessoas, muito relevante no contexto de doenças epidêmicas com transmissão respiratória, a consulta remota pode ser estratégica também como via de acesso rápido à assistência qualificada, rompendo barreiras de estrutura física e administrativo-organizacionais.

As possibilidades incluem desde triagem pré-clínica e monitoramento até consultas completas com diagnóstico e terapêutica.[81] Muito claro precisa estar, no entanto, que uma consulta remota somente poderá ser considerada efetiva se atender aos critérios mínimos de: (1) ser satisfatória e resolutiva para o profissional e para o paciente e (2) estabelecer, de maneira inequívoca, a prescindibilidade do atendimento presencial naquele momento. Afora tais aspectos, o atendimento remoto deve-se ater a todos preceitos ético-legais e de boas práticas que regem aqueles praticados na presença física e simultânea de profissional e paciente, independentemente de serem realizados a distância. Nesse quesito, é fundamental perceber que a mediação de consultas pela tecnologia é insuficiente para fundar nova prática profissional ou nova área de conhecimento. Também, que os atendimentos remotos não se prestam a substituir os ditos tradicionais, pelo contrário, reconhecem sua necessidade inabalável e se propõem apenas a expandir as possibilidades de acesso a cuidados em saúde e otimizar os recursos disponíveis, muitas vezes hipossuficientes.

---

79. RADAR SÍRIO-LIBANÊS. *O potencial da telemedicina e os impactos da pandemia sobre as tecnologias de diagnóstico e atendimento.* [Locução de]: Rafael Figueroa e André Nathan Costa. São Paulo, 2020. Podcast. Disponível em: https://soundcloud.com/user-837974106/12-a-telemedicina-e-o-futuro-do-atendimento--medico. Acesso em: 15 dez. 2021.
80. HOSPITAL SÍRIO-LIBANÊS. *Projeto Regula+Brasil*. São Paulo, 2019. Disponível em: https://www.hospitalsiriolibanes.org.br/responsabilidade-social/projetos-de-apoio-ao-sus/projetos/projeto-regula-brasil/Paginas/projeto-regula-brasil.aspx. Acesso em: 15 dez. 2021.
81. PORTO ALEGRE. Secretaria Municipal da Saúde. Diretoria Geral de Atenção Primária à Saúde; UNIVERSIDADE FEDERAL DO RIO GRANDE DO SUL. Programa de Pós-Graduação em Epidemiologia. TelessaúdeRS (TelessaúdeRS-UFRGS). *Manual de teleconsulta na APS*. Porto Alegre, jun. 2020.

Conforme previsto no art. 37, do Código de Ética Médica,[82] em situações de urgência e emergência o atendimento remoto representa recurso apenas enquanto é saneada a impossibilidade de atendimento 'direto', aqui entendido como presencial embora caiba interpretação alternativa. Depreende-se deste preceito o imperativo ético de converter para atendimento presencial qualquer consulta remota que identifique situação de urgência ou emergência, bem como assegurar-se de dispor das informações necessárias para tal, como localização do paciente, meios de contato, nome e contato de familiar ou responsável.

Superado o excludente de urgência e emergência, o atendimento remoto deve-se dar sob consentimento do paciente (art. 22, CEM),[83] por meio de tecnologias que sejam do domínio do médico e do paciente, operando em conexão estável e suficientemente rápida para a comunicação. A teleconsulta deve ser considerada inadequada se tais requisitos não puderem ser cumpridos ou ocorrer limitação diversa na comunicação entre profissional e paciente.

Da mesma forma que esperado dos atendimentos presenciais, a interação remota não representa licença para informalidade ou menor zelo com o processo. Os pacientes precisam sempre ser identificados de maneira inequívoca. O profissional deve encontrar-se em ambiente privativo, resguardado de distrações e interrupções. O atendimento deve ser devidamente registrado em prontuário para referência futura, especificando além da data e hora em que o ocorreu, o meio empregado.

Embora o escopo de motivos de atendimento possa ser menor na modalidade de atendimento remoto em relação ao presencial, dadas as limitações inerentes ao método, no que tange aos desdobramentos da consulta não cabem restrições. O profissional, conforme juízo clínico, deve prover o paciente de prescrição médica, solicitação de exames, documento de referência e atestado eletrônicos, sempre que necessário e observando as normas de certificação digital vigentes.

Por fim, mas não menos importante, merece discussão a tangibilidade do exame físico nos atendimentos remotos. Este costuma ser ponto comum de resistência dos opositores da teleconsulta, sob alegação de ameaça a segurança dos pacientes sem o exame 'direto', apesar de sabermos ser a entrevista clínica a principal fonte de informações para diagnóstico e tratamento.[84]

Mesmo que inexoravelmente limitado pela distância e pela intermediação da tecnologia, o exame remoto, através de uma câmera, permite a avaliação 'direta' de inúmeros parâmetros clínicos, para citar alguns: expressões faciais e corporais,

---

82. CONSELHO FEDERAL DE MEDICINA (Brasil). Resolução CFM 1.931/2009. Aprova o Código de Ética Médica. Brasília, DF, 24 set. 2009. Disponível em: https://portal.cfm.org.br/index.php?option=com_content&id=20670:resolucao-cfm-no-19312009-. Acesso em: 15 dez. 2021.
83. CONSELHO FEDERAL DE MEDICINA (Brasil). Resolução CFM 1.931/2009. Aprova o Código de Ética Médica. Brasília, DF, 24 set. 2009. Disponível em: https://portal.cfm.org.br/index.php?option=com_content&id=20670:resolucao-cfm-no-19312009-. Acesso em: 15 dez. 2021.
84. SANDLER, Gerald. The importance of the history in the medical clinic and the cost of unnecessary tests. *American Heart Journal*, St. Louis, v. 100, n. 6, p. 928–931, Dec. 1980. DOI 10.1016/0002-8703(80)90076-9.

fala e ritmo respiratório, aspecto da pele, mucosas e cavidade oral, movimentos dos membros e do tronco, movimentos dos olhos, mímica facial, marcha, expansão torácica. Com instrumentos simples e acessíveis é possível obter temperatura, pressão arterial, pulso e saturação. Ainda com apoio do paciente – agora sim de forma indireta – é possível pesquisar texturas, nodulações, características palpáveis e outros sinais. Ou seja, é grande o repertório de parâmetros físicos examináveis remotamente e, considerando que o propósito é ampliar acesso e não substituir atendimento presencial, a qualquer limitação ou até dúvida quanto a aspecto do exame físico, a conversão para atendimento presencial está indicada – o que ocorre numa minoria dos casos.[85]

7. TECNOLOGIA COMO UNIFICAÇÃO DE INFORMAÇÕES (PRONTUÁRIO ELETRÔNICO): PROJETO DO CNJ/COMITÊ EXECUTIVO NACIONAL

Embora não se trate de telemedicina propriamente dita, a adoção de prontuário eletrônico, com acesso por meio da rede mundial de computadores, é medida essencial para o aprimoramento dos serviços de saúde e otimização de seus recursos.

Reunir, de modo perene e de fácil acesso, os dados de saúde dos usuários do SUS, ou mesmo da saúde suplementar, é medida de extrema relevância. Com ele, todos os usuários do SUS podem ter suas informações pessoais disponíveis (na *Internet* ou em aplicativos), constando seus dados pessoais, histórico de consultas, exames, procedimentos, vacinas, entre outros. A inexistência da unificação dessas informações acarreta vários prejuízos ao sistema de saúde e aos pacientes. Duplicidade de exames, duplicidade de consultas ou de meros agendamentos, perda do histórico do paciente, ausência de informações em casos de urgência/emergência, medicação prescrita em dissonância com outros medicamentos anteriormente prescritos, desorganização nas filas para consultas ou procedimentos, dentre tantos outros problemas.

A associação da telemedicina com o prontuário eletrônico integrado robustecerá a APS, superando o vácuo de informação. Veja-se que em outros setores públicos há unificação de informações, como o cadastro de motoristas ou mesmo de veículos, ou os dados dos contribuintes, inclusive com comunicação entre as receitas federal e as receitas estaduais ou municipais. Também há unificação de informações entre registro de imóveis, ou de bens apreendidos em decorrência de crimes. O exemplo mais recente é a iniciativa *open banking* de compartilhamento de dados entre instituições financeiras a pedido dos clientes. O princípio da dignidade da pessoa humana exige que os dados dos usuários do sistema de saúde mereçam, no mínimo, o mesmo grau de atenção que outros dados de interesse do serviço público.

---

85. ARAUJO, Aline Lutz de *et al.* The use of telemedicine to support Brazilian primary care physicians in managing eye conditions: the TeleOftalmo project. *Plos One*, San Francisco, v. 15, n. 4, p. e0231034, Apr. 2020. DOI 10.1371/journal.pone.0231034.

A recente iniciativa chamada Conecte SUS[86] pode ser o início dessa integração, cujo aplicativo permite ao usuário acesso a algumas de suas informações, destacadamente a carteira de vacinas. Mas não apenas os usuários devem ter suas próprias informações, tampouco elas devam ser parciais. As informações deveriam ser as mais completas possíveis e deveriam estar acessíveis ao sistema de saúde, de modo que cada unidade de saúde possa obter informações sobre o paciente que é objeto de atenção naquele momento e seu histórico. Até mesmo a saúde suplementar e profissionais de saúde privados, quando autorizados pelo usuário,[87-88] deveriam ter acesso e poder alimentar o sistema com informações, respeitadas as limitações legais quanto ao uso desses dados.[89]

8. CONSIDERAÇÕES FINAIS

Embora a adoção da telemedicina como ferramenta para o sistema de saúde tenha sofrido progressos e retrocessos, bem como resistências inclusive dos profissionais de saúde, ela representa o futuro da medicina e a melhor forma de reduzir as inequidades em saúde, levando cuidados especializados para as populações mais distantes e vulneráveis, onde a assistência profissional é precária ou até mesmo inexistente. E, com a pandemia do coronavírus, a telemedicina parece ter ganhado novo fôlego.[90]

O SUS já vem dando passos para a incorporação tecnológica, como se verifica com o Programa Telessaúde Brasil Redes, embora ainda careça do *status* de política pública de saúde e tenha lidado desde o princípio com as limitações impostas pela regulamentação de 2002, ainda vigente. A pandemia de Covid-19 impôs a necessidade de ofertas alternativas de atendimento até então vedadas, como o TeleSUS e o Consultório Virtual de Saúde da Família, como forma de enfrentar a doença. Outros passos, todavia, precisam ser dados. Desde o regramento das atividades por parte do CFM, bem como a superação do mito da indispensabilidade do primeiro atendimento presencial. A difusão e a generalização da telemedicina no país dependem da superação destes pontos para além do período compreendido pela pandemia de Covid-19.

---

86. BRASIL. Ministério da Saúde. Conect SUS. Brasília, DF, [2021]. Disponível em: https://conectesus-paciente.saude.gov.br/menu/home. Acesso em: 15 dez. 2021.
87. No caso de dados obtidos por profissionais privados e saúde suplementar, pode-se eventualmente cogitar da indispensabilidade de consentimento do titular, nos termos do art. 7º, I, da LGPD, o que me parece dispensável para a administração pública (art. 7, III), embora a própria lei autorize, de modo amplo, o tratamento de dados pessoais para "para a tutela da saúde, exclusivamente, em procedimento realizado por profissionais de saúde, serviços de saúde ou autoridade sanitária […]."
88. BRASIL. Lei Federal 13.709, de 15 de agosto de 2018. Lei Geral de Proteção de Dados Pessoais (LGPD). Diário Oficial da União: seção 1, Brasília, DF, p. 59, 16 ago. 2018. Disponível em: https://www.in.gov.br/en/web/dou/-/lei-n-13.989-de-15-de-abril-de-2020-252726328. Acesso em: 15 dez. 2021.
89. Ibidem.
90. BAGNO, Fernando de Castro. Coronavírus: novo fôlego para a telemedicina. *Corrêa Ferreira Advogado*, 20 mar. 2020. Disponível em: https://www.correaferreira.com.br/blog/coronavirus-novo-folego-para-a-telemedicina/108. Acesso em: 15 dez. 2021.

A história do Telessaúde RS-UFRGS e das diferentes ações desenvolvidas pelo núcleo demonstram como a escala e a inovação são imprescindíveis para a sustentabilidade e o crescimento desses projetos no SUS. Mesmo assim, quando a expressiva produção do núcleo é colocada sob a perspectiva do potencial de uso, fica evidente que existe ainda baixa incorporação pelos serviços. Existe um desafio de recursos tecnológicos propriamente dito, que nem sempre estão disponíveis, ou constantemente se tornam obsoletos, ou ainda exigem cada vez mais banda de internet, e um desafio de incorporação dos recursos da telemedicina no processo de trabalho, exigindo mudanças paradigmáticas de profissionais muitas vezes pouco sensíveis e assoberbados.

Por fim, entende-se que o uso do prefixo 'tele', outrora relevante, em 2021 não enriquece mais a discussão. Pelo contrário, confunde e cria margem para interpretação de que se está a discutir novas entidades não comparáveis àquelas de entendimento comum e consensual como (tele)consulta, (tele)diagnóstico e (tele)monitoramento. Recomendamos, assim, que os termos em torno da discussão da telemedicina sejam tomados pelo fim que representam, mesmo que isso exija uma palavra qualificadora adicional, como por exemplo 'remoto(a)', e que se abandone a criação de neologismos associando 'meio' e 'fim'. Assim foi com serviços pioneiros em incorporação tecnológica, como no setor dos bancos, onde não se usa expressões como teledepósito, e não se vê razão para seja diferente na medicina.

9. REFERÊNCIAS

ARAUJO, Aline Lutz de et al. The use of telemedicine to support Brazilian primary care physicians in managing eye conditions: the TeleOftalmo project. *Plos One*, v. 15, n. 4, p. e0231034, San Francisco, Apr. 2020. DOI 10.1371/journal.pone.0231034.

BAGNO, Fernando de Castro. Coronavírus: novo fôlego para a telemedicina. *Corrêa Ferreira Advogado*, 20 mar. 2020. Disponível em: https://www.correaferreira.com.br/blog/coronavirus-novo-folego-para-a-telemedicina/108. Acesso em: 15 dez. 2021.

BRASIL. Lei Federal 12.551, de 15 de dezembro de 2011. Altera o art. 6º da Consolidação das Leis do Trabalho (CLT), aprovada pelo Decreto-Lei 5.452, de 1º de maio de 1943, para equiparar os efeitos jurídicos da subordinação exercida por meios telemáticos e informatizados à exercida por meios pessoais e diretos. *Diário Oficial da União*: seção 1, Brasília, DF, p. 3, 16 dez. 2011. Disponível em: https://www.planalto.gov.br/ccivil_03/_ato2011-2014/2011/lei/l12551.htm. Acesso em: 15 dez. 2021.

BRASIL. Lei Federal 12.732, de 22 de novembro de 2012. Dispõe sobre o primeiro tratamento de paciente com neoplasia maligna comprovada e estabelece prazo para seu início. *Diário Oficial da União*: seção 1, Brasília, DF, p. 1, 23 nov. 2012. Disponível em: https://www.planalto.gov.br/ccivil_03/_ato2011-2014/2011/lei/l12551.htm. Acesso em: 15 dez. 2021.

BRASIL. Lei Federal 13.709, de 15 de agosto de 2018. Lei Geral de Proteção de Dados Pessoais (LGPD). *Diário Oficial da União*: seção 1, Brasília, DF, p. 59, 16 ago. 2018. Disponível em: https://www.in.gov.br/en/web/dou/-/lei-n-13.989-de-15-de-abril-de-2020-252726328. Acesso em: 15 dez. 2021.

BRASIL. Lei Federal 13.989, de 15 de abril de 2020. Dispõe sobre o uso da telemedicina durante a crise causada pelo coronavírus (SARS-CoV-2). *Diário Oficial da União*: seção 1, Brasília, DF, ed. 73, p. 1, 16 abr. 2020. Disponível em: https://www.in.gov.br/en/web/dou/-/lei-n-13.989-de-15-de-abril-de-2020-252726328. Acesso em: 15 dez. 2021.

BRASIL. Ministério da Saúde, Gabinete do Ministro. Portaria 402, de 24 de fevereiro de 2010. Institui, em âmbito nacional, o Programa Telessaúde Brasil para apoio à Estratégia de Saúde da Família no Sistema Único de Saúde, institui o Programa Nacional de Bolsas do Telessaúde Brasil e dá outras providências. *Diário Oficial da União*: seção 1, Brasília, DF, fev. 2010. [revogada]. Disponível em: https://bvsms.saude.gov.br/bvs/saudelegis/gm/2010/prt0402_24_02_2010_comp.html. Acesso em: 15 dez. 2021.

BRASIL. Ministério da Saúde, Gabinete do Ministro. Portaria 467, de 20 de março de 2020. Dispõe, em caráter excepcional e temporário, sobre as ações de Telemedicina, com o objetivo de regulamentar e operacionalizar as medidas de enfrentamento da emergência de saúde pública de importância internacional previstas no art. 3º da Lei 13.979, de 6 de fevereiro de 2020, decorrente da epidemia de COVID-19. *Diário Oficial da União*: seção 1, Brasília, DF, ed. 56-B, p. 1, 23 mar. 2020. Disponível em: https://www.in.gov.br/en/web/dou/-/portaria-n-467-de-20-de-marco-de-2020-249312996. Acesso em: 15 dez. 2021.

BRASIL. Ministério da Saúde, Gabinete do Ministro. Portaria 2.546, de 27 de outubro de 2011. Redefine e amplia o Programa Telessaúde Brasil, que passa a ser denominado Programa Nacional Telessaúde Brasil Redes (Telessaúde Brasil Redes). *Diário Oficial da União*: seção 1, Brasília, DF, out. 2011. Disponível em: https://bvsms.saude.gov.br/bvs/saudelegis/gm/2011/prt2546_27_10_2011.html. Acesso em: 15 dez. 2021.

BRASIL. Ministério da Saúde, Secretaria de Atenção Primária à Saúde; HOSPITAL DE CLÍNICAS DE PORTO ALEGRE. *TelePsi*. Porto Alegre, [2021]. Disponível em: https://telepsi.hcpa.edu.br/. Acesso em: 15 dez. 2021.

BRASIL. Ministério da Saúde, Secretaria de Atenção Primária. *TeleSUS*. Brasília, DF, [2021]. Disponível em: https://aps.saude.gov.br/ape/corona/telesus. Acesso em: 15 dez. 2021.

BRITO, Bruno; LEITÃO, Luciana. Telemedicina no Brasil: uma estratégia possível para o cuidado em saúde em tempo de pandemia? *Saúde em Redes*, Porto Alegre, v. 6, supl. 2, p. 7-19, 2020. DOI 10.18310/2446-48132020v6n2Suplem.3202g550.

CONSELHO NACIONAL DE JUSTIÇA (Brasil). *Judicialização e sociedade*: ações para acesso à saúde pública de qualidade. Brasília, DF: CNJ, 2021. Disponível em: https://www.cnj.jus.br/wp-content/uploads/2021/06/Relatorio_Judicializacao-e-Sociedade.pdf. Acesso em: 15 dez. 2021.

CONSELHO FEDERAL DE MEDICINA (Brasil). *Conselheiros do CFM revogam a Resolução 2.227/2018, que trata da Telemedicina*. Brasília, DF, 22 fev. 2019. Disponível em: https://portal.cfm.org.br/noticias/conselheiros-do-cfm-revogam-a-resolucao-no-2-227-2018-que-trata-da-telemedicina/. Acesso em: 15 dez. 2021.

ONSELHO FEDERAL DE MEDICINA (Brasil). Processo-consulta CFM 12/2020: parecer CFM 8/2020. Assunto: telemedicina e exames ocupacionais. Relatora: Rosylane Nascimento das Mercês Rocha. Brasília, DF: 21 maio 2020. Disponível em: https://www.anamt.org.br/portal/wp-content/uploads/2021/03/Parecer-CFM-82020.pdf. Acesso em: 15 dez. 2021.

CONSELHO FEDERAL DE MEDICINA (Brasil). Processo-consulta CFM 50/2016: parecer CFM 14/2017. Assunto: uso do WhatsApp em ambiente hospitalar. Relator: Emmanuel Fortes S. Cavalcanti. Brasília, DF, 27 abr. 2017. Disponível em: https://sistemas.cfm.org.br/normas/visualizar/pareceres/BR/2017/14. Acesso em: 15 dez. 2021.

CONSELHO FEDERAL DE MEDICINA (Brasil). Resolução CFM 1.643/2002. Define e disciplina a prestação de serviços através da Telemedicina. Brasília, DF; 26 ago. 2002. Disponível em: https://sistemas.cfm.org.br/normas/visualizar/resolucoes/BR/2002/1643. Acesso em: 15 dez. 2021.

CONSELHO FEDERAL DE MEDICINA (Brasil). Resolução CFM 1.931/2009. Aprova o Código de Ética Médica. Brasília, DF, 24 set. 2009. Disponível em: https://portal.cfm.org.br/index.php?option=com_content&id=20670:resolucao-cfm-no-19312009-. Acesso em: 15 dez. 2021.

CONSELHO FEDERAL DE MEDICINA (Brasil). Resolução CFM 1.974/2011. Estabelece os critérios norteadores da propaganda em Medicina, conceituando os anúncios, a divulgação de assuntos médicos, o sensacionalismo, a autopromoção e as proibições referentes à matéria. Brasília, DF, 19 ago. 2011. Disponível em: https://sistemas.cfm.org.br/normas/visualizar/resolucoes/BR/2011/1974. Acesso em: 15 dez. 2021.

CONSELHO FEDERAL DE MEDICINA (Brasil). Resolução CFM 2.107/2014. Define e normatiza a Telerradiologia e revoga a Resolução CFM 1890/09, publicada no D.O.U. de 19 janeiro de 2009, Seção I, p. 94-5p. Brasília, DF, 25 set. 2014. Disponível em: https://sistemas.cfm.org.br/normas/arquivos/resolucoes/BR/2014/2107_2014.pdf. Acesso em: 15 dez. 2021.

CONSELHO FEDERAL DE MEDICINA (Brasil). Resolução CFM 2.227/2018. Define e disciplina a telemedicina como forma de prestação de serviços médicos mediados por tecnologias. Brasília, DF, 6 fev. 2019. [revogada]. Disponível em: https://sistemas.cfm.org.br/normas/visualizar/resolucoes/BR/2018/2227. Acesso em: 15 dez. 2021.

DECLARAÇÃO de Tel Aviv: sobre responsabilidades e normas éticas na utilização da telemedicina. Assembleia Geral da Associação Médica Mundial, 51., 1999, Tel Aviv, out. 1999. [tradução]. Disponível em: http://www.dhnet.org.br/direitos/codetica/medica/27telaviv.html. Acesso em: 15 dez. 2021.

GONÇALVES, Marcelo Rodrigues et al. Expanding primary care access: a telehealth success Story. *Annals of Family Medicine*, Leawood, KS, v. 15, n. 4, p. 383, July 2017. Doi: 10.1370/afm.2086.

GUSSO, Gustavo; LOPES, José Mauro Ceratti (Org.). *Tratado de Medicina de Família e Comunidade*: princípios, formação e prática. Porto Alegre: Artmed, 2018.

HARZHEIM, Erno et al. Telehealth in Rio Grande do Sul, Brazil: bridging the gaps. *Telemedicine and e-Health*, v. 22, p. 938-944, New Rochelle, 2016. DOI 10.1089/tmj.2015.0210.

HARZHEIM, Erno et al. Telessaúde como eixo organizacional dos sistemas universais de saúde do século XXI. *Revista Brasileira de Medicina de Família e Comunidade*, v. 14, n. 41, p. 1881, Rio de Janeiro, 2019. DOI 10.5712/rbmfc14(41)1881.

HOSPITAL SÍRIO-LIBANÊS. *Projeto Regula+Brasil*. São Paulo, 2019. Disponível em: https://www.hospitalsiriolibanes.org.br/responsabilidade-social/projetos-de-apoio-ao-sus/projetos/projeto-regula-brasil/Paginas/projeto-regula-brasil.aspx. Acesso em: 15 dez. 2021.

KATZ, Natan et al. Acesso e regulação ao cuidado especializado no Rio Grande do Sul: a estratégia RegulaSUS do TelessaúdeRS-UFRGS. *Ciência & Saúde Coletiva*, v. 25, n. 4, Rio de Janeiro, p. 1389–1400, v. 25, n. 4, p. 1389-1399, jan./abr. 2020. DOI 10.1590/1413-81232020254.28942019.

PFEIL, Juliana Nunes et al. A telemedicine strategy to reduce waiting lists and time to specialist care: a retrospective cohort study. *Journal of Telemedicine and Telecare*, London, p. 1-8, Oct. 2020. DOI 10.1177/1357633X20963935.

PORTO ALEGRE. Secretaria Municipal da Saúde. Diretoria Geral de Atenção Primária à Saúde; Universidade Federal do Rio Grande do Sul. Programa de Pós-Graduação em Epidemiologia. TelessaúdeRS (TelessaúdeRS-UFRGS). *Manual de teleconsulta na APS*. Porto Alegre, jun. 2020.

RADAR SÍRIO-LIBANÊS. *O potencial da telemedicina e os impactos da pandemia sobre as tecnologias de diagnóstico e atendimento*. [Locução de]: Rafael Figueroa e André Nathan Costa. São Paulo, 2020. Podcast. Disponível em: https://soundcloud.com/user-837974106/12-a-telemedicina-e-o-futuro--do-atendimento-medico. Acesso em: 15 dez. 2021.

SANDLER, Gerald. The importance of the history in the medical clinic and the cost of unnecessary tests. *American Heart Journal*, v. 100, n. 6, p. 928-931, St. Louis, Dec. 1980. DOI 10.1016/0002-8703(80)90076-9.

SCHEFFER, Mário (Coord.). *Demografia médica no Brasil 2020*. São Paulo: FMUSP; CFM, 2020.

SCHMITZ, Carlos André Aita et al. Dezoito anos em dois dias: os próximos passos para a consulta remota no Brasil. *Scielo Preprints*, 2021. Versão 3. DOI 10.1590/SciELOPreprints.3126.

SCHMITZ, Carlos André Aita *et al*. Teleconsulta: nova fronteira da interação entre médicos e pacientes. *Revista Brasileira de Medicina de Família e Comunidade*, v. 12, n. 39, p. 1-7, Rio de Janeiro, 2017. DOI 10.5712/rbmfc12(39)1540.

SILVA, Rodolfo Souza da *et al*. O papel da telessaúde na pandemia Covid-19: uma experiência brasileira. *Ciência & Saúde Coletiva*, v. 26, n. 6, p. 2149-2157, Rio de Janeiro, 2021. DOI 10.1590/1413-81232021266.39662020.

Telemedicina – CFM reconhece erro e revogará a Resolução 2227/18. *Correio Braziliense*: Blog do Servidor, Brasília, DF, 22 fev. 2019. Disponível em: https://blogs.correiobraziliense.com.br/servidor/telemedicina-cfm-reconhece-erro-e-revogara-a-resolucao-2227-18/. Acesso em: 15 dez. 2021.

UNIVERSIDADE FEDERAL DO RIO GRANDE DO SUL. Faculdade de Medicina. Programa de Pós-Graduação em Epidemiologia. TelessaúdeRS (TelessaúdeRS-UFRGS). [Relatório interno]. Porto Alegre, 2021.

UNIVERSIDADE FEDERAL DO RIO GRANDE DO SUL. Faculdade de Medicina. Programa de Pós-Graduação em Epidemiologia. TelessaúdeRS (TelessaúdeRS-UFRGS); Rio Grande do Sul. Secretaria da Saúde; BRASIL. Ministério da Saúde. *EstomatoNET*. Porto Alegre, [2021]. Disponível em: https://www.ufrgs.br/telessauders/telediagnostico/estomatonet/. Acesso em: 15 dez. 2021.

UNIVERSIDADE FEDERAL DO RIO GRANDE DO SUL. Faculdade de Medicina. Programa de Pós-Graduação em Epidemiologia. TelessaúdeRS (TelessaúdeRS-UFRGS); Rio Grande do Sul. Secretaria da Saúde. *DermatoNET*. Porto Alegre, [2021]. Disponível em: https://www.ufrgs.br/telessauders/telediagnostico/dermatonet/. Acesso em: 15 dez. 2021.

NIVERSIDADE FEDERAL DO RIO GRANDE DO SUL. Faculdade de Medicina. Programa de Pós-Graduação em Epidemiologia. TelessaúdeRS (TelessaúdeRS-UFRGS); Rio Grande do Sul. Secretaria da Saúde. Hospital de Clínicas de Porto Alegre. *RespiraNET*. Porto Alegre, [2021]. Disponível em: https://www.ufrgs.br/telessauders/telediagnostico/respiranet/. Acesso em: 15 dez. 2021.

UNIVERSIDADE FEDERAL DO RIO GRANDE DO SUL. Faculdade de Medicina. Programa de Pós-Graduação em Epidemiologia. TelessaúdeRS (TelessaúdeRS-UFRGS); RIO GRANDE DO SUL. Secretaria da Saúde; HOSPITAL MOINHOS DE VENTO. *TeleOftalmo*. Porto Alegre, [2021]. Disponível em: https://www.ufrgs.br/telessauders/telediagnostico/teleoftalmo//. Acesso em: 15 dez. 2021.

TELEMEDICINA E O PROCESSO DE CONSENTIMENTO INFORMADO DO PACIENTE

Adriano Marteleto Godinho

Pós-Doutorando em Direito Civil pela Universidade de Coimbra. Doutor em Ciências Jurídicas pela Universidade de Lisboa. Mestre em Direito Civil pela Universidade Federal de Minas Gerais. Professor dos cursos de graduação e de pós-graduação *stricto sensu* da Universidade Federal da Paraíba. Membro Fundador do Instituto de Direito Civil Constitucional (IDCC). Membro Fundador do Instituto Brasileiro de Responsabilidade Civil (IBERC).

Igor de Lucena Mascarenhas

Doutorando em Direito pela Universidade Federal do Paraná e Doutorando em Direito pela Universidade Federal da Bahia. Mestre pela Universidade Federal da Paraíba. Professor da graduação e pós-graduação do Centro Universitário UNIFIP e da UNIFACISA. Pesquisador vinculado ao Instituto de Direito Civil Constitucional (IDCC). Pesquisador do Eixo de Relações Familiares do Núcleo de Estudos em Direito Civil – Virada de Copérnico. Advogado.

Sumário: 1. Introdução: notas sintéticas sobre a telemedicina – 2. O consentimento informado e o respeito à autodeterminação do paciente – 3. Consentimento informado e seus elementos – 4. O consentimento do paciente no âmbito da telemedicina – 5. Considerações finais – 6. Referências.

1. INTRODUÇÃO: NOTAS SINTÉTICAS SOBRE A TELEMEDICINA

A telemedicina surgiu como um mecanismo de facilitação de acesso da assistência à saúde por parte do Estado e da iniciativa privada. A partir das dificuldades de promoção da saúde e a escassez de determinados serviços em algumas localidades, houve a aplicação da premissa de que "se Maomé não vai até a montanha, a montanha vai até Maomé".

O deslocamento do paciente deixa de ser elemento essencial para a prestação do serviço médico, passando o serviço a se deslocar em busca dos seus pacientes. De acordo com a Associação Americana de Telemedicina (ATA), a premissa é de mover remotamente os profissionais até os pacientes com o objetivo de promoção da saúde de forma mais eficiente e redução de despesas.

Acontece que, no Brasil, o tema é muito pouco trabalhado sob uma perspectiva legislativa, na medida em que o Legislativo se afasta de temas relacionados ao Biodireito e Bioética, apresentando verdadeiro vazio legal e impondo, de forma racional ou não, que o tema seja tratado por alguém, ainda que não legitimado para tanto.

Nesse sentido, em razão do vácuo legal, o Brasil apresentava tímida normatização pelo Conselho Federal de Medicina que, desde 2002, tratava da matéria por intermédio da Resolução CFM 1.643/2002. Considerando a natureza espinhosa do tema, em especial por um aspecto financeiro e de mercado, o assunto era pouco tratado e, na primeira oportunidade de normatização mais detalhada por intermédio da Resolução CFM 2.227/2018, publicada no diário oficial da União em 6 de fevereiro de 2019, as reações foram tão virulentas que em 6 de março de 2019 foi revogada pela resolução CFM 2.228/2019 que repristinou a antiga resolução CFM 1.653/2002. O atual cenário regulador é composto pelas seguintes normas: Resolução CFM 1.643/2002, Portaria n. 467/2020 do Ministério da Saúde e Lei 13.989/2020.[1]

Em razão da relevância da matéria e a necessidade de observância ao princípio bioético da autonomia, o presente artigo, a partir de uma revisão bibliográfica e documental, busca debater o processo de consentimento para uso da telemedicina. Para tanto, o artigo está estruturado em três seções centrais: "o consentimento informado e o respeito à autodeterminação do paciente", "consentimento informado e seus elementos" e "o consentimento do paciente no âmbito da telemedicina".

2. O CONSENTIMENTO INFORMADO E O RESPEITO À AUTODETERMINAÇÃO DO PACIENTE

A liberdade, em sentido *lato*, constitui um dos valores mais elementares de toda ordem jurídica fundada na democracia, na dignidade da pessoa humana e no império dos direitos humanos e fundamentais.

Na ordem constitucional brasileira, a liberdade é invocada em múltiplas circunstâncias: genericamente, como direito fundamental (art. 5º, *caput*) e em desdobramentos como a garantia de autonomia para a manifestação do pensamento, ainda que vedado o anonimato (art. 5º, inciso IV); como a manifestação de crença e de religiosidade (art. 5º, inciso VI); como meio para a exteriorização das criações do espírito humano, ou seja, como expressão da atividade intelectual, artística, científica e de comunicação (art. 5º, inciso IX); no âmbito laboral (art. 5º, inciso XIII); em termos de locomoção (art. 5º, inciso XV); e para fins de associação (art. 5º, inciso XVII), inclusive profissional ou sindical (art. 8º, *caput*), entre outras hipóteses.

A autonomia, de forma geral, implica conferir às pessoas a liberdade de se ditarem as próprias regras. Esta autonomia, aliás, deve ser concebida não apenas no âmbito patrimonial, mas também no existencial, isto é, como meio de se desenvolver e realizar a própria personalidade. Se a cada indivíduo se reconhece a prerrogativa de ser e de tornar-se o que bem entender, a autonomia privada tem um nobre papel a cumprir: o de facultar a cada pessoa modelar o sentido da sua existência, ancorada nos seus valores, suas crenças, sua cultura e seus anseios. A autonomia, assim, assume a função de consagrar e impulsionar a individualidade de cada pessoa.

Assim, no âmbito do Direito Privado e, muito particularmente, na seara das relações estabelecidas entre os profissionais da saúde e seus pacientes, emerge a au-

---

1. Lei temporária com os efeitos restritos ao combate da pandemia causada pela Covid-19.

tonomia – expressão inequívoca de liberdade nestes domínios – como um dos mais fundamentais pilares do direito à autodeterminação dos pacientes, a quem se defere a prerrogativa de escolher a quais tipos de intervenções pretendem ou não se sujeitar.

Nas relações entre médicos e pacientes, pois, o *consentimento informado* – expressão que se cunhou originariamente na jurisprudência norte-americana,[2] para identificar que a declaração de vontade do paciente é externada de forma livre e devidamente esclarecida – é a expressão da autonomia que se lhes confere para aceitar ou recusar determinados tratamentos ou intervenções, com base nas informações que lhes são prestadas acerca dos riscos e dos procedimentos a seguir. Desde logo, cumpre afirmar que a declaração do paciente no sentido de consentir com o ato médico é obrigatória, qualquer que seja a magnitude da intervenção. Trata-se de reconhecer que, em todo e qualquer feito de cunho sanitário, o paciente é senhor de seu destino, cumprindo tomar-lhe o consentimento para que o ato médico seja considerado válido e regular.

Juridicamente, o consentimento informado não deixa de ser decorrência da boa-fé, que deve nortear toda e qualquer relação contratual, inclusive aquela travada entre médicos e pacientes, impondo-se a ambos, em especial aos primeiros, uma obrigação de transmitir ao seu parceiro contratual, com transparência e lealdade, as informações relevantes de que dispõem. Afinal, há que preservar, essencialmente, a incolumidade do paciente, componente do seu direito à integridade física e moral. Em função disso, é possível atestar que a obrigação atribuída ao médico de não intervir sobre o corpo do paciente sem o devido consentimento deste é preexistente ao surgimento do elo negocial que os une; noutros termos, "o dever de obter o consentimento informado do doente funda-se num direito inato de personalidade e não depende, na sua afirmação básica, da estrutura contratual em que se pratique o ato médico".[3]

Importa considerar que o paciente é a parte frágil na relação estabelecida com o médico, precisamente por ignorar os aspectos técnicos da Medicina. Sendo o consentimento informado a expressão da vontade do paciente, exige-se que ele tenha plena e firme consciência sobre a natureza dos procedimentos propostos e os riscos que lhes são inerentes, quando poderá, se for o caso, emitir a autorização para a prática do ato médico. Tal autorização se dá por meio da assinatura do Termo de Consentimento Informado, que deve conter, em linguagem acessível ao paciente, as

---

2. João Vaz Rodrigues destaca que o Tribunal da Califórnia foi pioneiro no emprego da expressão "*informed consent*", em 1957, embora a Suprema Corte da Carolina do Norte houvesse, dois anos antes, qualificado como negligente a conduta de um cirurgião que não alertou ao paciente sobre os riscos de uma cirurgia, tendo, assim, imposto a obtenção do prévio consentimento do enfermo como pressuposto necessário para atuar sobre sua integridade física (RODRIGUES, João Vaz. *O consentimento informado para o acto médico no ordenamento jurídico português*: elementos para o estudo da manifestação da vontade do paciente. Faculdade de Direito da Universidade de Coimbra: Centro de Direito Biomédico. Coimbra: Ed. Coimbra, 2001, p. 29-30).
3. OLIVEIRA, Guilherme. Estrutura jurídica do acto médico, consentimento informado e responsabilidade médica. *Temas de Direito da Medicina 1*. Faculdade de Direito da Universidade de Coimbra – Centro de Direito Biomédico. Coimbra: Ed. Coimbra, 1999, p. 63.

informações indispensáveis à formação da sua livre convicção. Ao lançar sua assinatura no referido termo, o paciente declara estar ciente do seu inteiro teor, assumindo livremente os riscos ali indicados.

O que interessa é se ater ao conteúdo das informações prestadas ao paciente, que deve ter ciência de todos os riscos que o tratamento ou cirurgia normalmente representam. Ao paciente (ou a quem possa por ele responder, caso o próprio esteja impossibilitado de fazê-lo) é apresentado um termo circunstanciado, a indicar todas as informações relevantes para o caso, cabendo respeitar um núcleo mínimo de elementos capazes de configurar a manifestação de um consentimento pautado pelo devido esclarecimento ao paciente. Cumpre, pois, verificar quais são os aludidos elementos.

3. CONSENTIMENTO INFORMADO E SEUS ELEMENTOS

A validade do consentimento prestado pelo paciente, em formulação proposta por André Gonçalo Dias Pereira,[4] parte dos seguintes elementos mínimos – que, naturalmente, demandam reflexões a porvir: que o paciente tenha capacidade para consentir; que o paciente tenha recebido informação suficiente sobre o tratamento proposto, considerando-se que a relação médico-paciente é fundada na presunção de que uma das partes é perita e a outra leiga; e, finalmente, que o paciente tenha liberdade de manifestar sua vontade, livre de quaisquer vícios que a maculem.

Cumpre aprofundar estas concepções:

a) No tocante à *capacidade* do paciente, é imprescindível a averiguação do regime que o Código Civil brasileiro confere à matéria. De acordo com o art. 5º do referido diploma, a capacidade é atingida aos 18 anos completos ou pela emancipação, nos casos descritos pelo parágrafo único do mesmo dispositivo. Por vezes, contudo, o critério etário é insuficiente para aferir a capacidade, devendo ser considerados outros parâmetros, ligados à noção do discernimento do agente. Assim é que os arts. 3º e 4º do Código Civil, para além de vislumbrarem a proteção dos menores, também qualificam como relativamente incapazes os ébrios habituais e os viciados em tóxicos, cogitando-se até mesmo a particular situação da incapacidade transitória, como pode ocorrer com pacientes que estejam desacordados, em transe, em coma ou em estado de choque, entre outras circunstâncias.

Aplicando-se estas noções estritamente às relações médicas, o rol dos incapazes descritos nas disposições legais referidas apenas não alcança os pródigos, uma vez que sua condição de perdulários apenas os priva da prática pessoal de atos jurídicos de conteúdo patrimonial, o que não se passa quando o que está em causa é a vida, a saúde ou a integridade física do paciente. Para os demais casos de incapacidade, portanto, é necessário obter o consentimento dos representantes legais, que podem ser os pais, tutores ou curadores.

---

4. PEREIRA, André Gonçalo Dias. *O consentimento informado na relação médico-paciente*. Faculdade de Direito da Universidade de Coimbra – Centro de Direito Biomédico. Coimbra: Ed. Coimbra, 2004, p. 129-130.

b) Exige-se ainda a presença da *voluntariedade* para a prática do ato: não basta aferir a mera capacidade ou discernimento do paciente, sendo também fundamental averiguar se uma pessoa efetivamente quer se submeter a um ato que implique uma intromissão sobre sua integridade física e se o consentimento é prestado de forma livre e espontânea, isto é, isento de erro, dolo ou coação. Assim, viciará o consentimento a declaração prestada pelo paciente, se decorrer de engano, de sua ignorância sobre os fatos ou de declarações falsas maliciosamente dirigidas a iludi-lo, assim como nos casos em que o paciente declarar sua concordância em virtude de intimidação física ou psicológica. Para todas estas hipóteses, o art. 171, II do Código Civil prescreve a anulabilidade do ato praticado.

Quanto à possibilidade de haver erro a inquinar o consentimento do paciente, caberá verificar prudentemente se de fato estarão presentes os pressupostos caracterizadores do vício. Diante da figura do erro, a vontade é em si deturpada ou não é externada em sintonia com a real intenção do declarante. A falsa percepção da realidade, aqui, é fruto do engano surgido na mente do próprio indivíduo que declara sua vontade – no caso, o paciente –, sem que tenha sido induzido por outrem a idealizar a equivocada aparência sobre as circunstâncias do negócio visado. O art. 138 do Código Civil estabelece que o erro, para dar ensejo à anulação do negócio jurídico, há de ser substancial, ou, noutros termos, essencial. Erro essencial é aquele que exerce função primordial na determinação da vontade do agente. Caso este conhecesse a realidade das circunstâncias que compõem o negócio jurídico, teria se negado a celebrá-lo, ao menos nos moldes em que o fez. Distingue-se, portanto, o erro essencial do erro acidental, pois este recai sobre motivos ou qualidades secundárias do objeto ou da pessoa a que o ato se refere, não alterando sua validade. Por isso, o erro meramente acidental não tem o condão de anular o ato praticado.

Wolfgang Frisch[5] institui importantes critérios para aferir quando, no âmbito de uma relação médico-paciente, a vontade deste estará maculada por engano essencial. Segundo aduz, são irrelevantes as representações erradas ou o desconhecimento de circunstâncias que não respeitem a natureza, envergadura, urgência, sentido ou riscos da intervenção. Assim, será acidental o erro incidente sobre aspectos outros, meramente laterais, como o custo da medida e a pessoa ou qualificação de quem realiza o tratamento médico, informações, em princípio, indiferentes do ponto de vista da qualidade ou dos riscos da intervenção. Tem-se, portanto, que será juridicamente relevante o erro sobre a natureza do ato e as suas características primordiais, o que encontra referência no inciso I do art. 139 do Código Civil; à partida, entretanto, será indiferente a incidência de erro quanto à pessoa (o médico, no caso) a quem o consentimento se dirige, não sendo aplicável o disposto no inciso daquele mesmo artigo de lei, porque o que importa, em princípio, é a atuação conduzida por profissional devidamente habilitado, de acordo com as *leges artis*.

---

5. FRISCH, Wolfgang. Consentimento e consentimento presumido nas intervenções médico-cirúrgicas. In: DIAS, Jorge de Figueiredo (Dir.). *Revista Portuguesa da Ciência Criminal*, a. 14, ns. 1 e 2. Coimbra: Ed. Coimbra, janeiro-julho de 2004, p. 76.

Do mesmo modo, caso reste demonstrado que o próprio médico levou o paciente a prestar o consentimento, valendo-se, para tanto, de artifícios indevidos, seja mediante o induzimento malicioso capaz de deturpar a realidade dos fatos (dolo), seja em virtude de ameaça de mal injusto (coação), poderá responder civil, criminal e administrativamente, em virtude de atuar mediante constrangimento ilegal, ao intervir sobre a integridade física do paciente sem que este tivesse manifestado validamente sua permissão para tal fim.

A averiguação sobre quais circunstâncias se enquadrariam num comportamento inadequado do médico, contudo, exige prudência. Não se pode acusar o profissional de agir mediante coação quando vier a sugerir fortemente que seu paciente se submeta a determinada intervenção médico-cirúrgica, desde que se reserve a este a liberdade suficiente para, caso entenda adequado, rejeitar o tratamento proposto. A mera tentativa de persuasão, enfim, não induz a presença de vício. Outra será a hipótese, entretanto, caso o médico venha a reduzir a capacidade de resistência do paciente, ao colher seu consentimento após a ingestão de analgésicos, sedativos ou outros produtos farmacêuticos que lhe comprometam o discernimento.[6] Neste caso, será indubitável a ausência de voluntariedade na manifestação de vontade, ficando comprometida sua validade.

c) Só cabe falar em consentimento verdadeiramente esclarecido se o paciente puder absorver as informações que lhe forem transmitidas, sendo imprescindível, assim, a *compreensão*. O processo de consentimento deve ser informado, mas a informação, por si só, não é garantia de respeito à autonomia, na medida em que a informação deve ser acessível para que o paciente processe o seu conteúdo e consinta com a intervenção profissional.[7] É inegável que o paciente ocupa posição desfavorável nas relações travadas com os médicos, por ser ele presumivelmente leigo. Apenas haverá manifestação deliberada de vontade se houver, por parte do paciente, o devido entendimento acerca dos termos apresentados ao longo do processo de consentimento, de modo que deve haver a máxima transparência possível. Sobre o tema, dispõe Genival Veloso de França:

> Além disso, exige-se não só o consentimento puro e simples, mas o *consentimento esclarecido*. Entende-se como tal o consentimento obtido de um indivíduo capaz civilmente e apto para entender e considerar razoavelmente uma proposta ou uma conduta isenta de coação, influência ou indução. Não pode ser obtido através de uma simples assinatura ou de uma leitura apressada em textos minúsculos de formulários a caminho das salas de operação. Mas por meio de linguagem acessível ao seu nível de convencimento e compreensão (*princípio da informação adequada*).[8]

---

6. SILVA, Marcelo Sarsur Lucas da. Considerações sobre os limites à intervenção médico-cirúrgica não consentida no ordenamento jurídico brasileiro. *Revista da Faculdade de Direito da Universidade Federal de Minas Gerais*, n. 43, p. 100. Belo Horizonte, jul./dez. 2004.
7. FACCHINI NETO, Eugênio. O maior consenso possível – o consentimento informado sob o prisma do direito comparado. *Revista de Direito Civil Contemporâneo*, v. 4, p. 53-105, 2015. p. 72.
8. FRANÇA, Genival Veloso de. Telemedicina: breves considerações ético-legais. *Revista Bioética*, v. 8, n. 1, p. 107-126, 2009. p. 114.

Registre-se que não há uma obrigatoriedade de Termo de Consentimento Livre e Esclarecido (TCLE), na medida em que o processo de consentimento pode se perfectibilizar de forma escrita e/ou verbal.[9] Desta forma, o TCLE apenas formaliza o processo de consentimento sem, contudo, ser a única forma de sua representação. O CFM, por intermédio da Recomendação 01/2016, já reconheceu que o TCLE não é exigido para que o processo de consentimento seja reputado como válido, porém estabeleceu que os profissionais devem, prioritariamente, reconhecer a formalização escrita como meio de salvaguarda de direitos, em especial após o julgamento do REsp 1.540.580-DF,[10] que fixou a tese de que o ônus da prova em relação ao consentimento recai sobre o médico/instituição de saúde.

O vocabulário utilizado no Termo de Consentimento Informado, aplicável aos atendimentos de profissionais de saúde e também da pesquisa, deve ser suficientemente preciso e compreensível ao paciente para que proporcione completo entendimento sobre seus termos. Assim, a informação fornecida ao paciente não pode admitir o uso de palavras abreviadas, a não ser que se forneça o seu real significado, nem de terminologia científica, ainda que comum no meio profissional, cujo conteúdo não seja cabalmente esclarecido e de domínio da população leiga. É necessário, pois, que o médico promova uma efetiva interação com seus pacientes, observando as condições e as limitações concretas de cada um, explicando-lhes cada aspecto do conteúdo do Termo, para que este possa ser uma fonte de segurança para ambos.

O postulado acabado de referir é imprescindível para estabelecer que o consentimento somente será válido se as informações transmitidas aos pacientes forem bastantes para a formação da sua convicção. À míngua de informação, ou sendo ela incompleta ou imprecisa para sustentar um consentimento devidamente esclarecido, poder-se-á afirmar que, ainda que o paciente tenha aposto sua assinatura no Termo que lhe tiver sido apresentado, o consentimento obtido será considerado inválido, passando a conduta médica a ser tratada como um ato não autorizado,[11] incidindo, a partir daí, as regras que imputem a ele a responsabilidade civil e criminal pela intervenção não permitida sobre a integridade física de terceiros.

Apesar de se poder dar por certo que o consentimento somente será válido se encerrar em si uma tomada de posição efetivamente esclarecida, é de certo modo flexível o modo pelo qual o médico deverá fazer chegar ao alcance de cada paciente as informações que sejam suficientes para formar sua convicção. Ao médico, cumpre

---

9. Para uma maior análise sobre a não identidade entre termo de consentimento e processo de consentimento, sugerimos a leitura de MASCARENHAS, Igor de Lucena; MATOS, Ana Carla Harmatiuk. O processo de consentimento informado e a desnecessidade de termo de consentimento no contexto de cuidados paliativos. In: DADALTO, Luciana. (Org.). *Cuidados Paliativos: Aspectos Jurídicos*. Indaiatuba: Editora Foco, 2021, p. 91-104.
10. REsp 1540580/DF, Rel. Ministro Lázaro Guimarães (Desembargador Convocado do TRF 5ª Região), Rel. p/ Acórdão Ministro Luís Felipe Salomão, Quarta Turma, julgado em 02.08.2018, DJe 04.09.2018.
11. PEREIRA, André Gonçalo Dias. O consentimento para intervenções médicas prestado em formulários: uma proposta para o seu controlo jurídico. *Boletim da Faculdade de Direito da Universidade de Coimbra*, v. LXXVI, 2000, p. 451.

o dever de esclarecer adequadamente e, como consequência, certificar-se de que o paciente foi capaz de compreender as informações que lhe foram prestadas. Para tanto, caberá ao médico julgar, segundo as condições que se apresentem, quais esclarecimentos serão imprescindíveis para que o paciente compreenda inequivocamente a natureza e os riscos da intervenção que se lhe propõe. Por isso, os elementos informativos relevantes devem atender não apenas ao denominado "padrão médio", que levará em consideração os dados que devem ser fornecidos em todo e qualquer caso de quadro clínico semelhante, como também o "padrão subjetivo" do paciente, em que se terá em mira a prestação de esclarecimentos talvez irrelevantes para o comum dos doentes, mas imprescindíveis para determinado paciente em concreto.[12] Assim, informações em princípio desprezíveis na maior parte das circunstâncias podem assumir extrema importância em determinados casos, cabendo ao médico, por isso, atender à vida pessoal e profissional dos seus pacientes, para avaliar a relevância que tais dados poderão exercer sobre os riscos e efeitos da intervenção.[13]

O critério subjetivo, ou do "paciente concreto", impõe ao médico o dever de prestar esclarecimentos mais exaustivos, específicos e direcionados, o que garantirá ao paciente o direito de tomar as decisões que lhe pareçam convenientes. Não se pode, contudo, ignorar a realidade de inúmeras instituições hospitalares, em que é elevado o número de pacientes e, por vezes, são escassos os "meios humanos e técnicos" disponíveis.[14] É a realidade de incontáveis hospitais brasileiros, em que é manifestamente insuficiente a quantidade de leitos e de equipamentos necessários para o atendimento adequado aos pacientes. Como exigir excelência no trato com os pacientes, se muitos deles sequer conseguem ser atendidos, podendo perecer nas filas de atendimento que se formam nos hospitais? Por isso, diante das circunstâncias em concreto, importa adotar cautela para que não se qualifique como negligente a conduta de profissionais da área da saúde de quem não se pode humanamente exigir mais do que possam prestar, dadas as precárias condições de trabalho a que muitos se sujeitam.

A exigência de que o médico se desincumba do dever de efetivamente esclarecer ao paciente tudo o que releve informar, diante das circunstâncias em concreto, pode colocar em xeque, em última instância, a própria valia do Termo de Consentimento Informado, que, por si só, talvez não seja preciso o bastante para permitir ao paciente manifestar o seu consentimento, sobretudo por se tratar de um documento formulado unilateralmente pelo médico e, não raras vezes, consistir num conjunto de disposições preestabelecidas, às quais o paciente simplesmente adere ao apor sua

---

12. OLIVEIRA, Guilherme. Estrutura jurídica do acto médico, consentimento informado e responsabilidade médica cit., p. 67.
13. NASCIMENTO, Paulo Soares do. Transplantes de órgãos humanos: a natureza do cadáver e dos órgãos e tecidos à luz do direito privado. *Homenagem ao Prof. Doutor André Gonçalves Pereira*. Faculdade de Direito da Universidade de Lisboa. Ed. Coimbra, 2006, p. 1.043.
14. RODRIGUES, João Vaz. O consentimento informado para o acto médico no ordenamento jurídico português: elementos para o estudo da manifestação da vontade do paciente cit., p. 258.

assinatura. Um simples formulário, naturalmente, não poderá substituir o diálogo que necessariamente deve ser travado, às claras, entre o médico e seu paciente. O documento, na realidade, deve refletir todo o contexto da troca de informações e confidências entre as partes, e não servir apenas como um meio de prova capaz de exonerar o médico, caso sua eventual responsabilização seja discutida em juízo. Assim é que André Gonçalo Dias Pereira[15] conclui que "*o formulário constitui prova do processo de consentimento, não o substitui*". A comprovação de ter havido preciso esclarecimento poderá eventualmente ser feita mesmo que o Termo não tenha sido firmado, ou tenha se extraviado; por outro lado, é perfeitamente verossímil que haja a demonstração de que o processo de esclarecimento não foi suficientemente claro, não obstante o documento tenha sido lavrado.

Outra questão de relevo diz respeito ao momento em que os esclarecimentos são prestados aos pacientes. Somente haverá verdadeira compreensão sobre os elementos que compõem a intervenção médica e, consequentemente, autêntico consentimento informado, caso o paciente tenha sido alertado sobre os riscos, benefícios e demais dados de interesse em tempo hábil a permitir efetiva ponderação sobre a adequação da medida proposta. Naturalmente, em circunstâncias de emergência poderá não haver tempo suficiente para meditar sobre as informações transmitidas ao paciente, mas, sempre que possível, deverá o médico informar e obter o consentimento "numa altura em que a habilitação para entender não estivesse diminuída ou pressionada".[16]

A exigência da compreensão demanda, enfim, o atendimento aos reais interesses dos pacientes, mediante a prestação de esclarecimentos cabais, de forma a não deixar margem a dúvidas e a não tolher a possibilidade de se proceder a uma efetiva ponderação acerca dos possíveis riscos e benefícios e de todas as alternativas viáveis de tratamento.

d) Quanto ao *conteúdo das informações*, é fundamental que se ofereça ao paciente todos os detalhes relevantes que respeitam ao procedimento proposto. Com efeito, um dos aspectos mais delicados do Termo de Consentimento Informado concerne ao âmbito do seu alcance. Nos Estados Unidos, constata-se que os médicos têm "hiperinformado" os pacientes, com o único objetivo de prevenir eventuais responsabilidades, o que desvirtua a intencionalidade e a verdadeira função do consentimento informado na relação médico-paciente.[17] Por mais que caiba presumir que a exigência de excessiva cautela na atuação dos médicos possa vir a otimizar o seu desempenho profissional, é de todo indesejável levar a tais extremos a noção de consentimento informado, pois qualquer informação desnecessária ou exagerada pode contribuir

---

15. PEREIRA, André Gonçalo Dias. O consentimento para intervenções médicas prestado em formulários: uma proposta para o seu controlo jurídico cit., p. 454-455.
16. RODRIGUES, João Vaz. O consentimento informado para o acto médico no ordenamento jurídico português: elementos para o estudo da manifestação da vontade do paciente cit., p. 241.
17. DEL RÍO, Josefina Alventosa. El derecho a la autonomía de los pacientes. In: CABANILLAS SÁNCHEZ, Antonio et al (Org.). *Estudios jurídicos en homenaje al Profesor Luiz Díez-Picazo*, Madrid: Thomson-Civitas, 2003, t. 1, p. 178.

não para esclarecer, mas para deturpar a opinião do paciente, comprometendo-se o discernimento que dele se espera para admitir ou rejeitar a realização da intervenção médica. Neste sentido, o Judiciário assume papel relevante de orientar o quantitativo informacional exigido, de modo que não se condene por negligência informacional nas situações de não comunicação de informações de ordem extraordinária.[18]

Por isso, no âmbito do dever de informar – recordando-se que o médico deverá ter em conta não apenas o padrão das circunstâncias a declarar a um paciente médio, como também aquelas que relevam para cada paciente em concreto, dadas as particularidades das suas condições de saúde –, é relevante que se contenham os seguintes aspectos:

– Prenome e sobrenome tanto do paciente quanto do médico informante;

– Nome e características essenciais do procedimento a realizar;

– Explicação cabal sobre os benefícios físicos e psíquicos que razoavelmente se podem esperar da intervenção e sobre as consequências da denegação, respeitando-se as circunstâncias pessoais do paciente (seu histórico médico, estado de saúde e a existência de fatores agravantes);

– Os riscos significativos em condições normais (o que pode ser aferido, inclusive, por estimativas). A informação sobre os riscos deve incluir detalhes sobre as dores previsíveis, a duração esperada para o convalescimento e as eventuais limitações ou perdas funcionais;[19]

– Prováveis complicações, índices de mortalidade e possíveis sequelas;

– Eventuais alternativas ao tratamento proposto, surgindo, aqui, uma espécie de complemento ao consentimento informado: a "escolha informada", que atribui ao paciente informações relevantes sobre todos os meios de tratamento passíveis de conduzir a intervenção aos melhores resultados possíveis;

– Explicação sobre o tipo de medicação exigível para a intervenção e seus riscos;

– O custo do tratamento (somente dispensável se a informação estiver prevista em outro documento, como um contrato celebrado entre as partes);

– As contraindicações existentes;

– A possibilidade de revogação do consentimento em qualquer momento anterior à intervenção;

– A satisfação do paciente pela informação recebida e o afastamento de todas as suas dúvidas;

---

18. MONTEIRO, João Pinto. Os custos do desconhecido: A medicina defensiva como resposta à Internalização de uma externalidade. In: PEREIRA, André Gonçalo; MATOS, Filipe Miguel Albuquerque; DOMENECH, Javier Barceló; ROSENVALD, Nelson. *Responsabilidade Civil em Saúde*: Diálogo com o prof. Doutor Jorge Sinde Monteiro. Coimbra: Faculdade de Direito de Coimbra, 2021. p. 275-290.
19. FRISCH, Wolfgang. Consentimento e consentimento presumido nas intervenções médico-cirúrgicas cit., p. 81.

– Assinatura do médico, paciente e testemunhas (se houver), além da rubrica em todas as páginas, embora não se trate de um requisito formal de validade, servindo esta exigência como um meio de assegurar a fidedignidade das informações apostas no documento;

– É conveniente, por fim, a indicação da possibilidade de verificação de outros riscos, embora imprevisíveis, o que dará ao paciente a dimensão de que as informações que lhe foram prestadas dizem respeito às consequências *regulares* do tratamento.

Ainda no tocante ao dever de informar, é fundamental reafirmar a necessidade da verificação de boa-fé bilateral: do mesmo modo como compete ao médico prestar os devidos esclarecimentos ao paciente, caberá também a este dispor de todas as informações que estejam ao seu alcance e que possam interferir sobre a eficácia da intervenção. Este dever de informar inclui a necessidade de o próprio paciente avançar espontaneamente as informações que possam relevar para o diagnóstico ou tratamento de sua causa e, ainda, a obrigação de responder integral e verdadeiramente todas as questões que lhe forem colocadas.[20] A sonegação de dados relevantes, por parte do paciente, poderá reverter a perspectiva até aqui delineada, fazendo com que o médico incorra em indesejável engano, o que somente poderá levar à sua responsabilização caso reste provada sua atuação culposa, por negligência ou imperícia – o que pode ocorrer, por exemplo, se deixar de realizar um exame rotineiro, por confiar estritamente na veracidade das informações prestadas pelo paciente. A falta de colaboração do paciente, ou a colaboração insuficiente, permitirá ao médico até mesmo recusar a assistência profissional, desde que não estejam em causa riscos à vida ou à integridade física daquele.[21]

Em síntese, a inobservância de qualquer dos requisitos enumerados não permite dizer que houve o consentimento esclarecido, o que poderá acarretar a responsabilidade civil e penal do médico, seja pelos eventuais danos provocados ao paciente, seja pela intervenção não consentida sobre a sua integridade física. Nestes casos, mesmo que não haja danos à incolumidade física, caberá atestar, quando menos, a existência de ato ilícito praticado contra o direito à autodeterminação do paciente.

4. O CONSENTIMENTO DO PACIENTE NO ÂMBITO DA TELEMEDICINA

Ao tratar do processo de consentimento na Telemedicina, é necessário registrar a ausência de orientação normativa nacional sobre a matéria. Todavia, mesmo diante da ausência de normatização clara sobre a matéria, não se pode pretender aplicar o processo de consentimento tradicional.

---

20. RODRIGUES, João Vaz. O consentimento informado para o acto médico no ordenamento jurídico português: elementos para o estudo da manifestação da vontade do paciente cit., p. 237-238.
21. RODRIGUES, João Vaz. O consentimento informado para o acto médico no ordenamento jurídico português: elementos para o estudo da manifestação da vontade do paciente cit., p. 225.

A telemedicina, em si mesma, não representa uma "nova Medicina", mas uma readequação do exercício médico aos novos tempos e necessidades humanas. Desta forma, enquanto meio de exercício diverso e alternativo da Medicina, o processo de consentimento não pode ser o mesmo do viés tradicional/clássico.

De forma didática, é possível afirmar que a Telemedicina não é uma forma de eliminar a Medicina tradicional, mas apenas um meio de complementação do exercício médico, visando o aperfeiçoamento técnico.[22]

De acordo com o Despacho CFM 413/2020, o exercício tradicional da Medicina é tido como o "padrão ouro". Neste sentido o despacho é expresso:

> Mesmo em 2020 18 anos após a edição da Resolução que autoriza a telemedicina, não se discute o fato de que o padrão ouro para os atendimentos médicos continua sendo o presencial especialmente no primeiro contato entre médico paciente. Ainda hoje não há tecnologias suficientes que dispensem uma primeira consulta presencial, a anamnese e o exame físico pelo profissional, visto que trazem via de regra uma maior segurança clínica aos serviços médicos recebidos pela comunidade necessitada.[23]

Logo, esse exercício alternativo e tido, pelo CFM, como um padrão não ideal, necessita de uma orientação própria para o processo de consentimento. Dentro do cenário normativo existente há pouco sobre o processo de consentimento livre esclarecido.

A Resolução CFM 1.643/2002 é silente sobre um processo de consentimento próprio/diferenciado, limitando-se a tratar do consentimento em relação ao sigilo, confidencialidade e transmissão de dados pessoais nos "considerandos da norma", sem, contudo, trazer um dispositivo normativo próprio e vinculante sobre a matéria:

> CONSIDERANDO que as informações sobre o paciente identificado só podem ser transmitidas a outro profissional com prévia permissão do paciente, mediante seu consentimento livre e esclarecido e sob rígidas normas de segurança capazes de garantir a confidencialidade e integridade das informações;

Já a Portaria 467/2020 do Ministério da Saúde e Lei 13.989/2020 são normas de natureza provisória e que regulamentam o exercício da telemedicina de forma extraordinária como mecanismo de combate à Covid-19.

A Portaria 467/2020 estabelece que o processo de consentimento precisa ser escrito ao exigir o TCLE para que o profissional registre a necessidade de isolamento/quarentena por parte do paciente, bem como a obrigação do paciente de manifestar sua ciência em relação à determinação médica.

---

22. LUZ, Protásio Lemos da. Telemedicina e a relação médico-paciente. *Arquivos Brasileiros de Cardiologia*, v. 113, p. 100-102, 2019. p. 101.
23. SOUZA, Francisco Antônio de Camargo Rodrigues de. Despacho CFM 413/2020. 2020. Disponível em https://sistemas.cfm.org.br/normas/arquivos/despachos/BR/2020/413_2020.pdf Acesso em 30 de nov. 2021.

A Lei 13.989/2020, em relação ao processo de consentimento, fixa, em seu art. 4º, o dever de "informar ao paciente todas as limitações inerentes ao uso da telemedicina, tendo em vista a impossibilidade de realização de exame físico durante a consulta". Como bem registra Protásio Lemos Luz, 80% da comunicação se dá de forma não verbal, de modo que o exercício da telemedicina possui uma restrição intrínseca a sua própria forma de exercício.

Todavia, apesar dos destaques formulados na Portaria e também na Lei, observa-se que, no atual cenário normativo, pouco se trata sobre o processo de consentimento próprio exigido na telemedicina, devendo haver um socorro à Declaração de Tel Aviv, enquanto norma paradigmática no tratamento da telemedicina e referenciada pelo Conselho Federal de Medicina.

A Declaração de Tel Aviv, aprovada na 51ª Assembleia Geral da Associação Médica Mundial, estabelece, em relação ao processo de consentimento de que:

Tipos de Telemedicina

5. A possibilidade de que os médicos utilizem a telemedicina depende do acesso à tecnologia e este não é o mesmo em todas as partes do mundo. Sem ser exaustiva, a seguinte lista descreve os usos mais comuns da telemedicina no mundo de hoje.

5.1 Uma interação entre o médico e o paciente geograficamente isolado ou que se encontre em um meio e que não tem acesso a um médico local. Chamada às vezes teleassistência, este tipo está em geral restringido a circunstâncias muito específicas (por exemplo, emergências).

5.2 Uma interação entre o médico e o paciente, onde se transmite informação médica eletronicamente (pressão arterial, eletrocardiogramas etc.) ao médico, o que permite vigiar regularmente o estado do paciente. Chamada às vezes televigilância, esta se utiliza com mais frequência aos pacientes com enfermidades crônicas, como a diabetes, hipertensão, deficiências físicas ou gravidezes difíceis. Em alguns casos, pode-se proporcionar uma formação ao paciente ou a um familiar para que receba e transmita a informação necessária. Em outros casos, uma enfermeira, tecnólogo médico ou outra pessoa especialmente qualificada pode fazê-lo para obter resultados seguros.

[...]

O Consentimento e Confidencialidade do Paciente

17. As regras correntes do consentimento e confidencialidade do paciente também se aplicam às situações da telemedicina. A informação sobre o paciente só pode ser transmitida ao médico ou a outro profissional de saúde se isso for permitido pelo paciente com seu consentimento esclarecido. A informação transmitida deve ser pertinente ao problema em questão. Devido aos riscos de filtração de informações inerentes a certos tipos de comunicação eletrônica, o médico tem a obrigação de assegurar que sejam aplicadas todas as normas de medidas de segurança estabelecidas para proteger a confidencialidade do paciente.

[...]

Qualidade da informação

20. O médico que exerce a medicina à distância sem ver o paciente deve avaliar cuidadosamente a informação que recebe. O médico só pode dar opiniões e recomendações ou tomar decisões médicas, se a qualidade da informação recebida é suficiente e pertinente para o cerne da questão.

[...]

História Clínica do Paciente

23. Todos os médicos que utilizam a telemedicina devem manter prontuários clínicos adequados dos pacientes e todos os aspectos de cada caso devem estar documentados devidamente. Deve-se registrar o método de identificação do paciente e também a quantidade e qualidade da informação recebida. Deve-se registrar adequadamente os achados, recomendações e serviços de telemedicina utilizados e se deve fazer todo o possível para assegurar a durabilidade e a exatidão da informação arquivada.

24. O especialista que é consultado através da telemedicina também deve manter um prontuário clínico detalhado das opiniões que oferece e também da informação que se baseou.

25. Os métodos eletrônicos de arquivamento e transmissão da informação do paciente, só podem ser utilizados quando se tenham tomado medidas suficientes para proteger a confidencialidade e a segurança da informação registrada ou intercambiada.[24] (tradução nossa)

A partir de uma interpretação conjugada da Declaração de Tel Aviv e da Resolução 466/2012 do Conselho Nacional de Saúde, mostra-se fundamental que o processo de consentimento abarque a assistência propriamente, e, neste ponto, o processo se assemelhe à obtenção de consentimento tradicional, e um processo de consentimento diferenciado em relação às particularidades do exercício da telemedicina.

Desta forma, o profissional deve compreender e informar que a Telemedicina não é um meio 100% ideal para todos os casos e procedimentos médicos, na medida em que alguns atos médicos apresentam restrições para o exercício da Medicina à distância.

Paralelamente, o profissional deve comunicar sobre os riscos relacionados ao exercício da Medicina à distância, notadamente em relação aos dados, os riscos advindos do exercício e as medidas adotadas para mitigar os potenciais prejuízos e riscos.

Destacar quem são os envolvidos no ato, descrição do procedimento médico em si e do seu exercício enquanto telemedicina, tratamento dos dados pessoais e preservação do sigilo são elementos fundamentais para garantia do processo de consentimento pleno. O compartilhamento de dados com terceiros só pode se dar nos limites impostos pelo próprio paciente.[25]

Em relação ao tratamento de dados que compõem o prontuário, José Luiz Faleiros Júnior, Caroline Cavet e Rafaela Nogaroli defendem a necessidade de "autorização para o uso, por exemplo, fotografias, filmagens ou de outros registros, inclusive históricos de conversas ou outros dados obtidos e potencialmente transferíveis a terceiros".[26]

---

24. Associação Mundial de Medicina. *WMA Statement on Accountability, Responsibilities and Ethical Guidelines in the Practice of Telemedicine*. Disponível em https://www.wma.net/policies-post/wma-statement-on-accountability-responsibilities-and-ethical-guidelines-in-the-practice-of-telemedicine/. Acesso em: 10 dez. 2021.
25. SCHAEFER, Fernanda. Enfermagem e sigilo profissional: porque informações não podem se prestadas pelo telefone. *Revista Brasileira de Direito da Saúde*, ano 3, n. 5, p. 67-88, 2014.
26. FALEIROS JUNIOR, José Luiz de Moura. NOGAROLI, Rafaella. CAVET, Caroline Amadori. Telemedicina e proteção de dados: reflexões sobre a pandemia da covid-19 e os impactos jurídicos da tecnologia aplicada à saúde. *Revista dos Tribunais*, v. 1016, p. 13. São Paulo, jun. 2020.

Em idêntico caminho sobre a necessidade de um processo de consentimento complementar, Miguel Kfouri Neto e Rafaella Nogaroli estabelecem, por exemplo, em relação à cirurgia robótica, que o Termo de Consentimento Livre e Esclarecido deverá conter as seguintes informações:

> 1) possibilidade de interrupção da telecirurgia por algum problema de conexão com a internet ou mesmo falha do próprio equipamento;
>
> 2) existência de um *time delay* entre os movimentos do cirurgião e a reprodução pelo robô, que pode gerar algum evento adverso;
>
> 3) demais riscos técnicos decorrentes de falha do *software* ou da própria limitação tecnológica;
>
> 4) possibilidade de acesso ilícito por terceiros dos dados da saúde do paciente armazenados em rede.[27]

O que se observa em razão do exercício diferenciado da Medicina é que o processo de consentimento, por não se tratar de um exercício tradicional, exige, igualmente, mecanismos diferenciados de consentimento. O processo de consentimento no exercício da telemedicina apresenta uma dupla vertente, de um lado deve contemplar o ato médico em si, aqui compreendido como tradicional, e, por outro lado, deve contemplar as particularidades do exercício da Medicina à distância. O processo de consentimento obtido apenas em relação a uma das facetas da telemedicina torna o consentimento viciado e passível de responsabilização em razão da informação deficientemente prestada de forma livre e esclarecida.

5. CONSIDERAÇÕES FINAIS

A telemedicina é um fenômeno contemporâneo que foi potencializado pela pandemia causada pela Covid-19. Se antes pouco se falava em Telemedicina e esta era restrita a pouquíssimas especialidades médicas como telerradiologia e telepatologia, por exemplo, na contemporaneidade, a Telemedicina representou uma projeção de exercício para quase todas as especialidades médicas.

Ocorre que, apesar de ser um exercício médico nos novos tempos, a Telemedicina não pode e nem deve suplantar o exercício presencial, na medida em que ambas são formas de exercício profissional alternativas e complementares, jamais concorrentes.

A pandemia apenas acelerou um processo de regulamentação que caminhava a lentos passos, porém, ante os benefícios evidenciados, apesar das normas atuais terem natureza provisória e relacionadas ao combate da Covid-19, a regulamentação ordinária da telemedicina é algo iminente.

O ponto central em relação ao processo de consentimento é que a telemedicina ainda é Medicina e, como tal, necessita da obtenção do consentimento para legiti-

---

27. KFOURI NETO, Miguel; NOGAROLI, Rafaella. Responsabilidade civil pelo inadimplemento do dever de informação na cirurgia robótica e telecirurgia: uma abordagem de direito comparado (Estados Unidos, União Europeia e Brasil). In: ROSENVALD, Nelson; MENEZES, Joyceane Bezerra de; DADALTO, Luciana. (Coord.) *Responsabilidade Civil e Medicina*. Indaiatuba: Ed. Foco, 2020, p. 159-186.

mar o direito à informação e autodeterminação do paciente. Sob essa perspectiva, o princípio da autonomia surge como mecanismo essencial ao ato médico, na medida em que intervenções médicas que descumpram a autonomia, ressalvadas situações muito específicas, não podem ser tutelados.

Todavia, ante a sua natureza complementar do exercício profissional à distância, tem-se que o processo de consentimento também deve ser aperfeiçoado com informações e dados relativos à modalidade do exercício médico por meio da telemedicina. Nesse campo, a complementação informacional decorre não do ato em si, mas dos riscos e benefícios relacionados à singularidade da forma como o ato médico é prestado.

6. REFERÊNCIAS

ASSOCIAÇÃO MUNDIAL DE MEDICINA. *WMA Statement on Accountability, Responsibilities and Ethical Guidelines in the Practice of Telemedicine.* Disponível em https://www.wma.net/policies-post/wma-statement-on-accountability-responsibilities-and-ethical-guidelines-in-the-practice-of-telemedicine/. Acesso em: 10 dez. 2021.

DEL RÍO, Josefina Alventosa. El derecho a la autonomía de los pacientes. In: CABANILLAS SÁNCHEZ, Antonio et al (Org.). *Estudios jurídicos en homenaje al Profesor Luiz Díez-Picazo*. Madrid: Thomson-Civitas, 2003. t. 1.

FALEIROS JUNIOR, José Luiz de Moura. NOGAROLI, Rafaella. CAVET, Caroline Amadori. Telemedicina e proteção de dados: reflexões sobre a pandemia da covid-19 e os impactos jurídicos da tecnologia aplicada à saúde. *Revista dos Tribunais*, v. 1016, São Paulo, jun. 2020.

FRANÇA, Genival Veloso de. Telemedicina: breves considerações ético-legais. *Revista Bioética*, v. 8, n. 1, p. 107-126, 2009.

FRISCH, Wolfgang. Consentimento e consentimento presumido nas intervenções médico-cirúrgicas. In: DIAS, Jorge de Figueiredo (Dir.). *Revista Portuguesa da Ciência Criminal*, a. 14, ns. 1 e 2. Coimbra: Ed. Coimbra, jan./jul. 2004.

KFOURI NETO, Miguel; NOGAROLI, Rafaella. Responsabilidade civil pelo inadimplemento do dever de informação na cirurgia robótica e telecirurgia: uma abordagem de direito comparado (Estados Unidos, União Europeia e Brasil). In: ROSENVALD, Nelson; MENEZES, Joyceane Bezerra de; DADALTO, Luciana (Coord.) *Responsabilidade Civil e Medicina*. Indaiatuba: Ed. Foco, 2020.

MASCARENHAS, Igor de Lucena; MATOS, Ana Carla Harmatiuk. O processo de consentimento informado e a desnecessidade de termo de consentimento no contexto de cuidados paliativos. In: DADALTO, Luciana. (Org.). *Cuidados paliativos*: aspectos jurídicos. Indaiatuba: Editora Foco, 2021.

MONTEIRO, João Pinto. Os custos do desconhecido: A medicina defensiva como resposta à Internalização de uma externalidade. In: PEREIRA, André Gonçalo; MATOS, Filipe Miguel Albuquerque; DOMENECH, Javier Barceló; ROSENVALD, Nelson. *Responsabilidade civil em saúde*: diálogo com o prof. Doutor Jorge Sinde Monteiro. Coimbra: Faculdade de Direito de Coimbra, 2021.

NASCIMENTO, Paulo Soares do. Transplantes de órgãos humanos: a natureza do cadáver e dos órgãos e tecidos à luz do direito privado. *Homenagem ao Prof. Doutor André Gonçalves Pereira*. Faculdade de Direito da Universidade de Lisboa. Ed. Coimbra, 2006.

OLIVEIRA, Guilherme. Estrutura jurídica do acto médico, consentimento informado e responsabilidade médica. *Temas de Direito da Medicina 1*. Faculdade de Direito da Universidade de Coimbra – Centro de Direito Biomédico. Coimbra: Ed. Coimbra, 1999.

PEREIRA, André Gonçalo Dias. *O consentimento informado na relação médico-paciente*. Faculdade de Direito da Universidade de Coimbra – Centro de Direito Biomédico. Coimbra: Ed. Coimbra, 2004.

PEREIRA, André Gonçalo Dias. O consentimento para intervenções médicas prestado em formulários: uma proposta para o seu controlo jurídico. *Boletim da Faculdade de Direito da Universidade de Coimbra*, v. LXXVI, 2000.

REsp 1540580/DF, Rel. Ministro Lázaro Guimarães (Desembargador Convocado do TRF 5ª Região), Rel. p/ Acórdão Ministro Luís Felipe Salomão, Quarta Turma, julgado em 02.08.2018, DJe 04.09.2018.

RODRIGUES, João Vaz. *O consentimento informado para o acto médico no ordenamento jurídico português: elementos para o estudo da manifestação da vontade do paciente*. Faculdade de Direito da Universidade de Coimbra: Centro de Direito Biomédico. Coimbra: Ed. Coimbra, 2001.

SCHAEFER, Fernanda. Enfermagem e sigilo profissional: porque informações não podem se prestadas pelo telefone. *Revista Brasileira de Direito da Saúde*, ano 3, n. 5, p. 67-88, 2014.

SILVA, Marcelo Sarsur Lucas da. Considerações sobre os limites à intervenção médico-cirúrgica não consentida no ordenamento jurídico brasileiro. *Revista da Faculdade de Direito da Universidade Federal de Minas Gerais*, n. 43. Belo Horizonte, jul./dez. 2004.

SOUZA, Francisco Antônio de Camargo Rodrigues de. Despacho CFM 413/2020. 2020. Disponível em https://sistemas.cfm.org.br/normas/arquivos/despachos/BR/2020/413_2020.pdf. Acesso em: 30 nov. 2021.

RESPONSABILIDADE CIVIL MÉDICA E CONSENTIMENTO DO PACIENTE NAS CIRURGIAS ROBÓTICAS REALIZADAS À DISTÂNCIA (TELECIRURGIAS)

Rafaella Nogaroli

Mestranda em Direito das Relações Sociais pela Universidade Federal do Paraná (UFPR). Especialista em Direito Médico e Bacharel em Direito pelo Centro Universitário Curitiba (Unicuritiba). Especialista em Direito Aplicado pela Escola da Magistratura do Paraná (EMAP) e em Direito Processual Civil pelo Instituto de Direito Romeu Felipe Bacellar. Coordenadora do grupo de pesquisas em "Direito da Saúde e Empresas Médicas" (Unicuritiba), ao lado do prof. Miguel Kfouri Neto. Diretora adjunta e membro titular do Instituto Brasileiro de Estudos de Responsabilidade Civil (IBERC). Integrante do grupo de pesquisas em direito civil-constitucional "Virada de Copérnico" (UFPR). Assessora de Desembargador no Tribunal de Justiça do Estado do Paraná (TJPR). E-mail: nogaroli@gmail.com. ORCID: https://orcid.org/0000-0002-5046-1396.

"Os instrumentos robóticos permitiam movimentos precisos e ultrafinos que eram visualizados em uma tela com altíssima resolução. Além disso, os braços robóticos podiam se dobrar e eram flexíveis de uma maneira que a mão humana jamais seria capaz. Obviamente, o robô cirurgião precisava de um médico altamente qualificado para tirar o máximo proveito dele, tal como um grande violinista, reconhecido internacionalmente, que toca uma sonata de Beethoven em um violino Stradivarius [...]. Eles [joysticks do robô] traduziam cada movimento do seu braço, antebraço, pulso e dedos, não importava o quão suave ou delicado, em movimentos correspondentes nos braços controlados pelo robô, que estavam presos nos vários instrumentos cirúrgicos no paciente."

[Trecho do livro *Bad Robot: A high-tech medical thriller*, de John Benedict. Kindle Direct Publishing, 2020, p. 50, tradução livre]

Sumário: 1. Introdução: considerações preliminares sobre a evolução dos procedimentos cirúrgicos – 2. Breve histórico das cirurgias robóticas e telecirurgias no Brasil e no mundo – 3. Responsabilidade civil do médico nas telecirurgias – 4. Consentimento do paciente nas cirurgias robóticas à distância – 5. Considerações finais – 6. Referências.

1. INTRODUÇÃO: CONSIDERAÇÕES PRELIMINARES SOBRE A EVOLUÇÃO DOS PROCEDIMENTOS CIRÚRGICOS

Avanços tecnológicos no primeiro quartel do século XXI, sobretudo na área da Medicina robótica e Telemedicina, trouxeram importantes impactos para os procedimentos cirúrgicos. Na realidade, uma longa e notável evolução ocorreu desde os primeiros registros da arte da cirurgia, a qual sempre esteve, ao longo dos séculos, aliada ao progresso científico e tecnológico.

No século XIX, intervenções cirúrgicas eram realizadas esporadicamente e se mantiveram extremamente controvertidas. A cirurgia era um trabalho repleto de riscos e deveria ser evitada a todo custo. Muitos cirurgiões se recusavam categoricamente a operar, optando por restringir sua alçada ao tratamento de doenças de pele, ferimentos superficiais ou outros problemas externos. Os procedimentos invasivos eram raríssimos, razão pela qual, em dias de cirurgia, os anfiteatros cirúrgicos ficavam abarrotados de estudantes de Medicina e espectadores curiosos.[1] Os médicos que "se atreviam a realizar esse procedimento invasivo eram apelidados de *rasga-barrigas*, por causa da longa incisão que faziam no abdômen dos pacientes", a qual se transformava com frequência numa fonte de sepse.[2]

Após o advento da anestesia, em 1846, as cirurgias aumentaram em número e complexidade, contudo, ainda havia o problema das altas taxas de mortalidade, especialmente devido a sepse pós-operatória. Com o surgimento dos estudos em microbiologia e identificação de germes causadores de infecções, além do desenvolvimento de métodos antissépticos, deu-se um passo determinante na evolução da cirurgia moderna. Tais descobertas históricas marcaram em definitivo uma nova era da Medicina contemporânea, pois transformaram a cirurgia, "que passou de medicina dos horrores à ciência moderna – uma ciência em que metodologias recém-testadas e comprovadas suplantaram as práticas obsoletas".[3] Assim, os resultados da cirurgia não mais seriam entregues à própria sorte e, daquele momento em diante, "a ascendência do saber sobre a ignorância e da diligência sobre a negligência"[4] definiu o futuro da Medicina cirúrgica.

Já no século XX, a nova técnica cirúrgica videolaparoscópica revolucionou mais uma vez a Medicina. A cirurgia realizada por videolaparoscopia pôs fim ao conceito de que "grandes cirurgiões realizavam grandes incisões", pois a cirurgia minimamente invasiva proporcionou diversos benefícios, como melhor resultado estético e funcional, além de menor custo e tempo reduzido de recuperação pós-operatória. Posteriormente, com o advento da Quarta Revolução Industrial,[5] no século XXI, caracterizada por uma mudança abrupta no desenvolvimento e incorporação de inovações tecnológicas, surgiu a moderna geração de cirurgiões, que passou a introduzir um conjunto de tecnologias disruptivas como robótica, *big data* e plataformas de Telemedicina em procedimentos cirúrgicos.

Cerca de seis milhões de cirurgias robóticas já foram realizadas ao redor do mundo com o chamado robô "Da Vinci", desde 2000.[6] Durante a cirurgia, o médico permanece num console, manuseando dois controladores gerais (*joysticks*) – e os movimentos das suas mãos são traduzidos pelo robô, em tempo real, em instrumentos dentro do paciente,

---

1. FITZHARRIS, Lindsey. *Medicina dos Horrores*: a história de Joseph Lister, o homem que revolucionou o apavorante mundo das cirurgias do século XIX. Rio de Janeiro: Intrínseca, 2019, p. 9.
2. FITZHARRIS, Lindsey. *Medicina dos Horrores*: a história de Joseph Lister, o homem que revolucionou o apavorante mundo das cirurgias do século XIX. Rio de Janeiro: Intrínseca, 2019, p. 195.
3. FITZHARRIS, Lindsey. *Medicina dos Horrores*: a história de Joseph Lister, o homem que revolucionou o apavorante mundo das cirurgias do século XIX. Rio de Janeiro: Intrínseca, 2019, p. 226.
4. FITZHARRIS, Lindsey. *Medicina dos Horrores*: a história de Joseph Lister, o homem que revolucionou o apavorante mundo das cirurgias do século XIX. Rio de Janeiro: Intrínseca, 2019, p. 225.
5. SCHWAB, Klaus. *A Quarta Revolução Industrial*. Cambuci: Edipro, 2018, passim.
6. About da Vinci Systems. Disponível em: https://www.davincisurgery.com/da-vinci-systems/about-da-vinci-systems##. Acesso em: 02 dez. 2021.

eliminando-se, assim, o tremor natural das mãos do ser humano e possibilitando um procedimento executado com maior precisão. Devido à maior flexibilidade dos braços robóticos em comparação com as ferramentas laparoscópicas convencionais, além da ampliação da visão do cirurgião por meio de uma microcâmera, tornam-se completamente acessíveis locais anteriormente de difícil acesso ou até mesmo inacessíveis.[7] A utilização do robô torna a cirurgia mais segura e precisa, eliminando o tremor natural das mãos do ser humano; a microcâmera amplia a visão do cirurgião e a tomada de decisões no decorrer do procedimento cirúrgico se torna mais rápida e exata.[8]

Ademais, com a expansão mundial da Telemedicina,[9] médicos passaram a realizar diagnóstico, monitoramento e até procedimento cirúrgico em pacientes à distância, nos locais mais remotos do globo.[10] Em 2002, um cirurgião, localizado nos Estados

---

7. SCHANS, Emma M. et. al. From Da Vinci Si to Da Vinci Xi: realistic times in draping and docking the robot. *Journal of Robotic Surgery*, v. 4, p. 835-839, dez. 2020.
8. FIORINI, Paolo. History of robots and robotic surgery. In: FONG, Yuman et. al (Ed.). *The sages Atlas of robotic surgery*. Cham: Springer, 2018, p. 1-14.
9. A revolução dos meios de comunicação, iniciada pela invenção do telégrafo (1838), seguida do telefone (1860) e do rádio (1906), possibilitou a origem da "Telemática da Saúde", que se refere à prestação de serviços de saúde à distância e possui duas categorias: Telessaúde e Telemedicina. A Telessaúde diz respeito às soluções na gestão da saúde, isto é, permite a educação médica à distância, por meio do aprimoramento de profissionais de saúde, bem como da coleta de dados sobre saúde de populações isoladas. A Telemedicina, por sua vez, está voltada aos aspectos clínicos direcionados ao paciente, individualizado ou individualizável, por meio de procedimentos médicos à distância destinados à medicina curativa. A tecnologia também possui o intuito de oferecer suporte diagnóstico de forma remota, permitindo, com apoio das tecnologias da informação e comunicação, a interpretação de exames e a emissão de laudos médicos à distância. Portanto, o objetivo é melhorar a qualidade e aumentar a eficiência do atendimento médico, expandindo-o às populações localizadas em áreas remotas, onde há pequeno número de profissionais especializados ou as condições da prática médica são limitadas. Nesse sentido, cf.: SCHAEFER, Fernanda. *Procedimentos médicos realizados à distância e o CDC*. Curitiba: Juruá, 2009, p. 43.
10. Durante a 51ª Assembleia Geral da Associação Médica Mundial, em Tel Aviv, no ano de 1999, a comunidade médica internacional debateu sobre o emprego da Telemedicina, oportunidade em que se redigiu a "Declaração de Tel Aviv", estabelecendo-se contornos e diretrizes para o seu emprego, além de serem definidas cinco modalidades – a) teleassistência; b) televigilância; c) teleconsulta; c) interação entre dois médicos; e d) teleintervenção –, as quais podem ser compreendidas da seguinte maneira: "A Teleassistência consiste no auxílio à saúde prestada à distância. Essa modalidade possibilita a avaliação remota da situação clínica do paciente e a determinação de providências emergenciais adequadas, sem o deslocamento até uma unidade de saúde. Atualmente, esta modalidade pode ser empregada por qualquer dispositivo tecnológico, inclusive robôs, com comunicação direta à um centro de atendimento de saúde ou ao médico. A Televigilância (telemonitoramento), por sua vez, empregada por meio de aplicativos como smartphones ou relógios inteligentes, destina-se ao monitoramento da condição de saúde do paciente de forma remota. A transmissão constante de dados do paciente (pressão arterial, índice glicêmico etc.), em tempo real, possibilita o acompanhamento mais eficaz do médico sobre o seu quadro clínico e necessidade de adaptação medicamentosa. Já a Teleconsulta é uma consulta não presencial, isto é, o atendimento por intermédio de quaisquer mecanismos de telecomunicação, sem o contato direto entre médico e paciente. A interação entre dois médicos (teleinterconsulta), por outro lado, caracteriza-se pelo atendimento ao paciente por um médico presencialmente, mas sendo este auxiliado remotamente por outro médico detentor de conhecimento específico na área. A informação médica transmite-se "eletronicamente ao médico que consulta, quem deve decidir se pode oferecer de forma segura sua opinião, baseada na qualidade e quantidade de informação recebida". Por fim, a Teleintervenção, modalidade que não está expressamente prevista na Declaração de Tel Aviv, porém é extraída das suas disposições gerais, consiste na ingerência à distância em exames médicos ou procedimentos cirúrgicos, em que o médico, por exemplo, com auxílio de robô ou médico assistente, realiza a intervenção cirúrgica (Telecirurgia) ou o Telediagnóstico" (FALEIROS JUNIOR, José Luiz de Moura. NOGAROLI, Rafaella. CAVET, Caroline Amadori. Telemedicina e proteção de dados: reflexões sobre a pandemia da covid-19 e os impactos jurídicos da tecnologia aplicada à saúde. *Revista dos Tribunais*, São Paulo, v. 1016, p. 327-362, jun. 2020)

Unidos, realizou a primeira telecirurgia em uma paciente que estava a milhares de quilômetros de distância, na França.[11]

Apesar dos notáveis benefícios das cirurgias robóticas presenciais e das telecirurgias, há milhares de relatos de eventos adversos ocorridos durante cirurgias assistidas por robô – quando cirurgião e paciente encontravam-se no mesmo local –, além de dezenas de *recalls* de instrumentos robóticos defeituosos, sendo que diversos pacientes já pleitearem indenização por danos sofridos durante a performance de robôs cirurgiões, tanto por defeito do produto, culpa médica ou violação do dever de informação.[12]

Por isso, a proposta do presente trabalho é, inicialmente, traçar um panorama geral dos benefícios e riscos, além dos litígios que discutem eventos adversos na cirurgia robótica presencial e, a partir disso, identificar-se-ão as peculiares vantagens e riscos da cirurgia robótica remota (telecirurgia), delineando os principais impactos éticos e legais que devem ser sopesados ao utilizar essa tecnologia. Em resumo, tem-se o intuito de desenvolver um estudo sobre a forma de atribuição da responsabilidade civil médica na telecirurgia, tanto no caso de culpa médica, como na hipótese de violação ao dever de informação, enfatizando, assim, os benefícios e riscos, as limitações da tecnologia e a necessidade de especial capacitação do profissional.

2. BREVE HISTÓRICO DAS CIRURGIAS ROBÓTICAS E TELECIRURGIAS NO BRASIL E NO MUNDO

As plataformas robóticas, nas últimas duas décadas, têm ampliado as fronteiras das inovações em tecnologias da saúde, para obtenção de melhores resultados clínicos. A cirurgia robótica surgiu em um momento que cirurgiões demandavam, cada vez mais, tecnologias cirúrgicas minimamente invasivas, mais precisas e seguras, para aperfeiçoarem sua atuação.

A ideia de aplicar tecnologias robóticas aos procedimentos cirúrgicos remonta especialmente à década de 1970, quando surge um projeto militar da *National Aeronautics and Space Administration* (NASA) com o objetivo de fornecer cirurgias aos astronautas com robôs controlados remotamente, abrindo inclusive a possibilidade de substituição da presença física do cirurgião em ambientes hostis, como guerras ou catástrofes naturais.

A primeira geração de robôs cirúrgicos foi projetada para realizar tarefas de precisão guiadas por imagem, mas era limitada por interfaces básicas de computador. Em 1985,

---

11. Operation Lindbergh – A world first in telesurgery: the surgical act crosses the atlantic!. Disponível em: https://www.ircad.fr/wp-content/uploads/2014/06/lindbergh_presse_en.pdf. Acesso em: 10 dez. 2021.
12. Ao propósito do estudo sobre os *cases law* norte-americanos relacionados a eventos adversos nas cirurgias robóticas, remeta-se a KFOURI NETO, Miguel; NOGAROLI, Rafaella. Responsabilidade civil pelo inadimplemento do dever de informação na cirurgia robótica e telecirurgia: uma abordagem de direito comparado (Estados Unidos, União Europeia e Brasil). In: ROSENVALD, Nelson; MENEZES, Joyceane Bezerra, DADALTO, Luciana (Coord.). *Responsabilidade civil e medicina*. 2. ed. Indaiatuba: Foco, 2020, p. 173-203. NOGAROLI, Rafaella; KFOURI NETO, Miguel. Estudo comparatístico da responsabilidade civil do médico, hospital e fabricante na cirurgia assistida por robô. In: KFOURI NETO, Miguel; NOGAROLI, Rafaella (Coord.). *Debates contemporâneos em direito médico e da saúde*. São Paulo: Thomson Reuters Brasil, 2020, p. 33-67.

surgiu o robô PUMA 200, utilizado para biópsias neurocirúrgicas e, posteriormente, a mesma tecnologia foi adaptada e utilizada para procedimentos urológicos e de próstata.[13] O primeiro robô cirurgião disponível comercialmente – denominado *ROBODOC Surgical Systems* – foi fabricado em 1992 e aprovado pela *Food And Drug Administration* (FDA) para substituições protéticas de quadril e cirurgias ortopédicas.[14]

A evolução desses robôs cirúrgicos levou a uma geração atual de plataformas robóticas nas quais telemanipuladores, em tempo real, reproduzem o movimento da mão do cirurgião em uma configuração *master-slave* ("mestre-escravo"). Nessas plataformas, há o console de controle "mestre", a partir do qual o cirurgião opera, e este fica fisicamente separado da unidade "escrava", composta pelos braços robóticos que realizam a cirurgia junto ao paciente. Na década de 1990, com o início de procedimentos laparoscópicos, dois robôs cirúrgicos aprovados pela FDA originaram-se de projetos financiados pela DARPA (*Defense Advanced Research Project Administration*): o *Da Vinci Surgical System* (da empresa *Intuitive Surgical*) e o *Zeus System* (da empresa *Computer Motion*).[15]

O robô Da Vinci[16] contém três componentes principais: um console ergonômico onde fica o cirurgião, um totem de quatro braços interativos junto ao paciente e uma torre de vídeo de alta definição. A cirurgia robótica torna menor o risco de infecção, reduz a perda de sangue e o tempo da cirurgia; as incisões são menores e, por isso, as cicatrizes também diminuem; o risco de complicações é, em geral, menor e a recuperação, mais rápida. Os braços robóticos permitem movimentos em 360 graus e alcançam posições que não seriam possíveis pela mão do cirurgião. Esse alto grau de precisão é, em muitos casos, a melhor alternativa às cirurgias abertas ou laparoscópicas.

A *Intuitive Surgical*, entre 2001 e 2018, vendeu mais de 2.900 plataformas robóticas nos Estados Unidos e mais de 4.500 no restante do mundo.[17] Em 2014, foi lançada a quarta geração do robô, o "Sistema Cirúrgico Da Vinci Xi" (*Da Vinci Xi Surgical System*)[18] e, mais recentemente, surgiu um novo modelo do robô para procedimentos cirúrgicos urológicos em um único portal (*Da Vinci Single-Port*), o qual

---

13. MARESCAUX, Jacques; DIANA, Michele. Robotics and remote surgery: next step. In: KIM, Keith Chae (Ed.). *Robotics in general surgery*. Nova Iorque: Springer Verlag, 2014, p. 479-484.
14. MARESCAUX, Jacques; DIANA, Michele. Robotics and remote surgery: next step. In: KIM, Keith Chae (Ed.). *Robotics in general surgery*. Nova Iorque: Springer Verlag, 2014, p. 479-484.
15. MARESCAUX, Jacques; DIANA, Michele. Robotics and remote surgery: next step. In: KIM, Keith Chae (Ed.). *Robotics in general surgery*. Nova Iorque: Springer Verlag, 2014, p. 479-484.
16. O robô cirurgião "Da Vinci" (*Da Vinci Surgical System*), lançado em 1999 e aprovado pela FDA no ano subsequente, recebeu denominação inspirada no "Cavaleiro Mecânico de Leonardo", um robô desenhado por Leonardo da Vinci no séc. XV. Esse primeiro registro de um projeto de robô humanoide resultou de seu famoso estudo anatômico das proporções do corpo humano, em seus esboços do "Homem Vitruviano". (ABDUL-MUHSI, Haidar; PATEL, Vipul. History of Robotic Surgery. In: KIM, Keith Chae (Ed.). *Robotics in general surgery*. Nova Iorque: Springer Verlag, 2014, p. 4).
17. Robotic Surgery Statistics Show Movement Towards More Minimally Invasive Procedures. Disponível em: https://idataresearch.com/robotic-surgery-statistics-show-movement-towards-more-minimally-invasive-procedures/. Acesso em: 12 dez. 2021.
18. SCHANS, Emma M. From Da Vinci Si to Da Vinci Xi: realistic times in draping and docking the robot. *Journal of Robotic Surgery*, v. 4, p. 835-839, dez. 2020.

possui capacidade de entrar no corpo do paciente por meio de uma única incisão pequena, auxiliando os cirurgiões na realização de procedimentos mais complexos.[19]

Apenas em 2017, 5.770 robôs cirúrgicos foram comercializados, sendo 65% deles vendidos para hospitais norte-americanos.[20] O número anual estimado de cirurgias robóticas nos Estados Unidos disparou de cerca de 136.000 em 2008, para 877.000 em 2017.[21] Em 2008, havia três robôs em atividade no Brasil; hoje, há pelo menos 70 plataformas robóticas em hospitais brasileiros – e a quantidade tende a aumentar.[22] Em quatorze anos, de 2000 a 2013, apenas nos Estados Unidos foram realizadas 1.745.000 cirurgias robóticas. No Brasil, já ocorreram cerca de 20.000 cirurgias assistidas por robôs e o Hospital Israelita Albert Einstein, em São Paulo, é o pioneiro na tecnologia, utilizando-a desde 2008, quando um paciente idoso foi submetido à extirpação da próstata com a assistência do robô.[23]

A *Intuitive Surgery* tem liderado o mercado global de robôs cirúrgicos, mas há também outros robôs cirúrgicos disponíveis no mercado para diversas aplicações cirúrgicas. Por exemplo, entre 1994 e 2018, foram vendidas cerca de 80 plataformas robóticas (*ROBODOC Surgical System*) na Europa e Ásia, para realização de cirurgias ortopédicas robóticas.[24]

Nas últimas décadas, desenvolvimentos tecnológicos em sistemas robóticos teleoperados e tecnologia da informação permitiram ao cirurgião fornecer cuidados especializados em locais remotos. A cirurgia robótica à distância (telecirurgia) consiste em um sistema no qual o cirurgião realiza uma cirurgia de um local remoto, ou seja, ele não se encontra fisicamente presente na mesma sala de cirurgia na qual está o paciente. A cirurgia é realizada inteiramente pelo cirurgião remoto, que se encontra a milhares de quilômetros de distância, por meio da reprodução dos movimentos de suas mãos pelo robô cirúrgico que se encontra junto ao paciente. Segundo especialistas, uma das maiores vantagens da telecirurgia é sua capacidade de superar as limitações geográficas, reduzindo custos logísticos e permitindo o acesso a um atendimento cirúrgico rápido e de alta qualidade.[25]

Já no caso da cirurgia robótica presencial, o cirurgião que opera o robô pode receber uma teleorientação de um médico consultor altamente especializado (*proctor*), o qual colabora remotamente com a equipe de cirurgia ao lado do paciente. Além

---

19. Move surgery forward – da Vinci SP. Disponível em: https://www.intuitive.com/en-us/products-and-services/da-vinci/systems/sp. Acesso em: 23 dez. 2021.
20. New questions about the $3B/year robotic surgery business. Disponível em: https://www.healthnewsreview.org/2018/08/new-questions-about-the-3b-year-robotic-surgery-business/. Acesso em: 12 dez. 2021.
21. About da Vinci Systems. Disponível em: https://www.davincisurgery.com/da-vinci-systems/about-da-vinci-systems##. Acesso em: 12 dez. 2021.
22. ARAÚJO, Raphael L. C. et al. Visão geral e perspectivas sobre o processo de certificação em cirurgia robótica no Brasil: o novo regimento e uma pesquisa nacional online. *Revista do Colégio Brasileiro de Cirurgiões*, v. 47, 2020.
23. Brasil comemora 10 anos de cirurgia robótica. Disponível em: https://www.einstein.br/sobre-einstein/imprensa/press-release/brasil-comemora-10-anos-de-cirurgia-robotica. Acesso em: 09 dez. 2021.
24. FIORINI, Paolo. History of robots and robotic surgery. In: FONG, Yuman et al. (Ed.). *The Sages Atlas of Robotic Surgery*. Cham: Springer, 2018, p. 12.
25. JIN, Man Li et. al. Telemedicine, Telementoring, and Telesurgery for Surgical Practices, *Current Problems in Surgery*, v. 58, n. 12, dez. 2021.

disso, tecnologias sofisticadas, como sistemas de aprendizagem de realidade virtual e tecnologia de realidade aumentada também surgiram como métodos promissores de treinamento dos cirurgiões com as plataformas robóticas.[26]

Em 2001, foi realizado o primeiro procedimento cirúrgico transatlântico (*Operação Lindbergh*). Um cirurgião, localizado em Nova Iorque (Estados Unidos), realizou telecirurgia de colecistectomia laparoscópica em uma paciente de 68 anos, que estava a aproximadamente 7.000 quilômetros de distância, em Strasbourg (França).[27] A cirurgia foi realizada à distância pela plataforma robótica *ZEUS Robotic Surgical System*, fabricada pela empresa Computer Motion.[28]

Em 2005, o Departamento de Defesa dos Estados Unidos (*US Department of Defense*) lançou um projeto de assistência médica à distância denominado "Trauma Pod", para demonstrar a viabilidade de uma unidade cirúrgica remota de emergência em áreas de combate.[29] Embora os experimentos tenham sido bem-sucedidos, a cirurgia robótica realizada à distância ainda não entrou na prática clínica por questões de segurança e certificação. A telecirurgia ainda está em fase de desenvolvimento e encontra algumas dificuldades, principalmente barreiras tecnológicas.

Desde a primeira telecirurgia, a grande dificuldade na ampla aplicabilidade dessa tecnologia é a diminuição do tempo de latência (*time delay*) entre os movimentos realizados pelo cirurgião e a replicação pelo robô.[30] O aumento do tempo de latência é atribuído principalmente a problemas de roteamento e congestionamento de rede ou à sobrecarga do servidor. Esse *delay* não só gera uma operação demorada, mas pode também produzir imprecisões cirúrgicas significativas, comprometendo a segurança do paciente e retardando a sua recuperação. Mesmo pequenos atrasos no tempo de transmissão, como milissegundos, geram riscos ao paciente e podem levar a resultados desastrosos na telecirurgia. De acordo com o neurocirurgião Paul J. Choi,[31] há estudos que apontam a possibilidade de os médicos serem treinados para realizar procedimentos cirúrgicos mesmo existindo o *time delay*. Contudo, adverte-se para necessidade de constante treinamento e cuidado com a autoconfiança do profissional.[32]

Em 2019, um cirurgião realizou, na China, a primeira neurocirurgia remota no mundo, com a nova tecnologia 5G, que é a quinta geração das tecnologias e padrões

---

26. JIN, Man Li et. al. Telemedicine, Telementoring, and Telesurgery for Surgical Practices, *Current Problems in Surgery*, v. 58, n. 12, dez. 2021.
27. Operation Lindbergh – A World First in TeleSurgery: The Surgical Act Crosses the Atlantic! Disponível em: https://www.ircad.fr/wp-content/uploads/2014/06/lindbergh_presse_en.pdf. Acesso em: 12 dez. 2021.
28. A Intuitive Surgery incorporou a tecnologia do Zeus, quando a empresa adquiriu a *Computer Motion*, em 2003. (FIORINI, Paolo. History of robots and robotic surgery. In: FONG, Yuman et. al (Ed.). *The Sages Atlas of Robotic Surgery*. Cham: Springer, 2018, p. 9).
29. GARCIA, Pablo et al. Trauma pod: a semi-automated telerobotic surgical system. *The International Journal of Medical Robotics*, v. 5, n. 2, p. 136-146, jun. 2009.
30. CHOI, Paul J. Telesurgery: past, present, and future. *Cureus Journal of Medical Science*, v. 10, n. 5, maio 2018.
31. CHOI, Paul J. Telesurgery: past, present, and future. *Cureus Journal of Medical Science*, v. 10, n. 5, maio 2018.
32. SONG, Xu. et. al. Effect of latency training on surgical performance in simulated robotic telesurgery procedures. *The International Journal of Medical Robotics and Computer Assisted Surgery*, Chicago, v. 11, p. 290-295, 2014.

de comunicação *wireless*. O médico, que estava em Pequim, implantou remotamente um neuroestimulador em um paciente, que sofria de Mal de Parkinson, localizado à 3.000 quilômetros de distância, em Hainan.[33] A cirurgia durou cerca de três horas e foi finalizada satisfatoriamente, sem intercorrências, demonstrando o potencial de redução do tempo de latência nas plataformas de telecirurgia. Em 2020, cirurgiões na Itália realizaram uma cirurgia remota das cordas vocais de um cadáver. O experimento demonstrou que um sistema de telecirurgia robótica pode explorar com eficácia os recursos aprimorados das redes 5G para entregar bidirecionalmente grandes quantidades de dados com menor tempo de latência entre a sala de cirurgia e o cirurgião remoto.[34]

As pesquisas em andamento em telecirurgia se mostram ainda mais relevantes na Era da pandemia da Covid-19, durante a qual a cirurgia presencial pode não ser possível devido a restrições de viagens e distanciamento social.[35] Nesse sentido, são igualmente notáveis as vantagens da telecirurgia no Brasil, um país com dimensões continentais, onde pessoas residentes em regiões mais remotas não possuem acesso à médicos especializados em determinadas áreas. Além disso, nas telecirurgias, há redução do número de profissionais de saúde necessários para estar fisicamente presentes durante o procedimento. Não há contato físico entre o paciente e o cirurgião, o qual permanece afastado em um console especial, controlando remotamente o robô por meio de *joysticks*.[36]

Esta é certamente uma das mais expressivas benesses das cirurgias robóticas em tempos de pandemia: o número reduzido de profissionais da saúde na sala de operação e a distância entre os membros da equipe.[37] Assim, diminui-se o risco de transmissão do vírus. Outra vantagem apontada é a recuperação pós-operatória mais rápida e menor tempo de hospitalização, em comparação à tradicional cirurgia aberta, o que é especialmente relevante em tempos de escassez de leitos hospitalares e aumento do potencial de contaminação em internações mais longas.[38]

Embora a cirurgia assistida por robô continue a se desenvolver e tenha demonstrado diversos benefícios, dentre as principais desvantagens estão o alto custo das plataformas e a curva de aprendizado dos médicos com a tecnologia. Nas telecirurgias, há ainda limitações tecnológicas, especialmente o *time delay*, que precisam ser superadas. Contudo, há de se destacar que os inúmeros progressos tecnológicos ocorridos nos últimos anos evidenciam que os robôs cirurgiões estão avançando para

---

33. World's 1st remote brain surgery via 5G network performed in China. Disponível em: https://www.rt.com/news/454056-remote-brain-surgery-china. Acesso em: 12 dez. 2021.
34. ACEMOGLU, Alperen et. al. Operating from a distance: robotic vocal cord 5G telesurgery on a cadaver. *Annals of Internal Medicine*, v. 173, p. 940-941, dez. 2020.
35. AMAN, Gupta; RAJEEV, Sood. Effectiveness of augmented reality telesurgery: lessons learned from Covid-19 pandemic. *Junior Medical Research*, v. 3, n. 3, nov. 2020. ALMAZEEDI, Sulaiman et. al. Employing augmented reality telesurgery for COVID-19 positive surgical patients. *British Journal of Surgery*, v. 107, n. 10, p. 386-387, jul. 2020.
36. MOAWAD, Gaby N.; RAHMAN, Sara; MARTINO, Martin A.; KLEBANOFF, Jordan S. Robotic surgery during the COVID pandemic: why now and why for the future. *Journal of Robotic Surgery*, v. 14, p. 917-920, dez. 2020.
37. ZEMMAR, Ajmal; Lozano, Andres M; Nelson, Bradley J. The rise of robots in surgical environments during Covid-19. *Nature machine intelligence*, Londres, v. 2, p. 566-572, out. 2020.
38. ZAMPOLLI, Hamilton; RODRIGUEZ, Alejandro R. Laparoscopic and robotic urology surgery during global Pandemic Covid-19. *International Brazilian Journal of Urology*, v. 46, p. 215-221, jul. 2020.

além do estágio de pesquisa científica em telecirurgia, atingindo a prática clínica da nova geração de cirurgiões no século XXI.[39] Diante desse cenário, torna-se relevante o estudo sobre a forma de atribuição da responsabilidade civil médica na telecirurgia, tanto no caso de culpa médica, como na hipótese de violação ao dever de informação.

3. RESPONSABILIDADE CIVIL DO MÉDICO NAS TELECIRURGIAS

Em que pese os diversos benefícios das plataformas robóticas já mencionados ao longo deste trabalho, há também riscos associados à tecnologia e potenciais litígios. Tem-se notícia de diversos pacientes que pleitearam indenização por danos sofridos durante a performance dos robôs Da Vinci, nos Estados Unidos. Entre os anos de 2000 e 2013, há 10.624 relatos de eventos adversos,[40] ocorrendo morte em 144 casos, lesões ao paciente em 1.391 e mau funcionamento do dispositivo robótico em 8.061 episódios.[41] Na última década, a *Intuitive* promoveu 175 *recalls* do robô Da Vinci[42] – tanto para pequenos ajustes no robô, como esclarecimentos de instrução e atualizações de *software*, bem como *recalls* mais graves, como o caso de uma faca cirúrgica que não podia se mover e realizar algum corte necessário, braços cirúrgicos que apresentaram falhas e outros componentes do robô que fizeram movimentos inesperados. Há registro também de um instrumento robótico que, depois de fixado a um tecido do paciente, não podia mais se abrir – o que gerou também outro *recall*.

Até o momento, quase todos os conflitos envolvendo eventos adversos em cirurgia robótica nos Estados Unidos foram resolvidos extrajudicialmente com a fabricante, com cláusula de confidencialidade sobre os seus termos ou, ainda, decididos sumariamente pelo juiz (*summary judgment*) na fase chamada *pretrial*, com exceção de dois casos que foram levados a julgamento pelos tribunais norte-americanos, os quais, posteriormente, também resultaram em acordo: *Zarick v. Intuitive Surgical* (2016) e *Taylor v. Intuitive Surgical* (2017). Mais recentemente, em abril de 2021, julgou-se o caso *Rosenberg v. 21st Century Oncology*, no qual se reconheceu a culpa do médico pelos eventos adversos ocorridos em uma cirurgia robótica de prostatectomia, sendo fixada indenização no valor de aproximadamente dois milhões e quinhentos mil dólares.[43] Já no Brasil, foi recentemente julgado pela 4ª Vara Cível da Comarca de Florianópolis-SC,[44] o primeiro caso que se tem notícia sobre evento adverso em paciente submetido a cirurgia assistida por robô.

---

39. ANVARI, Mehran. The future of robotic platforms. In: KIM, Keith Chae (Ed.). *Robotics in general surgery*. Nova Iorque: Springer Verlag, 2014, p. 485.
40. Neste período entre 2000 e 2013, foram realizadas 1,7 milhões de cirurgias robóticas.
41. Adverse Events in Robotic Surgery: A Retrospective Study of 14 Years of FDA Data. Disponível em: https://arxiv.org/ftp/arxiv/papers/1507/1507.03518.pdf. Acesso em: 10 dez. 2021.
42. Disponível em: https://www.nbcnews.com/health/health-news/da-vinci-surgical-robot-medical-breakthrough-risks-patients-n949341. Acesso em: 10 dez. 2021.
43. Disponível em: https://cvn.com/proceedings/rosenberg-v-21st-century-oncology-et-al-trial-2021-04-15. Acesso em: 12 dez. 2021.
44. Autos 0307386-08.2014.8.24.0023. Dessa sentença, foram interpostos recursos por ambas as partes, que, no dia 10.12.2021, ainda aguardavam julgamento pelo TJSC. Ao propósito do estudo sobre a referida decisão

Nos Estados Unidos, as demandas indenizatórias sobre eventos adversos ocorridos durante a intervenção médica assistida por plataformas robóticas são conhecidas como "finger-pointing cases".[45] Isso, porque há sempre o dilema de quem deve responder quando há um dano ao paciente submetido à cirurgia robótica: o médico ou o fabricante do equipamento. O médico e o hospital, diante de evento adverso na intervenção, alegam que há defeito no próprio robô e consequente responsabilidade do fabricante. Este, por sua vez, defende que o dano decorre de erro médico ou, ainda, da má conservação ou incorreta regulagem do robô pelos prepostos do hospital.

Contudo, em 2017, desenvolveu-se um dispositivo chamado "dVLogger", espécie de "caixa preta" acoplada ao robô cirurgião Da Vinci, que grava vídeo e metadados durante a cirurgia.[46] Por meio desse recurso, captura-se o posicionamento dos instrumentos e como o médico está conduzindo o movimento do robô. Pode-se constatar, por exemplo, que durante a cirurgia o robô emitiu algum alerta ou aviso de erro, mas o médico desconsiderou o alerta e optou por assumir o risco de dar continuidade ao ato cirúrgico. Ou, ainda, pode-se verificar um mau funcionamento do próprio robô, que realizou inesperadamente algum movimento.

Thomas R. Mc Lean delineia o perfil geral dessas demandas indenizatórias nos Estados Unidos, as quais, geralmente, envolvem discussões em três frentes: 1ª) *responsabilidade do médico*: por culpa médica, especialmente imperícia decorrente do treinamento insuficiente, ou violação do dever de informação do paciente (consentimento livre e esclarecido); 2ª) *responsabilidade do hospital*: por má conservação do robô ou incorreta esterilização dos instrumentos robóticos pelos seus prepostos, desrespeitando orientações do fabricante. Ainda, há demandas que alegam falha do hospital em manter uma adequada política de treinamento dos seus médicos em cirurgia robótica; 3ª) *responsabilidade do fabricante*: por defeito do produto ou falta de informações sobre sua utilização ou riscos associados.[47]

Em novembro de 2015, um senhor de 69 anos morreu após se submeter à cirurgia robótica no Freeman Hospital, em Newcastle, Inglaterra. O robô fez um movimento brusco e dilacerou parte do coração do paciente durante a cirurgia. Abriu-se inquérito policial para determinar a causa da morte e o cirurgião acabou revelando que "poderia ter realizado a cirurgia com mais treinamento prévio no robô, antes da intervenção

---

judicial brasileira, remeta-se a NOGAROLI, Rafaella; KFOURI NETO, Miguel. Estudo comparatístico da responsabilidade civil do médico, hospital e fabricante na cirurgia assistida por robô. In: KFOURI NETO, Miguel; NOGAROLI, Rafaella (Coord.). *Debates contemporâneos em direito médico e da saúde*. São Paulo: Thomson Reuters Brasil, 2020, p. 33-67.

45. MCLEAN, Thomas R. The Complexity of Litigation Associated with Robotic Surgery and Cybersurgery. *The International Journal of Medical Robotics and Computer Assisted Surgery*, v. 3, p. 23-29, fev. 2007.
46. Disponível em: https://www.eurekalert.org/pub_releases/2017-12/uosc-br120817.php. Acesso em: 02 dez. 2021.
47. MCLEAN, Thomas R; WAXMAN, S. Robotic surgery litigation. *Journal of Mechanical Engineering Science*, v. 224, p. 1539-1545, jul. 2010. MCLEAN, Thomas R. Principle of robotic surgery litigation in the United States. *Clinical Risk*, v. 14, p. 179-181, set. 2008. MCLEAN, Thomas R. The complexity of litigation associated with robotic surgery and cybersurgery. *The International Journal of Medical Robotics and Computer Assisted Surgery*, v. 3, p. 23-29, fev. 2007.

cirúrgica"[48] no paciente em questão e, ainda, relatou que o *proctor* (médico altamente especializado em cirurgia robótica, que possui elevado grau de conhecimento do robô Da Vinci), que deveria estar presente durante toda a cirurgia, saiu da sala na metade do ato cirúrgico. Além disso, constatou-se que o hospital, onde ocorreu a intervenção, não possuía nenhuma política de treinamento dos médicos em cirurgia robótica. O diretor médico do hospital emitiu um pedido de desculpas, reconhecendo que "falhou em garantir um padrão de cuidado razoavelmente esperado na cirurgia robótica".

Na situação antes narrada, fica evidente a hipótese de dano diretamente ocasionado por imperícia do profissional. A imperícia se caracteriza pela deficiência de conhecimentos técnicos, o despreparo prático, a falta de habilidade ou ausência dos conhecimentos necessários para realização da cirurgia robótica. Ressalta-se, contudo, que não basta aferir a atuação médica para caracterizar o dever de indenização. Deve-se evidenciar, também, o vínculo causal, que liga o dano à conduta do agente. É preciso verificar o nexo de causalidade entre a conduta e o dano sofrido – tarefa que, muitas vezes, não será das mais fáceis, especialmente quando a intervenção médica for assistida por uma plataforma robótica.

A partir do estudo acerca dos litígios envolvendo eventos adversos ocorridos na cirurgia robótica, em contexto norte-americano e europeu, pode-se observar que a grande complexidade na análise da responsabilidade civil dá-se, sobretudo, na determinação da causa eficiente do dano – e a quem se atribuir o dever de indenizar. Diante disso, ao investigar tal problemática em nosso ordenamento jurídico, alvitramos a metodologia a seguir descrita. Para atribuição da responsabilidade por eventos adversos na cirurgia robótica, deve-se verificar, antes de mais, a gênese do dano, ou seja, se este decorreu:

> a) do *serviço essencialmente médico*: quando o dano decorre de atos praticados exclusivamente pelos profissionais da medicina, implicando formação e conhecimentos médicos, isto é, domínio das *leges artis* da profissão. Reconhecida a culpa do seu preposto, responderá solidariamente o hospital (art. 14, § 4º, do CDC; art. 186 e 951, ambos do CC). O médico responderá por culpa *stricto sensu*, nas modalidades negligência, imprudência ou imperícia. Destaque-se que, caso o médico não tenha vínculo de preposição com o hospital, apenas alugue o espaço da entidade hospitalar, a fim de realizar o procedimento cirúrgico com auxílio do robô, o hospital não terá responsabilidade solidária pela conduta culposa do profissional. b) do *serviço paramédico*: quando o dano advém da falha na intervenção dos enfermeiros com a correta regulagem do robô ou inadequada esterilização dos instrumentos robóticos. Em geral, são praticados pela enfermagem e outros profissionais da saúde, auxiliares ou colaboradores. Nessa situação, incide a responsabilidade objetiva do hospital, pelos atos da equipe de enfermagem, nos termos do art. 14 do CDC; c) do *serviço extramédico*: quando o dano resulta da inadequada ou inexistente política hospitalar de treinamento de médicos e outros profissionais, defeito de qualquer instalação nas dependências do estabelecimento, má conservação do robô pelo não atendimento aos cuidados recomendados pelo fabricante. Nesses casos, também responderá o hospital, de forma objetiva, nos termos do art. 14 do CDC.[49]

---

48. Disponível em: https://www.kingsleynapley.co.uk/insights/blogs/blog-medical-negligence-law/heart-breaking-robotic-surgery-patient-dies-as-a-result-of-robotic-assisted-heart-surgery#page=1. Acesso em: 21 dez. 2021.
49. NOGAROLI, Rafaella; KFOURI NETO, Miguel. Estudo comparatístico da responsabilidade civil do médico, hospital e fabricante na cirurgia assistida por robô. In: KFOURI NETO, Miguel; NOGAROLI, Rafaella (Coord.). *Debates contemporâneos em direito médico e da saúde*. São Paulo: Thomson Reuters Brasil, 2020, p. 33-67.

Evidentemente, na cirurgia assistida por robô é o médico quem continua a comandar o ato cirúrgico, valendo-se de instrumentos robóticos como extensão de suas próprias mãos. Alude-se à existência de sinergia entre o homem e a máquina, não à substituição daquele por esta. Assim, no eventual exame da responsabilidade civil, a equação é conhecida: em primeiro plano, analisa-se a atuação pessoal do médico, com o intuito de se reconhecer a ocorrência de culpa *stricto sensu* (imperícia, imprudência ou negligência), por parte do médico; reconhecida a culpa do seu preposto, responderá solidariamente o hospital.

Já por defeito do robô cirurgião (do *software* ou de um instrumento robótico), responderá o fabricante, independentemente da existência de culpa (art. 14, do CDC), pela reparação dos danos causados ao paciente. O robô será considerado defeituoso quando não oferecer a segurança que legitimamente se espera (art. 12, § 1º, do CDC), levando-se em consideração sua apresentação, uso e riscos que dele se esperam e à época em que foi colocado em circulação. O fornecedor também será responsabilizado pelas informações insuficientes ou inadequadas sobre a fruição e riscos acerca do seu produto, pois isto é considerado "defeito" e, como tal gera o dever de reparar.[50]

Vale lembrar que o paciente lesionado, após ser submetido a uma cirurgia robótica, é compreendido como consumidor do robô por equiparação, nos termos do art. 17 do CDC,[51] pois é terceiro atingido pela relação de consumo entre o hospital e o fabricante do robô. Frise-se ainda que, segundo o art. 7º, parágrafo único, do CDC, há responsabilidade solidária na cadeia de fornecimento de um produto e, por isso, o hospital responde solidariamente pelos danos decorrentes de defeitos do dispositivo médico, de modo que o paciente poderá demandar em face da entidade hospitalar.

Importante mencionar que, até pouco tempo atrás, notava-se uma realidade de médicos com pouca prática, que realizavam cirurgias robóticas depois de realizarem pouquíssimos procedimentos cirúrgicos com auxílio do *proctor*.[52] Por isso, a questão da culpa médica em cirurgia robótica devido ao insuficiente treinamento dos médicos já foi bastante criticada pela comunidade jurídica norte-americana e europeia, especialmente devido ao fato de que cirurgiões com extensa experiência na tecnologia declaram que se sentiram proficientes com o sistema Da Vinci apenas depois de realizarem ao menos 200 procedimentos assistidos pelo robô.[53]

O Brasil é o maior mercado de cirurgia robótica da América Latina. Contudo, apesar das plataformas robóticas serem realizadas no país desde 2008, apenas em 2020, o Colégio Brasileiro de Cirurgiões (CBC), vinculado à Associação Médica Brasileira (AMB), publicou a primeira declaração com diretrizes sobre o processo para emissão do certificado de habilitação em cirurgia robótica no Brasil, a serem seguidas por todos os novos

---

50. NOGAROLI, Rafaella; KFOURI NETO, Miguel. Procedimentos cirúrgicos assistidos pelo robô Da Vinci: benefícios, riscos e responsabilidade civil. *Cadernos Ibero-Americanos de Direito Sanitário*, v. 9, n. 3, jul./set. 2020.
51. Art. 17 do CDC: "(...) equiparam-se aos consumidores todas as vítimas do evento".
52. *Proctor* é o médico altamente especializado em cirurgia robótica, que possui elevado grau de conhecimento do robô Da Vinci.
53. PAGALLO, Ugo. *The Laws of Robots*: crimes, contracts, and torts. Londres: Springer, 2013, p. 88-94.

cirurgiões robóticos e entidades hospitalares.[54] Atualmente, já se observa uma tendência de mudança do modelo de treinamento, especialmente pela criação de diretrizes para o desenvolvimento de proficiência na realização de procedimentos cirúrgicos robóticos, bem como devido à implementação de simuladores do robô, com treinamento em realidade virtual, para que os médicos possam praticar no próprio hospital onde atuam.

Em março de 2020, o Conselho Federal de Medicina publicou a Resolução n. 2311,[55] que regulamenta a cirurgia robótica no Brasil. Já no 1º artigo, ressalta-se que a cirurgia robótica assistida deve ser utilizada apenas para tratamento de doenças nas quais já se tenha comprovação da eficácia e segurança.[56] No § 2º do referido artigo, indica-se o dever de o médico esclarecer adequadamente o paciente e elaborar um termo de consentimento com riscos e benefícios específicos ao procedimento robótico-assistido – tema a ser analisado no próximo capítulo deste trabalho. Já no art. 2º (e Anexo 1) da Resolução, indica-se que as plataformas de cirurgia robótica, aprovadas pela Anvisa, só poderão ser utilizadas nos denominados "hospitais de Alta Complexidade", que são unidades hospitalares com condições técnicas, instalações físicas, equipamentos, serviços de apoio e suporte a todas as intercorrências possíveis e recursos humanos adequados à prestação de assistência especializada aos pacientes submetidos às cirurgias assistidas por robôs.

Em relação às cirurgias robóticas realizadas remotamente, o art. 6º salienta que a telecirurgia somente poderá ser realizada com infraestrutura adequada e segura de funcionamento de equipamento (§ 1º).[57] Ainda, a equipe médica cirúrgica principal para a telecirurgia deve ser composta, no mínimo, por um médico operador do equipamento robótico (cirurgião remoto que responde diretamente pelo ato cirúrgico), além do cirurgião presencial e cirurgião auxiliar, os quais serão responsáveis pela assistência direta ao paciente e capacitados para assumir a intervenção

---

54. Disponível em: https://cbc.org.br/diretrizes-de-certificac%CC%A7a%CC%83o-em-cirurgia-robotica-2020/. Acesso em: 22 dez. 2021.
55. Disponível em: https://sistemas.cfm.org.br/normas/visualizar/resolucoes/BR/2022/2311/. Acesso em: 28 mar. 2022.
56. A tecnologia não é recomendada para todos os casos e procedimentos médicos. A cirurgia aberta ou laparoscopia, sem auxílio do robô, ainda é a opção preferida em determinadas situações e, além disso, a robótica não tem eficácia comprovada em todos os procedimentos médicos e cirúrgicos. Em 28.02.2019, a FDA emitiu alerta sobre a assistência robótica nas mastectomias e outras cirurgias oncológicas: "Desde que os dispositivos robóticos foram disponibilizados nos EUA, os procedimentos cirúrgicos assistidos por robô foram amplamente adotados porque podem permitir uma recuperação mais rápida e melhorar a precisão cirúrgica. No entanto, a FDA está preocupada com o fato de que os prestadores de serviços de saúde e os seus pacientes podem não estar cientes de que a segurança e a eficácia desses dispositivos não foram estabelecidas para uso em procedimentos de mastec-tomia ou na prevenção ou tratamento de câncer em geral. (...) Há pouca evidência sobre a segurança e a eficácia do uso de RASD em pacientes submetidas à mastectomia para a prevenção ou tratamento do câncer de mama, e a FDA não concedeu nenhuma autorização de comercialização do sistema RASD para a mastectomia". (Disponível em: https://www.fda.gov/medical-devices/safety-communications/caution-when-using-robotically-assisted-surgical-devices-womens-health-including-mastectomy-and. Acesso em 09 jan. 2021)
57. Nesse sentido, oportuno mencionar novamente que um dos maiores desafios a serem superados no implemento das telecirurgias reside nas limitações tecnológicas – especialmente o *time delay* –, mas já se observa a tendência de aprimoramento dos sistemas de telecirurgia, sobretudo a partir das redes 5G, as quais propiciam menor tempo de latência entre o cirurgião remoto e a sala de cirurgia onde fica o paciente.

cirúrgica diante de eventos adversos ou ocorrências não previstas, como falha no equipamento robótico, falta de energia elétrica, flutuação ou interrupção de banda de comunicação. Somando-se à obrigatoriedade do termo de consentimento livre e esclarecido na telecirurgia, é imprescindível a autorização por escrito do diretor técnico do hospital onde a cirurgia será realizada (§ 5º).

Ademais, seja na cirurgia robótica presencial ou à distância, oportuno pontuar que o art. 5º prevê a responsabilidade do diretor técnico do hospital na conferência da documentação sobre a capacitação e competência do cirurgião principal (responsável direto pelo ato cirúrgico), cirurgião instrutor (*proctor*) e demais membros da equipe, devendo, ainda, exigir que a equipe cirúrgica descreva o procedimento robótico-assistido em prontuário, com assinatura do cirurgião principal, do cirurgião-instrutor e de outros médicos que eventualmente integrem a equipe. Destaque-se que referida documentação será de extrema importância em eventual litígio para aferir a responsabilidade civil decorrente de dano sofrido pelo paciente na cirurgia robótica. Nesse sentido, o 4º Considerando da Resolução CFM nº 2.311/2022 indica a Resolução CFM nº 1.490/1998, a qual dispõe sobre a composição da equipe cirúrgica e responsabilidade entre os membros da equipe.

Além disso, a Resolução CFM nº 2.311/2022 dedica-se ao tema do treinamento específico dos médicos em cirurgia robótica (arts. 2º e 3º), as etapas básicas de capacitação (Anexo 2) e a responsabilidade do cirurgião-instrutor (*proctor*) na orientação no manejo do robô e avaliação da competência do cirurgião principal (art. 4º). Ressalte-se que, independentemente se a cirurgia robótica é realizada pelo médico a poucos metros distância e na mesma sala de cirurgia em que se encontra o paciente ou, ainda, na situação do profissional que opera o robô de forma remota a milhares de quilômetros de distância (telecirurgia), há a necessidade de um cirurgião auxiliar junto ao paciente, para intervir em caso de mau funcionamento do robô ou quaisquer interrupções tecnológicas. Evidentemente, deve-se garantir que toda a equipe de profissionais da saúde envolvidos (enfermeiros e médicos – principal, auxiliar, anestesiologista e instrumentador) seja apropriadamente capacitada e receba constantemente treinamento e atualização na nova tecnologia. Isso porque, além de eventuais dificuldades tecnológicas, a incorreta esterilização ou calibragem de um instrumento robótico, por exemplo, pode aumentar a probabilidade de um movimento impreciso do robô cirurgião ou, ainda, ocasionar uma falha na transmissão da imagem do sítio cirúrgico.[58]

4. CONSENTIMENTO DO PACIENTE NAS CIRURGIAS ROBÓTICAS À DISTÂNCIA

É possível restar provado que o médico, durante a realização da cirurgia robótica, atuou com a diligência que legitimamente se esperava dele – ou seja, não agiu com culpa –, tampouco há defeito no robô cirurgião, sendo o evento danoso decorrente de um risco associado à própria tecnologia. Nesse caso, caberá ao médico ou entidade

---

58. BHATIA, Neera. Telesurgery and the Law. In: KUMAR, Sajeesh; MARESCAUX, Jacques (Ed.). Telesurgery. Londres: Springer, 2008, p. 175-181.

hospitalar provar que obteve o consentimento livre e esclarecido do paciente sobre aquele possível risco específico na utilização da referida tecnologia. O fato gerador da indenização, nessas situações de violação do dever de informação, não será o dano em si, isoladamente considerado, mas a falha (ou ausência) de informação.

Na cirurgia robótica, assim como em quaisquer outras intervenções médicas, o dever de informar é um dever de conduta decorrente da boa-fé objetiva do médico e sua simples inobservância caracteriza inadimplemento contratual. Ademais, a indenização é devida pela privação sofrida pelo paciente em sua autodeterminação, por lhe ter sido retirada a oportunidade de ponderar sobre riscos e vantagens de determinado tratamento, que, ao final, causou-lhe danos que poderiam ser evitados, caso não fosse realizado o procedimento por opção do paciente.[59] A fim de se estabelecer o dever de indenizar, é preciso verificar o nexo causal entre a omissão da informação e o dano. Quando a intervenção médica é correta – mas não se informou adequadamente –, a culpa surge pela falta de informação – ou pela informação incorreta. Não é necessária negligência no tratamento. A vítima deve demonstrar que o dano provém de um risco acerca do qual deveria ter sido avisada, a fim de deliberar sobre a aceitação ou não do tratamento.

Nas telecirurgias, há distância entre o cirurgião principal e o paciente, porém um médico assistente deve estar sempre presente na mesa de operação. Ao realizar a cirurgia de maneira remota, mesmo que o profissional não esteja em contato direto com seu paciente, devem ser respeitados os princípios bioéticos e deveres médicos, tal como sigilo, qualidade e segurança dos equipamentos e serviços médicos, consentimento informado e fornecimento de todas as informações que o paciente deseja ou necessita para tomar uma decisão bem-informada e esclarecida.[60]

No contexto das cirurgias assistidas por robôs, seja de forma presencial ou à distância, o consentimento informado (leia-se, livre e esclarecido) adquire certas peculiaridades, tendo em vista os diversos fatores aleatórios e riscos inerentes à própria tecnologia, como já expusemos neste trabalho.[61] No termo de consentimento, deverão constar informações sobre os benefícios esperados e os possíveis riscos associados à utilização da tecnologia. Acima de tudo, o médico precisa expor claramente ao paciente quais as diferenças na adoção de uma cirurgia robótica em relação à convencional para aquele caso específico.

---

59. Nesse sentido, cf.: PEREIRA, André Gonçalo Dias. *O consentimento informado na relação médico-paciente*. Coimbra: Coimbra Editora, 2004, *passim*. KFOURI NETO, Miguel. A quantificação do dano na ausência de consentimento livre e esclarecido do paciente. *Revista IBERC*, Minas Gerais, v. 2, n. 1, p. 01-22, jan./abr. 2019.
60. SACEANU, Sidonia Maria. Telesurgery and robotic surgery: ethical and legal aspect. *Journal of Community Medicine & Health Education*, v. 5, jul. 2015.
61. Sobre o consentimento informado do paciente no contexto de novas tecnologias, imperiosa a remissão a dois artigos: KFOURI NETO, Miguel; NOGAROLI, Rafaella. Responsabilidade civil pelo inadimplemento do dever de informação na cirurgia robótica e telecirurgia: uma abordagem de direito comparado (Estados Unidos, União Europeia e Brasil). In: ROSENVALD, Nelson; MENEZES, Joyceane Bezerra, DADALTO, Luciana (Coord.). Responsabilidade civil e medicina. 2. ed. Indaiatuba: Foco, 2020, p. 173-203. DANTAS, Eduardo. NOGAROLI, Rafaella. Consentimento informado do paciente frente às novas tecnologias da saúde (telemedicina, cirurgia robótica e inteligência artificial). *Lex Medicinae – Revista Portuguesa de Direito da Saúde*, Coimbra, n. 13, ano 17, p. 25-63, jan./jun. 2020.

Imagine-se que um cirurgião, localizado num hospital em Londres, estivesse realizando uma telecirurgia em um paciente em São Paulo, no exato momento em que o sistema do hospital inglês sofre interrupção por invasão de um *hacker*. Diante disso, o monitor – que passava imagens do sítio cirúrgico do paciente brasileiro – de repente, fica preto, não sendo mais possível saber quais movimentos serão reproduzidos pelo robô no Brasil. Necessariamente, a equipe do hospital brasileiro estará em prontidão, ao lado do paciente e, verificando qualquer falha no sistema ou movimento imprevisível do robô cirurgião, deverá afastar este do paciente e, imediatamente, adotar as condutas emergenciais cabíveis, incluindo a transformação do procedimento cirúrgico em uma cirurgia convencional (aberta) sem a assistência do robô.

Esse é um exemplo, dentre tantos outros, de que podem ocorrer situações em que a cirurgia robótica precisará ser interrompida e substituída por uma cirurgia convencional, realizada pelas próprias mãos do médico, sem interferência do aparato tecnológico. E, muitas vezes, surgirão cicatrizes maiores no corpo do paciente, pois aquela cirurgia robótica minimamente invasiva precisará ser transformada em uma cirurgia aberta, com cortes mais extensos. Segundo a própria empresa fabricante do robô Da Vinci, essa conversão do procedimento pode significar "um tempo cirúrgico mais longo, mais tempo sob anestesia e/ou a necessidade de incisões adicionais ou maiores e/ou aumento de complicações",[62] informações estas que deverão ser repassadas previamente ao paciente.

Ressalta-se, portanto, que a informação sobre a possibilidade de intercorrências no ato cirúrgico por falha do equipamento robótico, com a consequente transformação da cirurgia robótica para uma convencional, deve ser claramente transmitida ao paciente. Nesse sentido, Deborah Dubeck, no artigo "Robotic-Assisted Surgery: Focus on Training and Credentialing", explica algumas peculiaridades do consentimento informado na cirurgia robótica:

> Os pacientes precisam saber mais do que apenas os riscos gerais, benefícios e alternativas que estão associadas ao procedimento. O risco de falha do robô e a prontidão para implementar um plano de contingência, com a conversão para um procedimento aberto, são questões que devem ser abordadas no consentimento informado do paciente. Os cirurgiões precisam passar algum tempo com o paciente explicando os prós e contras da cirurgia robótica, comparando-a com outras alternativas terapêuticas.[63]

Ademais, deve-se levar em consideração que num modelo de "telecirurgia integrada" (*integrated telesurgery model*), o cirurgião utiliza as informações eletrônicas do paciente em rede – tais como exames médicos e outros dados de saúde – e, enquanto realiza a cirurgia, analisa-as constantemente, através de um console especial. Caso ocorra alguma falha de conexão com a interface por uma interrupção da Internet, há

---

62. Disponível em: https://www.intuitive.com/en-us/about-us/company/legal/safety-information. Acesso em: 20 dez. 2021.
63. BHATIA, Neera. Telesurgery and the Law. In: KUMAR, Sajeesh; MARESCAUX, Jacques (Ed.). *Telesurgery*. Londres: Springer, 2008, p. 176-177.

probabilidade de surgirem danos substanciais ao paciente.[64] Além disso, conforme explana Neera Bhatia, deve-se levantar a reflexão de que os pacientes possam não saber de que forma seus dados de saúde são utilizados e podem ser compartilhados com outras pessoas, além do cirurgião.[65] Desse modo, a forma de compartilhamento dos dados de saúde – tanto a descrição da sua finalidade como dos sujeitos que terão acesso a essas informações – é um ponto de relevante importância a ser ponderado.[66]

No que se refere à abrangência da informação prestada pelo médico na Telemedicina, expõe André Pereira, que é imprescindível:

> Uma descrição do tipo de telemedicina que se vai realizar (telemonitoração, telemanipulação, ou cirurgia robótica), a experiência e a especialização do telecirurgião (ou consultor), os fins para os quais a informação médica pode ser usada (por exemplo, para diagnóstico ou fins educacionais), e quais os objetivos e meios de controlo de armazenamento da informação médica computadorizada numa base de dados. O paciente deve ter a garantia de que sua privacidade será respeitada tal como na medicina tradicional, mas que, enquanto estiverem a trabalhar *online* sempre há o risco de um terceiro ter acesso (ilícito) às informações.[67]

Observa-se que o professor português adota postura, com a qual plenamente concordamos, sobre a obrigação do médico em revelar previamente ao paciente a sua especialização, bem como a sua experiência com a tecnologia robótica. Inclusive, nos Estados Unidos, o *Massachusetts Board of Registration in Medicine* adverte que "pacientes devem ser comunicados da experiência do cirurgião na prática do procedimento robótico recomendado".[68] Vale destacar que o próprio fabricante do robô Da Vinci recomenda que "os cirurgiões devem informar seus pacientes sobre a existência de outras técnicas cirúrgicas disponíveis"[69] e, ainda, precisam "discutir sua experiência cirúrgica e expor todos os riscos com seus pacientes".[70]

Expusemos, anteriormente, o episódio ocorrido em 2015, de um paciente na Inglaterra que veio a óbito, logo após ser submetido à cirurgia cardíaca robótica. O cirurgião admitiu seu prévio treinamento insuficiente com a tecnologia e, ainda, o hospital admitiu

---

64. MCLEAN, Thomas R. Cybersurgery: an argument for enterprise liability. *Journal of Legal Medicine*, v. 23, n. 2, p. 167-210, nov. 2010.
65. BHATIA, Neera. Telesurgery and the law. In: KUMAR, Sajeesh; MARESCAUX, Jacques (Ed.). *Telesurgery*. Londres: Springer, 2008, p. 176-177.
66. Ainda, sobre o tema, cf.: "With the use of electronic systems confidentiality might be at risk and special measures must be taken in order to prevent improper communication of medical data. In situations like transmission of scan results, especially in cases of ultrasound scans showing the gender of a child, certain malformations or tumours, supplementary measures must be taken. The doctors providing the medical services from the distance must make sure that the patient consented for these information to be transmitted via electronic systems" (SACEANU, Sidonia Maria. Telesurgery and robotic surgery: ethical and legal aspect. Journal of Community Medicine & Health Education, v. 5, jul. 2015).
67. PEREIRA, André Gonçalo Dias. *O consentimento informado na relação médico-paciente*. Coimbra: Coimbra Ed., 2004, p. 557.
68. Commonwealth of Massachusetts Board of Registration in Medicine. Quality and Patient Safety Division, Advisory on Robot-Assisted Surgery, Março 2013. Disponível em: https://www.mass.gov/doc/march-2013-robot-assisted-surgery-advisory/download. Acesso em: 23 dez. 2021.
69. Disponível em: https://www.intuitive.com/en-us/about-us/company/legal/safety-information. Acesso em: 09 dez. 2021.
70. Disponível em: https://www.intuitive.com/en-us/about-us/company/legal/safety-information. Acesso em: 09 dez. 2021.

sua falha em adotar políticas adequadas de treinamento em cirurgia robótica. Contudo, o paciente não teve ciência sobre essas questões, antes de ser submetido à cirurgia robótica.

Em situações como a antes narrada, observa-se a imprescindibilidade de serem transmitidas ao paciente algumas informações: 1) qual o treinamento e a experiência do médico em cirurgias assistidas por robô; 2) qual é a política de treinamento em cirurgia robótica do hospital onde será realizado o procedimento; 3) se a cirurgia robótica para o quadro clínico no paciente já foi realizada pelo médico ou outro profissional do mesmo hospital ou, ainda, em qualquer outra entidade hospitalar do país; 4) quais são os benefícios e riscos da cirurgia assistida por robô em relação à cirurgia convencional. Ademais, na telecirurgia, há ainda o risco de eventos adversos decorrentes do tempo de latência (*time delay*) entre os movimentos realizados pelo cirurgião e a replicação pelo robô, os quais deverão ser também devidamente informados ao paciente.

Discussão que paira na doutrina é sobre quem deve ser o responsável por obter o consentimento do paciente na realização da cirurgia robótica à distância ou de quaisquer outras intervenções médicas realizadas com o recurso da Telemedicina.[71] Sobre a solidariedade no dever de informar, discorre André Pereira:

> [...] isto vale para a telecirurgia, bem como para a telemonitoração – que os princípios enunciados relativos à medicina de equipa e da colaboração entre os médicos devem prevalecer aqui, pelo que ambos são solidariamente responsáveis pelo cumprimento de dever de informar, sem embargo de, no plano das relações internas, se poder onerar o médico que está fisicamente presente junto do paciente e que, naturalmente, tem mais facilidade de estabelecer o diálogo propício ao consentimento informado.[72]

Partilhamos do mesmo entendimento de que há responsabilidade solidária no dever de informar entre o médico que está junto ao paciente e aquele que realiza remotamente o procedimento cirúrgico, recaindo maior oneração da obrigação de informar ao médico que está mais próximo ao paciente.

5. CONSIDERAÇÕES FINAIS

Nas últimas duas décadas, as plataformas de cirurgia robótica tiveram um crescimento exponencial no mundo e milhões de pessoas já foram submetidas aos procedimentos cirúrgicos assistidos por robôs. A telecirurgia, por sua vez, ainda encontra barreiras e limitações tecnológicas – especialmente, o *time delay* entre as mãos do médico e a replicação pelo robô –, que precisam ser superadas. Contudo, os inúmeros progressos tecnológicos recentes evidenciam que os robôs cirurgiões estão avançando para além do estágio de pesquisa científica em telecirurgia, atingindo a prática clínica da nova geração de cirurgiões no século XXI, o que, naturalmente, trará possíveis problemas jurídicos a serem enfrentados.

---

71. BHATIA, Neera. Telesurgery and the Law. In: KUMAR, Sajeesh; MARESCAUX, Jacques *Telesurgery* (Ed.). Londres: Springer, 2008, p. 178.
72. PEREIRA, André Gonçalo Dias. *O consentimento informado na relação médico-paciente*. Coimbra: Coimbra Ed., 2004, p. 559.

No presente trabalho, evidenciamos a complexidade na forma de atribuição da responsabilidade civil médica nas telecirurgias. Concluímos que, para determinar a responsabilidade civil por eventos adversos na cirurgia robótica, torna-se imprescindível determinar a gênese do dano, isto é, se o dano é decorrente de serviço *essencialmente médico, paramédico* ou *extramédico*. Na eventualidade de defeito do próprio dispositivo médico, responderá o fabricante do robô, independentemente da existência de culpa, pela reparação dos danos causados ao paciente.

Por fim, procurou-se demonstrar, ao longo deste artigo, que há diversos benefícios, mas também consideráveis riscos nas telecirurgias, o que requer certa ponderação sobre o conteúdo mínimo de informações a serem repassadas ao paciente. Obviamente, não se justifica transferir para o profissional todos os riscos e áleas na intervenção cirúrgica. Contudo, observamos que o médico tem a obrigação de fornecer uma informação completa, explicando inclusive sobre os riscos inerentes à cirurgia robótica realizada à distância, dentre eles: a) o risco de eventos adversos decorrentes do tempo de latência (*time delay*) entre os movimentos realizados remotamente pelo cirurgião e a replicação pelo robô; b) possibilidade de intercorrências no ato cirúrgico por falha do equipamento robótico ou outros problemas tecnológicos, com a consequente transformação da cirurgia robótica para uma convencional, podendo gerar uma cirurgia mais demorada com mais tempo sob anestesia e/ou a necessidade de incisões adicionais ou maiores; c) demais riscos e benefícios da cirurgia assistida por robô em comparação à cirurgia convencional; d) certificação e experiência do médico em cirurgias assistidas por robô e a política de treinamento em cirurgia robótica do hospital onde será realizado o procedimento.

6. REFERÊNCIAS

ABDUL-MUHSI, Haidar; PATEL, Vipul. History of Robotic Surgery. In: KIM, Keith Chae (Ed.). *Robotics in general surgery*. Nova Iorque: Springer Verlag, 2014.

ACEMOGLU, Alperen et al. Operating from a distance: robotic vocal cord 5G telesurgery on a cadaver. *Annals of Internal Medicine*, v. 173, p. 940-941, dez. 2020.

ALMAZEEDI, Sulaiman et. al. Employing augmented reality telesurgery for COVID-19 positive surgical patients. *British Journal of Surgery*, v. 107, n. 10, p. 386-387, jul. 2020.

AMAN, Gupta; RAJEEV, Sood. Effectiveness of augmented reality telesurgery: lessons learned from Covid-19 pandemic. *Junior Medical Research*, v. 3, n. 3, nov. 2020.

ANVARI, Mehran. The future of robotic platforms. In: KIM, Keith Chae (Ed.). *Robotics in general surgery*. Nova Iorque: Springer Verlag, 2014.

ARAÚJO, Raphael L. C. et. al. Visão geral e perspectivas sobre o processo de certificação em cirurgia robótica no Brasil: o novo regimento e uma pesquisa nacional online. *Revista do Colégio Brasileiro de Cirurgiões*, v. 47, 2020.

BHATIA, Neera. Telesurgery and the Law. In: KUMAR, Sajeesh; MARESCAUX, Jacques (Ed.). *Telesurgery*. Londres: Springer, 2008.

CHOI, Paul J. Telesurgery: past, present, and future. *Cureus Journal of Medical Science*, v. 10, n. 5, maio 2018.

DANTAS, Eduardo. NOGAROLI, Rafaella. Consentimento informado do paciente frente às novas tecnologias da saúde (telemedicina, cirurgia robótica e inteligência artificial). *Lex Medicinae – Revista Portuguesa de Direito da Saúde*, n. 13, ano 17, p. 25-63, Coimbra, jan./jun. 2020.

FALEIROS JUNIOR, José Luiz de Moura. NOGAROLI, Rafaella. CAVET, Caroline Amadori. Telemedicina e proteção de dados: reflexões sobre a pandemia da Covid-19 e os impactos jurídicos da tecnologia aplicada à saúde. *Revista dos Tribunais*, v. 1016, p. 327-362, São Paulo, jun. 2020.

FIORINI, Paolo. History of robots and robotic surgery. In: FONG, Yuman et. al (Ed.). *The sages Atlas of robotic surgery*. Cham: Springer, 2018.

FITZHARRIS, Lindsey. *Medicina dos Horrores*: a história de Joseph Lister, o homem que revolucionou o apavorante mundo das cirurgias do século XIX. Rio de Janeiro: Intrínseca, 2019.

GARCIA, Pablo et al. Trauma pod: a semi-automated telerobotic surgical system. *The International Journal of Medical Robotics*, v. 5, n. 2, p. 136-146, jun. 2009.

JIN, Man Li et. al. Telemedicine, Telementoring, and Telesurgery for Surgical Practices, *Current Problems in Surgery*, v. 58, n. 12, dez. 2021.

KFOURI NETO, Miguel. A quantificação do dano na ausência de consentimento livre e esclarecido do paciente. *Revista IBERC*, Minas Gerais, v. 2, n. 1, p. 01-22, jan./abr. 2019.

KFOURI NETO, Miguel; NOGAROLI, Rafaella. Responsabilidade civil pelo inadimplemento do dever de informação na cirurgia robótica e telecirurgia: uma abordagem de direito comparado (Estados Unidos, União Europeia e Brasil). In: ROSENVALD, Nelson; MENEZES, Joyceane Bezerra, DADALTO, Luciana (Coord.). *Responsabilidade civil e medicina*. 2. ed. Indaiatuba: Foco, 2020.

MARESCAUX, Jacques; DIANA, Michele. Robotics and remote surgery: next step. In: KIM, Keith Chae (Ed.). *Robotics in general surgery*. Nova Iorque: Springer Verlag, 2014.

MCLEAN, Thomas R. Cybersurgery: an argument for enterprise liability. *Journal of Legal Medicine*, v. 23, n. 2, p. 167-210, nov. 2010.

MCLEAN, Thomas R. Principle of robotic surgery litigation in the United States. *Clinical Risk*, v. 14, p. 179-181, set. 2008.

MCLEAN, Thomas R. The complexity of litigation associated with robotic surgery and cybersurgery. *The International Journal of Medical Robotics and Computer Assisted Surgery*, v. 3, p. 23-29, fev. 2007.

MCLEAN, Thomas R; WAXMAN, S. Robotic surgery litigation. *Journal of Mechanical Engineering Science*, v. 224, p. 1539-1545, jul. 2010.

MOAWAD, Gaby N.; RAHMAN, Sara; ·MARTINO, Martin A.; KLEBANOFF, Jordan S. Robotic surgery during the COVID pandemic: why now and why for the future. *Journal of Robotic Surgery*, v. 14, p. 917-920, dez. 2020.

NOGAROLI, Rafaella; KFOURI NETO, Miguel. Estudo comparatístico da responsabilidade civil do médico, hospital e fabricante na cirurgia assistida por robô. In: KFOURI NETO, Miguel; NOGAROLI, Rafaella (Coord.). *Debates contemporâneos em direito médico e da saúde*. São Paulo: Thomson Reuters Brasil, 2020.

Nogaroli, Rafaella; Kfouri NETO, Miguel. Procedimentos cirúrgicos assistidos pelo robô Da Vinci: benefícios, riscos e responsabilidade civil. *Cadernos Ibero-Americanos de Direito Sanitário*, v. 9, n. 3, jul./set. 2020.

PAGALLO, Ugo. *The Laws of Robots*: crimes, contracts, and torts. Londres: Springer, 2013.

PEREIRA, André Gonçalo Dias. *O consentimento informado na relação médico-paciente*. Coimbra: Coimbra Ed., 2004.

SACEANU, Sidonia Maria. Telesurgery and robotic surgery: ethical and legal aspect. *Journal of Community Medicine & Health Education*, v. 5, jul. 2015.

SCHAEFER, Fernanda. *Procedimentos médicos realizados à distância e o CDC*. Curitiba: Juruá, 2009.

SCHANS, Emma M. et. al. From Da Vinci Si to Da Vinci Xi: realistic times in draping and docking the robot. *Journal of Robotic Surgery*, v. 4, p. 835-839, dez. 2020.

SCHWAB, Klaus. *A Quarta Revolução Industrial*. Cambuci: Edipro, 2018.

SONG, Xu. et. al. Effect of latency training on surgical performance in simulated robotic telesurgery procedures. *The International Journal of Medical Robotics and Computer Assisted Surgery*, Chicago, v. 11, p. 290-295, 2014.

ZAMPOLLI, Hamilton; RODRIGUEZ, Alejandro R. Laparoscopic and robotic urology surgery during global Pandemic Covid-19. *International Brazilian Journal of Urology*, v. 46, p. 215-221, jul. 2020.

ZEMMAR, Ajmal; Lozano, Andres M; Nelson, Bradley J. The rise of robots in surgical environments during Covid-19. *Nature machine intelligence*, v. 2, p. 566-572, Londres, out. 2020.

PRESTAÇÃO CONTRATUAL *ON-LINE* E SUAS INTERFACES CONSUMERISTAS NA TELEMEDICINA

Antônio Carlos Efing

Professor titular da Pontifícia Universidade Católica do Paraná, Doutor em Direito pela Pontifícia Universidade Católica de São Paulo. Presidente da Comissão de Direito do Consumidor da OABPR, Conselheiro do Conselho Estadual de Defesa do Consumidor do Paraná. Contato: ace@eradv.com.br. ORCID: https://orcid.org/0000-0001-7060-2654. Lattes: http://lattes.cnpq.br/0310045675906800.

Amanda de Meirelles Belliard

Pós-graduanda em Direito de Famílias e Sucessões pela Academia Brasileira de Direito Constitucional. Graduada em Direito pela Pontifica Universidade Católica do Paraná. Advogada. amandamb.adv@gmail.com. ORCID: https://orcid.org/0000-0002-9086-8254. Lattes: http://lattes.cnpq.br/5789884734511392.

Sumário: 1. Introdução – 2. As relações contratuais na telemedicina – 3. A proteção dos consumidores da telemedicina – 4. Considerações finais – 5. Referências.

1. INTRODUÇÃO

Com a pandemia de Covid-19, verificou-se a necessidade de adaptação tecnológica na prestação de diversos serviços essenciais. As pessoas, mesmo diante do agravamento da pandemia, não deixaram de contratar e usufruir de serviços, sendo que, inclusive, alguns destes serviços tiveram aumento exponencial na demanda, principalmente aqueles relacionados à Medicina, frente ao fato de que os cuidados com a saúde ficaram mais evidentes durante o período de crise sanitária, mesmo com a observância das normas de biossegurança (distanciamento social, uso de máscara, higienização frequente das mãos etc.).

Desta forma, a telemedicina assumiu uma importância e passou a fazer parte do cotidiano da população. Os profissionais de saúde, que antes estavam acostumados a atender os pacientes em consultórios, clínicas e hospitais, passaram a atender por videoconferência, utilizando plataformas de comunicação e áudio visual.

A Resolução 2.227/18, do Conselho Federal de Medicina (CFM), definiu e disciplinou a telemedicina como uma prestação de serviços médicos, tendo por intermédio a tecnologia. Posteriormente à edição da resolução pelo CFM e diante das polêmicas geradas com a possível vulneração da figura do médico, houve sua revogação.[1]

---

1. SOUZA, Maria Luciana Pereira de. *Proteção de dados pessoais e telemedicina, uma conversa vital.* 2021. Disponível em: https://www.oabrj.org.br/noticias/artigo-protecao-dados-pessoais-telemedicina-uma-conversa-vital. Acesso em: 10 dez. 2021.

A revogação da referida resolução deixou o tema da telemedicina sem o específico tratamento, diferente do que ocorreu com a crise sanitária ocasionada pela pandemia de Covid-19 que determinou a urgente criação de legislação que ensejou na edição da Lei 13.989/2020, que tem por objeto a viabilização da telemedicina no período da pandemia. Possivelmente com a melhora no combate à pandemia de Covid-19 (sendo que já surgem novas crises sanitárias como a causada em alguns Estados brasileiros pelo vírus da Influenza) surgirão novas alterações legislativas, facilitando o acesso da população à telemedicina.

Com isso, verifica-se a necessidade da discussão de temas relacionados à telemedicina, como por exemplo o tratamento dos dados sensíveis desses consumidores que usufruem dessa nova modalidade, bem como, a forma que essa relação contratual se realiza por plataformas digitais.

Diante da utilização de plataformas de comunicação, há a preocupação com relação ao gerenciamento dos conteúdos compartilhados durante a consulta, quando dados pessoais são coletados não apenas pelo médico ou profissional da saúde, mas pela própria plataforma que se utiliza de inteligência artificial e algoritmos, como criptografa toda a conexão e o conteúdo ali compartilhado.

São frequentes as preocupações tanto no campo contratual e consumerista em face desse gerenciamento de dados e do serviço de saúde executado, uma vez que a prestação de serviço depende da plataforma de comunicação, vindo muitas vezes a ocasionar indagações referentes à qualidade do serviço; à oferta dessa prestação; o valor dessa prestação; a relação jurídica entre médico e plano de saúde; entre paciente e plano de saúde; e, entre médico e paciente.

Ademais, constata-se a ausência de marco regulatório sólido referente à prestação de serviços médicos *on-line*, estando a vigente disciplina jurídica da telemedicina relacionada aos termos da Lei 13.989/2020 que se refere à pandemia de Covid-19.

Todo este quadro fático e jurídico torna necessária a discussão destes relevantes aspectos da telemedicina e suas interfaces, especialmente por envolver diversas figuras sociais, como os profissionais de saúde, os pacientes, planos de saúde, os provedores da telemedicina, as plataformas digitais e as autoridades governamentais associadas à saúde e suas políticas públicas.

2. AS RELAÇÕES CONTRATUAIS NA TELEMEDICINA

Sabe-se que a Constituição Brasileira em vigência sustenta a saúde como direito fundamental, tendo todo e qualquer sujeito o direito de acesso a ela. Com o advento da pandemia, houve a necessidade de descentralização dos atendimentos médicos, agilidade no diagnóstico, cuidados para não gerar aglomerações e evitar o contágio do vírus.

Por outro lado, o atendimento por videoconferência, sem o tradicional contato presencial se por um lado pode gerar maior acessibilidade ao sistema de saúde, por outro suscita maior incerteza com relação à validade jurídica dos atos, uma vez que estes esgotam-se de forma *on-line* e por meio de plataformas de comunicação.

Outro aspecto importante diz respeito à informação que em muitos casos não é plenamente exercitada (como dever do profissional de saúde e direito do paciente) com a adoção da telemedicina.

Com a Lei 13.989/2020, a telemedicina foi implementada também no Sistema Único de Saúde, sendo garantido, ainda, pelo seu artigo 5º, os padrões normativos e éticos usuais do atendimento presencial, inclusive em relação à contraprestação financeira pelo serviço prestado (quando não ofertado pelo Estado).

Verifica-se, desta maneira, que a telemedicina passou a ser considerada uma modalidade de prestação de serviço, tendo validade jurídica como qualquer outro contrato, vindo a ser aplicado nessas relações os princípios e regras gerais de validade contratual (como as do Código Civil), destacando-se a boa-fé.

Assim, pelo fato de a relação contratual dar-se de maneira *on-line*, não fica o fornecedor prestador dos serviços de saúde, isento de respeitar os deveres observados pelo Código de Defesa do Consumidor. Ou seja, as informações relacionadas ao custo, à oferta, como por exemplo, as limitações que o atendimento *on-line* pode trazer, devem ser sempre concedidas ao consumidor de forma clara e eficaz, possibilitando o pleno entendimento.

Desse modo, fica o médico incumbido do dever de informar ao paciente todas as limitações inerentes ao uso da telemedicina, tendo em vista a impossibilidade de realização de exame físico durante a consulta e uma maior chance de erro de interpretação por parte do médico, dada a impessoalidade no atendimento, onde os sintomas e o próprio paciente são avaliados através da comunicação *on-line*, ficando esse atendimento caracterizado por uma maior subjetividade.[2]

Com relação ao equilíbrio contratual, ressalta-se uma necessidade maior na sua observância, principalmente por parte do fornecedor, que deve informar ao consumidor os termos de uso e as políticas de privacidade da plataforma em que ele oferta o seu serviço, não se isentando de possível responsabilidade em caso de omissão.

Diante da automatização dos contratos, a parte consumidora sofre de uma maior vulnerabilidade, principalmente nos casos em que se trata de dados relacionados à sua saúde (dados sensíveis).

Com a utilização de plataformas *on-line*, além do contrato firmando com aquele que presta o serviço, há também a adesão aos termos de uso da plataforma, colocando assim o consumidor em uma posição desfavorável no que tange à coleta de seus dados pessoais, visto que para realizar a consulta, este deverá utilizar a plataforma escolhida e ofertada pelo profissional de saúde.

---

2. LIMA, Fernando.Rister.de. S.; SMANIO, Gianpaolo. P. WALDMAN, Ricardo. L.; MARTINI, Sandra. R. Covid-19 e os Impactos no Direito. Grupo Almedina (Portugal), 2020. p. 32 -34.

Preocupa-se, ainda, com o local da formação do contrato digital nos casos em que houver conflito entre consumidor e fornecedor e seja necessária a fixação de foro competente para o ajuizamento de alguma medida judicial.

A telemedicina possibilitou que diferentes pessoas se consultem com diferentes médicos, de diferentes países, trazendo assim uma fragilidade na validade contratual, vindo essa característica revelar um ponto importante para decidir o foro em caso de eventual divergência.[3]

Nesta realidade, encontra-se a necessidade de realizar contratos mais detalhados nos casos de utilização da telemedicina, pois os fornecedores dos serviços continuam obrigados a seguir todas as normas éticas regidas pelo CFM – Conselho Federal de Medicina, inclusive no que tange ao sigilo médico, não importando se a consulta se realiza de forma presencial ou virtual.[4]

> A confiança depositada pelo paciente no médico que o atende faz parte da relação médica, portanto, cabe ao médico informar adequadamente seu paciente sobre seu diagnóstico, prognóstico e tratamento, possibilitando, desde que possível, o exercício da autonomia da vontade do paciente como princípio bioético, concorrendo com a preservação da intimidade e privacidade do paciente (CAVALCANTI, FUJITA: 2018, p. 106-109).

Ademais, verifica-se, ainda, o surgimento de contratos coligados ou conexos de forma necessária e intermediária, destacando-se a figura do provedor e do certificador como intermediários entre o fornecedor prestador de serviço e o consumidor (tomador deste serviço). Ricardo Luís Lorenzetti[5] analisa esta situação como uma cadeia decorrente da união de contratos, tratando-se de um meio utilizado para a satisfação de um interesse que não poderia ser normalmente atingido por meio das figuras típicas existentes.[6]

Com os contratos eletrônicos, tornou-se usual a aplicação dessas modalidades coligadas, uma vez que a contratações digitais não envolvem somente dois polos no negócio jurídico, mas sim, diversas figuras contratuais, como fornecedor da rede de comunicação, o fornecedor do serviço, a política de privacidade, o consumidor, planos de saúde, laboratórios, SUS, entre outros, dada a extensão da relação jurídica que muitas vezes chega a ultrapassar fronteiras nacionais.

Um marco histórico que trouxe a discussão mais específica da telemedicina e as suas diretrizes foi a Declaração de Tel Aviv,[7] a qual reservou um capítulo especial para discutir as relações provenientes do teleatendimento no âmbito medicinal, sendo esta

---

3. MAGALHÃES, MARTINS, G. *Contratos eletrônicos de consumo*. 3. ed. 2016. Acesso em: 07 dez. 2021.
4. LIMA, Fernando.Rister.de. S.; SMANIO, Gianpaolo. P.; WALDMAN, Ricardo. L.; MARTINI, Sandra. R. *Covid-19 e os Impactos no Direito* cit., p. 36.
5. Redes contractuales: conceptualización jurídica, relaciones internas de colaboración, efectos frente a terceros. *Revista de Direito do Consumidor*. v. 28, p. 24 e 27, São Paulo, out./dez. 1998.
6. MAGALHÃES, MARTINS, G. *Contratos Eletrônicos de Consumo* cit., p. 144.
7. Adotada pela 51ª Assembleia Geral da Associação Médica Mundial em Tel Aviv, Israel, em outubro de 1999.

ainda utilizada como parâmetro no desenvolvimento legislativo no Brasil, conforme ressalta a Resolução 56, de 1º de abril de 2020 do Estado do Ceará.

Na Declaração, destacam-se os princípios que norteiam essa prestação tecnológica da Medicina, que vão além dos princípios contratuais usuais civis, ramificando-se ao núcleo da relação médico-paciente, como por exemplo: a necessidade de aprimoramento educacional básico para a utilização da telemedicina; avaliação da qualidade informacional percebida pelo médico, vindo a diagnosticar o paciente apenas se a transmissão da informação se der de forma suficiente e com qualidade, sem interferências externas ou de conexão.

Com isso, fica evidente que a relação contratual proveniente da utilização da telemedicina tem diversas interfaces no âmbito consumerista, não restringindo-se apenas a prestação de serviço em si, mas também, às consequências que essa prestação traz, como o tratamento de dados pessoais e sensíveis por provedores e banco de dados ou computação em nuvem, muitas vezes utilizados como guardiãs de prontuários, exsurgindo a necessidade de um cuidado legislativo especializado que garanta os direitos dos consumidores e pacientes.

3. A PROTEÇÃO DOS CONSUMIDORES DA TELEMEDICINA

Com o advento da sociedade tecnológica, a disseminação de informações aumentou e, com isso, sobrevieram algumas consequências jurídicas e sociais, como por exemplo, a necessidade da tutela de dados pessoais (algumas vezes até sensíveis) dos consumidores, dado o crescimento da utilização de plataformas *on-line*.

Esses dados pessoais sensíveis são apontados, pela Lei Geral de Proteção de Dados (Lei 13.709/2018), em seu artigo 5º, como

> Aquela informação relacionada a pessoa natural identificada ou identificável e aquele dado pessoal sobre origem racial ou étnica, convicção religiosa, opinião política, filiação a sindicato ou a organização de caráter religioso, filosófico ou político, dado referente à saúde ou à vida sexual, dado genético ou biométrico, quando vinculado a uma pessoa natural.[8]

As plataformas *on-line* carregam consigo um caráter de subjetividade, uma vez que exigem que as pessoas que a utilizam aceitem os termos de uso e a política de privacidade, sem ao menos ter a possibilidade de discutir os termos ali descritos, configurando verdadeiros contratos de adesão (art. 54 do CDC), sendo que na maioria das vezes, o consumidor da plataforma nem sabe do que se tratam os termos e a política da qual se sujeita.

Ademais, observa-se a arbitrariedade nos termos de uso e política de privacidade estipulados unilateralmente pelos fornecedores e uma vez que sejam recusadas pelo consumidor este não tem acesso à plataforma e aos serviços disponibilizados por esta.

---

8. BRASIL. 2018. Lei 13.709 de 14 de agosto de 2018. Disponível em: http://www.planalto.gov.br/ccivil_03/_ato2015-2018/2018/lei/l13709.htm. Acesso em: 10 dez. 2021.

Com a pandemia de Covid-19, as consultas médicas, em sua grande maioria, migraram para o meio *on-line*, vindo a ensejar dúvidas com relação à posição do consumidor e paciente em relação aos seus dados possivelmente coletados durante os atendimentos, referentes ao seu estado de saúde mental e física, estando na posição de consumidor da prestação de serviço do médico e em situação de vulnerabilidade (art. 4º, inciso I, do CDC) em relação aos serviços médicos e aos demais serviços conexos ou coligados como os prestados pela fornecedora responsável pela conexão de dados e *Internet* e até dos aplicativos e *softwares* que possibilitam a realização da videoconferência ou vídeo consulta como suporte da prestação da telemedicina.

Não importando o modelo de negócio oferecido, destaca-se que a telemedicina se configura como atividade de aproximação de interessados no negócio, que pode ser qualificada como serviço (conforme art. 3º, § 2º, do CDC), vindo os consumidores, vítimas de eventuais fraudes sofridas por meio dos *sites* ou médicos que ofertam realizam a prestação de serviço, lançar mão do regime de responsabilidade por fato do serviço previsto no art. 14 da Lei 8.078/1990.[9] Sobre esta responsabilização,

> A existência de um controle da prestação nos vínculos de colaboração autônoma cria, frente ao consumidor, uma aparência jurídica que pode obrigar o controlador a responder em virtude da boa-fé originada. No plano da responsabilidade, é admissível a regra: maior intervenção na prestação equivale a uma maior responsabilidade. (ITURRASPE, 1999)

Buscando-se, ainda, um olhar ramificado nas relações contratuais, contemplam-se ângulos analógicos e digitais, além da apuração da gestão de riscos em segurança de informação, não tendo a relação contratual estabelecida entre médico e paciente apenas a garantia de sigilo profissional, estendendo-se à transparência e responsabilidade em estruturar um espaço de privacidade.[10]

Assim, a relação contratual advinda da telemedicina deverá observar as garantias legais determinadas pelo diálogo de fontes[11] da lei consumerista e de proteção de dados, jamais podendo a garantia contratual dirimir ou suprimir as garantias legais elencadas nas leis, vindo o médico dispor ao paciente toda informação necessária referente aos riscos do teleatendimento.

> Quanto à garantia contratual, cabe, porém, esclarecer que ela não pode limitar, excluir ou diminuir a garantia legal, como dispõe claramente os arts. 25 e 51, I, do CDC. Nesse sentido, elas só podem ser um plus em relação à garantia legal, ou porque facilitam a assistência técnica, porque não se interessam pela anterioridade ou não do vício, concentrando-se na obrigação de manter

---

9. MAGALHÃES, MARTINS, G. Contratos Eletrônicos de Consumo cit., p. 145.
10. SOUZA, Maria Luciana Pereira de. *Proteção de dados pessoais e telemedicina, uma conversa vital* cit.
11. A teoria do diálogo de fontes trás pra sua essência a necessidade de que, as normas jurídicas, mesmo que de diferentes competências e ramos, devem se complementar. Assim, o sistema jurídico irá ter uma aplicação das leis mais consistente e coordenada, vindo a teoria ser aplicada nos casos em que há a necessidade de aplicar uma ou mais fontes do direito para a satisfação do direito objeto de discussão.

a adequação do produto por certo lapso de tempo, mesmo em caso de uso inadequado por parte do consumidor.[12]

Além dos princípios básicos contratuais, como autonomia privada, função social do contrato, boa-fé objetiva, tem-se os princípios gestores da privacidade de dados, que devem ser garantidos contratualmente, tais quais: transparência, adequação, segurança, prevenção e não discriminação, atendendo-se o disposto no artigo 6º, da Lei 13.709/18.

Ainda, levanta-se a controvérsia de que, segundo o Código de Ética Médica o exercício profissional da Medicina não gera relação de consumo, vindo a ampliar a insegurança jurídica frente às relações de teleatendimento, muito pelo fato de que o profissional de saúde responderia apenas nos casos de comprovação de culpa (responsabilidade civil subjetiva).

Com a inserção das *healthtechs* no mercado, levanta-se a necessidade da implementação de providências de segurança de informação, gerenciamento de dados e o controle do fluxo de cessão de dados nacional e internacional. Destaca-se a impossibilidade de uma responsabilização total pelo vazamento de dados ao médico, diante do fato de que este difere-se daquele que faz o tratamento dos dados, conhecido como o provedor, vindo o médico, inclusive, a ser inserido como consumidor também.[13]

Ou seja, na relação provedor e profissional da saúde, mesmo com o uso profissional do provedor para o desenvolvimento da sua atividade, não deixa a profissional de saúde ser vulnerável aos serviços recebidos como destinatário final da sua atividade, não sendo coerente exigir o mesmo patamar de conhecimento técnico entre o prestador e o tomador destes serviços.

Contudo, uma vez que a telemedicina é prestação de serviços de forma conexa ou coligada, o profissional de saúde e o provedor da videoconferência e demais profissionais interrelacionados com esta prestação, respondem solidariamente (art. 7º, parágrafo único do CDC) perante o consumidor.

Inclusive em relação aos meios de pagamento utilizados pelos fornecedores de serviços já havia a imposição legal do cuidado com os dados do consumidor desde a edição do Decreto 7.962/2013, art. 4º, inciso VII, que determina a utilização mecanismos de segurança eficazes para pagamento e para tratamento de dados do consumidor.

Ressalta-se ainda que o documento eletrônico – no qual podem-se inserir as prescrições médicas, guias de exames, os próprios exames de imagem e genéticos e possíveis contratos de prestação de serviços médicos periódicos e de acompanhamento, devem assegurar o atendimento dos direitos dos consumidores pacientes:

---

12. MARQUES, Claudia Lima. *Contratos no Código de Defesa do Consumidor* – O novo regime das relações contratuais. 4. ed. rev., atual. e ampl. São Paulo: Ed. RT, 2002, p. 1.023.
13. SOUZA, Maria Luciana Pereira de. *Proteção de dados pessoais e telemedicina, uma conversa vital* cit.

Numa rede aberta e ainda insegura, como a Internet, pode ter sua função representativa afetada por uma série de fatores de risco, em especial: a) a suplantação do autor e fonte da mensagem; b) a alteração da mensagem, seja de forma acidental, seja de forma maliciosa, ao longo da transmissão; c) a circunstância de o emissor da mensagem negar tê-la emitido, ou de o respectivo destinatário negar tê-la recebido; d) a leitura do conteúdo da mensagem por uma pessoa não autorizada.[14]

Desta forma, aponta-se a insegurança do meio (volatilidade) como problema a ser enfrentado, uma vez que a edição e mudança do conteúdo dos documentos são de fácil acesso, vindo a ser de difícil comprovação no que tange a identificação das partes que venham a fraudar os documentos, devendo os médicos preocuparem-se diretamente em optar e disponibilizar pelo meio eletrônico, trabalhando sempre para, nos casos de adulteração, ser possível identificar as partes que ocasionaram a alteração.[15]

Com isso, mister faz-se ressaltar que a Resolução 56, de 1º de abril de 2020, específica do Estado do Ceará, no seu artigo 8º, aponta a necessidade de validação das receitas médicas, que forem prescritas por meio da telemedicina,[16] por intermédio de assinatura eletrônica, por certificados e chaves emitidos pela ICP, ou o uso de dados associados à assinatura do médico de tal modo que qualquer modificação posterior possa ser detectável; ou, ainda, a identificação do médico, junto da anexação de dados em formato eletrônico pelo profissional, sendo, ainda, emitida pelas partes, como válida ou aceita pela pessoa a quem for destinado o documento.

Desta forma, observa-se que a referida resolução acolhe as diretrizes da Lei Geral de Proteção de Dados, uma vez que a legislação incentiva a transparência no âmbito digital, mas não ao ponto de liberar o acesso aos dados sensíveis, vindo a trabalhar para o equilíbrio informacional, mas também, visando a maior segurança jurídica acerca da utilização das plataformas *on-line*, principalmente nos casos em que as informações trocadas são de cunho extremamente pessoal, biológico e genético.

Assim, o titular dos dados, conforme o artigo 9º da LGPD,

> Tem direito ao acesso facilitado às informações sobre o tratamento de seus dados, que deverão ser disponibilizadas de forma clara, adequada e ostensiva acerca de, entre outras características previstas em regulamentação para o atendimento do princípio do livre acesso (...).

Com a utilização da criptografia, esses dados compartilhados entre o paciente e o médico ficam de difícil acesso, mesmo assim há certa relatividade nesta segurança, uma vez que mesmo com a aplicação da chave de segurança, a criptografia demonstra-se frágil frente ao crime organizado e aos *hackers*.[17]

Urge a necessidade de um maior cuidado na utilização da telemedicina. Mesmo sendo um instrumento que viabiliza o acesso à saúde, pode vir a se tornar uma situação

---

14. MAGALHÃES, MARTINS G. *Contratos Eletrônicos de Consumo* cit., p. 68.
15. MAGALHÃES, MARTINS. G. *Contratos Eletrônicos de Consumo* cit., p. 68.
16. Portaria GM/MS 467.
17. MAGALHÃES, MARTINS. G. *Contratos Eletrônicos de Consumo* cit., p. 70.

complexa de se resolver, dada a aplicação ramificação das fontes do Direito, sendo necessário trabalhar para que o teleatendimento não se verifique como um vilão na relação contratual, mas sim um facilitador.

4. CONSIDERAÇÕES FINAIS

Com o desenvolvimento da sociedade tecnológica, a preocupação com o consumidor que utiliza do meio digital para contratar e realizar as suas necessidades de consumo assume a preocupação central do Direito, vindo de fato a ocupar um lugar multidisciplinar no meio jurídico, demandando a análise tanto legislativa, quanto judiciária, uma vez que ainda não existem normas específicas tratando a realidade da telemedicina.

A pandemia de Covid-19 a sociedade experimentou diversas alterações nas prestações de serviços, uma vez que a adaptação de consumidores e fornecedores foi imperativa para a preservação da vida e da saúde das pessoas. Portanto, a prestação de serviços por profissionais de saúde utilizado os sistemas de telemedicina passaram a integrar o cotidiano da sociedade.

Contudo a ausência de regramento completo e específico do fornecimento e que disciplinam tais situações de consumo de serviços de telemedicina, não significa dizer que as relações jurídicas autorizam a inobservância de normas ou a inexistência de parâmetros legais, mas sim constatar a fragilidade e insegurança jurídica gerada pelo compartilhamento de dados (lembrando-se que são frequentes e preocupantes as notícias de diversos casos de vazamento de dados no Brasil, até mesmo, de "hackeamento" de plataformas de extrema relevância, como por exemplo a do Supremo Tribunal Federal[18] e do Ministério da Saúde[19]) na prestação de serviços de telemedicina.

Conforme demonstrou-se ao longo deste estudo, as normas jurídicas vigentes são suficientes para responsabilizar o profissional de saúde que presta serviços de telemedicina, responsabilizando solidariamente toda a cadeia de fornecedores responsáveis pela conexão, plataforma, aplicativos etc., que se integram em redes e celebram contratos de forma conexa e coligada.

Portanto, é importante destacar a necessidade de adaptação e investimentos dos fornecedores de produtos e serviços, principalmente aqueles de plataformas de maior aderência, com a atenção aos direitos dos consumidores, bem como a instituição de sistema de proteção de dados com o uso de chave privada efetivo e seguro, para que o consumidor tenha confiança em disponibilizar os seus dados pessoais, que nestes casos ainda assumem a característica de dados sensíveis a determinar maior atenção e cuidado.

---

18. Disponível em: https://g1.globo.com/politica/noticia/2021/05/07/supremo-investiga-tentativa-de-ataque--hacker-a-sistema-da-corte.ghtml.
19. Disponível em: https://www.correiobraziliense.com.br/brasil/2021/12/4970938-hacker-pode-ter-usado--servidor-do-governo-para-invadir-sites-do-ministerio-da-saude.html.

No cenário de teleatendimento, principalmente aqueles que envolvem o compartilhamento de dados genéticos e biológicos, faz-se necessária a criação de uma regulamentação legal mais detalhada, frente ao fato de que se trata de mapeamento de dados altamente sensíveis, que acarretam uma exposição genética e pessoal muito ramificada.

De qualquer forma, conclui-se pela necessidade de, tanto os profissionais de saúde como os consumidores (pacientes), o direito de serem informados e esclarecidos dos seus deveres e direitos para que sejam evitados conflitos e litígios, permitindo a realização de relações jurídicas que observem o regramento jurídico já vigente e garantam a proteção dos consumidores.

5. REFERÊNCIAS

BRASIL. 2018. Lei 13.709 de 14 de agosto de 2018. Disponível em: http://www.planalto.gov.br/ccivil_03/_ato2015-2018/2018/lei/l13709.htm. Acesso em: 1º dez. 2021.

BRASIL. 1990. Lei 8.078, De 11 De Setembro De 1990. Disponível em: http://www.planalto.gov.br/ccivil_03/leis/l8078compilado.htm. Acesso em: 01 dez. 2021.

BRASIL. 2020. Lei 13.989, De 15 De Abril De 2020. Disponível em: http://www.planalto.gov.br/ccivil_03/_ato2019-2022/2020/lei/L13989.htm. Acesso em: 1º dez. 2021.

DECLARAÇÃO DE TEL AVIV. 1999. Sobre responsabilidade e normas éticas na utilização da telemedicina. Disponível em: http://www.dhnet.org.br/direitos/codetica/medica/27telaviv.html. Acesso em: 1º dez. 2021.

LIMA, Fernando. Rister de. S.; SMANIO, Gianpaolo. P.; WALDMAN, Ricardo. L.; MARTINI, Sandra. R. *Covid-19 e os Impactos no Direito*. Grupo Almedina (Portugal), 2020.

MARQUES, Claudia Lima. *Contratos no Código de Defesa do Consumidor* – O novo regime das relações contratuais. 4. ed. São Paulo: Ed. RT, 2002.

MIRAGEM, Bruno. *Eppur si muove*: diálogo das fontes como método de interpretação sistemática no direito brasileiro. In: MARQUES, Claudia Lima (Org.) *Diálogo das fontes*: Do conflito à coordenação de normas do direito brasileiro. São Paulo: Ed. RT, 2012.

LORENZETTI, Ricardo. Redes contractuales: conceptualización jurídica, relaciones internas de colaboración, efectos frente a terceros. *Revista de Direito do Consumidor*. v. 28, p. 24 e 27, São Paulo, out./dez. 1998.

SOUZA, Maria Luciana Pereira de. *Proteção de dados pessoais e telemedicina, uma conversa vital*. 2021. Disponível em: https://www.oabrj.org.br/noticias/artigo-protecao-dados-pessoais-telemedicina-uma-conversa-vital. Acesso em: 12 dez. 2021.

COBERTURA DA TELEMEDICINA NA SAÚDE SUPLEMENTAR: CONTROVÉRSIAS E PERSPECTIVAS

Gabriel Schulman

Doutor em Direito pela Universidade do Estado do Rio de Janeiro (UERJ). Mestre em Direito pela Universidade Federal do Paraná (UFPR). Especialista em Direito da Medicina pela Universidade de Coimbra. Professor da Graduação em Direito e do Mestrado da Universidade Positivo. Professor da Pós-Graduação da PUC-RJ e USP. Advogado.

> Anunciaram e garantiram que o mundo ia se acabar
> Por causa disto a minha gente lá em casa começou a rezar
> Até disseram que o sol ia nascer antes da madrugada
> Por causa disto nesta noite lá no morro não se fez batucada
> (O Mundo Não Se Acabou) Assis Valente

> A Organização Mundial de Saúde avisou
> Fizeram pouco caso
> Chefe de estado minimizou
> Demorou
> Perderam tempo com coisa que não interessa
> Quem tem noção do vírus tá com medo
> Tá com pressa, sei
> (Quarentena) MV Bill

Sumário: 1. Introdução – 2. Marco legal frágil – 3. A cobertura da telemedicina na saúde suplementar na jurisprudência – 4. Controvérsias sobre a telemedicina na saúde suplementar – 5. Referências.

1. INTRODUÇÃO

Nadia mora em Cingapura e sente-se pressionada a não revelar para seus familiares que mantém relações sexuais,[1] no entanto, precisava de um exame para identificação de uma eventual IST (infecção sexual transmissível).[2] Para ter sua intimidade preservada, optou por não se dirigir a um posto de saúde local. Após

---

1. YIP, Waiyee. Sexual health: I can't tell my mum I'm having sex. *BBC News.* 09.04.2021.
2. A terminologia Infecções Sexualmente Transmissíveis (IST) passou a ser adotada pelo Ministério da Saúde em substituição à terminologia Doenças Sexualmente Transmissíveis (DST) para destacar a possibilidade de transmissão de uma infecção, independentemente de estarem presentes sinais e sintomas.

uma videochamada com um médico, em que recebeu as orientações, recebeu por correio um kit embalado de maneira discreta e coletou suas amostras necessárias. Uma semana depois recebeu os resultados. A jovem explicou para a BBC que os constrangimentos e pressões, a levaram a optar por uma empresa que oferece exames desta maneira.

A telemedicina representa um importante conjunto de oportunidades e desafios para a atenção à saúde, tanto no subsetor público (SUS), quanto na esfera privada. No contexto da pandemia iniciada em 2019, a atenção à saúde a distância tornou-se para muitos pacientes uma realidade e uma necessidade.

Os preconceitos e as preocupações perderam força diante da demanda indispensável de atenção à distância, de modo a mitigar os riscos de comparecer em espaços em que houvesse outras pessoas doentes. No início de 2022, "o aumento nos casos de covid e gripe fez disparar o atendimento de pacientes por telemedicina", como destacou a Folha de São Paulo, "Os atendimentos dobram a cada 36 horas, segundo levantamento da Saúde Digital Brasil com empresas que representam 90% do mercado".[3] Como destacou o jornal, em virtude da epidemia de Ômicron e gripe (H3N2), verificou-se o "aumento médio de 150% no atendimento de pacientes em todo o país por causa do avanço recente das doenças".

Em todo o mundo,[4] as dificuldades de deslocamento e do acesso presencial, aprofundados em virtude da pandemia, representaram uma oportunidade para acentuado incremento na utilização de atividades médicas por meio de teleconsultas e telediagnóstico, afinal, como adverte MV Bill, "quem tem noção do vírus tá com medo" e "tá com pressa".

Para que se possa entender o tamanho da repercussão da pandemia para a telemedicina, conforme levantamento apresentado pela Consultoria McKinsey,[5] em abril de 2020, a utilização geral de telemedicina para consultas e atendimento ambulatorial foi 78 vezes maior do que em fevereiro de 2020:

---

3. CUNHA, Joana. *Folha de S. Paulo*. Atendimento por telemedicina dobra a cada 36 horas com ômicron e gripe, diz entidade. 08.01.2022. Disponível em: https://valor.globo.com/brasil/noticia/2022/01/08/atendimento-por-telemedicina-dobra-a-cada-36-horas-com-omicron-e-gripe-diz-entidade.ghtml. Acesso em 10.01.2022.
4. "A telessaúde também decolou no Reino Unido e em outros países europeus, incluindo Alemanha, França e Noruega". Telehealth is here to stay. *Nature Medicine*, Editorial, v. 27, p. 1121, 15 Jul. 2021.
5. BESTSENNYY, Oleg et. al. Telehealth: A quarter-trillion-dollar post-COVID-19 reality? *McKinsey*. 09.07.2021. Disponível em: https://www.mckinsey.com/industries/healthcare-systems-and-services/our-insights/telehealth-a-quarter-trillion-dollar-post-covid-19-reality. Acesso em: 10 jan. 2022.

Growth in telehealth usage peaked during April 2020 but has since stabilized.

Telehealth claims volumes, compared to pre-Covid-19 levels (February 2020 = 1)¹

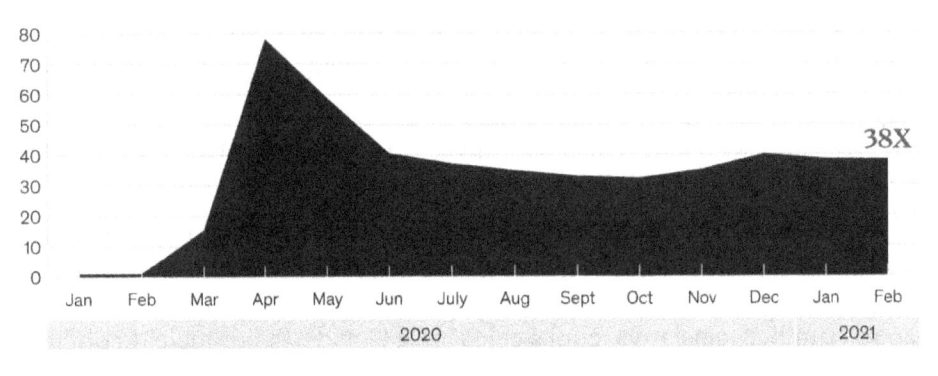

Fonte: McKinsey, 2021.

De acordo com o estudo, a mudança radical, decorrente da necessidade imposta pela Covid-19 se deve em especial aos seguintes fatores: "1) maior disposição do consumidor em usar a telessaúde, 2) maior disposição do provedor em empregar a telemedicina, 3) mudanças regulatórias permitindo maior acesso e reembolso". Apesar deste incrível crescimento, estimou-se que apenas nos Estados Unidos, mais de US$ 250 bilhões em gastos com assistência médica poderiam ser feitos por meio de assistência virtual.

O emprego das novas tecnologias cria novas relações dos pacientes com sua saúde, por exemplo, pelo emprego de aplicativos de saúde nos *smartphones* que permitem um monitoramento constante das condições de saúde, sinais precoces de doenças e dados nutricionais.[6]

Diante deste contexto, o presente artigo dedica-se a examinar a cobertura da telemedicina na saúde suplementar, ou seja, pelos planos de saúde. Para tanto, a segunda seção examina a (falta de) legislação aplicável, e a terceira seção apresenta um levantamento de jurisprudência para identificar as controvérsias sobre o tema. A pesquisa dos julgados foi realizada por meio de um levantamento atualizado até 06.12.2021, por meio da utilização dos termos "saúde suplementar" e "telemedicina" nos tribunais estaduais e Superior Tribunal de Justiça.

2. MARCO LEGAL FRÁGIL

> Esta Lei autoriza o uso da telemedicina enquanto durar a crise ocasionada pelo coronavírus (SARS-CoV-2).
> Lei 13.989/2020, art. 2º.

---

6. "A telessaúde também decolou no Reino Unido e em outros países europeus, incluindo Alemanha, França e Noruega". Telehealth is here to stay. *Nature Medicine*, Editorial, v. 27, p. 1121, 15 July 2021.

A Telemedicina é regulamentada, de modo específico, pela Resolução CFM 1.643/2002, somada a outras normas do Conselho Federal de Medicina voltadas para a Telerradiologia (Resolução CFM 2.107/2014) e Telepatologia (Resolução CFM 2.264/2019). Além disso, a Resolução CFM 1.821/2007, com suas atualizações, disciplina as normas técnicas concernentes à digitalização e uso dos sistemas informatizados para a guarda e manuseio dos prontuários dos pacientes. A teor da resolução, é admitida a eliminação do papel e a troca de informação identificada em saúde (padrão TISS), adotada na Saúde Suplementar.[7]

O marco legal, no entanto, é insuficiente. A Resolução CFM 1.643/2002, com apenas sete artigos está longe de dar conta da complexidade do tema. Em 2018, foi editada a Resolução CFM 2.217/2018, que, porém, foi revogada pouco tempo depois. Em face da timidez legislativa, com a eclosão da Covid-19, por meio do ofício CFM 1756/2020,[8] enviado ao Ministro da Saúde, em 19.03.2020, o Conselho Federal de Medicina reconheceu a possibilidade e a eticidade da utilização da telemedicina para além dos limites da Resolução CFM 1.643, de 26 de agosto de 2002. Poucos dias depois, a Portaria do Ministério da Saúde, ao autorizar a prática, voltou a frisar a natureza temporária e, "em caráter de excepcionalidade".[9]

Apenas no início de 2020, aprovou-se no Senado Federal e, em seguida na Câmara dos Deputados, o Projeto de Lei 696/2020, convertido na Lei 13.989/2020, que autorizou o uso da telemedicina em todas as áreas da saúde durante a crise da Covid-19. Não obstante, ressalvou-se que "competirá ao Conselho Federal de Medicina a regulamentação da telemedicina após o período consignado no art. 2º desta Lei".

O caráter provisório e excepcional da permissão foi registrado no Ofício do CFM,[10] na Portaria do Ministério da Saúde e repetido no texto Lei 13.989/2020, em contraste a intensa utilização da Telemedicina, sobretudo no contexto da pandemia. Aliás, vale notar que a própria aprovação legislativa da telemedicina no Congresso Nacional foi realizada à distância. O trâmite em caráter emergencial da lei federal não permitiu aprofundar as regras da atenção à saúde a distância.

Nesse passo, é fácil diagnosticar uma omissão legislativa crônica na disciplina da telemedicina, sem que se aprofundem os parâmetros da prestação. A própria previsão da Lei 13.989/2020, em art. 1º, ao dispor que "fica autorizado, em caráter emergencial, o uso da telemedicina", poderia sugerir que tal prática seria proibida ou ao menos improvável antes da pandemia, quando na realidade é de ampla utilização muito anos antes das infecções por Covid-19 estarem no noticiário.[11]

---

7. No SUS, há também a Portaria 2.546/2011 que trata do Programa Telessaúde Brasil, sem avançar no tema da proteção de dados.
8. CFM. Ofício 1756/2020. 19.03.2020.
9. BRASIL. Ministério da Saúde. Portaria 467/2020. DOU: 23.03.2020, edição 56-B.
10. A aprovação foi "em caráter de excepcionalidade e enquanto durar a batalha de combate ao contágio da Covid-19", com grifos e caixa alta conforme consta no original.
11. SCHAEFER, Fernanda. *Procedimentos Médicos realizados à distância e o CDC*. Curitiba: Juruá, 2009.

Entre as lacunas relevantes, está a regulação do emprego na saúde suplementar e à proteção de dados pessoais. As consultas devem ser gravadas? O paciente pode requerer a eliminação como uma medida de proteção ou prevalece o dever legal de guardar o prontuário?

A falta de um marco legal mais claro acerca da proteção de dados na telemedicina exige um esforço redobrado, de modo que colha na legislação as orientações necessárias para proteger o paciente e os profissionais. Assim, é necessária uma construção que considere, a partir do texto constitucional,[12] o Código Civil, o Marco Civil da Internet, a Lei Geral de Proteção de Dados Pessoais,[13] normas específicas da seara da saúde, tais como a Declaração de Tel Aviv de Telemedicina, o Código de Ética Médica, Resoluções do conselho Federal de Medicina e a Lei Orgânica da Saúde, bem como a chamada "Lei do Prontuário Médico Eletrônico", Lei 13.787/2018, que dispõe sobre a digitalização e a utilização de sistemas informatizados para a guarda, o armazenamento e o manuseio de prontuário de paciente.

Vale resgatar a advertência de Guilherme Magalhães Martins Carlos André Coutinho Teles, quando assinalam:

> A técnica da telemedicina não é objeto de normatização por meio de Lei Ordinária, para além do período da pandemia da Covid-19. Assim, necessária a sua normatização, inclusive através de normas secundárias oriundas de agências reguladoras, no caso, da Agência Nacional de Saúde e da Autoridade Nacional de Proteção de Dados Pessoais, assim como já autorizado pelo Congresso Nacional, poderá o CFM regulamentá-la.[14]

No plano normativo, observa-se, portanto, uma injustificada omissão na regulação do tema. Vale lembrar que a Lei 13.989/2020 definiu que "competirá ao Conselho Federal de Medicina a regulamentação da telemedicina após o período consignado no art. 2º desta Lei". O trecho que teve o veto presidencial superado, traz uma orientação, mas deixa várias pontas soltas. Afinal, como ficam as demais áreas da saúde, como a Odontologia e Psicologia? Qual será o prazo para tal regulamentação? Neste momento é necessário conviver com a legislação provisória, no aguardo de um marco legal mais claro.

3. A COBERTURA DA TELEMEDICINA NA SAÚDE SUPLEMENTAR NA JURISPRUDÊNCIA

Por meio da Portaria 467/2020, o Ministério da Saúde autorizou o emprego da telemedicina. A ANS recomendou às operadoras, "sempre que possível", adotar

---

12. MULHOLLAND, Caitlin Sampaio. Dados pessoais sensíveis e a tutela de direitos fundamentais: uma análise à luz da lei geral de proteção de dados (Lei 13.709/18). *Revista de Garantias Fundamentais*, Vitória, v. 19, n. 3, p. 159-180, set./dez. 2018, p. 171. FRAZÃO, Ana. Objetivos e alcance da Lei Geral de Proteção de Dados. In: TEPEDINO, Gustavo (Org.); FRAZÃO, Ana (Org.); OLIVA, M. D. (Org.). *Lei Geral de Proteção de Dados Pessoais e suas repercussões no Direito Brasileiro*. São Paulo: Thomson Reuters – Revista dos Tribunais, 2019, p. 104.
13. A lei inclusive é referida na Resolução CFM 2.264/2019.
14. MARTINS, Guilherme Magalhães; TELES, Carlos André Coutinho. A telemedicina na saúde suplementar e a responsabilidade civil do médico no tratamento de dados à luz da LGPD. *Revista Estudos Institucionais*, v. 7, n. 1, p. 182-197, jan./abr. 2021.

tecnologias que permitam o atendimento à distância e, por meio da Nota Técnica 7/2020/GGRAS/DIRAD-DIPRO/DIPRO, fixou o entendimento de que os atendimentos por meio de telemedicina já são de cobertura obrigatória, na medida em que cumprem as orientações normativas dos Conselhos Profissionais de Saúde e/ou do Ministério da Saúde.

Uma vez estabelecida a premissa de que a cobertura por meio de telemedicina é uma possibilidade, é necessário explorar melhor seus contornos. Para compreensão dos desafios da cobertura da telemedicina na saúde suplementar, promoveu-se levantamento jurisprudencial por meio de pesquisa com os termos: "planos de saúde" e "telemedicina" nos tribunais estaduais de todo país e no Superior Tribunal de Justiça. Nesta etapa foram localizados 38 julgados, conforme período até 06.12.2021.

Após este levantamento inicial, foram descartados os julgados que não envolviam diretamente a prestação de telemedicina ou telessaúde como formas de atenção à saúde. Após esta filtragem, que implicou o descarte de mais da metade dos julgados, identificou-se um número limitado de decisões judiciais que atendia aos critérios expostos, o que conduziu a opção por uma análise qualitativa. Ilustrativamente, o termo telemedicina e plano de saúde resulta em apenas uma decisão monocrática no STJ. Mesmo com a adoção do termo "telemedicina" sem qualquer outro filtro, isto é, sem outras palavras-chaves e sem limitação temporal, a *site* de pesquisa do STJ aponta apenas um acórdão (e algumas poucas decisões monocráticas). Em vista das limitações identificadas, em complemento, foram buscadas algumas decisões de primeira instância por meio do *Google* a fim de melhorar a qualidade da fase exploratória da pesquisa.

Ainda sob essa ótica, no Tribunal de Justiça do Estado do Rio de Janeiro, o termo "telemedicina", aplicado de modo isolado, traz um único julgado em toda a série histórica disponível, isto é, desde 1975, mesmo quando consideradas decisões monocráticas. Não há nenhuma decisão sobre telessaúde ou teleatendimento na acepção de uma modalidade de prestação de atenção à saúde. Em Minas Gerais também não há resultados relevantes.

Os julgados não aproveitados citavam a telemedicina sem apresentar uma controvérsia sobre a cobertura ou reajuste na saúde suplementar. Por exemplo, citou-se a possibilidade de realização de junta médica por videoconferência, telemedicina para enfrentar divergências na indicação.

Em relação aos julgados examinados, em síntese, observou-se no acervo de decisões que no contexto da pandemia a oferta de teleatendimento é um dever da operadora, seja pelos riscos do atendimento presencial, seja com base nas normas editadas.[15] Por outro lado, não foram localizadas decisões que aprofundem outras questões relevantes, tais como a forma de prestação do teleatendimento, a responsabilidade civil, a proteção de dados pessoais, ou a remuneração dos profissionais.

---

15. TJSP. AI: 2138708-98.2020.8.26.0000, Relator: José Carlos Ferreira Alves, 2ª Câmara de Direito Privado, DJE: 13.11.2020.

Na Justiça do Trabalho de Brasília, discutiu-se em sede de ação civil pública (de n. 0000861-45.2020.5.10.0013.29) a possibilidade de a Caixa Econômica[16] não oferecer a cobertura de telemedicina aos beneficiários do contrato do Programa de Assistência Médica Supletiva – PAMS, em face da oferta aos beneficiários do Caixa Saúde. Em primeiro grau, considerou-se que há dever de fornecimento da telessaúde no contexto da pandemia, sem, contudo, admitir a existência de danos morais coletivos na recusa:

> Diante do cotejo dos elementos dos autos, tenho que a conduta da reclamada em negar o acesso a atendimentos médicos na modalidade de telemedicina, bem como em negar pedidos de reembolso de procedimentos odontológicos realizados, não são suficientes a gerar abalo no patrimônio moral de uma coletividade.

No Tribunal de Justiça do Estado do Rio de Janeiro,[17] condenou-se operadora de plano de saúde pela falta de disponibilização de atendimento psicológico à distância que implicou em descontinuidade de tratamento. No julgamento considerou-se que o desenvolvimento de uma plataforma de atendimento de telessaúde não justifica a suspensão do tratamento psicológico haja vista a disponibilidade de sistemas de reunião *on-line* como WhatsApp, Skype, Zoom e outros sistemas. É interessante que o tribunal destacou o dever de prestação "em conformidade com os padrões de adequação-qualidade-segurança desempenho", sem tomar-se em conta eventuais limitações destes sistemas em matéria de proteção de dados pessoais.

A oferta de serviços por meio da telemedicina pelo plano de saúde foi considerada apta a cumprir os deveres contratuais. A respeito deste tema, merece destaque o julgamento da Apelação 0509221-73.2016.8.05.0001,[18] pelo Tribunal de Justiça do Estado da Bahia porque tal compreensão foi proferida em 2017, logo, anos antes do contexto da pandemia da Covid-19.

Como se extrai do referido acórdão, afastou-se os danos morais "ainda mais quando autorizada consulta por telemedicina para que o apelado não ficasse desassistido e autorizados os exames necessários a manutenção de sua saúde". Considerou-se que o atendimento por telemedicina cumpre as finalidades do contrato e a sua insuficiência/adequação "não se presume, até porque não se trata de urgência no atendimento".

Em outro julgado prolatado pelo TJBA em 2017, considerou-se que a dificuldade do acesso ao atendimento via telemedicina enseja dever de reparar. Neste caso, o fato predominante não foi o emprego da telessaúde, mas a inadequação da própria prestação.[19] A insuficiência do atendimento por telemedicina se identificou pelas

---

16. TRT 10ª. Região. Ação Civil Pública 0000861-45.2020.5.10.0013. Sentença proferida em 29 de junho de 2021.
17. TJRJ, Apelação n. 0101105172020819 0001, Rel: Des(a). Cristina Tereza Gaulia, 5ª Câmara Cível, DJE: 15.07.2021.
18. TJBA. Apelação n. 0509221-73.2016.8.05.0001, Rel. Des.: Moacyr Montenegro Souto, DJE: 12.12.2017.
19. A teor do acórdão: "Ocorre que a parte autora junta print do site (ev. 01) que demonstra só haver a clínica SAMES como local com especialidade para emergência adulto. Ademais, junta comprovante de ligação que demonstra a tentativa de entrar em contato com o *call center*, através do número 0800 710 3400, sem êxito". TJBA. 1ª Turma Recursal Cível e Criminal. Recurso inominado 0177536-53.2018.8.05.0001. Rel.: Sandra Sousa do Nascimento Moreno, DJE: 18/03/2020.

tentativas de contato sem sucesso. Ressalva-se que o teor da decisão não deixa claro se o teleatendimento não disponível deve ser entendido como uma modalidade telemedicina ou um canal de contato de atendimento telefônico como disponível em outras empresas.

Extrapolando a resposta oferecida para o caso específico, o transporte de tal interpretação para o momento pós-pandemia permite assinalar que a falta de cobertura – também na telemedicina – enseja o dever de reparar. Não está claro, no entanto, a aplicação dos prazos estabelecidos pela ANS para cobertura de procedimentos, disciplinados na Resolução Normativa ANS 259/2011.

Na jurisprudência do STJ, não foram localizadas decisões sobre a telemedicina na saúde suplementar. As decisões localizadas sobre o tema são monocráticas, algumas das quais sobre a prestação a pessoas encarceradas, outras sobre a qualidade do serviço. Tal como na modalidade presencial, considera-se a má-prestação por meio da telemedicina enseja o dever de reparar, o que não significa que a telemedicina em si seja considerada insuficiente. É ilustrativa decisão que destacou a falha na orientação do paciente verificar sua oxigenação por oxímetro, o que abre campo para novas discussões sobre a capacidade dos pacientes realizarem autoexames e torna ainda mais vigorosa a importância da comunicação entre os profissionais de saúde e seus pacientes.[20]

Como demonstram os julgados apresentados, na saúde suplementar, convive-se com a imposição da cobertura de teleatendimento e a interpretação de que seria uma forma inferior ou incompleta de prestação de atenção à saúde, como reconheceu estudo da Organização Mundial da Saúde.[21] A oferta dos serviços por meio de teleatendimento, contudo, não é consenso. Em julgamento do Tribunal de Justiça do Estado de Alagoas, foi considerada como uma forma insuficiente de prestação, "haja vista que não houve o devido atendimento por médico especialista na data solicitada, vindo tão somente a oferecer uma consulta através da telemedicina no dia seguinte e, além do mais, não foi por especialista da neuropediatria, e sim, da neurologia".[22]

Além da cobertura, a telemedicina foi utilizada como argumento em demandas para reajuste dos planos de saúde, ainda que sejam poucos os julgados para assinalar que seja algum tipo de tendência. No contexto da pandemia, aduziu-se demanda com pedido de tutela de urgência consistente na redução do preço das mensalidades dos planos de saúde em 30%. Argumentou-se na inicial que a prestação de assistência à saúde suplementar por meio da telessaúde "cria entraves de acessibilidade por idosos e pessoas que não possuem acesso à internet, além de não ter sido a modalidade original contratada pelos consumidores" e que esta modalidade teria um custo menor.

---

20. STJ. AREsp 1963881. Ministra Nancy Andrighi. DJe 14.10.2021. Decisão monocrática.
21. World Health Organization (WHO). *Defining evaluation indicators for telemedicine as a tool for reducing health inequities*. Study and results of a community of practice. WHO: Washington, D.C. 2016, p. 12.
22. TJAL. Apelação 07129496420128020001 Relator: Des. Pedro Augusto Mendonça de Araújo, 2ª Câmara Cível, DJE 25.02.2019.

Ao confirmar a decisão de primeiro grau que negou a liminar, o Tribunal de Justiça de Minas Gerais[23] sublinhou que as coberturas aplicáveis à saúde suplementar – consultas, exames, terapias e cirurgias – não foram afastadas, ainda que os prazos de cobertura estabelecidos na Resolução Normativa ANS 259/2011 tenham sido prorrogados em nota técnica da ANS. Sob a perspectiva do equilíbrio contratual destacou-se ainda que "a criação de outros serviços em prol dos segurados como a telemedicina são medidas que tentam restabelecer o equilíbrio contratual inevitavelmente abalado pelos transtornos causados pela eclosão da Covid-19". Em sentido similar, o Tribunal de Justiça de São Paulo[24] também ressaltou que não se pode presumir que a oferta de teleatendimento justifica a revisão das coberturas de planos de saúde.

4. CONTROVÉRSIAS SOBRE A TELEMEDICINA NA SAÚDE SUPLEMENTAR

Em contraste com a importância crescente da telemedicina, como exposto, seu marco legal é insuficiente e deixa sem resposta um amplo conjunto de questões relevantes. Afinal, as operadoras de planos de saúde devem exigir padrões mínimos de segurança da informação? Quais? A teleconsulta permite ao beneficiário exigir uma posterior consulta presencial sem custo adicional (embora a operadora pague duas vezes)? A teleconsulta pode ser empregada como consulta de retorno? Qual o procedimento de identificação de identidade do paciente na telemedicina? Os prazos de cobertura de consultas estão atendidos com a telemedicina ou, como assinalam alguns julgados, seria uma forma incompleta de prestação? A cobertura estadual é limitação aplicável no atendimento por telemedicina em vista da variação do custo regional? Em parte, a dificuldades decorrem de uma própria indefinição do tema no campo da saúde.

Como denotam tais questões, pode-se afirmar com certa ironia que a telemedicina é uma novidade bastante antiga, em outras palavras, seus desafios são bastante atuais, e a omissão do direito é também (ana)crônica.[25]

Para oferecer respostas a tais questões, é preciso iniciar pela avaliação do próprio dever de cobertura da Telemedicina, ou seja, a previsão no Rol da ANS. Como se sabe, o Rol de Procedimentos e Eventos em Saúde estabelece a cobertura assistencial obrigatória a ser garantida nos planos privados de assistência.

O Conselho Regional de Medicina do Estado do Rio de Janeiro, por meio da Resolução CREMERJ 305/2020 assinalou que "a Telemedicina não consta no rol da ANS". Por sua vez, a Agência Nacional de Saúde Suplementar, ao interpretar sua própria resolução ressaltou haver a cobertura para consulta e, portanto, de teleme-

---

23. TJMG, Agravo de Instrumento n. 10000200739555001, Relator: Marcos Henrique Caldeira Brant, 16ª Câmara Cível, DJE 25.02.2021.
24. TJSP. Agravo de instrumento 47601-78.2020.8.26.000. Relator(a): Des. Natan Zelinschi de Arruda. 4ª Câmara de Direito Privado. DJ 28.08.2020.
25. Cf. RAPOSO, Vera Lucia. Telemedicine: The legal framework (or the lack of it) in Europe. *GMS Health Technology Assessment*, NCBI – NIH. 2016.

dicina. Como se extrair das Notas Técnicas 3 e 4 da ANS,[26] em palavras simples, a telemedicina é considerada uma simples variação na forma de prestar um procedimento já previsto no Rol.

Assim como no Brasil, nos Estados Unidos também se verifica uma legislação emergencial que expira após a pandemia.[27] Nesse sentido, segundo avalia o *Department of Health and Human Services* (Departamento de Saúde e Serviços Humanos dos Estados Unidos) durante a pandemia, é crítico o uso da telemedicina para manutenção do acesso à saúde. O uso e a expansão, no entanto, demandam flexibilizações dos sistemas de reembolso do *Medicaid*, ou seja, o programa de seguro federal oferecido pelo Governo dos Estados Unidos, principalmente pessoas acima de 65 anos, pessoas com deficiência e pacientes em diálise.[28]

Uma segunda questão a ser avaliada é a relação entre operadoras e prestadores. Na saúde suplementar, o Rol da ANS estabelece os procedimentos cobertos, isto é, diz respeito às obrigações entre operadora e beneficiário, e não resolve a relação com os prestadores.

Em um momento inicial, a urgência na oferta da telemedicina fez a ANS flexibilizar suas normas no que tange à forma da contratação de prestadores. A legislação estabelece regras rígidas defendidas pelas Lei 13.003/2014 e Resolução Normativa ANS 363/2015 que tratam da contratualização na saúde suplementar.

A legislação da saúde suplementar exige a forma escrita e estabelece diversos temas de caráter obrigatório. Diante da urgência, a ANS estabeleceu que "apesar da importância dos instrumentos contratuais para a manutenção das relações harmônicas entre operadoras e prestadores, tal imposição não pode se sobrepor a uma questão de substancial interesse da coletividade que, neste momento, impõe maior flexibilidade e agilidade". Já no terceiro ano da pandemia, a flexibilização e urgência precisam ceder espaço a organização, transparência e clareza nas regras para que

---

26. BRASIL. ANS. Nota técnica 3. Nota TécnicA 3/2020/DIRAD-DIDES/DIDES. Brasil. ANS. Nota técnica 4. Nota Técnica 4/2020/DIRAD-DIDES/DIDES.
27. DEMEKE HB, et al. Trends in Use of Telehealth Among Health Centers During the Covid-19 Pandemic – United States, EUA. Centers for Disease Control and Prevention. *Morbidity and Mortality Weekly Report*. 240-244. 26 Jun. 26 – 06 Nov, 2020. Como esclarecem: "As the COVID-19 pandemic continues, provision and expansion of health services using telehealth is critical to maintaining access to care while limiting exposure to SARS-CoV-2. Sustaining expanded use of telehealth visits in health centers during and after the pandemic might require continuation of existing flexibilities provided under Centers for Medicare & Medicaid Services telehealth reimbursement policies (2,3) and local level considerations of additional support and resources".
28. Conforme explica o Department of Health and Human Services (HHS), ou Departamento de Saúde e Serviços Humanos no Medicare, em tradução livre, "Os pacientes pagam parte dos custos através de franquias para custos hospitalares e outros. Pequenos prêmios mensais são necessários para cobertura não hospitalar. Medicare é um programa federal. É basicamente o mesmo em todos os Estados Unidos e é administrado pelos Centers for Medicare & Medicaid Services, uma agência do governo federal". ESTADOS UNIDOS. HHS. *What is the difference between Medicare and Medicaid?* Disponível em: https://www.hhs.gov/answers/medicare-and-medicaid/what-is-the-difference-between-medicare-medicaid/index.html. Acesso em 10.01.2022.

beneficiários, prestadores e as próprias operadoras possam compreender a extensão dos seus direitos e deveres.

Padrões de segurança da informação precisam ser estabelecidos de forma segura diante dos graves riscos de incidentes de segurança de dados pessoais sensíveis.[29] A lacuna legislativa se traduz em um risco jurídico às operadoras, sobretudo quando os tribunais reconhecem a responsabilidade solidária das operadoras em caso de demandas judiciais de reparação por danos causados por prestadores credenciados de tal modo que "o plano de saúde é responsável solidariamente pelos danos causados a seus segurados em decorrência de falhas na prestação dos serviços em estabelecimentos hospitalares credenciados".[30]

A falta de precisão da legislação sobre a proteção de dados não pode ser justificativa para uma conduta negligente. Ao contrário, a tônica na proteção de dados é a conduta proativa,[31] com a busca da mitigação de riscos, o que se mostra ainda mais relevante diante da irreversibilidade dos danos que envolvem a pessoa humana. Um exemplo de critério mais específico é o Nível de Garantia de Segurança 2 (NGS2), que consta em resoluções do CFM como a Resolução CFM 1.821/2007. Em Diretriz da Sociedade Brasileira de Cardiologia sobre Telemedicina na Cardiologia,[32] consta a recomendação de utilização do padrão da HIPAA (*Health Insurance Portability and Accountability Act of* 1996).

Seja qual ou quais os padrões adotados, medidas de proteção de dados como criptografia e hierarquia de acesso são fundamentais. Há um silêncio preocupante também sobre o controle da transmissão internacional cujos riscos mais agravados são reconhecidos pela LGPD, art. 33 e seguintes, sem que tenha notícias de fiscalização a respeito no campo da saúde. Como adverte Rodotà, a digitalização do corpo demanda a adoção de padrões mais profundos de proteção.[33]

Dados de saúde são dados especialmente delicados, com maior potencial de danos. Tratam-se de dados sensíveis como reconhece a legislação e que, desta sorte,

---

29. PEREIRA, Alexandre Libório Dias. *Patient Safety in e-Health and Telemedicine*. Lex Medicinae – Revista de Direito da Medicina, n. Especial (2014), p 95-106. Disponível em http://hdl.handle.net/10316/28805. World Health Organization (WHO). *Global Observatory for eHealth* [Internet]. Geneva: WHO; 2005. Disponível em: http://www.who.int/goe/en/.
30. STJ. AgInt nos EDcl no AREsp 1813558/RJ, Rel. Ministro Marco Aurélio Bellizze, 3ª Turma, DJe: 13.08.2021. No mesmo sentido: 'Se o contrato é fundado na prestação de serviços médicos e hospitalares próprios e/ou credenciados, no qual a operadora de plano de saúde mantém hospitais e emprega médicos ou indica um rol de conveniados, não há como afastar sua responsabilidade solidária pela má prestação do serviço". STJ. AgRg no AREsp 747.455/RJ, Rel. Ministro Antonio Carlos FERREIRA, 4ª. Turma, DJe: 16.11.2015.
31. MORAES, Maria Celina. LGPD: um novo regime de responsabilização civil dito "proativo". Editorial. Civilistica.com. Rio de Janeiro: a. 8, n. 3, 2019.
32. SOCIEDADE BRASILEIRA DE CARDIOLOGIA SOBRE TELEMEDICINA NA CARDIOLOGIA. Diretriz da Sociedade Brasileira de Cardiologia sobre Telemedicina na Cardiologia – 2019. *Arquivo Brasileiro de Cardiologia*, 2019.
33. RODOTÀ, Stefano. La "privacy" tra individuo e colletività. *Il diritto privatto nella Società Moderna*. Bologna: Mulino, 1977. Cf. SCHAFER, Fernanda; GONDIM, Glenda Gonçalves. Telemedicina e Lei Geral de Proteção de Dados Pessoais. In: ROSENVALD, Nelson; MENEZES, Joyceane Bezerra de; DADALTO, Luciana. *Responsabilidade Civil e Medicina*. Indaiatuba: Editora Foco, 2020.

demandam ainda maior atenção para assegurar a efetividade dos direitos fundamentais à proteção de dados pessoais e autodeterminação informativa,[34] já proclamados pelo Supremo Tribunal Federal.[35]

Como dizia o samba de Assis Valente "anunciaram e garantiram que o mundo ia se acabar". A pandemia já está em seu terceiro ano e, no plano jurídico, o momento é de gradativamente abandonar os arremedos para semear o futuro, porque independente de nos prepararmos para o por vir, e mesmo para os desafios do que já está posto, pode-se afirmar duas certezas, o tempo caminhará e as pessoas precisarão de atenção à saúde.

5. REFERÊNCIAS

BARBOZA, Heloisa Helena; PEREIRA, Paula Moura Francesconi de Lemos; ALMEIDA, Vitor. Proteção dos dados pessoais da pessoa com deficiência. In: TEPEDINO, Gustavo; FRAZÃO, Ana; OLIVA, Milena Donato (Coord.). *Lei Geral de Proteção de Dados Pessoais e suas repercussões no direito brasileiro*. São Paulo: Thomson Reuters (Revista dos Tribunais), 2020. E-book.

BESTSENNYY, Oleg et. al. Telehealth: A quarter-trillion-dollar post-COVID-19 reality? *McKinsey*. 09.07.2021. Disponível em: https://www.mckinsey.com/industries/healthcare-systems-and-services/our-insights/telehealth-a-quarter-trillion-dollar-post-covid-19-reality. Acesso em: 10 jan. 2022.

BRASIL. ANS. Nota técnica 3. Nota Técnica 3/2020/DIRAD-DIDES/DIDES.

BRASIL. ANS. Nota técnica 4. Nota Técnica 4/2020/DIRAD-DIDES/DIDES.

BRASIL. Ministério da Saúde. Portaria 467/2020. DOU: 23.03.2020, edição 56-B.

CFM. Ofício 1756/2020. 19.03.2020.

CUNHA, Joana. *Folha de S. Paulo*. Atendimento por telemedicina dobra a cada 36 horas com ômicron e gripe, diz entidade. 08/01/2022. Disponível em: https://valor.globo.com/brasil/noticia/2022/01/08/atendimento-por-telemedicina-dobra-a-cada-36-horas-com-omicron-e-gripe-diz-entidade.ghtml. Acesso em: 10 jan. 2022.

DEMEKE HB, et al. Trends in Use of Telehealth Among Health Centers During the COVID-19 Pandemic – United States, EUA. Centers for Disease Control and Prevention. *Morbidity and Mortality Weekly Report*. 240-244. 26 Jun. 26 – 06 Nov, 2020.

FRAZÃO, Ana. Objetivos e alcance da Lei Geral de Proteção de Dados. In: TEPEDINO, Gustavo (Org.); FRAZÃO, Ana (Org.); OLIVA, M. D. (Org.). *Lei Geral de Proteção de Dados Pessoais e suas repercussões no Direito Brasileiro*. São Paulo: Thomson Reuters – Revista dos Tribunais, 2019.

MARTINS, Guilherme Magalhães; TELES, Carlos André Coutinho. A telemedicina na saúde suplementar e a responsabilidade civil do médico no tratamento de dados à luz da LGPD. *Revista Estudos Institucionais*, v. 7, n. 1, p. 182-197, jan./abr. 2021.

MORAES, Maria Celina. LGPD: um novo regime de responsabilização civil dito "proativo". Editorial. *Civilistica.com*. Rio de Janeiro: a. 8, n. 3, 2019.

---

34. Para uma pesperctiva sobre o exercício destes direitos por pessoas com deficiência cf. BARBOZA, Heloisa Helena; PEREIRA, Paula Moura Francesconi de Lemos; ALMEIDA, Vitor. Proteção dos dados pessoais da pessoa com deficiência. In: TEPEDINO, Gustavo; FRAZÃO, Ana; OLIVA, Milena Donato (Coord.). *Lei Geral de Proteção de Dados Pessoais e suas repercussões no direito brasileiro*. São Paulo: Thomson Reuters (Revista dos Tribunais), 2020. E-book.
35. STF. ADI n. 6387. Rel. Min. Rosa Weber. Tribunal pleno. DJe: 11.11.2020.

MULHOLLAND, Caitlin Sampaio. Dados pessoais sensíveis e a tutela de direitos fundamentais: uma análise à luz da lei geral de proteção de dados (Lei 13.709/18). *Revista de Garantias Fundamentais*, Vitória, v. 19, n. 3, p. 159-180, set./dez. 2018.

PEREIRA, Alexandre Libório Dias. *Patient Safety in e-Health and Telemedicine*. Lex Medicinae – Revista de Direito da Medicina, n. Especial (2014), p 95-106. Disponível em: http://hdl.handle.net/10316/28805.

RAPOSO, Vera Lucia. Telemedicine: The legal framework (or the lack of it) in Europe. *GMS Health Technology Assessment*, The National Center for Biotechnology Information, 2016.

RODOTÀ, Stefano. La "privacy" tra individuo e collettività. *Il diritto privatto nella Società Moderna*. Bologna: Mulino, 1977.

SCHAEFER, Fernanda. *Procedimentos Médicos realizados à distância e o CDC*. Curitiba: Juruá, 2009.

SCHAFER, Fernanda; GONDIM, Glenda Gonçalves. Telemedicina e Lei Geral de Proteção de Dados Pessoais. In: ROSENVALD, Nelson; MENEZES, Joyceane Bezerra de; DADALTO, Luciana. *Responsabilidade Civil e Medicina*. Indaiatuba: Editora Foco, 2020.

SOCIEDADE BRASILEIRA DE CARDIOLOGIA SOBRE TELEMEDICINA NA CARDIOLOGIA. Diretriz da Sociedade Brasileira de Cardiologia sobre Telemedicina na Cardiologia – 2019. *Arquivo Brasileiro de Cardiologia*, 2019.

STF. ADI 6387. Rel. Min. Rosa Weber. Tribunal pleno. Dje 11.11.2020.

STJ. AgInt nos EDcl no AREsp 1813558/RJ, Rel. Ministro Marco Aurélio Bellizze, 3ª Turma, DJe 13.08.2021.

STJ. AgRg no AREsp 747.455/RJ, Rel. Ministro Antonio Carlos Ferreira, 4ª Turma, DJe 16.11.2015.

TELEHEALTH is here to stay. *Nature Medicine*, Editorial, v. 27, p. 1121, 15 jul. 2021.

TJAL. Apelação 07129496420128020001 Relator: Des. Pedro Augusto Mendonça de Araújo, 2ª Câmara Cível, DJE: 25.02.2019.

TJBA. 1ª Turma Recursal Cível e Criminal. Recurso inominado 0177536-53.2018.8.05.0001. Rel.: Sandra Sousa do Nascimento Moreno, DJE 18.03.2020.

TJBA. Apelação 0509221-73.2016.8.05.0001, Rel. Des.: Moacyr Montenegro Souto, DJE 12.12.2017.

TJMG, Agravo de Instrumento 10000200739555001, Relator: Marcos Henrique Caldeira Brant, 16ª Câmara Cível, DJE 25.02.2021.

TJRJ, Apelação 01011051720208190001, Rel: Des(a). Cristina Tereza Gaulia, 5ª Câmara Cível, DJE 15.07.2021.

TJSP. Agravo de instrumento 2147601-78.2020.8.26.000. Relator(a): Des. Natan Zelinschi de Arruda. 4ª Câmara de Direito Privado. DJE 28.08.2020.

TJSP. AI: 2138708-98.2020.8.26.0000, Relator: José Carlos Ferreira Alves, 2ª Câmara de Direito Privado, DJE 13.11.2020.

TRT 10ª. Região. Ação Civil Pública 0000861-45.2020.5.10.0013. Sentença proferida em 29 de junho de 2021.

World Health Organization (WHO). *Global Observatory for eHealth* [Internet]. Geneva: WHO; 2005. Disponível em: http://www.who.int/goe/en/.

World Health Organization (WHO). *Defining evaluation indicators for telemedicine as a tool for reducing health inequities*. Study and results of a community of practice. WHO: Washington, D.C. 2016.

YIP, Waiyee. Sexual health: I can't tell my mum I'm having sex. *BBC News*. 09.04.2021.

TELEMEDICINA E AS *HEALTHTECHS* – AVANÇOS, PERSPECTIVAS E DESAFIOS DO SETOR

Karin Cristina Bório Mancia

Mestre em Direito Econômico e Socioambiental pela Pontifícia Universidade Católica do Paraná. Especialista em Direito Empresarial pela Pontifícia Universidade Católica do Paraná. Graduada pela Universidade Federal do Paraná. Professora de direito empresarial e contratos empresariais na Graduação do UniCuritiba. Professora na Pós-Graduação Lato Sensu em direito civil e direito médico do UniCuritiba. Professora tutora da Pós-Graduação EAD em direito civil e processual civil do UniCuritiba. Advogada. Contato: karin@boriomancia.adv.br.

Sumário: 1. Introdução – 2. A telemedicina e seu incremento no período pandêmico – 3. *Healthtechs*: um novo paradigma de mercado no atendimento à saúde – 4. Avanços, perspectivas e desafios do setor das *healthtechs* – 5. Cosiderações finais – 6. Referências.

1. INTRODUÇÃO

Não se discute que a pandemia da Covid-19 trouxe enormes desafios a todo planeta desde o final de 2019, e o Brasil, assim como os demais países, teve que atuar em diferentes setores da sociedade e da economia para amenizar seus impactos.

A saúde e a preservação da vida da população tornaram-se interesses fundamentais e prevalentes no contexto caótico que se instaurou rapidamente.

Com o intuito de reduzir a circulação das pessoas nas ruas e, via de consequência, diminuir a propagação do vírus e a ocorrência de aglomerações, dando fôlego para que as autoridades competentes implementassem medidas eficazes ao combate do vírus, permitiu-se, temporariamente, a prestação de serviços médicos por meio de tecnologias de informação e comunicação (TICs).

Assim, por meio da Lei 13.989, de 15 de abril de 2020 foi autorizada em todo país a utilização da Telemedicina no período em que durasse a pandemia causada pelo novo coronavírus (SARS-CoV-2).[1]

A Telemedicina apresentou-se naquele momento como uma forma viável de proporcionar ao paciente um atendimento médico eficaz, restringindo a circulação de infectados em ambientes públicos, reduzindo o contato direto com médicos e demais profissionais de saúde que estivessem na "linha de frente" da assistência às pessoas acometidas pela Covid-19.

---

1. Disponível em: https://www.in.gov.br/en/web/dou/-/lei-n-13.989-de-15-de-abril-de-2020-252726328. Acesso em: 20 dez. 2021.

Engana-se, entretanto, quem supõe ser essa uma discussão nova, desencadeada apenas recentemente pela pandemia. Entre idas e vindas regulatórias, o histórico da Telemedicina no Brasil é longevo e, em certa medida, bem mais complexo.

Seja como for, constata-se que houve umbilical relação entre a implementação da Telemedicina no momento pandêmico e o desenvolvimento expressivo das *healthtechs*, não só em número, mas em volume de investimentos recebidos pelo setor.

Dada a importância da Telemática, que desponta como uma das mais promissoras áreas de desenvolvimento de *startups,* o presente artigo, a partir de revisão bibliográfica e normativa, cuidará de avaliar o contexto de mercado em que estão inseridas as *healthtechs,* bem como os avanços e perspectivas jurídico-econômicas do setor.

2. A TELEMEDICINA E SEU INCREMENTO NO PERÍODO PANDÊMICO

Como explica Fernanda Schaefer, embora alguns autores considerem Telemática em Saúde e Telemedicina sinônimos, são expressões que não se confundem. Telemática é a prática que permite o exercício médico à distância, e pode ser dividida didaticamente em dois grandes grupos, a Telessaúde e a Telemedicina.[2]

Quanto a Telessaúde engloba todas as ações de Medicina a distância, voltadas à prevenção de doenças (Medicina preventiva), educação e coleta de dados, portanto, direcionadas a uma coletividade, a políticas de saúde pública e disseminação do conhecimento, a Telemedicina é espécie do gênero Telemática em Saúde que engloba procedimentos a distância destinados à Medicina curativa, ou seja, que sejam direcionados a pacientes individualizados (perfeitamente determinados) ou individualizáveis.[3]

A confusão conceitual acabou refletindo, inclusive, nas próprias normativas havidas a respeito do tema.

Acompanhando a terceira Revolução Industrial[4] com seus desdobramentos econômicos, sociais e políticos, em 26 de agosto de 2002 o Conselho Federal da

---
2. RIVABEM, Fernanda Schaefer. *Procedimentos Médicos* – Realizados à Distância e o Código de Defesa do Consumidor. Curitiba: Juruá, 2006, p. 43.
3. Ibidem, p. 54.
4. Entende-se que a primeira Revolução Industrial, o primeiro paradigma da produção em grande escala, ocorreu na segunda metade do século 18 (1760-1840) em que modelos agrícolas e artesanais cederam lugar à introdução do modelo industrial existente, havendo a substituição do trabalho artesanal pelo assalariado e o uso de máquinas. A segunda Revolução (1850-1945) envolveu o desenvolvimento de indústrias química, elétrica, de petróleo e aço, além do progresso dos meios de transporte e comunicação. A terceira Revolução Industrial (1950-2010) foi marcada pela substituição gradual da mecânica analógica pela digital, o uso de microcomputadores e a concepção da internet (em 1969), com a crescente digitalização de arquivos e a invenção da robótica. Atualmente, já se fala na quarta Revolução, que para Klaus Schwab, fundador e presidente executivo do Fórum Econômico Mundial e autor do livro *A Quarta Revolução Industrial* (São Paulo: Edipro, 2019), iniciou-se em 2011, passando a sociedade ser impactada pela inserção de inovações tecnológicas diversas, como a inteligência artificial, a inteligência das coisas, os nanosensores, o *big data*, a impressora 3D, entre outras.

Medicina (CFM) publicou a Resolução 1.643,[5] em que se definiu o conceito de Telemedicina como [...] *o exercício da Medicina a distância, cujas intervenções, diagnósticos, decisões de tratamento e recomendações estão baseadas em dados, documentos e outras informações transmitidas através de sistemas de telecomunicação*. Na realidade, este é o conceito de Telessaúde e não propriamente de Telemedicina.

De qualquer forma, observa-se que a Resolução em comento não trouxe melhores e mais completas especificações técnicas a respeito do tema,[6] limitando-se a definir e reconhecer o uso de dispositivos das novas tecnologias disponíveis em questão de saúde, com critérios mínimos, como infraestrutura tecnológica apropriada, que obedecessem às normas técnicas do CFM relativas à guarda, manuseio, transmissão de dados, confidencialidade, privacidade e garantia do sigilo profissional (artigo 2º), e estabeleceu a solidariedade profissional em caso de ocorrência de eventual dano ao paciente (artigo 4º).

No mesmo ano, o Conselho Brasileiro de Telemedicina e Telessaúde (CBTms) foi fundado e, desde então, cada vez mais pesquisas e investimentos na área começaram a surgir substancialmente.

Entretanto, até aquele momento, não existiam normas federais que autorizassem expressamente a prática, o que contribuiu para sua subutilização.

Dezesseis anos depois, com crescimento – inclusive – das preocupações com a proteção de dados pessoais no país, alavancadas pela publicação da Lei Geral de Proteção de Dados, o Conselho Federal de Medicina (CFM) publicou a Resolução 2.227, de 13 de dezembro de 2018[7] que, além de revogar a norma de 2002, trouxe inúmeros requisitos técnicos para que as TICs, utilizadas eventualmente em procedimentos médicos, estivessem de acordo com as exigências prescritas.

Em razão de uma série de críticas dos próprios Conselhos Regionais de Medicina, que consideraram o texto pouco claro e representando risco à relação médico-paciente e para a qualidade do atendimento, o Conselho Federal de Medicina (CFM) revogou a Resolução 2.227/2018 por intermédio da Resolução 2.228, de 26 de fevereiro de 2019,[8] a qual reestabeleceu expressamente a vigência da Resolução CFM 1.643/2002, com sua enxutíssima redação.

Foi nesse contexto que no início de 2020, quando inexistentes outras regulamentações específicas sobre a Telemedicina (além da mencionada Resolução do CFM de 2002), foi deflagrada a pandemia no Brasil,[9] tendo o CFM encaminhado ao Ministério

---

5. Disponível em: https://sistemas.cfm.org.br/normas/visualizar/resolucoes/BR/2002/1643. Acesso em: 20 dez. 2021.
6. A Resolução continha ao todo modestos 7 (sete) artigos.
7. Disponível em: https://sistemas.cfm.org.br/normas/visualizar/resolucoes/BR/2018/2227. Acesso em: 20 dez. 2021.
8. Disponível em: https://sistemas.cfm.org.br/normas/visualizar/resolucoes/BR/2019/2228. Acesso em: 20 dez. 2021.
9. Em 3 de fevereiro de 2021 a Portaria 188, do Ministério da Saúde, declarou Emergência em Saúde Pública de importância Nacional (ESPIN) em decorrência da Infecção Humana pelo novo Coronavírus (2019-nCov).

da Saúde o Ofício CFM 1756/2020,[10] Coordenadoria Jurídica (Cojur) por meio do qual reconheceu, em caráter de excepcionalidade, a possibilidade e a eticidade da utilização da Telemedicina, além das previsões já contidas na Resolução 1.643/2002, nas modalidades teleorientação,[11] telemonitoramento,[12] e teleinterconsulta.[13]

Restou, então, publicada pelo Ministério da Saúde a Portaria 467, de 20 de março de 2020,[14] autorizando, tanto no SUS quanto no sistema de saúde suplementar e rede privada, "em caráter excepcional e temporário", ações de Telemedicina na pandemia e, sequencialmente, adveio a já mencionada Lei 13.989/2020, confirmando o uso da Telemedicina enquanto durasse o período pandêmico.

O histórico regulatório da Telemedicina do Brasil, ainda que reflita um caminho lento com alguns tropeços e retrocessos normativos, coaduna-se com a importância e a reconhecimento internacional que a Telemedicina vem ganhando ao longo dos anos.

O uso da Telemedicina foi recomendado pela *Declaração Tel Aviv sobre responsabilidades e normas éticas na utilização da Telemedicina*,[15] adotada pela 51ª Assembleia Geral da Associação Médica Mundial, em Tel Aviv, Israel, em outubro de 1999 e pela Resolução WHA 58.28 (Telemedicina),[16] aprovada na 58ª Assembleia Geral da Organização Mundial de Saúde, em Genebra, Suíça, em maio de 2005. Para além disso, as recomendações no uso da Telemedicina pelo *CDC – Center for Disease Control and Prevention* do Departamento de Saúde e Serviços Humanos dos Estados Unidos trouxeram importância e deferência internacional no uso da tecnologia.

E assim, catalisado pelo começo da crise sanitária do novo coronavírus, e a flexibilização da regulamentação para atendimento de pacientes de forma remota, o uso efetivo da Telemedicina se tornou uma realidade (ainda que temporária regulada) no Brasil.

No início da pandemia, a maior parte dos teleatendimentos, de acordo com o Hospital Israelita Albert Einstein, era de pacientes com sintomas associados à Covid-19. Com o tempo, entretanto, outras queixas começaram a surgir, desde a mais corriqueira (como dores nas costas) até mais doenças graves acabaram sendo diagnosticadas, por meio da Telemedicina, como sepse e infarto. E assim, poucos meses

---

Em 6 de fevereiro de 2020 foi publicada a Lei 13.979 dispondo sobre as medidas para enfrentamento da emergência de saúde pública de importância internacional decorrente do coronavírus. Em 11 de março de 2020, a Covid-19 foi caracterizada pela Organização Mundial da Saúde (OMS) como uma pandemia.

10. Disponível em https://portal.cfm.org.br/images/PDF/2020_oficio_Telemedicina.pdf. Acesso em: 20 dez. 2021.
11. Para que profissionais da medicina realizem à distância a orientação e o encaminhamento de pacientes em isolamento.
12. Ato realizado sob orientação e supervisão médica para monitoramento ou vigência à distância de parâmetros de saúde e/ou doença.
13. Exclusivamente para troca de informações e opiniões entre médicos, para auxílio diagnóstico ou terapêutico.
14. Disponível em: https://www.in.gov.br/en/web/dou/-/portaria-n-467-de-20-de-marco-de-2020-249312996. Acesso em: 20 dez. 2021.
15. Disponível em: https://www.wma.net/policies-post/wma-statement-on-accountability-responsibilities-and-ethical-guidelines-in-the-practice-of-telemedicine/. Acesso em: 20 dez. 2021.
16. Disponível em: https://www.who.int/healthacademy/media/WHA58-28-en.pdf. Acesso em: 20 dez. 2021.

após a intensificação dos atendimentos remotos, houve um crescimento registrado, somente no Hospital Einstein, de 1.758% (hum mil, setecentos e cinquenta e oito por cento).[17] O exemplo do Einstein é emblemático e bem reflete o *boom* da procura pela Telemedicina.

Desta forma, mesmo diante de uma tragédia de proporções colossais imposta pela pandemia, é possível afirmar que houve um ponto positivo sob o prisma médico: a partir de 2020 o atendimento se reinventou em seu aspecto mais básico, qual seja, o contato entre médicos e pacientes, desta vez feito por meio do atendimento à distância.[18]

A interação médico-paciente via *smartphones*, *tablets* e computadores de lá para cá resultou em marcas expressivas: de acordo com a Associação Brasileira de Planos de Saúde (Abramge), cerca de 2,5 (dois vírgula cinco) milhões de teleatendimentos em diferentes modalidades foram realizados no Brasil nos últimos 12 (doze) meses, sendo que 9 (nove) entre 10 (dez) casos foram finalizados via teleconsulta, sem demandar atendimentos presenciais posteriores.[19]

Não há dúvidas de que a adoção em definitivo da Telemedicina enfrentará obstáculos de ordem legal, e também de ordem prática, passando pela ampliação do acesso digital no país. De acordo com o último censo realizado pelo Instituto Brasileiro de Geografia e Estatística (IBGE), no último trimestre antes que a pandemia causada pela Covid-19 se agravasse no Brasil, 12,646 milhões de famílias ainda não tinham acesso à *Internet* em casa. Cerca de 39,8 milhões de brasileiros de 10 anos ou mais de idade não usavam a rede universal, e havia ainda 34,9 milhões de pessoas nessa faixa etária sem aparelho de telefone celular.[20]

Mesmo com todas as barreiras, de ordem legal e prática, a Telemedicina parece ser uma prática irreversível, não só no Brasil como no mundo. A utilização da tecnologia para conectar médicos e pacientes que vem se mostrando instrumento comprovadamente eficiente de melhora da qualidade do atendimento, com vistas à universalização da saúde em última síntese.

Não por acaso, o setor vem chamando a atenção de grandes empresas de grande "poder de fogo" corporativo, como a *Amazon*, que recentemente divulgou sua expectativa de implantar em grandes centros urbanos dos Estados Unidos o serviço de Telemedicina, bem como abertura de clínicas para atendimentos de urgência e

---

17. SCHLINDWEIN, Manoel. O impacto da pandemia na Telemedicina do Hospital Albert Einstein. *Revista Veja*, publicado em 04 set. 2020.
18. ROSÁRIO, Mariana. Antes tabu, a Telemedicina é adotada maciçamente. *Revista Veja*, Edição n. 2707, publicada em 07 out. 2020.
19. Disponível em: https://blog.abramge.com.br/saude-suplementar/brasil-contabiliza-25-milhoes-de-teleconsultas-nos-ultimos-12-meses/. Acesso em: 22 dez. 2021.
20. Dados fornecidos pela Pesquisa Nacional por Amostra de Domicílios Contínua – Tecnologia da Informação e Comunicação 2019, a Pnad TIC, divulgados pelo Instituto Brasileiro de Geografia e Estatística (IBGE), disponíveis em https://www.ibge.gov.br/estatisticas/sociais/trabalho/17270-pnad-continua.html?=&t=o-que-e. Acesso em: 22 dez. 2021.

exames laboratoriais, um mercado que movimenta 4,2 trilhões de dólares por ano em solo americano, e possui ainda grandes gargalos a serem explorados.[21]

Vale ressaltar, em arremate, que o atendimento médico pelas plataformas digitais não substitui ou exclui por completo a necessidade do presencial, nem é viável em todos os casos e especialidades médicas, mas sem dúvida alguma, facilita e potencializa a atividade médica, seja pelas consultas por Telemedicina, monitoramento de dados, bem como canais de informação e acolhimento aos pacientes.

3. *HEALTHTECHS*: UM NOVO PARADIGMA DE MERCADO NO ATENDIMENTO À SAÚDE

A vulgarização do uso da Telemedicina, vista com reservas por muitos (inclusive por integrantes da própria ala médica) antes do advento da pandemia, inseriu-se em uma tendência maior observada no comportamento da sociedade, que é a escolha (e até priorização) dos serviços oferecidos digitalmente.[22]

A conectividade imposta e aguçada pela pandemia refletiu no aumento do *e-commerce*;[23] a indústria do entretenimento e mídia tornou-se mais remota, virtual, transmitida sob demanda e mais personalizada;[24] o ensino remoto e o *home office* viraram uma prática habitual de um grande contingente de estudantes e profissionais.[25]

A transição do comportamento analógico para o digital não passou ao largo do setor da saúde. A digitalização da economia acelerada pela pandemia estimulou também o incremento das atividades das chamadas *healthtechs*, que são *startups*

---

21. BRITO, Sabrina. Amazon avança no ramo da saúde e planeja ambicioso serviço de Telemedicina. Revista Veja, publicada em 17 out. 2021. Disponível em: https://veja.abril.com.br/saude/amazon-avanca-no-ramo-da-saude-e-planeja-ambicioso-servico-de-Telemedicina/#:~:text=Agora%2C%20o%20foco%20da%20companhia,a%20sete%20chaves%20pela%20companhia. Acesso em: 06 jan. 2022.
22. PAIVA, Letícia. *Com Telemedicina e healthtechs, nova economia se firma no atendimento de saúde*. Disponível em: https://www.jota.info/tributos-e-empresas/saude/com-Telemedicina-e-healthtechs-nova-economia-se-firma-no-atendimento-de-saude-20092021#:~:text=Empresas%20da%20nova%20economia%20do,contribuiu%20para%20elas%20recebessem%20aportes. Acesso em: 05 jan. 2022.
23. Nos Estados Unidos, o crescimento do comércio eletrônico em 2020 foi de 32,4% (trinta e dois vírgula quatro por cento) passando para 795,5 bilhões de dólares. No Brasil, não foi diferente. A necessidade aliada ao aumento na confiança sobre os pagamentos on-line levou 7,3 milhões de brasileiros a comprarem on-line pela primeira vez a partir de 2020. Neste sentido, vide reportagem "A pandemia fez o e-commerce decolar. Ainda há fôlego para mais?", de Mariana Martucci, Revista Exame, publicada em 22 jan. 2021. Disponível em: https://exame.com/negocios/a-pandemia-fez-o-e-commerce-decolar-ainda-ha-folego-para-mais/. Acesso em: 05 jan. 2022.
24. Estudo Global Entertainment & Media Outlook 2020-2024, realizado pela PwC Brasil. Disponível em: https://www.pwc.com.br/pt/estudos/setores-atividade/entretenimento-midia/2020/outlook-2020.html. Acesso em: 05 jan. 2022.
25. De acordo com pesquisa elaborada pela Fundação Instituto de Administração (FIA), no ano de 2020, 46% (quarenta e seis por cento) das empresas nacionais adotaram o modelo de trabalho à distância durante a pandemia. Disponível em: https://fia.com.br/noticias/executivos-aprovam-homeoffice-aponta-pesquisa/. Acesso em: 05 jan. 2022.

que desenvolvem tecnologias para a otimização das ações relacionadas ao sistema de saúde e bem-estar.[26]

Startups podem ser conceituadas como empresas jovens, com modelo de negócio repetível e escalável, dentro de um cenário de incertezas. Segundo Erik Frederico Oioli:

> Uma empresa startup é uma empresa com um histórico operacional limitado. Essas empresas, geralmente recém-criadas, estão em uma fase de desenvolvimento e à procura de mercados. Empresas iniciantes podem vir de todas as formas. Os investidores geralmente são mais atraídos por essas novas empresas, diferenciadas pelo perfil de risco e recompensa e pela escabilidade. Ou seja, eles têm custo menores, maior risco e maior retorno potencial sobre investimento. Startups de sucesso são tipicamente mais escalonáveis do que um negócio estabelecido, no sentido de que elas podem crescer potencialmente rápido com investimento limitado de capital e trabalho.[27]

O mercado das *healthtechs* vem se mostrando um dos mais promissores no vasto segmento das inovações tecnológicas. Por trás deste crescimento impressionante, não há somente a busca por lucro ou retorno monetário, mas sim uma resposta à tendência mundial da preocupação com a saúde, com a acessibilidade, o gerenciamento de riscos, a diminuição dos custos, e a efetivação de cuidados médicos personalizados e humanizados.

Internacionalmente, já há registros de *healthtechs* super inovadoras que valem bilhões de dólares, as chamadas *startups* unicórnio (empresas de tecnologia privada, avaliadas em mais de um bilhão de dólares antes de abrir seu capital em bolsa de valores).

Liderado pelos Estados Unidos com 26 (vinte e seis) empresas, a classificação dos 40 (quarenta) unicórnios existentes no mundo é seguido pela China com 9 (nove) empresas e por fim, Alemanha, França, Inglaterra e Suíça (todas na Europa) e Israel (oriente médio), com 1 (um) unicórnio cada. A primeira da lista é a americana *Samumed* (com valor de mercado estimado em US$ bi, e foco no desenvolvimento de produtos para terapia de doenças degenerativas), seguida pela *Roivant Science* (avaliada em US$ 7 bi, que licencia medicamentos inovadores, acelerando sua colocação no mercado), também americana, além das chinesas *MicroMedical* (avaliada em U$ 5 bi, desenvolve plataformas de conexão entre médicos e pacientes) e a *Unitedmaging* (dedicada ao campo de diagnósticos). A quinta *healthech* é a alemã *Ottobock* (com valor estimado em US$ 3,5 bi, desenvolve produtos para mobilidade humana, infantil e adulto).[28]

---

26. *Healthtechs* são empresas de saúde que utilizam a tecnologia para prestação de serviço. Este termo é a junção da palavra "health" (saúde) com a palavra "tech" (tecnologia).
27. OIOLI, E. F. *Manual de Direito para Startups*. 2. ed. São Paulo: Revista dos Tribunais, 2019. p. 15.
28. BRITO, Ricardo. "Health Techs": um mundo de investimentos e soluções. *Revista Healthcare*, publicada em: 20 set. 2021. Disponível em: https://grupomidia.com/hcm/health-techs-um-mundo-de-investimentos-e-solucoes-por-ricardo-brito-do-grupo-bioscience/. Acesso em: 06 jan. 2022.

Analisando o cenário brasileiro, podem ser citadas as mais conhecidas, como Dr. Consulta, Alice, Sanar, Memed, Labi, Vidia, iClinic, aFarma, Cuco Health, Pipo Saúde, Sami, Livance, Bright, Sim, Consultaja.

Antes mesmo da pandemia, em 2019, as *healthtechs* ligadas à Telemática já experimentavam um crescimento relevante, tendo sido registradas no país mais de 392 (trezentos e noventa e duas) *startups* trabalhando com laboratórios, clínicas e hospitais, incentivando desde lá a postura dos pacientes frente ao cuidado de sua saúde.[29]

Após o advento da pandemia, as *healthtechs* firmaram de vez seu espaço no mercado, especialmente aquelas voltadas à digitalização do atendimento de saúde ou as que já tinham antevisto a desnecessidade do usuário estar necessariamente presente no ambiente de clínicas e hospitais. Até novembro de 2021, havia 990 (novecentos e noventa) *healthtechs* espalhadas em diferentes áreas da saúde, a sua maioria relacionadas à gestão de prontuários eletrônicos, acesso à saúde, e Telemedicina:[30]

Atuação em diferentes áreas da saúde
990 é o número de healthtechs no país

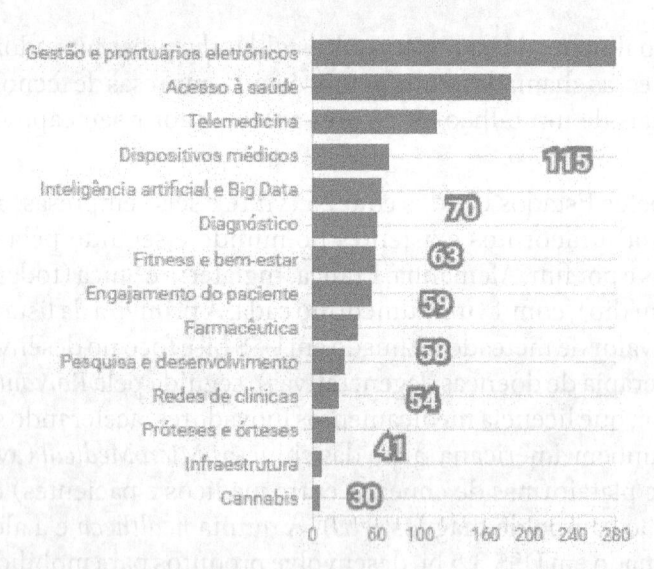

Gestão e prontuários eletrônicos	
Acesso à saúde	
Telemedicina	
Dispositivos médicos	115
Inteligência artificial e Big Data	
Diagnóstico	70
Fitness e bem-estar	63
Engajamento do paciente	59
Farmacêutica	
Pesquisa e desenvolvimento	58
Redes de clínicas	54
Próteses e órteses	
Infraestrutura	41
Cannabis	30

---

29. O QUE APRENDER com as melhores instituições de saúde do mundo? *Panorama Farmacêutico*, São Paulo, 06 ago. 2019. Disponível em: https://panoramafarmaceutico.com.br/2019/08/06/o-que-aprender-com-as-melhores-instituicoes-de-saude-do-mundo/. Acesso em: 06 jan. 2022.
30. Dados divulgados pela Distrito, *in* NETO, João Sorima. Pandemia acelera negócios que unem tecnologia e saúde, e "healthtechs" atraem investimentos. Jornal O Globo, 27 dez. 2021. Disponível em: https://oglobo.globo.com/economia/pandemia-acelera-negocios-que-unem-tecnologia-saude-healthechs-atraem-investimentos-25332546. Acesso em: 06 jan. 2022.

O crescimento do número de *healthtechs* fez com que os investimentos neste segmento, em relação ao ano de 2020 no Brasil, mais que dobrassem em 2021: US$ 307 milhões de dólares (aproximadamente R$ 1,75 bilhão no câmbio atual).[31]

Diversos são os exemplos de *healthtechs* atualmente existentes, ofertando soluções de saúde à distância em diferentes especialidades, segmentos, e com propósitos plurais, como atendimentos psicológicos, serviços de vacinas e exames domiciliares, coleta de exames laboratoriais, acompanhamento de gestantes, oferecimento de consultórios compartilhados (*coworking*) para profissionais de saúde, exames oftalmológicos, desenvolvimento de tecnologia para hospitais gravarem ultrassonografia na nuvem ou fazerem transmissão ao vivo do procedimento, pulseira inteligente para idosos e para situação em vulnerabilidade, uso de inteligência artificial para indicar a suplementação ideal visando melhora do sono e ganho de energia, assistente virtual 24 (vinte e quatro) horas para suporte em situação de estresse e *burnout*, entre outras.

Portanto, entre outras categorias, as *healthtechs* trazem soluções tecnológicas para o trato com o paciente, não só em relação à Telemedicina, mas a diversas áreas relacionadas à saúde.

A popularização das *healthtechs*, na carona da Telemedicina, democratiza o atendimento médico a pacientes que moram em regiões afastadas do Brasil, sem acesso à especialistas dos grandes centros, oferecendo saúde de qualidade a preços mais baixos, e reduzindo a chance de possíveis agravamentos de doenças. Tendo o Brasil uma grande extensão territorial, há áreas em que a prestação de serviços de saúde e atendimentos médicos não chegam.

Operando de modo simular às *fintechs*,[32] que por meio de uma análise rápida de dados conseguem oferecer crédito aos seus clientes de maneira menos burocrática e mais facilitada, as *healthtechs* veem no Brasil um país que possui expressivo número de pessoas sem acesso a plano de saúde (em torno de 160 milhões de pessoas), o que torna o mercado extremamente promissor, com capacidade para funcionar como via alternativa de acesso à saúde privada a custos baixos.[33]

Enfim, é possível concluir que a pandemia e o uso da Telemedicina deram fôlego extra a várias iniciativas que já ocorriam no mercado de saúde, que acabou tendo

---

31. SORIMA NETO, João. Op. cit. Acesso em: 06 jan. 2022.
32. *Fintechs* são empresas que introduzem inovações nos mercados financeiros por meio do uso intenso de tecnologia, com potencial para criar novos modelos de negócios. Atuam por meio de plataformas *online* e oferecem serviços digitais inovadores relacionados ao setor. No Brasil, há várias categorias de *fintechs*: de crédito, de pagamento, gestão financeira, empréstimo, investimento, financiamento, seguro, negociação de dívidas, câmbio, e multisserviços. Podem ser autorizadas a funcionar no país dois tipos de *fintechs* de crédito – para intermediação entre credores e devedores por meio de negociações realizadas em meio eletrônico: a Sociedade de Crédito Direto (SCD) e a Sociedade de Empréstimo entre Pessoas (SEP), cujas operações constarão do Sistema de Informações de Créditos (SCR). Fonte: Banco Central do Brasil.
33. PURCHIO, Luisa. A potência das Health Techs brasileiras, que captaram US$ 344,3 mi em 2021. *Revista Veja*, publicada em 17 nov. 2021. Disponível em: https://veja.abril.com.br/economia/a-potencia-das-health-techs-brasileiras-que-captaram-us-3443-mi-em-2021/. Acesso em: 06 jan. 2022.

que lidar com o aumento repentino de atendimentos, exames e internações, além do tratamento das sequelas da Covid-19.[34] O ramo aqueceu-se de uma forma geral, impactando positivamente as *healthtechs* como um todo, inclusive alavancado pela (cada vez mais) evidente e nítida compreensão de que a saúde é o bem mais valioso que dispomos e um direito de todos.

Sobre o futuro das *healthtechs*, há quem aposte que algumas poderão ter uma queda de receita acentuada depois da pandemia. Mesmo assim, a tendência é que muitas mudanças operadas no período permaneçam, representando um passo para um novo paradigma de mercado que está se formando.[35]

4. AVANÇOS, PERSPECTIVAS E DESAFIOS DO SETOR DAS *HEALTHTECHS*

A pandemia mundial de Covid-19 acelerou a adoção de tecnologias relacionadas à saúde que poderiam, em tese, levar anos para serem totalmente desenvolvidas e, sobretudo, aceitas pelo grande público.

Foi neste contexto que as *healthtechs* foram soerguidas a um posto de destaque no mercado das *startups*, recebendo no ano de 2021 aportes financeiros em volumes excepcionais.

Na pavimentação desse caminho, algumas novidades regulatórias revelaram-se fundamentais para o desenvolvimento recente das *healthtechs*.

De partida, como mencionado, ganha destaque a autorização do uso da Telemedicina (ainda que no período pandêmico) por intermédio da Lei 13.989, de 15 de abril de 2020, fazendo com que as *startups* passem a focar no oferecimento de soluções relacionadas à acessibilidade de tratamentos e consultas médicas aos pacientes, otimizando a gestão da saúde, tanto para entidades de saúde particulares como públicas.

Em papel complementar, cita-se também a possibilidade de prescrição eletrônica de medicamentos, fruto de ações conjuntas do Conselho Federal de Medicina (CFM) com o Conselho Federal de Farmácia (CFF) e o Instituto Nacional de Tecnologia da Informação (ITI), viabilizando o trâmite de documentos digitais seguros, como prescrições e atestados médicos para fins laborais.

Posteriormente, foi aprovado em 01.06.2021 o Marco Regulatório das *Startups* e do Empreendedorismo Inovador por intermédio da Lei Complementar 182, de 1º de junho de 2021,[36] que entrou em vigor 90 (noventa) dias após sua publicação

---

34. GOLDBERG, Simone. Pandemia acelera revolução digital no setor de Saúde. *Valor Econômico*, edição de 28.06.2021. Disponível em: https://valor.globo.com/empresas/noticia/2021/06/28/pandemia-acelera-revolucao-digital-no-setor-de-saude.ghtml. Acesso em: 06 jan. 2022.
35. MARTINS, Paulo Henrique. Pandemia impulsiona startups de saúde e acelera digitalização do setor. *Folha de São Paulo*, publicado em 24 set. 2021. Disponível em: https://www1.folha.uol.com.br/seminariosfolha/2021/09/pandemia-impulsiona-startups-de-saude-e-acelera-digitalizacao-do-setor.shtml. Acesso em: 06 jan. 2022.
36. Disponível em: http://www.planalto.gov.br/ccivil_03/leis/lcp/Lcp182.htm. Acesso em: 07 jan. 2022.

oficial. A lei possui o objetivo de conferir mais liberdade e segurança jurídica para quem pretende empreender e investir no segmento das *startups*.

Em seu art. 3º, o Marco Legal reconhece expressamente que o empreendedorismo inovador é "vetor de desenvolvimento econômico, social e ambiental". O Marco Civil da internet (Lei 12.965, de 23 de abril de 2014)[37] e o Marco legal da Ciência, Tecnologia e Inovação (Lei 13.243, de 11 de janeiro de 2016)[38] já dispunham, na mesma linha do Marco legal das *startups*, a promoção da inovação como forma de incentivo desenvolvimento econômico e social do país.

Um dos pontos positivos da Lei do Marco Civil das *Startups* é a criação de licitações públicas para contratação de soluções inovadoras (artigo 13). De acordo com a lei, a Administração Pública poderá restringir licitações que visam a contratação de "soluções inovadoras" para este tipo de empresas, permitindo, inclusive a seleção de mais de uma proposta, de acordo com o disposto no edital (artigo 13, § 6º). Com o resultado da licitação, será realizado Contrato Público para Solução Inovadora (CPSI) com a *starup* selecionada, com vigência limitada a 12 (doze) meses, prorrogável por mais um período de até 12 (doze) meses (artigo 14).

Ainda, a recente Lei Complementar 182/21, Marco Legal das *Startups*, determina, em seu artigo 11, que caberá à Administração Pública promover programas de ambiente regulatório experimental (*sandbox regulatório*) favoráveis ao desenvolvimento das *startups*, afastando a incidência de normas regulatórias de sua competência, como é o caso das regras emanadas pela ANS, ANVISA e demais agências e órgãos da Administração Pública.[39]

Assim, é possível afirmar que a importância econômica e social das *healthtechs* restou consolidada pelo Marco Regulatório das *Startups* e do Empreendedorismo.

Para além do arcabouço legislativo, vê-se que o cenário das *healthtechs* aparenta seguir promissor, ainda que a pandemia comece a dar sinais de arrefecimento, sobretudo com o desenvolvimento das vacinas e sua distribuição a todos os países, apesar circulação do vírus seguir intensa.

A chegada da quinta geração da *Internet* móvel (5G) deverá contribuir, igualmente, para estreitar distâncias no setor da saúde e ampliar horizontes das *healthtechs*, trazendo um salto de conectividade com o oferecimento de benefícios a toda socie-

---

37. Disponível em: http://www.planalto.gov.br/ccivil_03/_ato2011-2014/2014/lei/l12965.htm. Acesso em: 07 jan. 2022.
38. Disponível em: http://www.planalto.gov.br/ccivil_03/_ato2015-2018/2016/lei/l13243.htm. Acesso em: 07 jan. 2022.
39. LIMA, Cintia Rosa Pereira de; MORAES, Emanuele Pezati Franco de. Healthtechs: Entre sandbox regulatórios, regulação, não se pode esquecer da LGPD. Migalhas de Proteção de Dados. Disponível em: https://www.migalhas.com.br/coluna/migalhas-de-protecao-de-dados/352841/healthtechs-entre-sandbox-regulatorios-nao-se-pode-esquecer-da-lgpd. Acesso em: 06 jan. 2022.

dade, tornando possível, por exemplo, a realização de cirurgias remotas e exames a distância com realidade aumentada e velocidade em tempo real.[40]

Aliado a isso tudo, há a possibilidade de expansão da *Internet* das Coisas[41] (Internet of Things – IoT), e o novo perfil de consumo das pessoas, ganhando voz e responsabilidade de escolha sobre "como", "quando" e "onde" desejará receber atendimento médico,[42] fruto, inclusive, de uma concepção crescente na sociedade, sobre a necessidade de se adotar uma assistência médica mais humana e centrada no paciente, com um cuidado integrado.

Lado outro, não se ignoram os desafios que as *healthtechs* ainda deverão enfrentar para consolidarem de vez no mercado, bem como os cuidados sob o ponto de vista jurídico que devem observar.

O primeiro deles passa pela regulamentação em definitivo da Telemedicina, e a concessão de maiores investimentos públicos no setor,[43] sobretudo para as *startups* menores, que ainda buscam seu espaço no mercado. Modernizar a legislação para acompanhar o avanço da digitalização é fundamental para surgimento de novos projetos e soluções relacionadas à área da saúde.

utro desafio é capacitação adequada dos profissionais de saúde, que deverão estar aptos para lidarem com um ambiente cada vez mais complexo, integrado e tecnológico, interagindo com plataformas, aplicativos e demais conectividades.

E muito embora cada vez mais a tecnologia vá participar ativamente da área da saúde, há pouca regulamentação específica, agravada pela existência de vários entes regulando a saúde no Brasil, como o Ministério da Saúde, secretarias estaduais e municipais, a Agência Nacional de Vigilância Sanitária (ANVISA), a Agência Nacional de Saúde Suplementar (ANS), sem contar as regulamentações do próprio Conselho Federal de Medicina (CFM).

Ainda, as *healthtechs* que utilizem plataformas digitais devem ter sua atuação baseada como serviços de saúde, seguindo normativas diversas emanadas por autoridades competentes, uma vez que inexiste regulamentação específica para *softwares* médicos no Brasil.[44]

---

40. LOTTENBERG, Claudio. O 5G vem aí – e a saúde tem muito a ganhar com essa tecnologia. *Revista Veja*, publicado em 05 nov. 2021. Disponível em: https://veja.abril.com.br/coluna/coluna-claudio-lottenberg/o-5g-vem-ai-e-a-saude-tem-muito-a-ganhar-com-essa-tecnologia/. Acesso em: 06 jan. 2022.
41. Denomina-se internet das coisas toda e qualquer tecnologia que possibilita que os mais diferentes objetos se conectem à internet e interajam com ela.
42. GOLDBERG, Simone. Op. cit. Acesso em: 06 jan. 2022.
43. KUCK, Denis. Empresas de saúde pedem mais apoio público e regulamentação definitiva para a Telemedicina. *Valor Econômico*, publicado em 01.11.2021. Disponível em: https://valor.globo.com/empresas/noticia/2021/11/01/empresas-de-saude-pedem-mais-apoio-publico-e-regulamentacao-definitiva-para-Telemedicina.ghtml. Acesso em: 06 jan. 2022.
44. DOMINGUES, Juliana Oliveira; FRANCO, Emanuele Pezati; QUINELATO, Pietra Daneluzzi. Cuidados jurídicos com a transversalidade do modelo de negócios das *healthtechs*. *Conjur*, publicado em 29 nov. 2021. Disponível em: https://www.conjur.com.br/2021-nov-29/opiniao-toda-crise-gera-oportunidades-cuidados-juridicos-diante-transversalidade-modelo-negocio-healthtechs. Acesso em: 06 jan. 2022.

Por fim, mas não menos importante, aponta-se que se mostra fundamental para as *healthtechs* captarem investimentos a estrita observância à Lei Geral de Proteção de Dados (Lei 13.709, de 14 de agosto de 2018), inclusive como forma de garantia ao investimento, na medida algumas *startups* de saúde possuem uma base de dados considerados sensíveis, e demandam rígidas medidas de segurança sob o ponto de vista da proteção de dados.[45]

Este emaranhado de agentes reguladores e de normativas aplicáveis, gera, em certa medida, insegurança jurídica aos prestadores de serviço de saúde, e também para os desenvolvedores de tecnologia, pouco acostumados a uma regulação multidisciplinar, como a saúde.[46]

De qualquer forma, é importante que esse desenho jurídico plural e suas particularidades jurídicas aqui brevemente expostos seja observado pelos novos modelos de negócio no mercado desenvolvido pelas *healthtechs*, maximizando a probabilidade de êxito dos empreendimentos, e empregado coesão aos esforços da iniciativa privada na construção de um país mais alinhado com os princípios da justiça social.

5. COSIDERAÇÕES FINAIS

Se de um lado a pandemia da Covid-19 trouxe desafios sociais, econômicos, humanitários ao mundo todo, não menos certo é que sob a perspectiva tecnológica incríveis saltos de desenvolvimento foram realizados, aproximando em definitivo a saúde do ambiente virtual.

A autorização da Telemedicina (ainda que temporária) teve papel fundamental neste cenário, flexibilizando a atenção da saúde e colocando em teste o modelo de atendimento remoto aos pacientes, e consolidando um novo caminho na área da saúde, por meio das *healthtechs*.

Prognósticos positivos do mercado revelam que a transição comportamental representada pela digitalização do atendimento médico é realidade que veio para ficar, mas é preciso avançar, inclusive sob o ponto de vista normativo, com a regulamentação em definitivo da Telemedicina.

De qualquer forma, ainda que ajustes precisem ser considerados, visando a incorporação definitiva da Telemedicina e de sua manutenção ao término da pandemia, as *healthtechs* encontram-se consolidadas como expoentes no mercado da saúde, havendo um vasto campo a ser explorado, em benefício de todos.

---

45. POMPEU, Márcio. A LGPD como condição para as *healthtechs* captarem investimentos. *Conjur*, publicado em 11 mar. 2021. Disponível em: https://www.conjur.com.br/2021-mar-11/pompeu-lgpd-condicao-healthtechs-captarem-investimentos. Acesso em: 06 jan. 2022.
46. NERY, Carmen Nery. Regulação em diferentes instâncias traz insegurança. *Valor Econômico*, publicado em 08.06.2021. Disponível em: https://valor.globo.com/publicacoes/suplementos/noticia/2021/06/08/regulacao-em-diferentes-instancias-traz-inseguranca.ghtml. Acesso em: 06 jan. 2022.

6. REFERÊNCIAS

BRITO, Ricardo. "Health Techs": um mundo de investimentos e soluções. *Revista Healthcare*, publicada em 20 set. 2021. Disponível em: https://grupomidia.com/hcm/health-techs-um-mundo-de-investimentos-e-solucoes-por-ricardo-brito-do-grupo-bioscience/. Acesso em: 06 jan. 2022.

BRITO, Sabrina. Amazon avança no ramo da saúde e planeja ambicioso serviço de Telemedicina. *Revista Veja*, publicada em 17 out. 2021. Disponível em: https://veja.abril.com.br/saude/amazon-avanca-no-ramo-da-saude-e-planeja-ambicioso-servico-de=-Telemedicina/#:~:text-Agora%2C%20o%20foco%20da%20companhia,a%20sete%20chaves%20pela%20companhia. Acesso em: 06 jan. 2022.

DOMINGUES, Juliana Oliveira; FRANCO, Emanuele Pezati; QUINELATO, Pietra Daneluzzi. Cuidados jurídicos com a transversalidade do modelo de negócios das healthtechs. *Conjur*, publicado em 29 nov. 2021. Disponível em: https://www.conjur.com.br/2021-nov-29/opiniao-toda-crise-gera-oportunidades-cuidados-juridicos-diante-transversalidade-modelo-negocio-healthtechs. Acesso em: 06 jan. 2022.

GOLDBERG, Simone. Pandemia acelera revolução digital no setor de Saúde. *Valor Econômico*, edição de 28.06.2021. Disponível em: https://valor.globo.com/empresas/noticia/2021/06/28/pandemia-acelera-revolucao-digital-no-setor-de-saude.ghtml. Acesso em: 06 jan. 2022.

KUCK, Denis. Empresas de saúde pedem mais apoio público e regulamentação definitiva para a Telemedicina. *Valor Econômico*, publicado em 01.11.2021. Disponível em: https://valor.globo.com/empresas/noticia/2021/11/01/empresas-de-saude-pedem-mais-apoio-publico-e-regulamentacao--definitiva-para-Telemedicina.ghtml. Acesso em: 06 jan. 2022.

LIMA, Cintia Rosa Pereira de; MORAES, Emanuele Pezati Franco de. Healthtechs: Entre sandbox regulatórios, regulação, não se pode esquecer da LGPD. *Migalhas de Proteção de Dados*. Disponível em: https://www.migalhas.com.br/coluna/migalhas-de-protecao-de-dados/352841/healthtechs-entre--sandbox-regulatorios-nao-se-pode-esquecer-da-lgpd. Acesso em: 06 jan. 2022.

LOTTENBERG, Claudio. O 5G vem aí – e a saúde tem muito a ganhar com essa tecnologia. *Revista Veja*, publicado em 05 nov. 2021. Disponível em: https://veja.abril.com.br/coluna/coluna-claudio-lottenberg/o-5g-vem-ai-e-a-saude-tem-muito-a-ganhar-com-essa-tecnologia/. Acesso em: 06 jan. 2022.

MARTINS, Paulo Henrique. Pandemia impulsiona startups de saúde e acelera digitalização do setor. *Folha de São Paulo*, publicado em 24 set. 2021. Disponível em: https://www1.folha.uol.com.br/seminariosfolha/2021/09/pandemia-impulsiona-startups-de-saude-e-acelera-digitalizacao-do-setor.shtml. Acesso em: 06 jan. 2022.

NERY, Carmen. Regulação em diferentes instâncias traz insegurança. *Valor Econômico*, publicado em 08.06.2021. Disponível em: https://valor.globo.com/publicacoes/suplementos/noticia/2021/06/08/regulacao-em-diferentes-instancias-traz-inseguranca.ghtml. Acesso em: 06 jan. 2022.

OIOLI, E. F. *Manual de Direito para Startups*. 2. ed. São Paulo: Ed. RT, 2019.

PAIVA, Letícia. Com Telemedicina e healthtechs, nova economia se firma no atendimento de saúde. Disponível em: https://www.jota.info/tributos-e-empresas/saude/com-Telemedicina-e-healthtechs-nova-economia-se-firma-no-atendimento-de-saude-20092021#:~:text=Empresas%20da%20nova%20economia%20do,contribuiu%20para%20elas%20recebessem%20aportes. Acesso em: 05 jan. 2022.

POMPEU, Márcio. A LGPD como condição para as *healthtechs* captarem investimentos. *Conjur*, publicado em 11 mar. 2021. Disponível em: https://www.conjur.com.br/2021-mar-11/pompeu-lgpd-condicao--healthtechs-captarem-investimentos. Acesso em: 06 jan. 2022.

PURCHIO, Luisa. A potência das Health Techs brasileiras, que captaram US$ 344,3 mi em 2021. *Revista Veja*, publicada em 17 nov. 2021. Disponível em: https://veja.abril.com.br/economia/a-potencia-das--health-techs-brasileiras-que-captaram-us-3443-mi-em-2021/. Acesso em: 06 jan. 2022.

RIVABEM, Fernanda Schaefer. *Procedimentos médicos* – realizados à distância e o Código de Defesa do Consumidor. Curitiba: Juruá, 2006.

ROSÁRIO, Mariana. Antes tabu, a Telemedicina é adotada maciçamente. *Revista Veja*, Edição n. 2707, publicada em 07 out. 2020.

SCHLINDWEIN, Manoel. O impacto da pandemia na Telemedicina do Hospital Albert Einsten. *Revista Veja*, publicado em 04 set. 2020.

SORIMA NETO, João. Pandemia acelera negócios que unem tecnologia e saúde, e "healthtechs" atraem investimentos. *Jornal O Globo*, 27 dez. 2021. Disponível em: https://oglobo.globo.com/economia/pandemia-acelera-negocios-que-unem-tecnologia-saude-healthechs-atraem-investimentos-25332546. Acesso em: 06 jan. 2022.

DESAFIOS PARA A INTERNACIONALIZAÇÃO DA TELEMEDICINA: UMA PERSPECTIVA BRASILEIRA

Frederico Glitz

Pós-doutorado em Direito e Novas Tecnologias (Reggio Calabria), Doutor e Mestre em Direitos das relações sociais (UFPR). Advogado.

Sumário: 1. Contextualização – 2. Os limites da regulamentação nacional – 3. Reflexões conclusivas – 4. Referências.

1. CONTEXTUALIZAÇÃO

Para podermos explicar as premissas deste ensaio, gostaríamos de convidar o leitor a apreciar alguns recortes:

1) No começo da década de 1960, a animação '*The Jetsons*', criada por *William Hanna* e *Joseph Barbera*, era estreava, nos Estados Unidos da América (EUA). Naquele momento, o mundo envolvia-se na corrida espacial e a série fez muito para capturar a imaginação sobre como seria viver no Século XXI, ainda que sob as limitadas lentes comportamentais e tecnológicas do século XX.

Afora, talvez, a reduzidíssima carga semanal de trabalho (1h/dia, dois dias na semana), muitas daquelas especulações encontram hoje expressão na realidade. Daí porque não mais consideramos exóticas as noções de um autômato responsável pela limpeza residencial, a impressão 3D (até mesmo de comida), a existência de um carro voador ou a realização de trabalho à distância.

Em dado episódio, *Elroy Jetson* (o filho caçula) precisava passar por uma consulta médica. Naquele momento os criadores da série imaginaram que elas, em 100 anos, seriam realizadas por meio de reunião virtual (teleconsulta[1]) entre o médico e seu paciente, na qual os sintomas seriam analisados e eventual tratamento apontado. Este exemplo, que nos servirá de fio condutor, tem apenas 60 anos de idade. Ainda que possamos mergulhar no universo *sci-fi* e explorar vários outros exemplos, até mesmo mais detalhados e complexos,[2] de aplicação da telemática na Medicina, para a finalidade deste ensaio este brevíssimo prognóstico será suficiente.

---

1. Definida pela revogada Resolução CFM 2227/2018 como "(...) consulta médica remota, mediada por tecnologias, com médico e paciente localizados em diferentes espaços geográficos".
2. De imediato ocorrem a cirurgia que transforma *Anakin Skywalker* em *Darth Vader* e o parto de seus filhos gêmeos (*Star Wars*), ou o diagnóstico e procedimento cirúrgico autorrealizado pelo personagem *Cypher Raige* de "Depois da Terra".

2) O Brasil em 2020 viu-se obrigado a enfrentar a disrupção do 'antigo normal' do trabalho. A emergência sanitária COVID-19, declarada no Brasil em fevereiro de 2020,[3] catalisou uma transformação econômica e social cujos efeitos passaram a se normalizar. A necessidade de isolamento (art. 2º, I) social como instrumento de política pública de contenção do vírus acabou acelerando a necessidade de transformação digital de vários setores econômicos e, em algum sentido, retirou uma série de objeções que existiam para a migração dos serviços para o ambiente virtual. Assim, reuniões de trabalho, aulas e mesmo audiências judiciais passaram a ser realizadas por meio de conferências virtuais. Passamos, então, a conviver com a lógica de que, se não fosse essencial, a presencialidade deveria ser substituída. Esta realidade persiste até o momento em que este ensaio é escrito.[4]

No caso brasileiro o debate sobre a possibilidade do *home office* (e para além dele, o não atendimento presencial de público) foi, então, atropelado e passou-se, hoje, a debater sua conveniência, alternativas e efeitos sobre a saúde. É interessante notar que não havia, propriamente, limitação tecnológica para a implantação mais difundida dos serviços à distância. É, afinal de contas, o que se faz cada vez que se busca o Serviço de Atendimento ao Consumidor (SAC) ou se recebe uma ligação de *telemarketing*. Além disso, desde a generalização do uso da *internet* e a proliferação dos aplicativos de comunicação a ampliação deste escopo já era possível.

A imposição do isolamento, contudo, demonstrou – talvez de forma forçada – que, desde que corretamente utilizado, o trabalho a distância poderia ser mais eficiente (ainda que tenham explodido os casos de *burnout*[5]), menos custoso (com a redução das despesas com transporte, alimentação, locação, estrutura etc.[6]), percebido como um ganho pelo trabalhador (poder trabalhar de onde quiser gerou uma sensação paradoxal de liberdade) e vir a ser considerado adequado pelo consumidor. Há, claro, consequências com as quais teremos, ainda, que lidar: impacto no mercado de locações empresariais, esvaziamento dos centros e consequências para o comércio local (cafeterias, restaurantes etc.), inexistência de separação entre a residência e o local de trabalho (adaptação das casas, transferência dos riscos e custos tecnológicos, controle de ruídos, estafa com os afazeres domésticos, cuidados com as crianças etc.) etc.

3) O período de isolamento social mais rígido foi, também, catalisador de uma série de reformulações nos campos empresarial e laboral em âmbito internacional. Como a circulação transfronteiriça estava muitas vezes impedida (pela não conces-

---

3. Vide Lei 13.979/2020, disponível em: https://www.in.gov.br/en/web/dou/-/lei-n-13.979-de-6-de-fevereiro--de-2020-242078735, acesso em: 21 jan. 2022.
4. Vide: o Decreto da Prefeitura Municipal de Curitiba60/2022, disponível em: https://mid.curitiba.pr.gov.br/2022/00334618.pdf, acesso em: 21 jan. 2022.
5. Classificada como síndrome ocupacional pela Organização Mundial da Saúde, a partir de 2022. Vide: https://icd.who.int/browse11/l-m/en#/http://id.who.int/icd/entity/129180281, acesso em: 21 jan. 2022.
6. Vide, por exemplo, a redução dos custos do Executivo brasileiro: https://agenciabrasil.ebc.com.br/radioagencia-nacional/economia/audio/2021-08/governo-economizou-r-15-bilhao-com-teletrabalho-na-pandemia, acesso em: 20 jan. 2022.

são de vistos e/ou o fechamento de fronteiras), os profissionais que anteriormente eram expatriados ou que dependiam do deslocamento internacional passaram a realizar seu trabalho dentro de seus países de origem. Não só feiras, reuniões e Congressos foram substituídos por equivalentes virtuais, como até mesmo a realização do *outsourcing digital internacional*[7] se tornou realidade comum. Ainda que com os desafios do fuso horário e da língua, muitas vezes este modelo de trabalho chegou a ser buscado pelos profissionais que não gostariam, por exemplo, de se afastar de suas famílias, mas que queriam ter a experiência internacional e a possibilidade de remuneração muitas vezes superior.

Por outro lado, vários profissionais reviram seu próprio modo de vida, migrando em busca de melhores condições de vida (diminuição do custo, aumento do espaço, menor perda de tempo com tráfego etc.).[8] Algumas cidades – como Nova Iorque[9] – viram-se diante de verdadeiro êxodo. Ainda que a possibilidade de trabalho remoto não seja para todos, muitos buscam aproveitar esta oportunidade para se reinventar, prestando seus serviços de onde estiverem (inclusive do exterior). O chamado *anywhere office*[10] passou a ser também, em si, um objetivo profissional.[11]

4) Dentro da altamente competitiva economia dos países mais desenvolvidos, é comum que haja a busca pela redução dos custos como parte da estratégia empresarial. Em verdade trata-se da busca de otimização do investimento, obtendo-se, em tese, as melhores e mais vantajosas condições para exercício da empresa. Em algumas ocasiões, tal busca passa a ser fora das próprias fronteiras do Estado que acolhe a sede da atividade empresarial. Em âmbito internacional, este fenômeno é algumas vezes chamado de *outsourcing* internacional e, em resumo, se caracteriza pela busca, fora das fronteiras nacionais, do trabalho que, dentro dos respectivos países de sede, é mais custoso, impossível ou inviável. Assim, por exemplo, nos EUA, várias empresas oferecem o serviço de SAC a partir de *telemarketing* sediados na Índia. Há, claro, em parte, exploração de condições de trabalho menos protegidas, mas, por outro lado, há também alocação de recursos em países de terceiro mundo.

Algumas vezes esta estratégia beira situações de fraude, como costumam entender as Autoridades fiscais quando, por exemplo, confrontadas com a localização de sedes em paraísos fiscais ou em países diversos daqueles em que a exploração do

---

7. Para detalhes, vide: https://fredericoglitz.adv.br/2021/04/10/outsourcing-digital/, acesso em: 20 jan. 2022.
8. A figura do 'nômade digital' passa até mesmo a ser percebida pela legislação migratória brasileira. Neste sentido pode-se mencionar a Resolução CNIG MJSP 45/2021 que não só utiliza esta expressão (art. 1º) como dispõe sobre a concessão de visto temporário de residência para este tipo de imigrante no Brasil. Disponível em: https://www.in.gov.br/web/dou/-/resolucao-cnig-mjsp-n-45-de-9-de-setembro-de-2021-375554693#:~:text=Disp%C3%B5e%20sobre%20a%20concess%C3%A3o%20de,%2C%20denominado%20%22n%C3%B4made%20digital%22., acesso em: 21 jan. 2022.
9. Vide, por exemplo, https://www.bbc.com/portuguese/internacional-55633281, acesso em: 20 jan. 2022.
10. Trocadilho com a expressão *home office* (significando o trabalho sendo realizado de casa) para abranger a possibilidade de exercício laboral em qualquer lugar, seja de casa, de uma cafeteria, de um *coworking* ou de forma nômade.
11. Neste sentido, vide a apresentação como uma tendência: https://epocanegocios.globo.com/Tecnologia/noticia/2022/01/10-tendencias-que-vao-moldar-os-negocios-em-2022.html, acesso em: 21 jan. 2022.

serviço ocorre (que o diga o embate entre as autoridades europeias e as *Big Techs* instaladas na Irlanda[12]). Não se pode, contudo, presumir que todas as formas de exercício profissional transfronteiriço sejam fraudulentas. Muitas vezes elas representam a busca pelo melhor conhecimento e técnica ou, mesmo, pelo mero acesso a certo serviço.[13] Já, do ponto de vista do profissional que as exerce, pode representar, como visto, a realização de um projeto de vida pessoal. Assim, para os fins deste ensaio, é conveniente, então, deixar de lado, momentaneamente, situações limite em que pessoas buscam serviços que são legalmente proibidos em seus países de origem (como a maternidade por substituição[14] ou o aborto) ou buscam a obtenção das mais variadas 'vantagens' (como a de nacionalidade diversa para sua prole[15] ou acesso gratuito aos serviços médicos).

5) Nos últimos anos, muito em razão da tecnologia, nos acostumamos a perceber o mundo como um espaço menor. Não, é claro, em distâncias medidas ou em diversidade de línguas e culturas, mas em possibilidades. As gerações mais novas se acostumaram com a possibilidade de uma vida bastante mais internacionalizada que aquela de seus antepassados (e não apenas nas áreas do consumo, cultura, lazer e turismo). A mobilidade humana, especialmente de brasileiros,[16] cria uma diáspora que ajuda a propagar não só nossa língua, como costumes, práticas sociais, comércio e, claro, relações jurídicas.

Então, se quisermos mais uma vez nos avizinhar do exemplo inicial, poderia ser o caso do médico que atendia *Elroy*. Decidido a viver uma experiência pessoal, acadêmica, de aperfeiçoamento ou de pesquisa fora de seu país de origem, continuaria desempenhando sua atividade profissional – mediante utilização da tecnologia – atendendo seus pacientes onde quer que estivessem.

Quando pensamos nesta nova realidade e expandimos esta atuação para além das fronteiras nacionais, temos que lembrar que, nestes casos, a limitação formal a este 'trabalho' pode, ocorrer nas duas pontas geográficas da relação. São estas políticas públicas que devem acomodar, muitas vezes, interesses conflitantes: acesso à saúde, balanças comerciais, acesso à tecnologia e conhecimento de ponta, arrecadação, promoção de competitividade etc. Assim, por exemplo, podem existir limitações

---

12. Vide: https://www.uol.com.br/tilt/noticias/afp/2021/11/26/como-a-uniao-europeia-pretende-por-fim-aos--abusos-de-poder-das-big-techs.htm, acesso em: 20 jan. 2022.
13. No caso da Saúde, vide o exemplo da *Agence Française de Développement*: https://www.afd.fr/pt/actualites/5-projetos-que-contribuem-para-o-progresso-da-e-saude-na-africa, acesso em: 20 jan. 2022.
14. Para detalhes, vide: RIVABEM, Fernanda Schaefer; GLITZ, Frederico E. Z. BEBÊ GLOBALIZADO: a gestação de substituição e o direito internacional privado brasileiro. *Revista da Faculdade Mineira de Direito*, v. 23, n. 46, 2020, p. 249-270.
15. Vide CORTIANO JR, Eroulths; RIVABEM, Fernanda Schaefer; GLITZ, Frederico Eduardo Zenedin. Família contemporânea e nacionalidade: a insuficiência dos atuais critérios brasileiros para aquisição de nacionalidade originária. *Revista de Direito Civil Contemporâneo*, v. 19, ano 6, p. 187-209. São Paulo: Ed. RT, abr./jun. 2019.
16. Dados de 2020 indicam que seriam mais de 4,2 milhões de brasileiros residindo fora do Brasil, aproximadamente 1,95 milhões na América do Norte e 1,3 milhões na Europa. Disponível em: https://www.gov.br/mre/pt-br/assuntos/portal-consular/arquivos/ComunidadeBrasileira2020.pdf, acesso em: 22 jan. 2021.

(legais, regulamentares etc.) naquele país que importa o serviço ou naquele país que exporta o serviço.

Também estes critérios, contudo, são imprecisos. Como se sabe, é atividade bastante complexa determinar onde um serviço é realizado quando se envolve a intermediação tecnológica. A 'nuvem' (ou a *Internet* para os mais antigos) não é um local na definição que usualmente adotamos, mas um meio. Assim, a depender do critério adotado, o *locus* da teleconsulta do *Elroy* pode ser onde seus efeitos são sentidos pelo paciente (talvez seu domicílio) ou onde o desempenho da atividade intelectual do médico foi realizado (talvez no exterior). Desta definição podem redundar graves e importantes consequências jurídicas: Direito aplicável, tributação, competência jurisdicional etc.

Assim, o desafio atual para telemedicina internacional não parece ser, necessariamente, logístico (até porque a tecnologia só se torna mais inclusiva), mas jurídico. Dada a quantidade e eventual qualidade destas limitações, o serviço pode vir a ser (im)(ex)portável ou não.

E por que é importante que a telemedicina seja avaliada a partir da ótica internacional? Porque ela já é praticada em âmbito transnacional, ainda que o fenômeno esteja sendo raramente percebido. As motivações para sua busca variam, mas, de modo geral, redundam da busca de acesso a diagnóstico e tratamento médico de qualidade (em áreas em que não estão disponíveis), em sua própria língua (por exemplo, para imigrados, pessoas em situação de vulnerabilidade internacional ou aqueles que se encontram ilegalmente em outros países) e a custos mais compatíveis (aproveitando-se, por exemplo, da desvalorização da moeda nacional frente a divisas estrangeiras) e, de outro lado, podem estar profissionais que buscam aperfeiçoamento técnico e acadêmico ou, mesmo, que reformularam seu projeto de vida e que buscam aliar experiências internacionais com o exercício de sua profissão.

2. OS LIMITES DA REGULAMENTAÇÃO NACIONAL

No Brasil, a telemedicina ganhou visibilidade a partir da declaração da crise sanitária COVID-19.[17] Sua regulamentação, contudo, é anterior.

A Resolução do Conselho Federal de Medicina (CFM) 1.643/2002 definia a telemedicina como o "exercício da Medicina através da utilização de metodologias interativas de comunicação audiovisual e de dados, com o objetivo de assistência, educação e pesquisa em Saúde" (art. 1º). A regulamentação, contudo, não abordava o tema pelo viés de seus possíveis efeitos internacionais, mencionando apenas a exigência de que as pessoas físicas e jurídicas que prestassem serviços de telemedicina fossem inscritas no Conselho Regional (art. 5º). No caso da pessoa jurídica, o

---

17. MALDONADO, José; CRUZ, Antonio. Impactos da Covid-19 na telemedicina no Brasil. *Cadernos do Desenvolvimento*, v. 16, n. 28, p. 193. Rio de Janeiro, jan./jun. 2021.

parâmetro era o local da sede, mas em se tratando de pessoa física, nenhum detalhe adicional era mencionado.

Assim, do ponto de vista da realização da teleconsulta à distância, a exportação do serviço médico, não seria impossível, de acordo com a legislação brasileira, desde que o médico ou a pessoa jurídica fossem registrados no Conselho Regional de Medicina (CRM) local (qual?). Este é um raciocínio que utiliza a formalidade e a territorialidade como parâmetros de autorização.

Assim, poderíamos indagar se poderia o médico do *Elroy*, desde que devidamente registrado no CRM de sua última jurisdição profissional, mas aproveitando seu segundo domicílio nos EUA, realizar aquela teleconsulta? Se o *Elroy* estivesse no Brasil, o médico precisaria obedecer, também, às exigências formais do Direito norte-americano aplicável? Em suma, haveria duas relações nacionais entre médico e paciente ou estaríamos diante de uma relação médica transnacional. Embora me incline a aceitar a existência da última, diria que o tratamento jurídico seria duplamente nacional e, embora, talvez, a relação-médico paciente fosse legal no Brasil, poderia vir a representar um problema legal e tributário também nos EUA.

Esta complexidade pode, ainda, ser traduzida em três outras perguntas básicas:

(i) seria possível o serviço médico a distância e internacional, se o médico ou a pessoa jurídica aqui não fossem registrados, ainda que cumprissem todos os requisitos de atuação no local de realização do serviço[18] (EUA, por exemplo)?

(ii) seria possível que um médico (registrado no CRM) realizasse a teleconsulta a partir de seu domicílio no exterior, ainda que formalmente lá não pudesse atuar?

(iii) seria imprescindível o registro em ambos os países para o exercício transnacional do serviço médico, ainda que o paciente esteja no Brasil?

A esta altura o médico do *Elroy* pode estar imaginando que o futuro é bem mais complicado do que poderia ser...

Além disso, sabemos que em uma tal situação, a própria relação médico-paciente, incluindo os aspectos contratuais e de responsabilidade civil, poderiam não vir a ser regidos pela legislação brasileira[19] e, em alguns casos, sequer houvesse competência nacional.

Sob o prisma da 'importação', no Brasil. a situação, inicialmente, foi abordada com a instituição do Programa Mais Médicos em que se buscou proibir a atuação de médicos estrangeiros sem registro no Brasil,[20] política geral posteriormente confir-

---

18. Deve-se lembrar, por exemplo, que a legislação conflitual brasileira estabelece a necessidade de obediência às formalidades locais do contrato, obedecendo-se a legislação estrangeira quanto aos requisitos extrínsecos (art. 9º, § 1º, da LINDB).
19. A depender da discussão envolvendo competência jurisdicional e, caso esta venha a ser brasileira, pela aplicação do art. 9º, *caput* da LINDB.
20. Neste sentido, vide a Resolução CFM 2.072/2014 que veda o trabalho, em hospitais, de médicos sem inscrição no CRM da respectiva circunscrição. Ainda que com as exceções previstas no Decreto 8.126/2013, disponível em: http://www.planalto.gov.br/ccivil_03/_ato2011-2014/2013/decreto/d8126.htm, acesso em: 21 jan. 2022.

mada pelo Programa Médicos pelo Brasil.[21] Ocorre, entretanto, que se tratavam de casos presenciais.

Em 2018 esta Resolução acabou sendo revogada pela Resolução CFM 2.227/2018 que ampliou o escopo da telemedicina para "o exercício da medicina mediado por tecnologias para fins de assistência, educação, pesquisa, prevenção de doenças e lesões e promoção de saúde" (art. 1º), classificando-a como síncrona e assíncrona (art. 2º) e descrevendo suas espécies: (i) a teleconsulta (art. 4º[22]); (ii) a teleinterconsulta (art.6º[23]); (iii) o telediagnóstico (art. 7º[24]); (iv) a telecirurgia (art. 8º[25]); (v) a teletriagem (art. 10[26]); (vi) o telemonitoramento (art. 11[27]); (vii) a teleorientação (art. 13[28]) e a (viii) teleconsultoria (art. 14[29]).

A Resolução de 2018 abordou, ainda, o tema internacionalização da telemedicina prevendo a exigência de sede em território brasileiro e inscrição no Conselho Regional local para as pessoas jurídicas que prestassem serviços de telemedicina (art. 19). Assim, a importação deste tipo de serviço ficaria prejudicada e a sua nacionalização seria a regra.

Além disso, no caso específico da teleconsulta, ela deveria ser antecedida de relação presencial entre o médico e o paciente (art. 4º, § 1º), embora a modalidade virtual fosse permitida para áreas remotas (§ 3º). Além disso, os encontros presenciais deveriam ser periódicos.

---

21. Vide Lei 13.958/2019, disponível em: http://www.planalto.gov.br/ccivil_03/_ato2019-2022/2019/lei/L13958.htm, acesso em: 21 jan. 2022.
22. "(...) consulta médica remota, mediada por tecnologias, com médico e paciente localizados em diferentes espaços geográficos".
23. "(...) troca de informações e opiniões entre médicos, com ou sem a presença do paciente, para auxílio diagnóstico ou terapêutico, clínico ou cirúrgico." Acrescentando-se que há responsabilidade solidária pelos eventuais danos causados (parágrafo único).
24. "(...) ato médico a distância, geográfica e/ou temporal, com a transmissão de gráficos, imagens e dados para emissão de laudo ou parecer por médico com Registro de Qualificação de Especialista (RQE) na área relacionada ao procedimento".
25. "(...) procedimento cirúrgico remoto, mediado por tecnologias interativas seguras, com médico executor e equipamento robótico em espaços físicos distintos." Acrescentando-se que do médico operador do equipamento (remoto) e do médico executor da manipulação instrumental (presencial) são exigidos registros no "CRM de sua jurisdição" (§§ 3º e 4º).
26. "(...) ato realizado por um médico com avaliação dos sintomas, a distância, para definição e direcionamento do paciente ao tipo adequado de assistência que necessita ou a um especialista".
27. "(...) ato realizado sob orientação e supervisão médica para monitoramento ou vigilância a distância de parâmetros de saúde e/ou doença, por meio de aquisição direta de imagens, sinais e dados de equipamentos e/ou dispositivos agregados ou implantáveis nos pacientes em regime de internação clínica ou domiciliar, em comunidade terapêutica, em instituição de longa permanência de idosos ou no translado de paciente até sua chegada ao estabelecimento de saúde", acrescentando-se que a interpretação dos dados deve ser feita por médico inscrito no CRM "de sua jurisdição" (V).
28. "(...) ato médico realizado para preenchimento de declaração de saúde e para contratação ou adesão a plano privado de assistência à saúde".
29. "(...) ato de consultoria mediada por tecnologias entre médicos e gestores, profissionais e trabalhadores da área da saúde, com a finalidade de esclarecer dúvidas sobre procedimentos, ações de saúde e questões relativas ao processo de trabalho".

Aparentemente a intenção era bloquear qualquer iniciativa de importação de serviços médicos. A redação vaga, contudo, persistiu para os profissionais liberais, que deveriam estar inscritos no Conselho Regional "de sua jurisdição" (art. 19, § 3º).

Desta forma, o médico só poderia atender *Elroy* naquela teleconsulta se, antes, desde que registrado, o houvesse atendido presencialmente e se, periodicamente, voltasse a fazê-lo.

Seria, ainda, suficiente a inscrição no equivalente estrangeiro que tivesse jurisdição sobre aquele médico? Arriscaríamos dizer que – no caso da teleconsulta, que foi mais detalhada – a exigência de prévio contato presencial seria um indicativo de limitação à importação e exportação destes serviços, ainda que esta última não tivesse sido abordada expressamente pela Resolução.

Se o cenário já era lacônico e confuso, em 2019, o CFM revogou a Resolução de 2018 e reestabeleceu os efeitos da Resolução de 2002, sem outros detalhamentos.[30] Ainda que concordemos que seja necessário compreender "de imediato as implicações jurídicas da prática médica intermediada pelas tecnologias de informação e comunicação",[31] deve-se ressaltar que, atualmente, o cenário é mais de dúvidas que de certezas. No que concerne à perspectiva de trabalhos de estrangeiros no Brasil (sempre apreciados pela perspectiva da presencialidade), pouca abertura haveria para a internacionalização deste serviço.

Com a eclosão da crise sanitária, novos desdobramentos normativos ocorreram, mas sem qualquer avanço na temática. Destaque-se a promulgação da Lei 13.989 de 2020 que autorizou seu uso enquanto durasse a crise (art. 1º), delegando competência ao Conselho Federal de Medicina para sua regulamentação (o que já dura dois anos). O legislador preocupou-se, ainda, com sua definição genérica ("o exercício da medicina mediado por tecnologias para fins de assistência, pesquisa, prevenção de doenças e lesões e promoção de saúde" – art. 3º), com o direito à informação do paciente sobre as limitações de seu uso (art. 4º) e com o respeito aos mesmos padrões normativos e éticos do atendimento presencial (art. 5º). Em esclarecimento sobre esta lei, o CFM emitiu ofício, sustentando, inclusive, a livre negociação de honorários profissionais,[32] mas, igualmente, nada menciona da internacionalização.

Mencione-se, também, a Portaria 467/2020, do Ministério da Saúde, ampliando, em parte, o espaço para ações de telemedicina para "contemplar o atendimento pré-clínico, de suporte assistencial, de consulta, monitoramento e diagnóstico, por meio de tecnologia da informação e comunicação, no âmbito do SUS, bem como na saúde

---

30. Resolução CFM 2.228/2019, disponível em: https://sistemas.cfm.org.br/normas/visualizar/resolucoes/BR/2019/2228, acesso em: 21 jan. 2022.
31. SCHAEFER, Fernanda; GONDIM, Glenda Gonçalves. Telemedicina e lei geral de proteção de dados. In: ROSENVALD, Nelson; MENEZES, Joyceane Bezerra de; DADALTO, Luciana (Coord.). *Responsabilidade Civil e medicina*. Indaiatuba: Foco, 2020, p. 188.
32. Disponível em: https://portal.cfm.org.br/images/PDF/notacfmhonorarioscovid19.pdf, acesso em: 21 jan. 2022.

suplementar e privada" (art. 2º), autorizando os médicos a emitir receitas e atestados eletrônicos (art. 5º), desde preenchimento de certos requisitos e adotado o uso de assinatura eletrônica com certificado e chave emitidos pela ICP-Brasil (art. 6º, I), a identificação do médico e seu registro no CRM (art. 6º, § 1º, I) e o atendimento dos requisitos previstos pela ANVISA (art. 6º, § 2º). E, também do Ministério da Saúde, a Portaria 526/2020 que inclui a teleconsulta na Tabela de Procedimentos do SUS. Ressalte-se que, em nenhum destes documentos, qualquer menção à possibilidade de internacionalização foi feita. O mesmo ocorre na mais recente regulamentação da cirurgia robótica (Resolução CFM n. 2.311/2022), que condiciona sua realização à inscrição do médico no Conselho Regional de Medicina, sem qualificá-la teeritorialmente.[33]

Além disso, a Resolução CFM 2.299/2021[34] regulamentou a emissão de documentos médicos eletrônicos mantendo a exigência de inscrição no CRM (art. 2º) e a utilização de Chaves ICP-Brasil (art. 4º). Menciona, ainda, que se a prescrição ocorrer por meio de portal ou plataforma, esta deve ter inscrição no CRM de sua sede (art. 5º), assim como o médico deve ter registro no CRM (art. 7º).

Aparentemente, portanto, no que concerne à legislação brasileira, o maior obstáculo à internacionalização dos serviços de telemedicina seria a necessidade de um registro no CRM de jurisdição local.[35] A definição de jurisdição de cada CRM, contudo, é estabelecida em legislação da década de 1950[36] e parte da premissa territorial do local de exercício da atividade profissional (art. 1º, do Decreto 44.045/1958). Carece-se, portanto, de adaptação para a realidade da telemedicina.[37]

Para adicionar ainda mais complexidade à situação, recentemente o CFM emitiu Despacho 270/2021[38] considerando que o profissional que exerce a telemedicina deveria realizar a inscrição secundária nos demais CRMs quando atendesse pacientes em estados diferentes. Na prática isto representa a extensão do conceito de local de

---

33. Disponível em: https://in.gov.br/en/web/dou/-/resolucao-cfm-2.311-de-23-de-marco-de-2022-388694288, acesso em 29/03/2022.
34. Disponível em: https://www.in.gov.br/en/web/dou/-/resolucao-cfm-n-2.299-de-30-de-setembro-de-2021-354641952, acesso em: 21 jan. 2022.
35. Para a pessoa jurídica, vide a Lei 6.839/1980 e para pessoa física, a Lei 3.268/1957 (art. 17) e o Decreto 44.045/1958. Disponíveis, respectivamente, em: http://www.planalto.gov.br/ccivil_03/leis/l6839.htm; http://www.planalto.gov.br/ccivil_03/leis/l3268.htm e http://www.planalto.gov.br/ccivil_03/decreto/1950-1969/d44045.htm, acesso em: 21 jan. 2022. A obrigação consta, também, do Preâmbulo do Código de Ética Médica (III), disponível em: https://portal.cfm.org.br/images/PDF/cem2019.pdf, acesso em: 21 jan. 2022.
36. A jurisdição de cada CRM é definida no art. 3º da Lei 3.268/1957 nos seguintes termos: "Haverá na Capital da República um Conselho Federal, com jurisdição em todo o Território Nacional, ao qual ficam subordinados os Conselhos Regionais; e, em cada capital de Estado e Território e no Distrito Federal, um Conselho Regional, denominado segundo sua jurisdição, que alcançará, respectivamente, a do Estado, a do Território e a do Distrito Federal."
37. Há quem sustente que a remoção da exigência de licenças nacionais para a telemedicina poderia promover o acesso à saúde em espaço transnacional (NELSON, Kate. "To Infinity and Beyond": A Limitless Approach to Telemedicine Beyond State Borders. *Brooklyn Law Review*, v. 85:3, p. 1054, 2000).
38. Disponível em: https://www.unimedmg.coop.br/informe/centraldecomunicacao/Anexo01_1308.pdf, acesso em: 21 jan. 2021.

realização do serviço para cobrir não só o local em que este profissional exerce sua atividade presencialmente, mas para abranger também os locais em que estiverem seus pacientes.

Outras perguntas podem, então, surgir: (i) o paradeiro de seu paciente é condicionante do serviço? (ii) e se o paciente estiver no exterior?

Prevalecendo esta interpretação, um profissional médico precisaria ter inscrição de todos aqueles lugares em que estivessem – ou pudessem estar – seus pacientes. Esta orientação, por sua vez, cria ainda mais perplexidade se for cotejada com a competência para julgamento de infrações ética: o CRM em que o médico for inscrito (art. 2º da Resolução CFM n. 2.306/2022). A limitação que era territorial para restringir, provavelmente, a importação de serviços médicos de telemedicina passou, na prática, a inviabilizar a sua exportação também. Deve-se, contudo, ponderar que a eficácia extraterritorial desta orientação é muito questionável.

Nada impediria, paradoxalmente, no entanto, que o médico expatriado (mas com o registro mantido) realizasse, aqui no Brasil, sua atividade profissional (embora pudesse ter problemas locais). Poderíamos considerar uma ofensa ética pela não atualização de seu cadastro? Com contornos tão amplos para o conceito de "jurisdição" do CRM, uma resposta precisa é realmente difícil.

Ainda, quando desta atividade médica, realizada por meio da medicina, surgir a necessidade de formalização documental (receita, atestado, prontuário etc.), outra exigência entra em jogo: a utilização de chaves de assinatura da ICP Brasil e que a plataforma responsável pela emissão dos documentos também deve estar registrada no CRM. Mais, uma vez, contudo, a eficácia extraterritorial desta exigência é questionável, no mínimo.

Percebe-se, pois, que o contexto normativo brasileiro atual, além de confuso, parece pretender a inviabilização do desenvolvimento dos serviços médicos de forma transfronteiriça (incluindo aqueles desenvolvidos por brasileiros para brasileiros), mesmo aqueles mais simples como uma consulta.

3. REFLEXÕES CONCLUSIVAS

Todos destacam o potencial da telemedicina para enfrentar as dificuldades de um país com extensão continental e muitos lugares isolados ou de difícil acesso,[39] além da distribuição desigual de recursos humanos e físicos.[40] Também se destaca sua importância para viabilizar o acesso à Saúde por populações – inclusive estrangeiras

---

39. MALDONADO, José Manuel Santos de Varge; MARQUES, Alexandre Barbosa; CRUZ, Antonio. Telemedicina: desafios à sua difusão no Brasil. *Cadernos de Saúde Pública*, 32, p. s9, Sup.2:e00155615, Rio de Janeiro, 2016.
40. KHOURI, Sumaia Georges. *Telemedicina*: Análise da sua evolução no Brasil. Dissertação apresentada à Faculdade de Medicina da Universidade de São Paulo. São Paulo, 2003, p. 224 e ss.

– privadas das condições de vida mais básicas. Mas, "como todas as novas indústrias […] normas e regulamentos baseados em Sistemas antiquados devem ser rescritos".[41]

A questão que se abre, assim, é a regulamentação para além da perspectiva puramente nacional. A Medicina, há muito, deixou de ser tema abordada sob os contornos puramente nacionais, sendo a pesquisa, educação e treinamento de profissionais médicos de ponta altamente internacionalizada. Também nisso os efeitos da crise sanitária foram amplamente esclarecedores: se dependêssemos apenas das iniciativas locais, a pandemia não seria superada.

Tratar o tema de forma exclusivamente unilateral (pelo viés alternativo da importação ou exportação) não é recomendado. Para além destes movimentos há um grande aspecto de internacionalização que interessa a brasileiros, sejam aqueles que migraram – pacientes e médicos – seja aqueles que não tem qualquer acesso a este serviço.

É, portanto, imprescindível que se aperfeiçoe a regulamentação da telemedicina não só para prever as hipóteses possíveis de internacionalização, como para definir as consequências e requisitos de sua adoção.

4. REFERÊNCIAS

BRASIL. Decreto 4.657/1942 que institui a Lei de Introdução às normas do Direito Brasileiro. Disponível em: http://www.planalto.gov.br/ccivil_03/decreto-lei/del4657compilado.htm, acesso em: 21 jan. 2022.

BRASIL. Decreto 44.045/1958 que aprova o Regulamento do Conselho Federal e Conselhos regionais de Medicina a que se refere a Lei 3.268, de 30 de setembro de 1957. Disponível em: http://www.planalto.gov.br/ccivil_03/decreto/1950-1969/d44045.htm, acesso em: 21 jan. 2022.

BRASIL. Decreto 8.126/2013 que dispõe sobre a emissão do registro único e da carteira de identificação para os médicos intercambistas participantes do Projeto Mais Médicos para o Brasil, de que trata a Lei 12.871, de 22 de outubro de 2013. Disponível em: http://www.planalto.gov.br/ccivil_03/_ato2011-2014/2013/decreto/d8126.htm, acesso em: 21 jan. 2022.

BRASIL. Lei 6.839/1980 que dispõe sobre o registro de empresas nas entidades fiscalizadoras do exercício de profissões. Disponível em: http://www.planalto.gov.br/ccivil_03/leis/l6839.htm, acesso em: 21 jan. 2022.

BRASIL. Lei 12.871/2013 que institui o Programa Mais Médicos, altera as Leis 8.745, de 9 de dezembro de 1993, e 6.932, de 7 de julho de 1981, e dá outras providências. Disponível em: http://www.planalto.gov.br/ccivil_03/_ato2011-2014/2013/lei/l12871.htm, acesso em: 21 jan. 2022.

BRASIL. Lei 13.958/2019 que institui o Programa Médicos pelo Brasil, no âmbito da atenção primária à saúde no Sistema Único de Saúde (SUS), e autoriza o Poder Executivo federal a instituir serviço social autônomo denominado Agência para o Desenvolvimento da Atenção Primária à Saúde (Adaps). Disponível em: http://www.planalto.gov.br/ccivil_03/_ato2019-2022/2019/lei/L13958.htm, acesso em: 21 jan. 2022.

---

41. Tradução livre de: NELSON, Kate. "To Infinity and Beyond": A Limitless Approach to Telemedicine Beyond State Borders. *Brooklyn Law Review*, v. 85:3, 2000, p. 1053.

BRASIL. Lei 13.979/2020 que dispõe sobre as medidas para enfrentamento da emergência de saúde pública de importância internacional decorrente do coronavírus responsável pelo surto de 2019. Disponível em: https://www.in.gov.br/en/web/dou/-/lei-n-13.979-de-6-de-fevereiro-de-2020-242078735, acesso em: 21 jan. 2022.

BRASIL. Lei 13.989/2020 que dispõe sobre o uso da telemedicina durante a crise causada pelo coronavírus (SARS-CoV-2). Disponível em: http://www.planalto.gov.br/ccivil_03/_ato2019-2022/2020/lei/L13989.htm#view, acesso em: 21 jan. 2022.

BRASIL. Ministério da Saúde. Portaria 467/2020 que dispõe, em caráter excepcional e temporário, sobre as ações de Telemedicina, com o objetivo de regulamentar e operacionalizar as medidas de enfrentamento da emergência de saúde pública de importância internacional previstas no art. 3º da Lei 13.979, de 6 de fevereiro de 2020, decorrente da epidemia de COVID-19. Disponível em: https://www.in.gov.br/en/web/dou/-/portaria-n-467-de-20-de-marco-de-2020-249312996, acesso em: 21 jan. 2022.

BRASIL. Ministério da Saúde. Portaria 526/2020 que inclui, altera e exclui procedimentos da Tabela de Procedimentos, Medicamentos, Órteses, Próteses e Materiais Especiais do SUS. Disponível em: https://www.in.gov.br/en/web/dou/-/portaria-n-526-de-24-de-junho-de-2020-264666631, acesso em: 21 jan. 2022.

BRASIL, Ministério das Relações Exteriores. Comunidade Brasileira no exterior: estimativas referentes ao ano de 2020, junho de 2021. Disponível em: https://www.gov.br/mre/pt-br/assuntos/portal-consular/arquivos/ComunidadeBrasileira2020.pdf, acesso em: 22 jan. 2022.

BRASIL, Ministério da Justiça e Segurança Pública. Resolução do Conselho Nacional de Migração 45/2001 que dispõe sobre a concessão de visto temporário e de autorização de residência para imigrante, sem vínculo empregatício no Brasil, cuja atividade profissional possa ser realizada de forma remota, denominado "nômade digital". Disponível em: https://www.in.gov.br/web/dou/-/resolucao-cnig--mjsp-n-45-de-9-de-setembro-de-2021-375554693#:~:text=Disp%C3%B5e%20sobre%20a%20concess%C3%A3o%20de,%2C%20denominado%20%22n%C3%B4made%20digital%22, acesso em: 21 jan. 2022.

CONSELHO FEDERAL DE MEDICINA. Despacho 270/2021. Disponível em: https://www.unimedmg.coop.br/informe/centraldecomunicacao/Anexo01_1308.pdf, acesso em: 21 jan. 2022.

CONSELHO FEDERAL DE MEDICINA. Esclarecimento sobre a lei da Telemedicina. Disponível em: https://portal.cfm.org.br/images/PDF/notacfmhonorarioscovid19.pdf, acesso em: 21 jan. 2022.

CONSELHO FEDERAL DE MEDICINA. Resolução 1.643/2002 que define e disciplina a prestação de serviços através da Telemedicina. Disponível em: https://sistemas.cfm.org.br/normas/visualizar/resolucoes/BR/2002/1643, acesso 21 jan. 2022.

CONSELHO FEDERAL DE MEDICINA. Resolução 2.072/2014 que veda o trabalho, em hospitais, de médicos sem inscrição no CRM da respectiva circunscrição. Disponível em: http://www.cremesp.org.br/library/modulos/legislacao/versao_impresso.php?id=11857&versao=integra, acesso em: 21 jan. 2022.

CONSELHO FEDERAL DE MEDICINA. Resolução 2.227/2018 que define e disciplina a telemedicina como forma de prestação de serviços médicos mediados por tecnologias. Disponível em: https://sistemas.cfm.org.br/normas/visualizar/resolucoes/BR/2018/2227, acesso 21 jan. 2022.

CONSELHO FEDERAL DE MEDICINA. Resolução 2.228/2019 que revoga a Resolução CFM 2.227, publicada no D.O.U. de 6 de fevereiro de 2019, Seção I, p. 58, a qual define e disciplina a telemedicina como forma de prestação de serviços médicos mediados por tecnologias, e restabelece expressamente a vigência da Resolução CFM 1.643/2002, publicada no D.O.U. de 26 de agosto de 2002, Seção I, p. 205. Disponível em: https://sistemas.cfm.org.br/normas/visualizar/resolucoes/BR/2019/2228, acesso em: 21 jan. 2022.

CONSELHO FEDERAL DE MEDICINA. Resolução 2.299/2021 que regulamenta, disciplina e normatiza a emissão de documentos médicos eletrônicos. Disponível em: https://www.in.gov.br/en/web/dou/-/resolucao-cfm-n-2.299-de-30-de-setembro-de-2021-354641952, acesso em: 21 jan. 2022.

CORTIANO JR., Eroulths; RIVABEM, Fernanda Schaefer; GLITZ, Frederico Eduardo Zenedin. Família contemporânea e nacionalidade: a insuficiência dos atuais critérios brasileiros para aquisição de nacionalidade originária. *Revista de Direito Civil Contemporâneo*, v. 19, ano 6, p. 187-209. São Paulo: Ed. RT, abr./jun. 2019.

CURITIBA. Decreto 60/22 que dispõe sobre medidas restritivas a atividades e serviços para o enfrentamento da Emergência em Saúde Pública, de acordo com o quadro epidêmico do novo Coronavírus (COVID-19) e a situação de Risco de Alerta - Bandeira Amarela, conforme Protocolo de Responsabilidade Sanitária e Social de Curitiba. Disponível em: https://mid.curitiba.pr.gov.br/2022/00334618.pdf, acesso em: 21 jan. 2022.

KHOURI, Sumaia Georges. *Telemedicina*: Análise da sua evolução no Brasil. Dissertação apresentada à Faculdade de Medicina da Universidade de São Paulo. São Paulo, 2003.

MALDONADO, José; CRUZ, Antonio. Impactos da Covid-19 na telemedicina no Brasil. *Cadernos do Desenvolvimento*, v. 16, n. 28, p. 173-196, Rio de Janeiro, jan./jun. 2021.

MALDONADO, José Manuel Santos de Varge; MARQUES, Alexandre Barbosa; CRUZ, Antonio. Telemedicina: desafios à sua difusão no Brasil. *Cadernos de Saúde Pública*, 32., Sup.2:e00155615, Rio de Janeiro, 2016.

NELSON, Kate. "To Infinity and Beyond": A Limitless Approach to Telemedicine Beyond State Borders. *Brooklyn Law Review*, v. 85:3, p. 1017-1054, 2000.

RIVABEM, Fernanda Schaefer; GLITZ, Frederico E. Z. BEBÊ GLOBALIZADO: a gestação de substituição e o direito internacional privado brasileiro. *Revista da Faculdade Mineira de Direito*, v. 23, n. 46, p. 249-270, 2020.

SCHAEFER, Fernanda; GONDIM, Glenda Gonçalves. Telemedicina e lei geral de proteção de dados. In: ROSENVALD, Nelson; MENEZES, Joyceane Bezerra de; DADALTO, Luciana (Coord.). *Responsabilidade Civil e medicina*. Indaiatuba: Foco, 2020.

WORLD HEALTH ORGANIZATION. ICD-11 for Mortality and Morbidity Statistics (Version: 05/2021). Disponível em: https://icd.who.int/browse11/l-m/en#/http://id.who.int/icd/entity/129180281, acesso em: 21 jan. 2022.

TELEMEDICINA E INTELIGÊNCIA ARTIFICIAL: BREVE PANORAMA DE SEUS PRINCIPAIS DESAFIOS JURÍDICOS

José Luiz de Moura Faleiros Júnior

Doutorando em Direito Civil pela Universidade de São Paulo – USP/Largo de São Francisco. Doutorando em Direito, na área de estudo 'Direito, Tecnologia e Inovação', pela Universidade Federal de Minas Gerais – UFMG. Mestre e Bacharel em Direito pela Universidade Federal de Uberlândia – UFU. Especialista em Direito Digital, em Direito Civil e Empresarial. É um dos Associados Fundadores do Instituto Avançado de Proteção de Dados – IAPD. Membro do Instituto Brasileiro de Estudos de Responsabilidade Civil – IBERC. Advogado e professor. E-mail: jfaleiros@usp.br.

Sumário: 1. Introdução – 2. Algoritmos e virtualização da saúde: algumas perspectivas – 3. Usos específicos de sistemas algorítmicos e decisões automatizadas no período pós-pandêmico – 4. Principais desafios: delimitação e assunção de deveres; 4.1 *Chatbots* e a barreira do processamento de linguagem natural; 4.2 Responsabilidade civil e os *data-informed duties;* 4.3 Telemedicina no metaverso: uma realidade (virtual) possível? – 5. Considerações finais – 6. Referências.

1. INTRODUÇÃO

O acelerado desenvolvimento algorítmico tem acarretado mudanças substanciais para a área da saúde. É inegável que a utilização de sistemas automatizados, potencializados por estratégias de atendimento que prescindem até mesmo da revisão humana, já se tornou tendência irrefreável. Como consequência, tem-se a implementação de novas tecnologias para a reformulação dos meios pelos quais a telemedicina se realiza.

Se, de um lado, a automatização de atendimentos incrementa a celeridade da prestação dos serviços na área da saúde e encurta distâncias geográficas por viabilizar o contato remoto, ainda que síncrono, via ferramentas de videoconferência e webconferência, a substituição de profissionais humanos por máquinas ainda revela idiossincrasias que não se pode desconsiderar. O efusivo festejo da técnica, atrelado ao robustecimento algorítmico, não pode conduzir a situações que acirram riscos e elevam, ainda que potencialmente, a causação de danos a pacientes.

Com tais considerações, o tema-problema dessa pesquisa se torna mais evidente: conciliar a telemedicina com o desenvolvimento e o implemento de algoritmos de inteligência artificial é, em si, um desafio multifacetado, mas com inegáveis reflexos jurídicos. A partir dessa constatação, como hipótese, destaca-se que é imperioso aferir os impactos jurídicos mediatos e imediatos da transformação digital na saúde, em especial pelo implemento de algoritmos de inteligência artificial na automatização de rotinas, por exemplo, a partir dos chamados *chatbots*. Além disso, não se pode desconsiderar o debate em torno do que a tecnologia revela para o futuro, cada vez mais atrelado à veleidade de uma transposição das relações interpessoais para um curioso 'metaverso'. Somente a partir de adequada aferição e cuidadosa análise crítica é que será possível identificar zonas de risco que demandem compatibilização com institutos jurídicos já existentes ou pontual intervenção regulatória.

Nesse aspecto, tendo em vista não haver, no Brasil, marco regulatório em vigor que trate especificamente da inteligência artificial (a despeito de serem efervescentes os debates legislativos em torno da aprovação de uma nova lei com tal propósito), o principal objetivo dessa pesquisa será avaliar, de forma panorâmica, o estado da técnica no que diz respeito à utilização de algoritmos na telemedicina para, então, indicar seus principais impactos jurídicos, além de eventuais desafios regulatórios.

2. ALGORITMOS E VIRTUALIZAÇÃO DA SAÚDE: ALGUMAS PERSPECTIVAS

Não é novidade que o desenvolvimento de algoritmos de inteligência artificial aparece, no horizonte, como uma fronteira extremamente empolgante para o recrudescimento de rotinas e procedimentos relacionados à prestação de serviços de saúde. Se, historicamente, a telessaúde[1] e a telemedicina surgiram atreladas ao potencial disruptivo da primeira revolução comunicacional (remontando ao século XIX e aos primeiros anos do século XX),[2] é fato que a Internet pode ser considerada o epítome da sociedade da informação, uma vez que se trata da tecnologia fundamental para a garantia da hiperconectividade do século XXI.

A partir da aceleração comunicacional, que já atinge patamar próximo ao da instantaneidade – com potencial imensurável, haja vista o rápido desenvolvimento da tecnologia 5G e da Internet das Coisas, além da ampliação do acesso a *smartphones* e, ainda, devido ao incremento da *mobile health* (*mHealth*)[3] –, os modelos mais tradicionais de realização da telemedicina também serão reestruturados, inclusive para permitir maior aproximação entre médico e paciente, por mais paradoxal que isso pareça.

---

1. Para uma rica revisão histórica do conceito, consultar GOGIA, Shashi. Rationale, history, and basics of telehealth. In: GOGIA, Shashi (Ed.). *Fundamentals of telemedicine and telehealth*. Londres: Academic Press/Elsevier, 2020, p. 11-34.
2. SCHAEFER, Fernanda. *Proteção de dados de saúde na sociedade de informação*: a busca pelo equilíbrio entre privacidade e interesse social. Curitiba: Juruá, 2010, p. 82-90.
3. IYENGAR, Sriram. Mobile health (mHealth). In: GOGIA, Shashi (Ed.). *Fundamentals of telemedicine and telehealth*. Londres: Academic Press/Elsevier, 2020, p. 277. Eis a explicação: "One of the most exciting technological developments over the last few years has been mobile health, also known as mHealth. Various definitions of mHealth exist. According to the United States' National Institutes of Health "mHealth is the use of mobile and wireless devices to improve health outcomes, healthcare services, and health research." The World Health Organization defines mHealth very broadly as "The use of mobile and wireless technologies to support the achievement of health objectives." mHealth has been enabled by a vast amount of progress over the last 10 years in miniaturizing phones and physiological sensors and combining communication devices and computers into highly reliable and very portable devices. Today, mHealth is enabled by three kinds of mobile phones, so-called basic phones, feature phones, and smartphones, and a host of miniaturized devices that collect health-related data including activity measurement".

O tema é tão atual que gera trocadilhos: Eric Topol, invertendo uma famosa frase utilizada para chamar pacientes em consultórios e clínicas médicas ("*the doctor will see you now*"), que não se concretiza pelo fato de os atendimentos (especialmente retornos e acompanhamentos) serem muito breves, com duração média de sete minutos nos Estados Unidos da América, e corriqueira desatenção do médico, que se limita a digitar em um teclado de computador enquanto faz perguntas objetivas ao paciente, diz que a utilização de *smartphones* para teleconsultas permitirá ao paciente, de fato, "ver" o profissional que o atende, ainda que por vídeo. Eis o trocadilho, que simboliza esse novo modelo e dá nome ao livro do autor: "*the patient will see you now*".[4]

Embora não se possa deixar de considerar os impactos que as peculiaridades culturais acarretam para qualquer coletividade, a ponto de ser precipitada uma análise conjectural baseada na ideia de sociedade (ou "aldeia") global,[5] em que a sobredita estrutura hiperconectada produz impactos disruptivos, não se nega que algoritmos de inteligência artificial afetam exatamente esse contexto, pois distorcem os tradicionais *standards* de proteção historicamente construídos.

Altera-se, essencialmente, a própria acepção que se tem do que é considerado "humano".[6] Tudo passa a se reduzir à matemática, à heurística, à predição e ao mapeamento dos interesses como condicionantes funcionais de estruturas de mercado (e, por consequência, das ferramentas disponíveis para a efetivação da prestação de serviços de saúde), pois ainda não se atingiu o patamar da singularidade tecnológica, no qual sistemas completamente autônomos serão capazes de tomar decisões racionais, como humanos fazem.[7] Em suma, as máquinas (ainda) não são capazes de agir ou tomar decisões imbuídas de concepções morais.

---

4. TOPOL, Eric. *The patient will see you now*: The future of Medicine is in your hands. Nova York: Basic Books, 2015, p. 165.
5. Cf. McLUHAN, H. Marshall; FIORE, Quentin. *Guerra e paz na aldeia global*. Trad. Ivan Pedro de Martins. Rio de Janeiro: Record, 1971.
6. Com alguns aportes antropológicos, o tema sempre foi objeto de reflexões doutrinárias concernentes à Psicologia, à Sociologia e à Filosofia. Em interessante conferência proferida na Société de Psychologie Française, em 1934, Marcel Mauss descreveu o atingimento da completude pelo indivíduo a partir da conjugação do habitus corpóreo com o técnico; em síntese, somente a partir da desejável harmonia biológica, psicológica e sociológica do ser é que seria concebível o assim chamado homme total, dotado de todas as características distintivas que marcam o indivíduo humano. Confira o ensaio extraído da famosa conferência em MAUSS, Marcel. « Les techniques du corps ». Communication présentée à la Société de Psychologie le 17 mai 1934. Journal de Psychologie, Paris, v. 32, p. 271-293, 1935. Transcrição de Jean-Marie Tremblay disponível em: http://classiques.uqac.ca/classiques/mauss_marcel/socio_et_anthropo/6_Techniques_corps/techniques_corps.pdf Acesso em: 30 dez. 2021. Para mais detalhes sobre o clássico texto, sugere-se a leitura da tradução, com apontamentos críticos do editor, de MAUSS, Macel. Techniques of the body. In: SCHLANGER, Nathan (Ed.). Techniques, technology and civilization. Selected texts of Marcel Mauss. Nova York: Berghahn Books, 2006, p. 77-94. Ademais, interessantes críticas ao excessivo festejo dos algoritmos, no contexto específico dos impactos da IA sobre a compreensão do elemento humano, podem ser extraídas de COLEMAN, Flynn. A human algorithm: how Artificial Intelligence is redefining who we are. Berkeley: Counterpoint, 2019.
7. O conceito foi densamente explorado por KURZWEIL, Ray. The age of spiritual machines: when computers exceed human intelligence. Nova York: Viking, 1999. Todavia, uma explicação mais detalhada e hodierna pode ser extraída da importante obra de Jean-Gabriel Ganascia: "Selon Kurzweil, nous téléchargerons très bientôt notre conscience sur des machines, ce qui nous procurera une forme d'immortalité. Cela résultera

Há perspectivas inovadoras concernentes à telemedicina que não são necessariamente novas. Bem ao contrário, modalidades específicas de aplicação da telemedicina já foram estruturadas em documentos internacionais como a Declaração de Tel Aviv. São elas: (i) teleassistência; (ii) televigilância; (iii) teleconsulta; (iv) interação entre médicos; (v) teleintervenção. No Brasil, diversas previsões específicas já foram estabelecidas para tratar do tema, a exemplo da Resolução CFM n. 1.643/2002, que define e disciplina a prestação de serviços de saúde à distância.

O tema, ainda que não seja totalmente inovador, também nunca foi amplamente aceito. A Resolução CFM 2.227/2018, que pretendia avançar, suprindo lacunas e definindo procedimentos para a ampliação do emprego da telemedicina no país, foi recentemente revogada pela Resolução CFM 2.228/2019, o que reacendeu o debate sobre os desafios do atendimento remoto e da falta de contato direto entre médico e paciente.[8]

Novos problemas surgiram, ademais, em razão da eclosão da pandemia de Covid-19, em especial no primeiro semestre de 2020,[9] se consolidando até meados de 2021. Isso porque o distanciamento social imposto pela pandemia fez com que aumentassem os atendimentos remotos,[10] ainda que a contragosto e contrariando as expectativas de profissionais que ansiavam por maior testagem de ferramentas específicas.[11]

---

fatalement de l'accélération des progrès. En effet, d'après lui, la loi générale à laquelle obéit toute forme d'évolution, qu'il s'agisse du développement biologique, du perfectionnement des civilisations ou de l'amélioration des technologies, est de nature intrinsèquement exponentielle". GANASCIA, Jean-Gabriel. *Le mythe de la singularité*: faut-il craindre l'intelligence artificielle? Paris: Éditions du Seuil, 2017, p. 13.

8. De fato, "[a]pesar da louvável busca por regulamentar a prestação de cuidados da saúde à distância, a resolução foi severamente criticada pela comunidade médica, por dar margem à interpretação quanto ao exercício de atividade exclusivamente médica por outro profissional da área da saúde. Nos termos do § 5º do art. 4º, um médico poderia, em tese, fornecer orientações por videoconferência a um enfermeiro situado em local remoto, que, por sua vez, poderia vir a realizar exames tipicamente médicos. Outra discordância à resolução refere-se à ausência de previsão expressa sobre a preferência pelo atendimento à saúde de forma presencial, o que, supostamente, possibilitaria o emprego da Telemedicina sem qualquer ressalva a casos específicos, permitindo o desvirtuamento do instrumento e mercantilização da atividade médica. O § 3º do art. 4º, ao prever que "o estabelecimento de relação médico-paciente de modo virtual é permitido para cobertura assistencial em áreas geograficamente remotas [...]", foi um dos dispositivos mais criticados entre os médicos, pela falta de uma definição mais exata sobre o que são "áreas geograficamente remotas", o que poderia desencadear a utilização desenfreada da Telemedicina, pelas dimensões continentais do Brasil, aumentando ainda mais a distância entre médicos e pacientes". FALEIROS JÚNIOR, José Luiz de Moura; NOGAROLI, Rafaella; CAVET, Caroline Amadori. Telemedicina e proteção de dados: reflexões sobre a pandemia da Covid-19 e os impactos jurídicos da tecnologia aplicada à saúde. Revista dos Tribunais, ano 109, v. 1016, p. 327-362, São Paulo, jun. 2020.
9. Cf. NOGAROLI, Rafaella. Breves reflexões sobre a pandemia do novo coronavírus (Covid-19) e alguns reflexos no direito médico e da saúde. *Revista dos Tribunais*, v. 1015, São Paulo, maio 2020.
10. SIMONELLI, Osvaldo. Telemedicina em tempos de pandemia. In: KFOURI NETO, Miguel; NOGAROLI, Rafaella (Coord.). *Debates contemporâneos em direito médico e da saúde*. São Paulo: Thomson Reuters Brasil, 2020, p. 627-630. O autor se reporta ao quadro de quarentena definido pela Portaria Ministerial da Saúde 356/2020 e explica que importante ofício, de 19 de março de 2020, foi encaminhado pelo Conselho Federal de Medicina ao Ministério da Saúde, reforçando o acolhimento da telemedicina, de forma integral, inclusive com três novas modalidades: teleorientação, telemonitoramento e teleinterconsulta.
11. RONZIO, Joseph; TUERK, Peter; SHORE, Peter. Technologies and clinical videoconferencing infrastructures: A guide to selecting appropriate systems. In: TUERK, Peter; SHORE, Peter (Ed.). *Clinical videoconferencing in telehealth*: Program development and practice. Cham: Springer, 2015, p. 3-22.

O que não se nega, nesse primeiro momento, é que a aceleração da transformação digital na área da saúde foi incrementada pela imposição de medidas sanitárias decorrentes da pandemia. Como efeito imediato, vários pontos importantes, mas ainda carentes de debates jurídicos no que concerne ao emprego da telemedicina – como a precarização da proteção de dados pessoais sensíveis (relativos à saúde) em virtude da utilização abstrusa, em um primeiro momento, de ferramentas não especificamente voltadas ao atendimento remoto[12] – foram suplantados para privilegiar algum tipo de atendimento à saúde em tempos excepcionais. Várias dessas novas práticas, entretanto, já se tornaram comuns e, ao menos tendencialmente, continuarão a ser empregadas após o fim do período de maior risco sanitário.[13]

O que se espera para o porvir, no entanto, ainda é incerto, mas que gera instigantes expectativas, pois o desenvolvimento acelerado da técnica já propicia usos mais avançados para as tecnologias existentes e oferece novas soluções para viabilizar atendimentos remotos ainda mais céleres. A partir de suas reflexões sociológicas sobre a aceleração social (*Beschleunigung*), Hartmut Rosa destaca que não se trata apenas da complexidade tecnológica, mas também da complexidade e da velocidade dos processos sociais que geram a incontrolabilidade do futuro.[14]

Apesar disso e descrevendo algo que somente algoritmos podem propiciar, Latifi e Doarn ressaltam que:

> (...) esses mesmos conceitos se aplicam à criação de uma troca internacional de informações de saúde em que a telemedicina pode se conectar à equipe de atendimento do paciente em seu país de origem e onde seu atendimento é fornecido principalmente, bem como superar quaisquer barreiras linguísticas potenciais.[15]

---

12. Sobre o tema, conferir, por todos, SCHAEFER, Fernanda; GONDIM, Glenda Gonçalves. Telemedicina e Lei Geral de Proteção de Dados Pessoais. In: ROSENVALD, Nelson; MENEZES, Joyceane Bezerra de; DADALTO, Luciana (Coord.). *Responsabilidade civil e medicina*. Indaiatuba: Foco, 2020; CAVET, Caroline Amadori; SCHULMAN, Gabriel. As violações de dados pessoais na telemedicina: tecnologia, proteção e reparação ao paciente 4.0. In: KFOURI NETO, Miguel; NOGAROLI, Rafaella (Coord.). *Debates contemporâneos em direito médico e da saúde*. São Paulo: Thomson Reuters Brasil, 2020, p. 145-174.
13. Interessantes, a esse respeito, as ponderações de Latifi e Doarn: "Telemedicine has great potential uses for large-scale man-made or natural disasters and emergencies that are characterized by unpredictability to place, time, and the number of injured people as well as their injury severity score, when other mode of transmission of information is not possible, or when the terrestrial infrastructure is lacking or has been destroyed. Recovery from disaster includes re-establishing infrastructure or revising infrastructure to more adequately meet the needs of disaster management. Disaster resilience is a term that is commonly used when assessing vulnerability of communities and ability to adapt after disaster (...). Both vulnerability and adaptability can fall under the third phase of disaster management because they represent a relationship that is intricately related throughout the disaster management process" LATIFI, Rifat; DOARN, Charles. Incorporation of telemedicine in disaster management: Beyond the Era of the Covid-19 Pandemic. In: LATIFI, Rifat; DOARN, Charles; MERRELL, Ronald (Ed.). *Telemedicine, telehealth and telepresence*. Cham: Springer, 2021, p. 57.
14. ROSA, Hartmut. *The uncontrollability of the world*. Tradução do alemão para o inglês de James C. Wagner. Cambridge: Polity, 2020, p. 111. Confira o trecho original com a reflexão do autor: "It is not only technological complexity, but also the complexity and speed of social processes that generate uncontrollability, particularly in terms of the shape of the future".
15. LATIFI, Rifat; DOARN, Charles. Incorporation of telemedicine in disaster management: Beyond the Era of the Covid-19 Pandemic. In: LATIFI, Rifat; DOARN, Charles; MERRELL, Ronald (Ed.). *Telemedicine,*

De fato, é pela utilização de algoritmos de inteligência artificial que se vislumbra uma nova fronteira para o desenvolvimento da telemedicina. O novo paradigma que se pode esperar envolve, em resumo, a substituição definitiva de determinadas rotinas e atendimentos tradicionalmente realizados por humanos para que máquinas sejam empregadas no intuito de acelerar a automatização a partir do controle que se exerce pela parametrização heurística.[16]

Para que isso aconteça, não se pode perder de vista os riscos inegavelmente vinculados ao próprio desenvolvimento algorítmico – ainda carente de testagem em relação a alguns setores (como o da saúde) e quanto aos limites e às insuficiências das ferramentas disponíveis – e à falta de adequada estruturação regulatória em torno de seu uso.

3. USOS ESPECÍFICOS DE SISTEMAS ALGORÍTMICOS E DECISÕES AUTOMATIZADAS NO PERÍODO PÓS-PANDÊMICO

Se, por um lado, não há dúvidas de que a evolução tecnológica acentuada do século XX permitiu ganhos inegáveis em eficiência e desencadeou profunda mudança de paradigma, também não se pode negar que fluxos incessantes de dados geram preocupações quanto aos riscos da hiperconectividade,[17] uma vez que "a IoT [Internet das Coisas] pode ser vista em diferentes dimensões pelos diferentes setores da academia e da indústria; qualquer que seja o ponto de vista, a IoT ainda não atingiu a maturidade e é vulnerável a todos os tipos de ameaças e ataques".[18]

---

telehealth and telepresence. Cham: Springer, 2021, p. 74, tradução livre. No original: "Those same concepts apply to creating an international health information exchange where telemedicine can connect back to the patient's care team in their country of origin and where their care is primarily provided as well as overcome any potential language barriers".

16. Novamente, importante a menção às reflexões de Hartmut Rosa: "Controllability in theory thus transforms uncontrollability in practice into a menacing "monster", the kind of threat that lurks around every corner but that we can neither see nor control. Such monsters have also emerged in the course of the "digitalization" of life wherever processes and situations have become increasingly parametrically visible, that is controllable in the first dimension. We are aware of more and more physiological parameters (body mass index, blood pressure, heart rate, blood sugar, serotonin and melatonin levels etc.) and are able to influence, if not command, die values that correspond to them. We also have more and more "parametrized" information about the contents of our diet and how different ingredients affect all the metrics mentioned here. This information is highly contradictory and confusing. (...) The expansion of our technological reach is not increasing our self-efficacy, but undermining it". ROSA, Hartmut. The uncontrollability of the world. Tradução do alemão para o inglês de James C. Wagner. Cambridge: Polity, 2020, p. 112-113.
17. GREENGARD, Samuel. The Internet of Things. Cambridge: The MIT Press, 2015, p. 58. Destaca o autor: "Within this emerging IoT framework, a dizzying array of issues, questions, and challenges arise. One of the biggest questions revolves around living in a world where almost everything is monitored, recorded, and analyzed. While this has huge privacy implications, it also influences politics, social structures, and laws".
18. JEYANTHI, Nagamalai. Internet of Things (IoT) as Interconnection of Threats (IoT). In: HU, Fei (Ed.). Security and privacy in Internet of Things (IoTs): models, algorithms, and implementations. Boca Raton: CRC Press, 2016, p. 7, tradução livre. No original: "The IoT can be viewed in different dimensions by the different sections of academia and industry; whatever the viewpoint, the IoT has not yet reached maturity and is vulnerable to all sorts of threats and attacks".

Na descrição do fenômeno, Klaus Schwab enumera diversas inovações tecnológicas com empolgante potencial disruptivo: (i) tecnologias implantáveis; (ii) presença digital; (iii) a visão como uma nova interface; (iv) tecnologias vestíveis; (v) computação ubíqua; (vi) supercomputadores que cabem no bolso; (vii) armazenamento para todos; (viii) A Internet "das" Coisas e "para as" Coisas; (ix) casas conectadas; (x) cidades inteligentes; (xi) *Big Data* e tomadas de decisão; (xii) carros autoguiados; (xiii) a inteligência artificial aplicada às tomadas de decisão; (xiv) a inteligência artificial aplicada às funções administrativas; (xv) a relação entre robótica e serviços; (xvi) a ascensão dos criptoativos; (xvii) a economia compartilhada; (xviii) a relação entre governos e *blockchain*; (xix) impressão 3D e fabricação; (xx) impressão 3D e a saúde humana; (xxi) impressão 3D e os produtos de consumo; (xxii) seres projetados; (xxiii) neurotecnologias.[19]

Em todos esses exemplos, podem ser identificados aspectos empolgantes e inerentemente relacionados ao potencial disruptivo dessas novas tecnologias, mas, em mesma proporção, são percebidos os riscos de sua adoção desmedida e desregrada. A mesma preocupação é válida para a aplicação açodada de uma novidade tecnológica carente de testagem, ainda que em tempos extremos. Nesse campo de discussões, a estruturação dogmática da tutela dos algoritmos de inteligência artificial está diretamente relacionada ao implemento dessas novas tecnologias disruptivas e cada vez mais tendentes à automatização de processos que, por sua vez, dependem do processamento de grandes acervos de dados.

Para a tendência de virtualização dos atendimentos à saúde, logo se pode imaginar a telemedicina robustecida pela automatização de atendimentos, por exemplo, a partir da utilização de *chatbots*,[20] que nada mais são que algoritmos de atendimento automatizado por mensagens de textos, com parametrização prévia de perguntas frequentes, respostas-padrão e sequenciamento de diálogos. Tudo o que concerne à estruturação de um atendimento remoto por *chatbots* passa, enfim, a envolver sistemas (e decisões) automatizados. Há percalços, porém, que não se pode desconsiderar. Envolvem a barreira do processamento de linguagem natural, a delimitação de deveres específicos (e eventual responsabilização), além de outros.

4. PRINCIPAIS DESAFIOS: DELIMITAÇÃO E ASSUNÇÃO DE DEVERES

Espera-se que algoritmos complexos aplicados à telemedicina – especialmente por envolverem riscos intrínsecos – sejam concebidos a partir de estruturas colaborativas, nas quais a fidúcia permeie as relações entre os profissionais da saúde e as corporações diretamente envolvidos em todos os seus estágios de desenvolvimento

---

19. SCHWAB, Klaus. *A quarta revolução industrial*. Trad. Daniel Moreira Miranda. São Paulo: Edipro, 2016, p. 10.
20. HÖHN, Sviatlana. *Artificial companion for second language conversation*: Chatbots support practice using conversation analysis. Cham: Springer, 2019, p. 62.

de software por profissionais com a necessária competência para isso,[21] sinalizando a importância da confiança (*trust*), na acepção recíproca que Giddens nomeia de *reliability* ao tratar especificamente de princípios abstratos do conhecimento técnico (*technical knowledge*).[22]

Isso denota a importância da interação homem-máquina, que não deve acarretar uma preocupação aterrorizante, uma vez que, como salientam Daniel e Richard Susskind, "o futuro mais eficiente está em máquinas e seres humanos trabalhando juntos"[23] e não na substituição de um pelo outro.

Inegavelmente, o fato de o risco inerente à telemedicina ser comprovado ou potencial (hipotético) não afasta a pertinência dos princípios da prevenção e da precaução exatamente porque todo tipo de "novo dano" gera certa empolgação e, como alerta Ulrich Beck, acarreta suposições de aceitação social de novas tecnologias[24] – ainda que não testadas – pelo fato de o risco, em alguma medida, se tornar intrínseco às diversas atividades da vida cotidiana.[25]

A discussão em torno da necessidade de regulação específica para os algoritmos de inteligência artificial aplicados à telemedicina é um tema relativamente novo na doutrina. Seus impactos desafiam a compreensão do próprio papel do Estado no controle do desenvolvimento tecnológico e na regulação dos papéis de todos os envolvidos.[26] Se, por um lado, espera-se que a pujança da inovação traga melhorias para a qualidade de vida em geral, por outro, não se nega que encarar o tema do ponto de vista regulatório é um desafio.[27]

---

21. Sobre o tema, conferir FALEIROS JÚNIOR, José Luiz de Moura. A responsabilidade civil de programadores e desenvolvedores de software: uma análise compreensiva a partir do conceito jurídico de 'operador de dados'. In: FRAZÃO, Ana; CUEVA, Ricardo Villas Bôas (Coord.). *Compliance e políticas de proteção de dados*. São Paulo: Thomson Reuters Brasil, 2021, p. 809-834.
22. Segundo o autor, "(...) confidence in the reliability of a person or system, regarding a given set of outcomes or events, where that confidence expresses faith in the probity or love of another, or in the correctness of abstract principles (technical knowledge)". GIDDENS, Anthony. *The consequences of modernity*. Redwood City/Palo Alto: Stanford University Press, 1990, p. 34.
23. SUSSKIND, Richard; SUSSKIND, Daniel. *The future of professions*: how technology will transform the work of human experts. Oxford: Oxford University Press, 2015, p. 293, tradução livre. No original: "(...) the most efficient future lies with machines and human beings working together. Human beings will always have value to add as collaborators with machines".
24. BECK, Ulrich. Risk society: towards a new modernity. Tradução do alemão para o inglês de Mark Ritter. Londres: Sage Publications, 1992, p. 6. Anota: "It is common to suppose that when there is no open public conflict about the risks of some technology, chemical or the like, this is evidence of positive public acceptance of the risks, or of the full social package of risk-technology-institutions".
25. SANTOS, Romualdo Baptista dos. *Responsabilidade civil por dano enorme*. Curitiba/Porto: Juruá, 2018, p. 166. Segundo o autor, todos esses riscos, conjuntamente considerados, "estão relacionados ao processo de modernização da vida em sociedade, seja em razão da interferência do homem na natureza, seja em razão do desempenho de atividades necessárias ao modo de vida, seja ainda em consequência da exclusão das grandes massas populacionais em relação ao processo civilizatório".
26. JOHN, Oommen. Maintaining and sustaining a telehealth-based ecosystem. In: GOGIA, Shashi (Ed.). Fundamentals of telemedicine and telehealth. Londres: Academic Press/Elsevier, 2020, p. 127.
27. TOMASEVICIUS FILHO, Eduardo; FERRARO, Angelo Viglianisi. Le nuove sfide dell'umanità e del diritto nell'era dell'Intelligenza Artificiale. Revista Direitos Cultur*ais*, Santo Ângelo, v. 15, n. 37, p. 401-413, 2020, p. 412-413.

Estruturar uma abordagem suficientemente abrangente e capaz de esgotar a discussão no atual estado do desenvolvimento tecnológico não parece um desafio plausível. Certamente, o tema demanda discussões mais detalhadas sobre o papel do Estado nesse complexo cenário, mas, quanto à telemedicina, a doutrina vem procurando estabelecer um modelo compreensivo para a delimitação dos contornos de aferição do risco no desenvolvimento de aplicações centradas em algoritmos de inteligência artificial.[28]

4.1 Chatbots e a barreira do processamento de linguagem natural

O atendimento automatizado – especialmente se propulsionado por *chatbots* para simplificar o contato inicial com o paciente – pressupõe que o algoritmo seja adaptado ao processamento de linguagem natural, inicialmente por mensagens de texto, mas com potencial de desenvolvimento para que arquivos de áudio também sejam processáveis. Sabe-se, porém, que a assimilação do contexto de uma frase depende de inúmeros fatores. As barreiras impostas pela vastidão e pela riqueza gramatical, sintática e semântica dos idiomas faz com que mesmo os indivíduos mais letrados possam se deparar com ambiguidades, confusões ou dúvidas quanto à informação comunicada.[29]

Simplificar a compressão foi o que inspirou Terry Winograd a empreender pesquisas, no início da década de 1970, quanto à superação dessa barreira e à viabilização de um modelo que permitisse a qualquer humano, com domínio de determinado idioma, compreender uma frase em sua completude, embora isso representasse um desafio intransponível a qualquer máquina.[30] Winograd foi o responsável por desenvolver o software SHRDLU para a aplicação de seu método, que ficou conhecido como "Winograd Schema". A proposta era desafiar máquinas à racionalização. Em síntese, se uma máquina conseguisse racionalizar o contexto de uma frase, estaria utilizando a linguagem (e não apenas a leitura fria dos números, por inputs) e, talvez, pudesse ser chamada de inteligente.

O "Winograd Schema" foi concebido para não apresentar qualquer tipo de ambiguidade para humanos, a ponto de sequer ser necessário pensar sobre o contexto de uma frase. Entretanto, sempre foi um sistema de difícil assimilação para algoritmos. É interessante que se saiba que o cenário oposto também existe: humanos têm certa dificuldade de compreender resultados e soluções apresentados por algoritmos e, por isso, tanto se fala na premência da *Explainable AI* (XAI), uma inteligência artificial que "se explica" para facilitar a cognição de seus *outputs*.[31]

---

28. FONG, Bernard; FONG, A. C. M.; LI, C. K. *Telemedicine technologies*: Information technologies in Medicine and Telehealth. Nova Jersey: John Wiley & Sons, 2011, p. 242-245.
29. Cf. McCULLOCH, Gretchen. *Because Internet*: Understanding the new rules of language. Nova York: Riverhead Books, 2019.
30. WINOGRAD, Terry. Understanding natural language. *Cognitive Psychology*, Londres, v. 3, n. 1, p. 1-191, 1972, p. 33.
31. CAMARGO, Gustavo Xavier de. Decisões judiciais computacionalmente fundamentadas: uma abordagem a partir do conceito de Explainable Artificial Intelligence. In: FALEIROS JÚNIOR, José Luiz de Moura; LONGHI, João Victor Rozatti; GUGLIARA, Rodrigo (Coord.). *Proteção de dados pessoais na sociedade da informação*: entre dados e danos. Indaiatuba: Foco, 2020, p. 413 et seq.

Mas, voltando ao processamento de linguagem natural, entendido como a habilidade de "compreender" palavras e frases, não há dúvidas de que o mercado está em alta demanda para algoritmos sofisticados e que sejam capazes de concretizá-la. É o processamento de linguagem natural que robustece e aprimora sistemas como Siri (da Apple), Cortana (da Microsoft), Alexa (da Amazon), dentre vários outros. Muitas empresas estão buscando desenvolver códigos que consigam, de fato, entender solicitações humanas, ou até assimilar emoções, reações e sentimentos em geral. Entretanto, ainda não se tem um sistema absolutamente capaz de atingir tal objetivo (ao menos não com a qualidade que se deseja).

Esses assistentes pessoais usualmente operam com "*tags*". Em simples termos, palavras-chave de uma frase verbalizada são selecionadas pelo algoritmo para que seja possível simplificar (e agilizar) o processamento, que fará comparações com outros textos a fim de que seja possível encontrar equivalências e possíveis respostas.[32] Naturalmente, quanto maior for a base de comparação, melhores serão os resultados apresentados.[33]

Essa sistemática seletiva não funciona para o "Winograd Schema", que é altamente dependente de elementos como artigos e pronomes para que se possa deduzir o contexto. Na Língua Portuguesa, com sua riqueza semântica e a dicotomia entre gêneros, a tarefa talvez seja mais viável do que noutros idiomas, como o inglês – que não faz tal distinção em adjetivos. Em idiomas nos quais é comum a presença do gênero neutro, como nos de origem eslava, o desafio passa a ser outro, pois entram nessa categoria os objetos, os seres sencientes e os próprios algoritmos.

Para a telemedicina, especialmente em razão dos enormes investimentos recentemente feitos no desenvolvimento e no aprimoramento de *chatbots*, isso pode se tornar factível para atendimentos automatizados singelos, como a coleta de dados cadastrais, mas não para situações que demandem do paciente o relato de detalhes sobre sua situação de saúde. Certas circunstâncias, embora possam ser adequadamente explicadas por mensagens de texto, não serão necessariamente "compreendidas" pelo algoritmo. Somente o médico, com experiência clínica e percepções sensoriais do contato com o paciente (ainda que remoto/por vídeo), poderá colher e analisar determinados detalhes, e isso representa, por si só, uma barreira à delegação de certos atendimentos aos *chatbots*.

4.2 Responsabilidade civil e os *data-informed duties*

É exatamente o espectro de previsibilidade do dano que recrudesce ou potencializa os riscos envolvidos em todo o processo de desenvolvimento de aplicações baseadas em algoritmos (que implica o fabricante/produtor), e também os usos dessas

---

32. Cf. JURAFSKY, Dan; MARTIN, James. *Speech and language processing*: an introduction to natural language processing, computational linguistics, and speech recognition. 2. ed. Nova Jersey: Pearson/Prentice Hall, 2009.
33. Cf. HUNSTON, Susan. *Corpora in applied linguistics*. Cambridge: Cambridge University Press, 2002.

tecnologias (que implicam o proprietário/utilizador).[34] Na telemedicina – como em todo procedimento médico, especialmente nos realizados à distância[35] –, o dever de informação é elemento central dessa aferição, sobretudo em situações atípicas como a desvelada pela pandemia de Covid-19.[36]

Há que se considerar, portanto, a necessidade de que sejam formuladas respostas contundentes[37] à suposta 'zona cinzenta imputacional' que se identifica nesses casos, caso contrário, como adverte Ugo Pagallo, todos os envolvidos na cadeia produtiva e de uso desses sistemas, assumiriam os riscos da responsabilidade civil por danos causados por máquinas "24 horas por dia".[38] Há, nesse cerne, um contraste entre os conceitos de risco e perigo, paralelamente pertinentes às funções preventiva e precaucional da responsabilidade civil.[39]

Apesar da aparente similitude linguística dos termos, nos dizeres de Mafalda Miranda Barbosa, não se deve confundir juridicamente perigo e risco, pois, "mais do que a verificação do simples perigo, estão em causa amiúde considerações ligadas à

---

34. ANTUNES, Henrique Sousa. Inteligência artificial e responsabilidade civil: enquadramento. Revista de Direito da Responsabilidade, Coimbra, ano 1, p. 139-154, 2019, p. 141-142. O autor exemplifica: "Imagine-se a utilização de um veículo aéreo não tripulado. Considere-se a hipótese de um drone que é usado para a entrega de uma encomenda. O aparelho é dotado de autonomia plena, compreendendo, nomeadamente, a descolagem, a definição da rota, a prevenção dos obstáculos e a aterragem. As lesões causadas pela queda do drone ou da encomenda, ou por um embate contra outro veículo ou coisa diversa, são equacionáveis em face das regras de responsabilidade civil pelos danos imputados à utilização de uma aeronave e das normas sobre a responsabilidade civil do produtor. Considerando a natureza objetiva de ambas as responsabilidades, o lesado beneficia já de uma proteção efetiva. E quanto aos veículos de circulação terrestre autónomos? A conjugação de regimes de responsabilidade sem culpa, aplicáveis ao produtor e ao detentor do veículo, parecem oferecer a mesma garantia de indemnização".
35. SCHAEFER, Fernanda. *Procedimentos médicos realizados à distância e o Código de Defesa do Consumidor*. Curitiba: Juruá, 2006, p. 146-156.
36. NOGAROLI, Rafaella; NALIN, Paulo. Responsabilidade civil do médico na telemedicina durante a pandemia da Covid-19 no Brasil: a necessidade de um novo olhar para a aferição da culpa médica e da violação do dever de informação. In: PINHO, Anna (Coord.). *Discussões sobre direito na era digital*. Rio de Janeiro: GZ Editora, 2021, p. 682.
37. Sobre o tema, anota Nelson Rosenvald: "Essa percepção conglobante do fenômeno da responsabilidade civil por parte da doutrina não é diferente daquela do homem comum. Se, em princípio, para o leigo a responsabilidade civil não seria outra coisa senão um simples instrumento de reparação de prejuízos, por outro ângulo, a obrigação de reparar danos permanece associada aos olhos da sociedade como uma responsabilidade de caráter moral". ROSENVALD, Nelson. *As funções da responsabilidade civil*: a reparação e a pena civil. São Paulo: Atlas, 2013, p. 77.
38. PAGALLO, Ugo. *The laws of robots*: Crimes, contracts, and torts. Law, governance and technology series, v. 10. Cham/Heidelberg: Springer, 2013, p. 132. Com efeito: "Therefore, under strict liability rules for vicarious responsibility, owners and users of robots would be held strictly responsible for the behaviour of their machines 24-h a day, whereas, at times, negligence-based liability would add up to (but never avert) such strict liability regime."
39. DAL PIZZOL, Ricardo. *Responsabilidade civil*: funções punitiva e preventiva. Indaiatuba: Foco, 2020, p. 275. Explica: "O princípio da prevenção lida com perigos, ou seja, com riscos já constatados e comprovados cientificamente, como aqueles que derivam de instalações nucleares. Nesses casos, o risco é certo, sendo incerto apenas o dano. O princípio da precaução, por sua vez, diz respeito a riscos potenciais, hipotéticos, ainda não demonstrados cientificamente, como, por exemplo, riscos à saúde pelo consumo de alimentos geneticamente modificados, riscos à saúde pela exposição a antenas de telefonia celular etc."

ideia de que é justo responsabilizar aquele que retira um proveito de uma atividade que com toda a probabilidade poderá causar prejuízos a terceiros".[40]

Em síntese, o perigo, de cariz mais abstrato, se mostra insuficiente para afastar a necessidade de demonstração do elemento subjetivo (culpa) na responsabilização; é imprescindível a aferição do nexo causal a partir da compreensão mais abrangente que se tem do risco. Para isso, a parametrização de deveres mais apurados (e, consequentemente, mais contingenciáveis) conduz à noção de 'previsibilidade', que melhor se alinha – no atual estado da técnica – à função preventiva.

A doutrina estrangeira se vale do termo *foreseeability*[41] para sintetizar esse elemento mesmo em contextos nos quais a teoria da culpa possa fazer mais sentido (como na averiguação de comportamento negligente do desenvolvedor de um sistema algorítmico). Não obstante, também se reconhece que é preciso ir além na busca por um critério adequado para atender à função precaucional da responsabilidade civil.

Quando são analisados os algoritmos aplicados a atividades econômicas, a doutrina já debate a nebulosidade das contingências que demandam regulação mais específica. Nesse aspecto, o grande desafio que se enfrenta vai além da regulação voltada, por exemplo, à proteção de dados pessoais, embora seja este um importante primeiro passo, pois tem o condão de despertar olhares para a almejada *accountability*, como alertam Bruno Bioni e Maria Luciano: "em poucas palavras, o *saldo normativo* das novas leis de proteção de dados pessoais é resultado cada vez mais de uma *arquitetura precaucionária* de danos. O fio condutor de todo esse processo é o acirramento da assimetria de informação".[42]

Fato é que essas estruturas 'não inteligentes' (*artificial unintelligences*, como diz Meredith Broussard[43]) ainda são incapazes de perceber e assimilar o mundo em toda a sua complexidade, com percepções sensoriais, discernimento moral, análise crítica da realidade e várias outras características identificadas somente nos indivíduos humanos.

Algoritmos, mesmo quando potencializados pelo *machine learning*, ainda são falíveis e extremamente propensos aos erros de representação e assimilação que, pelo caráter absolutamente matemático com que processam dados, apenas realçam

---

40. BARBOSA, Mafalda Miranda. *Liberdade vs. responsabilidade*: a precaução como fundamento da imputação delitual? Coimbra: Almedina, 2006, p. 352.
41. CALO, Ryan. Robotics and the lessons of cyberlaw. *California Law Review*, v. 103, p. 513-563, Berkeley, 2015. O autor comenta: "Foreseeability remains a necessary ingredient even where liability is otherwise "strict" (i.e., where no showing of negligence by the plaintiff is necessary to recovery). There will be situations, particularly as emergent systems interact with one another, wherein otherwise useful technology will legitimately surprise all involved. Should these systems prove deeply useful to society, as many envision, some other formulation than foreseeability may be necessary to assess liability".
42. BIONI, Bruno Ricardo; LUCIANO, Maria. O princípio da precaução na regulação de inteligência artificial: seriam as leis de proteção de dados o seu portal de entrada? In: FRAZÃO, Ana; MULHOLLAND, Caitlin (Coord.). *Inteligência artificial e direito*: ética, regulação e responsabilidade. São Paulo: Thomson Reuters Brasil, 2019, p. 215-216.
43. BROUSSARD, Meredith. *Artificial Unintelligence*: how computers misunderstand the world. Cambridge: The MIT Press, 2018, p. 7-8.

o desafio de encontrar meios para conciliar a responsabilidade civil e seus clássicos institutos com essa nova realidade, ainda que em caráter prospectivo. Frank Pasquale sugere a parametrização de deveres informados baseados em dados ("*data-informed duties*") para a criação de modelos-padrão (*standards*) que podem ser utilizados para embasar eventual responsabilização. Nos dizeres do autor, "[e]sses padrões são particularmente importantes devido ao potencial de que dados imprecisos e inadequados contaminem o aprendizado de máquina".[44]

Nesse aspecto, constata-se que o processo heurístico baseado em dados, se for contaminado logo nos estágios iniciais de processamento, pode gerar resultados distorcidos e enviesados. Em resumo, a curadoria de dados no antecedente (*inputs*) deve imperar e ser observada no curso de todo o processo algorítmico – que também deve ser auditável –, sob pena de os substratos finais obtidos no consequente (*outputs*) não serem confiáveis. Essa preocupação é especialmente percebida na cirurgia robótica e na telecirurgia,[45] mas algumas de suas nuances não podem ser desconsideradas para outros contextos, como o das teleconsultas.

Essencialmente, a parametrização de modelos-padrão deixa de depender da complexa atividade regulatória estatal para o atendimento contingencial da vasta plêiade de estruturas algorítmicas, que pode variar em diversos aspectos, e oferece maior liberdade para o desenvolvimento de métricas autorreguladas para cada tipo de atividade. Nesse contexto, seria possível trabalhar com bases comparativas que ofereceriam condições mais precisas e bem mapeadas para determinar a atuação em conformidade (*compliance*), com o risco equivalente devidamente aferido para o tipo de atividade algorítmica em questão.

A proposta de Pasquale encontra sustentáculos, inclusive, em apontamentos lançados na clássica obra de Stuart Russell e Peter Norvig, que já falavam na 'quantificação das incertezas': "os agentes podem precisar lidar com a incerteza, seja devido à observabilidade parcial, ao não determinismo da incerteza ou a uma combinação dos dois".[46] A partir da constatação de que existem incertezas permeando a atividade ligada à telemedicina, não há dúvidas de que o dever de informar se tornará ainda mais relevante para qualquer aferição de responsabilidade civil:

> Levando-se tais considerações para o campo da saúde, parece impor-se o reconhecimento de um dever do médico de informar adequadamente ao paciente sobre o tratamento dos seus dados, tanto no que se refere à finalidade quanto à conservação dos seus dados de saúde (anonimizados)

---

44. PASQUALE, Frank. Data-informed duties in AI development. *Columbia Law Review*, Nova York, v. 119, p. 1917-1940, 2019, p. 1917, tradução livre. No original: "Such standards are particularly important given the potential for inaccurate and inappropriate data to contaminate machine learning".
45. KFOURI NETO, Miguel; NOGAROLI, Rafaella. Responsabilidade civil pelo inadimplemento do dever de informação na cirurgia robótica e telecirurgia: uma abordagem de direito comparado (Estados Unidos, União Europeia e Brasil). In: ROSENVALD, Nelson; MENEZES, Joyceane Bezerra de; DADALTO, Luciana (Coord.). Responsabilidade civil e medicina. Indaiatuba: Foco, 2020, p. 159-186.
46. RUSSELL, Stuart J.; NORVIG, Peter. *Artificial Intelligence*: a modern approach. 3. ed. Boston: Pearson, 2016, p. 480, tradução livre. No original: "Agents may need to handle uncertainty, whether due to partial observability, uncertainty nondeterminism, or a combination of the two".

na plataforma de Telemedicina, após o término do tratamento originário. Trata-se, vale esclarecer, de padrão de conduta "imposto ao profissional inclusive (*rectius*: sobretudo) nas hipóteses excepcionais de desnecessidade de consentimento". Portanto, diante do cenário ora apresentado, observa-se que merece especial atenção a questão da garantia de sigilo da informação e privacidade do paciente na Telemedicina, pela ampliação da circulação, conexão e coordenação de dados pessoais sensíveis estruturados, o que potencializa os riscos de vazamento ou tratamento/compartilhamento irregular.[47]

Em síntese, pode-se afirmar que as conjecturas a partir das quais são concebidos os *data-informed duties* se alinham à 'quarta lei da robótica' proposta por Pasquale (princípio da explicabilidade).[48] Sua ideia reforça a necessidade de superação de um problema também descrito pelo autor, noutra obra:[49] o dos algoritmos de 'caixas-pretas' (*black boxes*), usualmente identificados pela utilização de técnicas de *machine learning* que propiciam o aprimoramento descontrolado e não supervisionado dessas aplicações, a ponto de se tornarem tão complexas que sequer seus próprios criadores as compreendem.[50]

Na responsabilidade civil, o enfrentamento do 'incerto' e do 'imprevisível' não é uma novidade, pois a dogmática tradicional já lida com tais conceitos no Direito Ambiental, em função da aplicação da teoria do risco integral como fundamento da reparação especificamente baseada na tutela do perigo e no princípio da precaução.[51]

4.3 Telemedicina no metaverso: uma realidade (virtual) possível?

Projetando perspectivas atualíssimas, não se pode deixar de imaginar a propensão a que os atendimentos remotos sejam transpostos, no médio prazo, para o famigerado 'metaverso', especialmente pelo implemento de técnicas de realidade virtual e realidade aumentada.

O tema parece fruto de uma distopia fantasiosa, embora tenha ganhado holofotes, no segundo semestre de 2021, ao ser anunciado como um novo e ambicioso projeto de Mark Zuckerberg. De qualquer modo, é importante registrar que, a nível

---

47. NOGAROLI, Rafaella; NALIN, Paulo. Responsabilidade civil do médico na telemedicina durante a pandemia da Covid-19 no Brasil: a necessidade de um novo olhar para a aferição da culpa médica e da violação do dever de informação. In: PINHO, Anna (Coord.). *Discussões sobre direito na era digital*. Rio de Janeiro: GZ Editora, 2021, p. 682.
48. PASQUALE, Frank. Toward a fourth law of robotics: Preserving attribution, responsibility, and explainability in an algorithmic society. *University of Maryland Legal Studies Research Papers*, n. 21, p. 1-13, Baltimore, jul. 2017. Disponível em: http://ssrn.com/abstract=3002546. Acesso em: 30 dez. 2021.
49. PASQUALE, Frank. The black box society: the secret algorithms that control money and information. Cambridge: Harvard University Press, 2015, p. 6-7.
50. Comentando as dificuldades práticas da dificuldade de identificação do criador desenvolvedor, conferir, por todos: ASARO, Peter. A body to kick, but still no soul to damn: legal perspectives on robotics. In: LIN, Patrick; ABNEY, Keith; BEKEY, George (Ed.). *Robot ethics*: the ethical and social implications of robotics. Cambridge: The MIT Press, 2011.
51. CALO, Ryan. Robotics and the lessons of cyberlaw. *California Law Review*, v. 103, p. 513-563, Berkeley, 2015.

doutrinário, não é assunto novo. Tem raízes que remontam à Filosofia da Tecnologia, em especial aos estudos de conhecidos pensadores, como Don Ihde[52] e Ken Hillis.[53]

A perspectiva de 'experienciar' o ciberespaço é convidativa e oferece grande potencial para a exploração de modelos absolutamente inovadores de realização do atendimento remoto. De fato, não é absurdo vislumbrar um cenário no qual verdadeiros consultórios virtuais criados a partir de modelos tridimensionais sejam utilizados por profissionais da saúde para a realização de um atendimento mais avançado do que o da teleconsulta tradicional, dependente de chamadas de vídeo ou conferências virtuais.

Debater o 'metaverso' pressupõe reconhecer que existem entrelaçamentos sofisticados entre 'poder', 'saber' e 'ser', mas em um ambiente mais sofisticado, no qual as Tecnologias de Informação e Comunicação, essencialmente baseadas no implemento de algoritmos de inteligência artificial, têm favorecido a consolidação da Infosfera, em que organismos informacionalmente corporificados (*inforgs*) dão origem a uma vida on-line (ou "*onlife*" [*online* + *life*],[54] como ilustra o acrônimo cunhado por Floridi) potencializada pela predição estatística e pelos altíssimos lucros que esse novo modelo de mercado gera.

Há inegáveis limitações sensoriais atreladas ao implemento da realidade virtual[55] em ambientes dessa estirpe, em que seria teoricamente possível interagir com um "avatar" do próprio médico (e não com um robô, como no *chatbot*). Não obstante, o aspecto técnico não se opõe ao humano; um e outro estão ligados pelo que Simondon[56] chamou de relação transdutiva: um termo não pode existir sem o outro, e uma relação de tensão é mantida entre eles.[57] Recentemente, muitos sociólogos e

---

52. Cf. IHDE, Don. *Bodies in technology*. Minneapolis: University of Minnesota Press, 2002.
53. Cf. HILLIS, Ken. *Digital sensations*: Space, identity, and embodiment. Minneapolis: University of Minnesota Press, 1999.
54. FLORIDI, Luciano. Introduction. In: FLORIDI, Luciano (Ed.). *The onlife manifesto*: being human in a hyperconnected era. Cham: Springer, 2015, p. 1. O autor explica: "We decided to adopt the neologism "onlife" that I had coined in the past in order to refer to the new experience of a hyperconnected reality within which it is no longer sensible to ask whether one may be online or offline".
55. IHDE, Don. *Bodies in technology*. Minneapolis: University of Minnesota Press, 2002, p 128. Comenta: "Some virtual reality technologies relate to a wider set of bodily sensory dimensional experience than older technologies. This kind of VR technology adds some aspect of tactile and/or kinesthetic effect to already standard audiovisual effects. Presently it is probably fair to observe that audiovisual technologies are the implicit norm for many of the imaging, communicational, and entertainment productions of today. Cinema, television, some aspects of the Internet, teleconferencing, and on and on, are audiovisual technologies. Here, experienced relations are those that partially engage the perceptual embodiments of humans on both an individual and a social scale. We pretty much take the audiovisual norm for granted".
56. Cf. SIMONDON, Gilbert. *Du mode d'existence des objets techniques*. Paris: Aubier, 2008.
57. A 'tensão' também pode ser resultante da fadiga supostamente experimentada pela própria humanidade quanto a si mesma: "L'intérêt pour le robot, dans nos sociétés modernes, s'étaye sur le constat que l'humanité est fatiguée d'elle-même, qu'elle éprouve un sentiment croissant d'impuissance devant les performances acquises par ses machines (...)". BESNIER, Jean-Michel. Le robot, alibi d'une humanité fatiguée d'elle-même. In: PARIZEAU, Marie-Hélène; KASH, Soheil (Dir.). *La société robotisée*: Enjeux éthiques et politiques. Québec: Les Presses de l'Université Laval, 2019, p. 28-29.

pensadores destacaram essa tensão, que é precisamente a que impulsiona a evolução de um sistema e de outro. Essa tensão, segundo Stiegler, é consequência do tempo.[58]

A adaptação de rotinas relacionadas a uma espécie de "vida algorítmica"[59] denota as razões pelas quais o 'metaverso' não se limita à utilização de técnicas de realidade virtual, mas pressupõe a criação de 'ambientes virtuais' [*virtual environments*], como explica Hillis,[60] o que sofistica seus usos e amplia seu potencial disruptivo a partir da realidade aumentada:

> A chamada imersividade total caracteriza melhor a realidade virtual, ou seja, a visual, e em alguns sistemas os sentidos aural e proprioceptivo estão sob o controle do sistema. Em contraste, os sistemas de realidade aumentada lidam com a combinação do mundo real e dados gerados por computador, pressupondo que o usuário mantenha uma sensação de presença naquele mundo.[61]

O conceito de imersão, por mais aprazível que pareça ser (e pode sê-lo a depender da complexidade do processamento de dados sensoriais coletados em tempo real do indivíduo e projetados no 'metaverso'), é inegavelmente propenso ao enviesamento. Causa entusiasmo, o que é insofismável e permitiria infindáveis usos para fins de lazer, mas representa inegáveis riscos para um ambiente virtual de teleconsulta.

Não se desconsidera que – como sempre – o fervor gerado por uma nova tecnologia disruptiva conduza à oferta de serviços dessa natureza para profissionais da saúde. Pacientes entusiasmados (ou contagiados pelo fetichismo da técnica[62]) desejarão receber o sofisticado atendimento baseado em realidade aumentada, do conforto de seus lares, mesmo que não tenham totais condições de serem avaliados pelo profissional respectivo. Riscos? São muitos e inegáveis. Se tal acompanhamento pode ser vislumbrado com otimismo para situações mais corriqueiras relacionadas à preparação física, ao atendimento nutricional etc., não o parece ser para a Medicina. O tempo dirá.

---

58. STIEGLER, Bernard. *La technique et le temps*: La désorientation. Paris: Editions Galilée, 1998, t. II, p. 8.
59. Cf. SADIN, Éric. *La vie algorithmique*: Critique de la raison numérique. Paris: Éditions L'Échappée, 2015.
60. HILLIS, Ken. *Digital sensations*: Space, identity, and embodiment. Minneapolis: University of Minnesota Press, 1999, p. 164. Segundo o autor: "Immersive virtual technology seems to offer more real sensation than older visual technologies for at least two reasons. First, it radically shrinks, if not eliminates, the actual distance between the user's eyes and the HMD screen to less than an inch. One's head feels thrust into the perceptual field of vision. The second reason involves the technology's ability to facilitate the adoption, trying on, or acting out of multiple aspects of the self. VR [virtual reality] offers conceptual access to a space perhaps best appreciated by people manifesting multiple personalities, and who, by their interest in VR, are responding to cultural demands that fracture identities previously held to be more unified. VR can be seen to support the fragmentation of identity and render proliferating individual sub identities and their experiences into commodity form. A VE [virtual environment] also provides a space of performance, a multipurpose theater-in-the-round for the many components of the self".
61. SONVILLA-WEISS, Stefan. (In)visible: Learning to act in the Metaverse. Viena: Springer-Verlag/Wien, 2008, p. 102, tradução livre. No original: "The so-called total immersiveness best characterizes virtual reality, i.e. the visual, and in some systems aural and proprioceptive senses are under control of the system. In contrast, augmented reality systems deal with the combination of real world and computer-generated data presupposing that the user maintains a sense of presence in that world".
62. A expressão é aqui empregada em alusão às reflexões de Erich Fromm. Confira-se FROMM, Erich. *The revolution of hope*: Toward a humanized technology. Nova York: Harper & Row, 1968, p. 100.

5. CONSIDERAÇÕES FINAIS

Nesse ensaio, abdicando de olhar para o passado da telemedicina por mero recorte metodológico, privilegiou-se a averiguação do momento presente e das idiossincrasias que permeiam os usos algorítmicos na telemedicina. Além disso, lançou-se breve olhar para as perspectivas futuras.

O rápido desenvolvimento de algoritmos de inteligência artificial já produz impactos para as atividades relacionadas à saúde. Se essa propensão à transformação digital é irrefreável, alguns de seus impactos jurídicos podem ser cautelosamente aferidos para que, até mesmo do ponto de vista regulatório, sejam estabelecidos limites ou impostos deveres específicos aos operadores algorítmicos que se valem dessas ferramentas pra inovar.

No caso da telemedicina, os desdobramentos da pandemia de Covid-19 aceleraram a transformação digital a ponto de se conceber uma mudança de paradigma irreversível. De fato, cuidando peculiarmente das perspectivas relacionadas ao atendimento remoto à saúde, catalisado por sistemas automatizados, como os *chatbots* – já amplamente utilizados e cada vez mais sofisticados – não se pode negar que o processamento de linguagem natural é um desafio técnico ainda não superado e que pode acarretar consequências jurídicas em caso de enviesamento decisório na interação entre o sistema e o paciente, mesmo que para fins de triagem preliminar.

O caso específico dos *chatbots* revela, portanto, a inviabilidade da utilização desses sistemas para o atendimento médico, ainda que de anamnese, embora não se desconsidere sua admissibilidade como instrumento complementar para fins de simplificação de rotinas mais singelas, como a coleta de dados cadastrais ou a estruturação de respostas-padrão em árvores de diálogo criadas para responder às dúvidas mais triviais e repetitivas. Nunca para o atendimento propriamente dito.

A partir da constatação de que o sistema algorítmico (a exemplo de um *chatbot*) não é 'singular' (leia-se: não atingiu a chamada singularidade tecnológica), não há dúvidas de que carece de instrumental técnico suficiente para tomar decisões automatizadas complexas. Esse fator, por si só, inviabiliza a utilização desses sistemas para finalidades que pressuponham a aferição de circunstâncias casuísticas a partir de substratos colhidos da experiência do profissional da saúde que mantém contato com o paciente. E mais: também revela a necessidade de parametrização de deveres informados relativos ao desenvolvimento de software (*data-informed duties*), cujo fim é a sistematização de expectativas e consequências para o adequado desenvolvimento de sistemas na ausência de marcos regulatórios específicos.

Para os anos vindouros, destacando a proeminência dos debates em torno do famigerado 'metaverso', não é possível imaginar qualquer situação em que um atendimento baseado em realidade virtual e realidade aumentada possa ser satisfatoriamente levado a efeito por um médico. A tecnologia ainda é incipiente e, embora já se saiba que seu potencial é quase ilimitado, não se tem a confiabilidade necessária para que uma teleconsulta, por exemplo, seja suficientemente segura em um ambiente virtual dependente de avatares. Como se destacou, quiçá o acompanhamento de atividades por educadores físicos ou o acompanhamento nutricional – apenas para citar alguns exemplos – se mostrem viáveis nessa nova estrutura de interação, mas as consultas médicas não.

Por fim, sem desconsiderar os impactos da responsabilidade civil para o tema, ainda que não se tenha um marco regulatório promulgado e a despeito da ânsia pela promulgação de uma lei para tratar da inteligência artificial no Brasil, é fato que a casuística mais tradicional e que já é aplicada aos profissionais da saúde por força das consagradas regras do Código de Defesa do Consumidor e do Código Civil podem suprir satisfatoriamente problemas concretos, embora não se desconsidere a relevância do debate em torno da estruturação de funções da responsabilidade civil (com destaque para a função preventiva) em um regime de responsabilização de cariz objetivo para eventos adversos decorrentes de falhas algorítmicas, ainda que haja verdadeiro 'limbo imputacional' relacionado às atividades realizadas por profissionais da saúde na condição de operadores algorítmicos.

6. REFERÊNCIAS

ANTUNES, Henrique Sousa. Inteligência artificial e responsabilidade civil: enquadramento. *Revista de Direito da Responsabilidade*, ano 1, p. 139-154, Coimbra, 2019.

ASARO, Peter. A body to kick, but still no soul to damn: legal perspectives on robotics. In: LIN, Patrick; ABNEY, Keith; BEKEY, George (Ed.). *Robot ethics*: the ethical and social implications of robotics. Cambridge: The MIT Press, 2011.

BARBOSA, Mafalda Miranda. *Liberdade vs. responsabilidade*: a precaução como fundamento da imputação delitual? Coimbra: Almedina, 2006.

BECK, Ulrich. *Risk society*: towards a new modernity. Tradução do alemão para o inglês de Mark Ritter. Londres: Sage Publications, 1992.

BESNIER, Jean-Michel. Le robot, alibi d'une humanité fatiguée d'elle-même. In: PARIZEAU, Marie-Hélène; KASH, Soheil (Dir.). *La société robotisée*: Enjeux éthiques et politiques. Québec: Les Presses de l'Université Laval, 2019.

BIONI, Bruno Ricardo; LUCIANO, Maria. O princípio da precaução na regulação de inteligência artificial: seriam as leis de proteção de dados o seu portal de entrada? In: FRAZÃO, Ana; MULHOLLAND, Caitlin (Coord.). *Inteligência artificial e direito*: ética, regulação e responsabilidade. São Paulo: Thomson Reuters Brasil, 2019.

BROUSSARD, Meredith. *Artificial Unintelligence*: how computers misunderstand the world. Cambridge: The MIT Press, 2018.

CALO, Ryan. Robotics and the lessons of cyberlaw. *California Law Review*, v. 103, p. 513-563, Berkeley, 2015.

CAMARGO, Gustavo Xavier de. Decisões judiciais computacionalmente fundamentadas: uma abordagem a partir do conceito de Explainable Artificial Intelligence. In: FALEIROS JÚNIOR, José Luiz de Moura; LONGHI, João Victor Rozatti; GUGLIARA, Rodrigo (Coord.). *Proteção de dados pessoais na sociedade da informação*: entre dados e danos. Indaiatuba: Foco, 2020.

CAVET, Caroline Amadori; SCHULMAN, Gabriel. As violações de dados pessoais na telemedicina: tecnologia, proteção e reparação ao paciente 4.0. In: KFOURI NETO, Miguel; NOGAROLI, Rafaella (Coord.). *Debates contemporâneos em direito médico e da saúde*. São Paulo: Thomson Reuters Brasil, 2020.

COLEMAN, Flynn. *A human algorithm*: how Artificial Intelligence is redefining who we are. Berkeley: Counterpoint, 2019.

DAL PIZZOL, Ricardo. *Responsabilidade civil*: funções punitiva e preventiva. Indaiatuba: Foco, 2020.

FALEIROS JÚNIOR, José Luiz de Moura. A responsabilidade civil de programadores e desenvolvedores de software: uma análise compreensiva a partir do conceito jurídico de 'operador de dados'. In: FRAZÃO, Ana; CUEVA, Ricardo Villas Bôas (Coord.). *Compliance e políticas de proteção de dados*. São Paulo: Thomson Reuters Brasil, 2021.

FALEIROS JÚNIOR, José Luiz de Moura; NOGAROLI, Rafaella; CAVET, Caroline Amadori. Telemedicina e proteção de dados: reflexões sobre a pandemia da Covid-19 e os impactos jurídicos da tecnologia aplicada à saúde. *Revista dos Tribunais*, ano 109, v. 1016, p. 327-362, São Paulo, jun. 2020.

FLORIDI, Luciano. Introduction. In: FLORIDI, Luciano (Ed.). *The onlife manifesto*: being human in a hyperconnected era. Cham: Springer, 2015.

FONG, Bernard; FONG, A. C. M.; LI, C. K. *Telemedicine technologies*: Information technologies in Medicine and Telehealth. Nova Jersey: John Wiley & Sons, 2011.

FROMM, Erich. *The revolution of hope*: Toward a humanized technology. Nova York: Harper & Row, 1968.

GANASCIA, Jean-Gabriel. *Le mythe de la singularité*: faut-il craindre l'intelligence artificielle? Paris: Éditions du Seuil, 2017.

GIDDENS, Anthony. *The consequences of modernity*. Redwood City/Palo Alto: Stanford University Press, 1990.

GOGIA, Shashi. Rationale, history, and basics of telehealth. In: GOGIA, Shashi (Ed.). *Fundamentals of telemedicine and telehealth*. Londres: Academic Press/Elsevier, 2020.

GREENGARD, Samuel. *The Internet of Things*. Cambridge: The MIT Press, 2015.

HILLIS, Ken. *Digital sensations*: Space, identity, and embodiment. Minneapolis: University of Minnesota Press, 1999.

HÖHN, Sviatlana. *Artificial companion for second language conversation*: Chatbots support practice using conversation analysis. Cham: Springer, 2019.

HUNSTON, Susan. *Corpora in applied linguistics*. Cambridge: Cambridge University Press, 2002.

IHDE, Don. *Bodies in technology*. Minneapolis: University of Minnesota Press, 2002.

YENGAR, Sriram. Mobile health (mHealth). In: GOGIA, Shashi (Ed.). *Fundamentals of telemedicine and telehealth*. Londres: Academic Press/Elsevier, 2020.

JEYANTHI, Nagamalai. Internet of Things (IoT) as Interconnection of Threats (IoT). In: HU, Fei (Ed.). *Security and privacy in Internet of Things (IoTs)*: models, algorithms, and implementations. Boca Raton: CRC Press, 2016.

JOHN, Oommen. Maintaining and sustaining a telehealth-based ecosystem. In: GOGIA, Shashi (Ed.). *Fundamentals of telemedicine and telehealth*. Londres: Academic Press/Elsevier, 2020.

JURAFSKY, Dan; MARTIN, James. *Speech and language processing*: an introduction to natural language processing, computational linguistics, and speech recognition. 2. ed. Nova Jersey: Pearson/Prentice Hall, 2009.

KFOURI NETO, Miguel; NOGAROLI, Rafaella. Responsabilidade civil pelo inadimplemento do dever de informação na cirurgia robótica e telecirurgia: uma abordagem de direito comparado (Estados Unidos, União Europeia e Brasil). In: ROSENVALD, Nelson; MENEZES, Joyceane Bezerra de; DADALTO, Luciana (Coord.). *Responsabilidade civil e medicina*. Indaiatuba: Foco, 2020.

KURZWEIL, Ray. *The age of spiritual machines*: when computers exceed human intelligence. Nova York: Viking, 1999.

LATIFI, Rifat; DOARN, Charles. Incorporation of telemedicine in disaster management: Beyond the Era of the Covid-19 Pandemic. In: LATIFI, Rifat; DOARN, Charles; MERRELL, Ronald (Ed.). *Telemedicine, telehealth and telepresence*. Cham: Springer, 2021.

MAUSS, Marcel. "Les techniques du corps". Communication présentée à la Société de Psychologie le 17 mai 1934. *Journal de Psychologie*, Paris, v. 32, p. 271-293, 1935. Transcrição de Jean-Marie Tremblay disponível em: http://classiques.uqac.ca/classiques/mauss_marcel/socio_et_anthropo/6_Techniques_corps/techniques_corps.pdf Acesso em: 30 dez. 2021.

MAUSS, Macel. Techniques of the body. In: SCHLANGER, Nathan (Ed.). *Techniques, technology and civilization*. Selected texts of Marcel Mauss. Nova York: Berghahn Books, 2006.

McCULLOCH, Gretchen. *Because Internet*: Understanding the new rules of language. Nova York: Riverhead Books, 2019.

McLUHAN, H. Marshall; FIORE, Quentin. *Guerra e paz na aldeia global*. Trad. Ivan Pedro de Martins. Rio de Janeiro: Record, 1971.

NOGAROLI, Rafaella. Breves reflexões sobre a pandemia do novo coronavírus (Covid-19) e alguns reflexos no direito médico e da saúde. *Revista dos Tribunais*, v. 1015, São Paulo, maio 2020.

NOGAROLI, Rafaella; NALIN, Paulo. Responsabilidade civil do médico na telemedicina durante a pandemia da Covid-19 no Brasil: a necessidade de um novo olhar para a aferição da culpa médica e da violação do dever de informação. In: PINHO, Anna (Coord.). *Discussões sobre direito na era digital*. Rio de Janeiro: GZ Editora, 2021.

PAGALLO, Ugo. *The laws of robots*: Crimes, contracts, and torts. Law, governance and technology series. Cham/Heidelberg: Springer, 2013. v. 10.

PASQUALE, Frank. Data-informed duties in AI development. *Columbia Law Review*, v. 119, p. 1917-1940, Nova York, 2019.

PASQUALE, Frank. *The black box society*: the secret algorithms that control money and information. Cambridge: Harvard University Press, 2015.

PASQUALE, Frank. Toward a fourth law of robotics: Preserving attribution, responsibility, and explainability in an algorithmic society. *University of Maryland Legal Studies Research Papers*, Baltimore, n. 21, p. 1-13, jul. 2017. Disponível em: http://ssrn.com/abstract=3002546. Acesso em: 30 dez. 2021.

RONZIO, Joseph; TUERK, Peter; SHORE, Peter. Technologies and clinical videoconferencing infrastructures: A guide to selecting appropriate systems. In: TUERK, Peter; SHORE, Peter (Ed.). *Clinical videoconferencing in telehealth*: Program development and practice. Cham: Springer, 2015.

ROSA, Hartmut. *The uncontrollability of the world*. Tradução do alemão para o inglês de James C. Wagner. Cambridge: Polity, 2020.

ROSENVALD, Nelson. *As funções da responsabilidade civil*: a reparação e a pena civil. São Paulo: Atlas, 2013.

RUSSELL, Stuart J.; NORVIG, Peter. *Artificial Intelligence*: a modern approach. 3. ed. Boston: Pearson, 2016.

SADIN, Éric. *La vie algorithmique*: Critique de la raison numérique. Paris: Éditions L'Échappée, 2015.

SANTOS, Romualdo Baptista dos. *Responsabilidade civil por dano enorme*. Curitiba/Porto: Juruá, 2018.

SCHAEFER, Fernanda. *Procedimentos médicos realizados à distância e o Código de Defesa do Consumidor*. Curitiba: Juruá, 2006.

SCHAEFER, Fernanda. *Proteção de dados de saúde na sociedade de informação*: a busca pelo equilíbrio entre privacidade e interesse social. Curitiba: Juruá, 2010.

SCHAEFER, Fernanda; GONDIM, Glenda Gonçalves. Telemedicina e Lei Geral de Proteção de Dados Pessoais. In: ROSENVALD, Nelson; MENEZES, Joyceanne Bezerra de; DADALTO, Luciana (Coord.). *Responsabilidade civil e medicina*. Indaiatuba: Foco, 2020.

SCHWAB, Klaus. *A quarta revolução industrial.* Trad. Daniel Moreira Miranda. São Paulo: Edipro, 2016.

SIMONDON, Gilbert. *Du mode d'existence des objets techniques.* Paris: Aubier, 2008.

SIMONELLI, Osvaldo. Telemedicina em tempos de pandemia. In: KFOURI NETO, Miguel; NOGAROLI, Rafaella (Coord.). *Debates contemporâneos em direito médico e da saúde.* São Paulo: Thomson Reuters Brasil, 2020.

SONVILLA-WEISS, Stefan. *(In)visible*: Learning to act in the Metaverse. Viena: Springer-Verlag/Wien, 2008.

STIEGLER, Bernard. *La technique et le temps*: La désorientation. Paris: Editions Galilée, 1998, t. II.

SUSSKIND, Richard; SUSSKIND, Daniel. *The future of professions*: how technology will transform the work of human experts. Oxford: Oxford University Press, 2015.

TOMASEVICIUS FILHO, Eduardo; FERRARO, Angelo Viglianisi. Le nuove sfide dell'umanità e del diritto nell'era dell'Intelligenza Artificiale. *Revista Direitos Culturais*, v. 15, n. 37, p. 401-413, Santo Ângelo, 2020.

TOPOL, Eric. *The patient will see you now*: The future of Medicine is in your hands. Nova York: Basic Books, 2015.

WINOGRAD, Terry. Understanding natural language. *Cognitive Psychology*, Londres, v. 3, n. 1, p. 1-191, 1972.

TELEMEDICINA, LGPD E LEI 14.289/2022: DISCUSSÕES INTRODUTÓRIAS

Filipe Medon

Doutorando e Mestre em Direito Civil pela Universidade do Estado do Rio de Janeiro (UERJ). Professor Substituto de Direito Civil na Universidade Federal do Rio de Janeiro (UFRJ) e de cursos de Pós-Graduação e Extensão da PUC-Rio, ESA/OAB Nacional, ESA/OAB-RJ, ITS-Rio, Fundação Escola Superior do Ministério Público do Rio Grande do Sul, CERS, IERBB/MP-RJ, Instituto New Law, CEPED-UERJ, EMERJ, CEDIN e do Curso Trevo. Membro da Comissão de Proteção de Dados e Privacidade da OAB-RJ, do Instituto Brasileiro de Estudos de Responsabilidade Civil (IBERC) e do Instituto Brasileiro de Direito de Família. Pesquisador em Gustavo Tepedino Advogados – GTA. Advogado. Instagram: @filipe.medon.

Sumário: 1. Notas introdutórias: a telemedicina e os dados sensíveis – 2. A Lei 14.289/2022 e a preservação do sigilo – 3. Síntese conclusiva: muitos desafios pelo caminho – 4. Referências.

1. NOTAS INTRODUTÓRIAS: A TELEMEDICINA E OS DADOS SENSÍVEIS

É inegável o fenômeno de datificação da sociedade. Quer isso dizer: cada vez mais, quase todos os aspectos da vida de uma pessoa são vertidos em dados,[1] que revelam muito sobre a sua personalidade. Num cenário de avanço de dispositivos comandados por Inteligência Artificial, os dados se mostram como a principal matéria-prima para o seu funcionamento, intensificando o processo de coleta e armazenamento desses bens tão preciosos.

E os dados são coletados nos mais diversos espaços de convivência: no *smartphone*, na navegação na Internet, no fornecimento espontâneo para cadastros e, até mesmo, na chamada telemedicina, que se desdobraria em cinco modalidades principais, a saber: i) teleassistência; ii) televigilância; iii) teleconsulta; iv) interação entre dois médicos; e v) teleintervenção.[2] E, como a Pandemia da Covid-19 demonstrou, o seu avanço se mostra irrefreável.[3]

---

1. BIONI, Bruno Ricardo. *Proteção de dados pessoais:* a função e os limites do consentimento. Rio de Janeiro: Forense, 2019, p. 87.
2. FALEIROS JÚNIOR, José Luiz de Moura; NOGAROLI, Rafaella; CAVET, Caroline Amadori. Telemedicina e proteção de dados: reflexões sobre a pandemia da Covid-19 e os impactos jurídicos da tecnologia aplicada à saúde. *Revista dos Tribunais*, São Paulo, ano 109, v. 1016, p. 327-362, jun. 2020, p. 3-4.
3. "Certo é que a pandemia – e o cenário jurídico atualizado por ela – mostrou que a telemedicina praticada integralmente, abrangendo o atendimento pré-clínico, de suporte assistencial, de consulta, monitoramento, diagnóstico e prescrição, por meio de tecnologia da informação e comunicação, é um caminho sem volta, em sintonia com os avanços das tecnologias digitais e eletrônicas, hoje tão dinâmicas e presentes no cotidiano das pessoas" (DALLARI, Analluza Bolivar. Proteção de Dados na Telemedicina. In: DALLARI, Annaluza Bolivar; MONACO, Gustavo Ferraz de Campos. *LGPD na Saúde*. São Paulo: Thomson Reuters Brasil, 2021, p. 317).

Hoje nem mesmo o corpo humano parece escapar dessa integração com os sensores, tornando-se, ele próprio, um dispositivo que produz dados, seja a partir de dispositivos implantados diretamente no corpo humano, seja por tecnologias vestíveis (*wearables*).[4] Pense-se, por exemplo, em relógios e roupas inteligentes, que monitoram a frequência cardíaca e respiratória do indivíduo, além de medirem a intensidade física, os níveis de estresse e as calorias gastas, como se dá com a *PoloTech Shirt*, da grife *Ralph Lauren*.[5-6]

A integração da tecnologia com o corpo humano também ocorre no seu interior, neste fenômeno que Stefano Rodotà descreveu como Transumanismo ou Pós-Humanismo.[7] O corpo passa a ser encarado como um novo objeto conectado, dando origem ao "homem máquina" a que se aludia no século XVII. A tecnologia adentra a bioquímica dos corpos, constituindo uma unidade com a pessoa humana.[8] A engenharia biológica vem reescrever os códigos genéticos, reconectar circuitos cerebrais, alterar o equilíbrio bioquímico do organismo e até provocar o crescimento de novos membros.[9] "A engenharia cibernética dará um passo a mais, ao fundir o corpo orgânico com dispositivos não orgânicos, como mãos biônicas, olhos artificiais ou milhões de

---

4. JÜLICHER, Tim; DELISLE, Marc. Step into 'The Circle' – A Close Look at Wearables and Quantified Self. In: HOEREN, Thomas; KOLANY-RAISER, Barbara. *Big Data in Context*: Legal, Social and Technological Insights. Berlim: Springer Open, 2016, p. 82-83.
5. MORAIS, José Luis Bolzan de; NETO, Elias Jacob de Menezes. Análises computacionais preditivas como um novo biopoder: modificações do tempo na sociedade dos sensores. *Revista Novos Estudos Jurídicos – Eletrônica*, v. 24, n. 3, p. 1133, set-dez. 2018.
6. Disponível em: https://www.designboom.com/technology/ralph-lauren-tech-polo-biometrics-us-open/. Acesso em: 20 jan. 2022.
7. "Quali diritti? Nelle descrizioni delle trasformazioni del mondo, legate all'innovazione scientifica e tecnologica, si parla di un corpo destinato a diventare una 'neuro-bio-info-nano machine'. Il corpo, dunque il luogo per definizione dell'umano, ci appare oggi come l'oggetto dove si manifesta e si compie una transizione che sembra voler spossessare l'uomo del suo territorio, appunto la corporeità, facendolo 'reclinare' nel virtuale o modificandone i caratteri in forme che non da oggi fanno parlare di trans-umano o di post-umano. Una nuova, ed estrema, incarnazione de 'l'homme machine', di antiche utopie, speranze, angosce? Di fronte alla radicalità di talune prospettazioni, si può riproporre la domanda con la quale Bernard Williams apriva un suo scritto: 'Siamo animali? Siamo macchine'. Ma questo modo di affrontare la questione ci appare ormai come una semplificazione Che non coglie la non linearità dei processi in corso, che non possono essere rinchiusi in alternative secche, che si escludano reciprocamente. E che, soprattutto, non affrontano quella che viene anche presentata come una trasformazione che investe al suo interno, nel profondo, la stessa specie umana. Nel mutamento, indubbio, si dovrebbe essere capaci di cogliere il tratto che continua a congiungere l'umano con le trasformazioni che lo investono quando viene immerso nella dimensione della tecnoscienza. E, insieme, una possibile, estrema discontinuità, espressa con le parole che descrivono il nuovo rapporto tra ominizzazione e umanizzazione e che ci spingerebbe al di là dell'evoluzione darwiniana, con un salto che rende possibile il 'fabbricare nuove specie' (RODOTÀ, Stefano. *Il diritto di avere diritti*. Bari-Roma: Editori Laterza, 2012 (edizione digitale), p. 373-374).
8. "Questo nuovo essere umano si troverebbe nella condizione 'naturale' per interagire con macchine intelligenti. 'Nel post-umano, non vi sono differenze essenziali o demarcazioni assolute tra esistenza corporea e simulazioni affidate ai computer, tra meccanismi cibernetici e organismi biologici, tra tecnologie robotiche e finalità umane'" (RODOTÀ, Stefano. *Il diritto di avere diritti*. Bari-Roma: Editori Laterza, 2012 (edizione digitale), p. 377).
9. HARARI, Yuval Noah. *Homo Deus:* uma breve história do amanhã. Trad. Paulo Geiger. São Paulo: Companhia das Letras, 2016, p. 27.

nanorrobôs que navegarão na corrente sanguínea com o propósito de diagnosticar doenças e corrigir danos".[10]

O que antes parecia devaneio futurista hoje já é realidade. A ciência avança a passos largos para criar sensores capazes de interpretar sinais e impulsos cerebrais, extraindo ordens lógicas e controlando dispositivos, evoluindo a Medicina e a prevenção de doenças. "Recentemente, macacos aprenderam a controlar mãos e pés biônicos desconectados do corpo por meio de eletrodos implantados no cérebro. Pacientes com paralisia são capazes de movimentar membros biônicos ou de operar computadores apenas com a força do pensamento".[11-12]

A preocupação chega, assim, ao nível dos "neurodados" e dos chamados "neurodireitos", que seriam dotados até mesmo de caráter fundamental. Nessa linha, para evitar alguns usos futuros da neurotecnologia, já tramita no Chile "uma reforma constitucional que acrescenta a ideia de preservação 'da integridade física e psíquica' do indivíduo para que 'nenhuma autoridade ou indivíduo' possa, por meio da tecnologia, 'aumentar, diminuir ou perturbar essa integridade individual sem o devido consentimento'.[13] Ainda em língua espanhola, mas no Velho Continente, a Carta de Direitos Digitais espanhola também traz um item contendo direitos digitais no emprego de neurotecnologias.[14]

Como se pode observar, a chegada da tecnologia aos corpos faz com que estes sejam mais um dos muitos sensores conectados, produzindo dados cada vez mais

---

10. HARARI, Yuval Noah. *Homo Deus:* uma breve história do amanhã. Trad. Paulo Geiger. São Paulo: Companhia das Letras, 2016, p. 27.
11. HARARI, Yuval Noah. *Homo Deus:* uma breve história do amanhã. Trad. Paulo Geiger. São Paulo: Companhia das Letras, 2016, p. 27.
12. "Si giunge al 'post-umano disincarnato', alla possibilità di effettuare un 'personality download': ricorrendo a impianti neuronali nanoelettronici (nanobionics) sarebbe possibile collegare le attività cerebrali a sistemi di elaborazione dei dati, rendendo possibile um vero e proprio 'uploading', estraendo informazioni dal cervello umano e replicandole in un computer. Per un altro verso, la possibilità che il cervello sia collegato con entità esterne renderebbe possibile connettersi con Internet tramite un impianto neurale. Così Internet 'diverrebbe direttamente parte di noi, in un modo tanto semplice e naturale com'è l'uso delle mani'" (RODOTÀ, Stefano. *Il diritto di avere diritti*. Bari-Roma: Editori Laterza, 2012 (edizione digitale), p. 377).
13. Neurodireitos, a aposta pioneira do Chile para legislar o futuro. *Estado de Minas*, 28 abr. 2021. Disponível em: https://www.em.com.br/app/noticia/internacional/2021/04/28/interna_internacional,1261422/neurodireitos-a-aposta-pioneira-do-chile-para-legislar-o-futuro.shtml. Acesso em: 20 jan. 2022.
14. "XXVI Derechos digitales en el empleo de las neurotecnologías: 1. Las condiciones, límites y garantías de implantación y empleo en las personas de las neurotecnologías podrán ser reguladas por la ley con la finalidad de: a) Garantizar el control de cada persona sobre su propia identidad. b) Garantizar la autodeterminación individual, soberanía y libertad en la toma de decisiones. c) Asegurar la confidencialidad y seguridad de los datos obtenidos o relativos a sus procesos cerebrales y el pleno dominio y disposición sobre los mismos. d) Regular el uso de interfaces persona-máquina susceptibles de afectar a la integridad física o psíquica. e) Asegurar que las decisiones y procesos basados en neurotecnologías no sean condicionadas por el suministro de datos, programas o informaciones incompletos, no deseados, desconocidos o sesgados. 2. Para garantizar la dignidad de la persona, la igualdad y la no discriminación, y de acuerdo en su caso con los tratados y convenios internacionales, la ley podrá regular aquellos supuestos y condiciones de empleo de las neurotecnologías que, más allá de su aplicación terapéutica, pretendan el aumento cognitivo o la estimulación o potenciación de las capacidades de las personas." (Carta de Derechos Digitales. Disponível em: https://www.lamoncloa.gob.es/presidente/actividades/Documents/2021/140721-Carta_Derechos_Digitales_RedEs.pdf. Acesso em: 14 jul. 2021).

precisos, que, classificados em perfis individuais ou de grupo, posteriormente podem vir a ser utilizados para informar decisões automatizadas que desempenharão um papel fundamental na vida em sociedade dos indivíduos.[15]

Pensando especificamente em relação aos dados referentes à saúde, merece destaque a sua coleta feita agora nos espaços virtuais. Antes de esmiuçar a análise de tais dados, no entanto, vale esclarecer que a Lei Geral de Proteção de Dados brasileira (LGPD), diferentemente do GDPR, isto é, o Regulamento Geral de Proteção de Dados Europeu, não criou uma categoria especial para os dados referentes à saúde. Na Europa, o legislador trouxe em seu artigo 4º quatro categorias de dados, a saber: dados pessoais, dados genéticos, dados biométricos e dados relativos à saúde, compreendidos como "dados pessoais relacionados com a saúde física ou mental de uma pessoa singular, incluindo a prestação de serviços de saúde, que revelem informações sobre o seu estado de saúde". Já no diploma brasileiro, tanto os dados relativos à saúde, como os biométricos e genéticos acabaram integrando o rol, tido pela doutrina como meramente exemplificativo,[16] dos dados pessoais sensíveis constantes do inciso II do artigo 5º.[17]

Com o avanço da telemedicina em suas diversas modalidades, pode-se observar também uma digitalização cada vez maior desses dados referentes à saúde. Isso não significa, contudo, que os dados armazenados em meio analógico ou físico não gozem da mesma proteção, já que a Lei Geral de Proteção de Dados Pessoais se aplica a quaisquer meios, por força do disposto logo no *caput* de seu artigo primeiro. Dito em outras palavras: a velha e tradicional ficha do paciente preenchida à mão pelo clínico geral da família e que está armazenada num armário no consultório recebe a mesma proteção dos dados armazenados em meios digitais ou coletados mediante uma teleconsulta, por exemplo, ainda que as medidas técnicas e os cuidados a serem empregados sejam qualitativa e quantitativamente distintos.

---

15. "Com efeito, os perfis são utilizados para decisões que, para a maioria dos cidadãos, são mais frequentes e, no mais das vezes, mais significativas do que as judiciais ou administrativas, e que são aquelas que dizem respeito ao cidadão consumidor ou usuário de serviços (comerciais, bancários, e assim por diante)" (RODOTÀ, Stefano. *A vida na sociedade da vigilância*: A Privacidade Hoje. Org. sel. e apres. Maria Celina Bodin de Moraes. Trad. Danilo Doneda e Luciana Cabral Doneda, Rio de Janeiro: Renovar, 2008, p. 115). A respeito dos múltiplos e sensíveis impactos das decisões automatizadas na atualidade, consinta-se remeter a MEDON, Filipe. *Inteligência Artificial e Responsabilidade Civil*: autonomia, riscos e solidariedade. 2. ed. São Paulo: Juspodivm, 2022.
16. KONDER, Carlos Nelson. O tratamento de dados sensíveis à luz da Lei 13.709/2018. In: TEPEDINO, Gustavo; FRAZÃO, Ana; OLIVA, Milena Donato. *Lei Geral de Proteção de Dados Pessoais e suas repercussões no direito brasileiro*. São Paulo: Ed. RT, 2019. p. 455. Por mais, ver: MULHOLLAND, Caitlin. Dados pessoais sensíveis e consentimento na Lei Geral de Proteção de dados pessoais. Revista do Advogado. São Paulo, a. 39, n. 144, p. 47-54, nov. 2019.
17. Imperioso recordar que "mesmo dados não qualificados como sensíveis, quando submetidos a um determinado tratamento, podem revelar aspectos sobre a personalidade de alguém, podendo levar a práticas discriminatórias. Tal argumentação leva, em síntese, a concluir que um dado, em si, não é perigoso ou discriminatório – mas o uso que dele se faz pode sê-lo" (DONEDA, Danilo. *Da privacidade à proteção de dados pessoais*. Rio de Janeiro: Renovar, 2006, p. 162).

O que é importante de se ressaltar é que essa digitalização da vida e, consequentemente, dos dados referentes à saúde, impõe aos profissionais da área a necessidade cada vez maior de investir na proteção desses dados, que devem ser tratados de acordo não apenas com as diretrizes legais, mas também administrativas, como é o caso das resoluções do Conselho Federal de Medicina, que trazem importantes parâmetros para guiar a atividade dos profissionais da saúde de um modo geral.

Nessa direção, com o avanço a passos largos da telemedicina, muitos poderiam ser os exemplos de tratamento desses dados sensíveis. Pense-se, assim, na modalidade da teleconsulta, por meio da qual um médico atende um paciente à distância com o apoio de recurso tecnológico. Diversos planos de saúde oferecem em seus aplicativos – e tal serviço cresceu muito por conta da pandemia da Covid-19 – a possibilidade de marcação e realização de consultas dentro da própria ferramenta.

No entanto, pode ser necessário, vislumbrando-se a hipótese de um dermatologista, que o paciente envie para o médico, por *e-mail* ou por aplicativo de mensagem instantânea, uma ou mais fotografias de eventual lesão cutânea, que pode acabar revelando partes de seu corpo e vulnerando sua intimidade. Para além dos dados referentes à saúde que podem ser extraídos da observação da lesão em si, há também uma preocupação com a própria imagem do paciente. Isso impõe aos profissionais uma obrigação de cuidado redobrado, haja vista os perigos de ataques que vulnerem a segurança dos dados coletados. Cite-se, a título de exemplo, o polêmico vazamento do Red Cross Blood Service da Austrália, que pôs em risco os dados pessoais de mais de meio milhão de doadores de sangue, incluindo informações sensíveis sobre atividades sexuais de risco.[18]

Esse contexto permite identificar de forma mais nítida aquilo que a doutrina tem entendido se tratar de um dever geral de segurança imposto aos agentes de tratamento de dados pela LGPD, sobretudo, por meio de seu artigo 46, e que, no caso dos profissionais da saúde, poderia se coadunar com eventual aplicação do Código de Defesa do Consumidor, a ensejar responsabilização por parte dos prestadores de serviço em caso de violação de sigilo profissional que afete dados sensíveis. É o que defendem José Faleiros Júnior, Rafaela Nogaroli e Caroline Cavet:

> [...] se houver quebra do dever de sigilo imponível ao profissional da saúde que atue com a Telemedicina, havendo violação de dados sensíveis, ter-se-á defeito na prestação de serviços por quebra da confiança que lhe foi depositada pelo destinatário final (paciente), havendo verdadeira responsabilização objetiva, que seguirá as regras do artigo 14 do Código de Defesa do Consumidor quanto ao profissional que desencadear a falha, incidindo o artigo 19, quanto ao provedor de aplicações, nos moldes explicitados no parágrafo anterior. Ressalta-se: a LGPD estabelece verdadeiro "dever geral de segurança, extraído do artigo 46 da lei", e que condiz com o espírito inaugurado por uma legislação que trabalha detidamente com o *compliance*, embora o estabeleça como uma faculdade. Tudo isso, compreendido e interpretado de forma sistemática, permite

---

18. Red Cross Blood Service admits to personal data breach affecting half a million donors. *ABC*, 27 out. 2016. Disponível em: https://www.abc.net.au/news/2016-10-28/red-cross-blood-service-admits-to-data-breach/7974036. Acesso em: 20 jan. 2022.

concluir que a responsabilidade por quebra do sigilo de dados sensíveis é objetiva, e que, por essa razão, não depende de prova de conduta culposa por parte do fornecedor (controlador), havendo solidariedade do operador quando a sua atuação se der em descumprimento de obrigações legais ou pelo não atendimento das instruções lícitas emitidas pelo controlador. Todo controlador, por sua vez, responde solidariamente pelos danos causados ao titular dos dados.[19]

Os riscos de vazamentos oriundos de teleconsultas são apenas uma parte do problema, haja vista que a telemedicina apresenta diversos outros flancos que poderiam eventualmente ocasionar situações lesivas. É o caso da televigilância, também chamada de telemonitoramento, e que, empregada a partir de dispositivos vestíveis como relógios inteligentes ou ainda por *smartphones*, "destina-se ao monitoramento da condição de saúde do paciente de forma remota", de modo que "[a] transmissão constante de dados do paciente (pressão arterial, índice glicêmico etc.), em tempo real, possibilita o acompanhamento mais eficaz do médico sobre o seu quadro clínico e necessidade de adaptação medicamentosa".[20]

Aqui, pode-se mencionar eventuais danos causados pelo compartilhamento ilegal de dados feito entre quem monitora o paciente e eventual plano de saúde com quem ele mantenha relação contratual. Há muitos relatos no noticiário de pessoas cujas vidas foram salvas porque seus relógios inteligentes detectaram intercorrências cardíacas, acionando contatos de emergência que socorreram as vítimas a tempo. No entanto, o mesmo relógio que pode salvar uma vida, pode produzir dados a serem conjugados com os dados do *smartphone* para transmitir ao plano de saúde a informação de que aquele segurado não realiza atividades físicas frequentes ou que tem grandes oscilações em sua pressão ao longo do dia. E, munidos de tais informações, os planos poderiam vir a promover reajustes onerosos aos consumidores segurados.

No fundo, a telemedicina impõe muitos desafios para a proteção dos dados sensíveis referentes à saúde. Tais desafios são verificados desde o momento inicial, quando se principia a relação do paciente com o prestador do serviço, até o momento posterior à sua extinção, quando ainda perduram deveres de guarda e de sigilo de prontuários, cadastros e demais dados. Em relação ao início, o consentimento traz inquietantes discussões, como definir, em linhas claras, a distinção entre o consentimento livre, esclarecido e informado que integra as relações médicas, e o consentimento previsto para a LGPD para a coleta de dados pessoais sensíveis.[21] Outra discussão interessante, mas que não se abordará tendo em vista o breve escopo deste artigo, é saber se o consentimento tradicional da seara médica pode ser obtido e registrado por meios

---

19. FALEIROS JÚNIOR, José Luiz de Moura; NOGAROLI, Rafaella; CAVET, Caroline Amadori. Telemedicina e proteção de dados: reflexões sobre a pandemia da Covid-19 e os impactos jurídicos da tecnologia aplicada à saúde. *Revista dos Tribunais*, ano 109, v. 1016, p. 327-362, São Paulo, jun. 2020.
20. FALEIROS JÚNIOR, José Luiz de Moura; NOGAROLI, Rafaella; CAVET, Caroline Amadori. Telemedicina e proteção de dados: reflexões sobre a pandemia da Covid-19 e os impactos jurídicos da tecnologia aplicada à saúde. *Revista dos Tribunais*, ano 109, v. 1016, p. 327-362, São Paulo, jun. 2020.
21. Sobre o tema, remete-se a SOARES, Flaviana Rampazzo. Consentimento no direito da saúde nos contextos de atendimento médico e de LGPD: diferenças, semelhanças e consequências no âmbito dos defeitos e da responsabilidade. *Revista IBERC*, v. 4, n. 2, p. 18-46, Belo Horizonte, maio/ago. 2021.

telemáticos, o que atrai preocupações com eventual armazenamento de vídeos, mensagens escritas ou ainda de áudio trocadas entre médico e paciente.

Nada obstante, talvez a questão que mais salte aos olhos nessa interface entre telemedicina e proteção de dados seja aquela atinente ao perigo envolvendo o vazamento de dados sensíveis dos pacientes. No próximo item, passa-se a abordar o específico caso da vulneração dos dados referentes à saúde que posam gerar estigma nos pacientes e que foi recentemente regulado pela Lei 14.289/2022, cuja utilidade vem sendo questionada.

2. A LEI 14.289/2022 E A PRESERVAÇÃO DO SIGILO

Buscando garantir e ampliar a proteção de dados sensíveis em matéria de saúde, promulgou-se em 3 de janeiro de 2022 a Lei 14.289, que, em franco diálogo de fontes com a LGPD, passou a tornar obrigatória a preservação do sigilo sobre a condição de pessoa que vive com infecção pelos vírus da imunodeficiência humana (HIV) e das hepatites crônicas (HBV e HCV) e de pessoa com hanseníase e com tuberculose.

Em seu artigo 2º, a nova lei veda "a divulgação, pelos agentes públicos ou privados, de informações que permitam a identificação da condição de pessoa que vive com infecção pelos vírus da imunodeficiência humana (HIV) e das hepatites crônicas (HBV e HCV) e de pessoa com hanseníase e com tuberculose, nos seguintes âmbitos: I – serviços de saúde; II – estabelecimentos de ensino; III – locais de trabalho; IV – administração pública; V – segurança pública; VI – processos judiciais; VII – mídia escrita e audiovisual".

Em linhas gerais, o objetivo do referido dispositivo é impor que certos agentes, quer públicos ou privados, sejam impedidos de divulgar informações que permitam identificar que as pessoas são portadoras dessas patologias, o que se fundamenta na preocupação com a não estigmatização que poderia surgir em decorrência da divulgação dessas condições médicas que, no fundo, são dados sensíveis.[22] A título de exemplo, pense-se que uma diretora de uma escola não poderia divulgar ao corpo estudantil que certo aluno é portador de uma doença como a hanseníase. Ou, ainda, que um empregador não poderia divulgar aos demais empregados que um colaborador é portador de HIV. Igualmente, em referência ao inciso VII, um jornal

---

22. "A análise do conjunto de dados que formam a categoria de dados sensíveis indica que assim o são porque se vinculam à esfera nuclear da pessoa humana, sendo importantes e basilares ao livre desenvolvimento e exercício da personalidade do titular e, ao mesmo tempo, mais suscetíveis a elevados danos, se violados. Tratam-se de dados básicos e concomitantemente essenciais, se comparados aos dados não sensíveis, pois, caso sejam afrontados, atinge-se um dos mais altos graus de ofensa aos direitos fundamentais e aos direitos de personalidade. Exemplifique-se com os dados de atendimento de uma pessoa com HIV, cujo vazamento indevido poderá trazer-lhe grandes danos, notadamente decorrentes de discriminação em decorrência do estigma social que envolve esse vírus." (SOARES, Flaviana Rampazzo. Consentimento no direito da saúde nos contextos de atendimento médico e de LGPD: diferenças, semelhanças e consequências no âmbito dos defeitos e da responsabilidade. *Revista IBERC*, v. 4, n. 2, p. 18-46, Belo Horizonte, maio/ago. 2021).

não poderia divulgar que determinado artista é vive com infecção pelos vírus das hepatites crônicas (HBV e HCV).

Ainda no artigo 2º, o parágrafo único, que excepciona a regra do sigilo, faz expressa alusão à LGPD, ao dispor que "o sigilo profissional sobre a condição de pessoa que vive com infecção pelos vírus da imunodeficiência humana (HIV) e das hepatites crônicas (HBV e HCV) e de pessoa com hanseníase e com tuberculose somente poderá ser quebrado nos casos determinados por lei, por justa causa ou por autorização expressa da pessoa acometida ou, quando se tratar de criança, de seu responsável legal, mediante assinatura de termo de consentimento informado, observado o disposto no art. 11 da Lei 13.709, de 14 de agosto de 2018 (Lei Geral de Proteção de Dados Pessoais – LGPD)".

O artigo da LGPD referenciado pela nova lei disciplina as bases legais que autorizam o tratamento dos dados pessoais sensíveis. Decorre daí importante questionamento: seria esta menção um indicativo de que as bases legais constantes do artigo 11 poderiam justificar eventual tratamento de dados, especialmente nos casos do inciso II, quando não se dispensa o fornecimento de consentimento por parte dos titulares?

A bem da verdade, uma leitura atenta da LGPD permitiria chegar à conclusão de que o legislador não inova substancialmente, uma vez que o conteúdo das novas normas, em essência, já podia ser extraído da legislação. Isso porque, sendo os dados referentes à saúde enquadrados como dados sensíveis, o seu tratamento já seguiria, naturalmente, regras mais estritas, como aquela constante do artigo 11. Por certo, a gravidade e a potencialidade estigmatizante das patologias elencadas pela nova lei justificam tutela intensa, mas isso não significa que pessoas acometidas por outras condições médicas não devam gozar da mesma proteção.

Para além das questões relativas ao tratamento dos dados pessoais referentes à saúde, a sua divulgação não autorizada já era, mesmo antes da entrada em vigor da LGPD, tida como violadora de diversos direitos da personalidade, em especial da privacidade e da imagem encarada como atributo. Outrossim, a relação médico-paciente é marcada por deveres de sigilo que possuem tanto natureza legal, quanto deontológica, espraiando-se também sobre os documentos médicos, de que são exemplos os prontuários e os diversos laudos. Cite-se, a título meramente exemplificativo, o Código de Ética Médica e a Resolução 1.605/2000 do Conselho Federal de Medicina, que em seu artigo 1º já dispunha que "o médico não pode, sem o consentimento do paciente, revelar o conteúdo do prontuário ou ficha médica". Com efeito, são os médicos adstritos não apenas a normas referentes ao sigilo próprio do exercício da profissão, como a normas gerais decorrentes da LGPD.

Diante disso, ao menos em relação ao artigo 2º, a nova lei em nada parece ter inovado. Por outro lado, o mesmo não se pode dizer quanto ao disposto no artigo 5º, que em sua literalidade afirma que: "Nos inquéritos ou nos processos judiciais que tenham como parte pessoa que vive com infecção pelos vírus da imunodeficiência humana (HIV) e das hepatites crônicas (HBV e HCV) e pessoa com hanseníase e com tuberculose, devem ser providos os meios necessários para garantir o sigilo da informação sobre essa condição." Aprofundando o *caput*, os parágrafos dispõem que: "§1º Qualquer divulgação a respeito de fato objeto de investigação ou de julgamento não poderá fornecer informações que permitam a identificação de pessoa que vive com infecção pelos vírus da imunodeficiência humana (HIV) e das hepatites crônicas (HBV e HCV) e de pessoa com hanseníase e com tuberculose. § 2º Em julgamento que envolver pessoa que vive com infecção pelos vírus da imunodeficiência humana (HIV) e das hepatites crônicas (HBV e HCV) e pessoa com hanseníase e com tuberculose no qual não seja possível manter o sigilo sobre essa condição, o acesso às sessões somente será permitido às partes diretamente interessadas e aos respectivos advogados".

O referido artigo revela a importância de se compreender que a publicidade do processo e dos atos judiciais não pode ser conduzida às últimas consequências, sendo perfeitamente possível coniciá-la com a proteção aos dados pessoais e à privacidade das partes. Como já se teve a oportunidade de analisar de modo mais aprofundado em outra sede, restrições ao acesso a documentos contendo dados sensíveis "não afetariam a publicidade dos atos processuais garantida pelo artigo 5º, inciso LX da Constituição da República, nem dificultariam o acesso à justiça, porque não se tratariam de óbices intransponíveis, mas de requisitos adicionais de segurança e proteção de dados. Ao fim e ao cabo, o que se pretende é restringir parcialmente a publicidade para garantir e efetivar a proteção da privacidade e a tutela dos dados pessoais, igualmente protegidas"[23] pela Constituição.

Nessa direção, em boa hora, a lei limita o acesso de certas informações exclusivamente às partes interessadas e aos respectivos advogados, pois não há interesse público que justifique o acesso de terceiros estranhos à lide a dados pessoais tão sensíveis que possam versar sobre uma ou mais partes, ainda mais quando se corre o risco de que a sua divulgação possa lhes causar embaraço, estigmatização ou constrangimentos.

Esta norma, na linha do que já se defendia,[24] tem ainda o importante papel simbólico de mostrar que o legislador está preocupado com a publicização excessiva do processo judicial, podendo, até mesmo, servir como base para analogia em relação a outros dados sensíveis e até sigilosos que as partes possam pretender afastar do acesso de terceiros estranhos à lide.

Finalmente, cabe ainda tecer dois comentários em relação à nova lei. O primeiro deles diz respeito aos destinatários da norma. Assim, estabelece o artigo 3º e seus

---

23. Para uma análise mais aprofundada das implicações do tema, consinta-se remeter a: MEDON, Filipe. Quem precisa de vazamento de dados pessoais quando estes já estão disponíveis no processo eletrônico? *Jota*, 14 jun. 2020. Disponível em: https://www.jota.info/opiniao-e-analise/artigos/quem-precisa-de-vazamento--de-dados-que-ja-estao-disponiveis-no-processo-eletronico-14062020. Acesso em: 18 jan. 2022.
24. Para uma análise mais aprofundada das implicações do tema, consinta-se remeter a: MEDON, Filipe. Quem precisa de vazamento de dados pessoais quando estes já estão disponíveis no processo eletrônico? *Jota*, 14 jun. 2020. Disponível em: https://www.jota.info/opiniao-e-analise/artigos/quem-precisa-de-vazamento--de-dados-que-ja-estao-disponiveis-no-processo-eletronico-14062020. Acesso em: 18 jan. 2022.

parágrafos, que a obrigatoriedade de preservação do sigilo recai não apenas sobre os profissionais da saúde, como sobre todos os trabalhadores e instituições, tais como operadoras de planos privados de assistência à saúde.[25]

O segundo comentário se refere aos efeitos do descumprimento da lei, que acabaram sendo disciplinados pelo artigo 6º e seu parágrafo único. Assim, segundo o *caput*, "o descumprimento das disposições desta Lei sujeita o agente público ou privado infrator às sanções previstas no art. 52 da Lei 13.709, de 14 de agosto de 2018, bem como às demais sanções administrativas cabíveis, e obriga-o a indenizar a vítima por danos materiais e morais, nos termos do art. 927 da Lei 10.406, de 10 de janeiro de 2002 (Código Civil)".

Por sua vez, o parágrafo único traz um agravamento nas sanções em caso de dolo "nas situações em que for divulgada informação sobre a condição de pessoa que vive com infecção pelos vírus da imunodeficiência humana (HIV) e das hepatites crônicas (HBV e HCV) e de pessoa com hanseníase e com tuberculose por agentes que, por força de sua profissão ou do cargo que ocupam, estão obrigados à preservação do sigilo, e essa divulgação ficar caracterizada como intencional e com o intuito de causar dano ou ofensa, aplicar-se-ão em dobro: I – as penas pecuniárias ou de suspensão de atividades previstas no art. 52 da Lei 13.709, de 14 de agosto de 2018; II – as indenizações pelos danos morais causados à vítima".

Interessante notar que o legislador quis deixar expresso que são aplicáveis tanto as indenizações gerais do Código Civil, como as sanções administrativas previstas pela LGPD e impostas pela Autoridade Nacional de Proteção de Dados, a ANPD. Trata-se, no fundo, de uma consequência lógica: afinal, sendo os dados referentes à saúde concebidos como dados pessoais (sensíveis!), já se atrairia obrigatoriamente a aplicação das regras da LGPD. Resta, no entanto, avaliar com mais cautela esta aplicação em dobro dessas sanções.

Com efeito, o que se observa da nova lei é que, salvo pequenos detalhes, como a possibilidade de sancionamento agravado no caso de dolo, a lei pouco inova, mas não se pode concebê-la como desnecessária ou inútil: muito pelo contrário. A lei tem a importante vantagem simbólica de reforçar a proteção, o combate aos estigmas sociais e de indicar que eventuais restrições à consulta de terceiros estranhos

---

25. Art. 3º Os serviços de saúde, públicos ou privados, e as operadoras de planos privados de assistência à saúde estão obrigados a proteger as informações relativas a pessoas que vivem com infecção pelos vírus da imunodeficiência humana (HIV) e das hepatites crônicas (HBV e HCV) e a pessoas com hanseníase e com tuberculose, bem como a garantir o sigilo das informações que eventualmente permitam a identificação dessa condição.
§ 1º A obrigatoriedade de preservação do sigilo sobre a condição de pessoa que vive com infecção pelos vírus da imunodeficiência humana (HIV) e das hepatites crônicas (HBV e HCV) e de pessoa com hanseníase e com tuberculose usuárias dos serviços de saúde recai sobre todos os profissionais de saúde e os trabalhadores da área de saúde.
§ 2º O atendimento nos serviços de saúde, públicos ou privados, será organizado de forma a não permitir a identificação, pelo público em geral, da condição de pessoa que vive com infecção pelos vírus da imunodeficiência humana (HIV) e das hepatites crônicas (HBV e HCV) e de pessoa com hanseníase e com tuberculose.

à lide não ferem de morte a publicidade dos atos processuais, mas, por outro lado, reforça a garantia constitucional à proteção dos dados pessoais e da privacidade da pessoa humana, buscando minimizar eventuais estigmas causados pela divulgação indesejada de condições médicas.

3. SÍNTESE CONCLUSIVA: MUITOS DESAFIOS PELO CAMINHO

Como se pode notar nas breves linhas deste artigo, são grandes e inúmeros os desafios impostos pela tecnologia à proteção dos dados pessoais sensíveis referentes à saúde. Dos dispositivos vestíveis (*wearables*) aos registros de teleconsultas, são crescentes os riscos para a segurança desses dados que revelam muito sobre os seus titulares.

Por serem sensíveis, o inequívoco potencial discriminatório[26] e até mesmo estigmatizante de tais dados – como se viu –, pode conduzir a um cenário de graves danos à pessoa humana, o que reforça a necessidade de que os profissionais da área da saúde invistam em mecanismos eficientes de segurança da informação, de *compliance* e de gestão de riscos.

Em especial, a Lei 14.289/2022, ainda que não tenha trazido inovações tão profundas, desempenha o imprescindível papel de reforçar a proteção de dados tão sensíveis, de um lado robustecendo ainda mais a cadeia de deveres que devem ser observados por quem faz parte da área da saúde e, de outro lado, lançando luzes para questões sensíveis que surgem nesse contexto em que a tecnologia e os meios digitais se fundem com a Medicina.

4. REFERÊNCIAS

BIONI, Bruno Ricardo. *Proteção de dados pessoais*: a função e os limites do consentimento. Rio de Janeiro: Forense, 2019.

Carta de Derechos Digitales. Disponível em: https://www.lamoncloa.gob.es/presidente/actividades/Documents/2021/140721-Carta_Derechos_Digitales_RedEs.pdf. Acesso em: 14 jul. 2021.

DALLARI, Annaluza Bolivar. Proteção de Dados na Telemedicina. In: DALLARI, Annaluza Bolivar; MONACO, Gustavo Ferraz de Campos. *LGPD na Saúde*. São Paulo: Thomson Reuters Brasil, 2021. Disponível em: https://www.designboom.com/technology/ralph-lauren-tech-polo-biometrics-us-open/. Acesso em: 20 jan. 2022.

DONEDA, Danilo. *Da privacidade à proteção de dados pessoais*. Rio de Janeiro: Renovar, 2006.

FALEIROS JÚNIOR, José Luiz de Moura; NOGAROLI, Rafaella; CAVET, Caroline Amadori. Telemedicina e proteção de dados: reflexões sobre a pandemia da Covid-19 e os impactos jurídicos da tecnologia aplicada à saúde. *Revista dos Tribunais*, ano 109, v. 1016, p. 327-362, São Paulo, jun. 2020.

---

26. "(...) a diferenciação conceitual dos dados sensíveis atende a uma necessidade de estabelecer uma área na qual a probabilidade de utilização discriminatória da informação é potencialmente maior – sem deixarmos de reconhecer que há situações onde tal consequência pode advir sem que sejam utilizados dados sensíveis, ou então que a utilização destes dados se preste a fins legítimos e lícitos." (DONEDA, Danilo. *Da privacidade à proteção de dados pessoais*. Rio de Janeiro: Renovar, 2006, p. 163).

HARARI, Yuval Noah. *Homo Deus*: uma breve história do amanhã. (Trad. Paulo Geiger). São Paulo: Companhia das Letras, 2016.

JÜLICHER, Tim; DELISLE, Marc. Step into 'The Circle' – A Close Look at Wearables and Quantified Self. In: HOEREN, Thomas; KOLANY-RAISER, Barbara. *Big Data in Context*: Legal, Social and Technological Insights. Berlim: Springer Open, 2016.

KONDER, Carlos Nelson. O tratamento de dados sensíveis à luz da Lei 13.709/2018. In: TEPEDINO, Gustavo; FRAZÃO, Ana; OLIVA, Milena Donato. *Lei Geral de Proteção de Dados Pessoais e suas repercussões no direito brasileiro*. São Paulo: Ed. RT, 2019.

MEDON, Filipe. *Inteligência Artificial e Responsabilidade Civil*: autonomia, riscos e solidariedade. 2. ed. São Paulo: Juspodivm, 2022.

MEDON, Filipe. Quem precisa de vazamento de dados pessoais quando estes já estão disponíveis no processo eletrônico? *Jota*, 14 jun. 2020. Disponível em: https://www.jota.info/opiniao-e-analise/artigos/quem-precisa-de-vazamento-de-dados-que-ja-estao-disponiveis-no-processo-eletronico-14062020. Acesso em: 18 jan. 2022.

MORAIS, José Luis Bolzan de; NETO MENEZES, Elias Jacob de. Análises computacionais preditivas como um novo biopoder: modificações do tempo na sociedade dos sensores. *Revista Novos Estudos Jurídicos* – Eletrônica, v. 24, n. 3, p. 1133, set-dez. 2018.

MULHOLLAND, Caitlin. Dados pessoais sensíveis e consentimento na Lei Geral de Proteção de dados pessoais. *Revista do Advogado*. a. 39, n. 144, São Paulo, nov. 2019.

NEURODIREITOS, a aposta pioneira do Chile para legislar o futuro. *Estado de Minas*, 28 abr. 2021. Disponível em: https://www.em.com.br/app/noticia/internacional/2021/04/28/interna_internacional,1261422/neurodireitos-a-aposta-pioneira-do-chile-para-legislar-o-futuro.shtml. Acesso em: 20 jan. 2022.

RED Cross Blood Service admits to personal data breach affecting half a million donors. *ABC*, 27 out. 2016. Disponível em: https://www.abc.net.au/news/2016-10-28/red-cross-blood-service-admits-to-data-breach/7974036. Acesso em: 20 jan. 2022.

RODOTÀ, Stefano. *A vida na sociedade da vigilância*: a privacidade hoje. Org. sel. e apres. Maria Celina Bodin de Moraes. Trad. Danilo Doneda e Luciana Cabral Doneda, Rio de Janeiro: Renovar, 2008.

RODOTÀ, Stefano. *Il diritto di avere diritti*. Bari-Roma: Editori Laterza, 2012 (edizione digitale).

SOARES, Flaviana Rampazzo. Consentimento no direito da saúde nos contextos de atendimento médico e de LGPD: diferenças, semelhanças e consequências no âmbito dos defeitos e da responsabilidade. *Revista IBERC*, v. 4, n. 2, p. 18-46, Belo Horizonte, maio/ago. 2021.

INCIDENTE DE SEGURANÇA NA TELEMEDICINA

Renan Sequeira

Graduado em Direito, no Brasil, pela Faculdade de Direito da Universidade de São Paulo e, na França, pela Universidade Lumière Lyon 2. Advogado. E-mail: renan.s@vernalhapereira.com.

Silvio Guidi

Mestre em Direito Administrativo pela Pontifícia Universidade Católica de São Paulo (PUCSP). Especialista em Direito Administrativo pela SBDP-SP. Conselheiro de Saúde do Estado de São Paulo (2022/2023), membro da Comissão de Direito Sanitário da OAB/SP (2019/2021) e Membro do Fórum Executivo da Saúde do Conselho Nacional de Justiça (2010/2012). Autor dos seguintes livros: Serviços públicos de saúde (Quartier, 2019) e Comentários à Lei Orgânica da Saúde (Quartier, 20201). Advogado. Sócio na Vernalha Pereira. E-mail: silvio.g@vernalhapereira.com.

Sumário: 1. Introdução – 2. Noções gerais sobre a tutela jurídica do direito à intimidade – 3. Sigilo e proteção de dados – 4. As providências a serem adotadas em razão de incidentes de segurança no âmbito da telemedicina – 5. Repercussões judiciais em razão de incidentes de segurança no âmbito da telemedicina – 6. Outras repercussões em razão de incidentes de segurança no âmbito da telemedicina – 7. Referências.

1. INTRODUÇÃO

A telemedicina é um fato. Estamos a falar de uma daquelas tecnologias que são incorporadas com extrema velocidade na sociedade, em razão de um dado fenômeno social. Não fosse a pandemia do SARS-CoV-2, muito provavelmente demoraríamos um longo período para aceitar que várias das facetas da Medicina poderiam ser executadas telepresencialmente.[1]

A própria regulação da atividade ainda caminha a passos lentos. Apesar disso, estamos diante de algo denominado *too big to fail*. Ou seja, embora haja várias advertências de que a telemedicina foi introduzida no país como alternativa temporária para viabilizar a continuidade da prestação de serviços médicos, sua instalação se deu de maneira tão visceral, que mesmo o fim da pandemia não será capaz de retornar o exercício da medicina no modelo anterior.

---

1. A esse respeito, pesquisa da Accenture nos Estados Unidos, referida em trabalho de Teresa Gutierrez, Lucas Magalhães e Lucas Bonfé, indicou que uma das principais ferramentas de telemedicina utilizadas pelos hospitais daquele país verificou um aumento de 900% no número de visitas. *Startups* de saúde: aspectos específicos da responsabilidade pelo tratamento e proteção de dados sensíveis. (341-356). In: DALLARI, Analluza Bolivar; MONACO, Gustavo Ferraz de Campos (Coord.). *LGPD na saúde*. Thompson Reuters, São Paulo, 2021. p. 342.

Esse fenômeno dá-se em razão dos inúmeros benefícios derivados da instalação de serviços médicos telepresenciais. O ganho de tempo (de profissionais e pacientes) e a ampliação da acessibilidade aos serviços são algumas das marcas mais relevantes desse rol de benefícios.[2] Não haverá retrocesso; isso é certo.

Apesar dos pontos positivos, há riscos sérios envolvidos na telemedicina. Este artigo cuidará de um deles, qual seja, a ampliação da vulnerabilidade do paciente, projetada em razão do aumento da exposição de dados pessoais de saúde. A majoração desse risco é intrínseca aos benefícios derivados da telemedicina. Basta notar que a telemedicina faz crescer o acesso aos serviços de saúde. Com isso, mais pessoas buscam o atendimento médico por mais vezes. De um lado, terão mais benefícios a sua saúde. De outro, a conquista desses benefícios é condicionada à transferência de informações pessoais, as quais tornam a pessoa vulnerável a partir do momento que são compartilhadas.

A vulnerabilidade reside em dois pontos. O primeiro deles é a transformação de fatos em dados (dados são fatos materializados). Por exemplo, determinado paciente não tem um bom sono. Enquanto esse indivíduo não procurar auxílio para sua condição (fato), não há nenhum dado a esse respeito. Mas, ao procurar auxílio médico, esse fato será objeto de registro, criando-se um dado. Desse dado, aliás, outros tantos serão gerados, por meio da investigação feita pelo profissional médico. Descrição da rotina de vida, relações pessoais e profissionais, resultados de exames (de sangue, polissonografia, ressonância etc.) gerarão, provavelmente, milhares de dados sobre o indivíduo. Essas informações poderão servir a inúmeros fins, alguns úteis ao paciente, outros inúteis e alguns ainda nocivos (tanto para o paciente quanto para terceiros).

O outro ponto é a replicação desses dados para uma cadeia de outros indivíduos, os quais terão acesso às informações do paciente, simplesmente em razão de sua atuação profissional. Farmacêuticos, bioquímicos, atendentes, secretárias, auxiliares etc. passarão a ter acesso a dados do paciente, ampliando o rol de indivíduos responsáveis[3] por preservar e garantir que esses dados sejam utilizados exclusivamente

---

2. Fernanda Schaefer também apresenta alguns outros benefícios: diminuição das distâncias (desconsideração das barreiras geográficas); a facilitação da troca de informações e de conhecimentos sanitários; a aceleração da tomada de decisões médicas e até o barateamento dos custos [...]. Telemedicina e proteção de dados de saúde (p. 123-147). In: CORREA, Felipe Abu-Jamra (Coord.). Diálogos entre direito e medicina: estudos em homenagem ao CRM/TO. Instituto Memória, Curitiba, 2019. p. 124.
3. A esse respeito, Luis Gustavo Gasparini Kiatake ensina o seguinte: o destino do dado de saúde, aquele crítico e sensível, não é ficar restrito a uma instituição ou entre duas partes. Quando uma pessoa utiliza um laboratório, os dados ali produzidos, os laudos, não são feitos para ali ficarem nem para ficarem somente no conhecimento do paciente. O destino do laudo é chegar ao médico, aos profissionais de saúde que o solicitaram, podendo ir ao hospital, eventualmente ao plano de saúde para uma autorização, e até a determinado fabricante de um material especial. E desse ecossistema da saúde fazem parte instituições de todos os tipos de tamanho e características, públicas e privadas, de grandes redes de saúde a laboratórios familiares, de uma UBS a hospitais universitários de complexidade, hospitais das forças armadas, instituições de pesquisa, um consultório individual e farmácias, inclusive academias de ginástica. Sistemas de prontuário eletrônico e digitalização: impacto da LGPD (327-340). In: DALLARI, Analluza Bolivar; MONACO, Gustavo Ferraz de Campos (Coord.). *LGPD na saúde*. Thompson Reuters, São Paulo, 2021. p. 329/330.

para os fins desejados pelo próprio paciente, bem como evitar que sirvam de objeto para acarretar danos.

A vulnerabilidade, portanto, pode ser definida como o risco de dados do paciente serem acessados, utilizados ou replicados por pessoas ou para fins diversos daqueles com que ele consentiu. E essa vulnerabilidade cresce, na medida em que a relação entre médico e paciente migra para o mundo virtual por meio da telemedicina. Essa é a advertência de Analluza Bolivar Dallari, para quem "com o elevado tráfego e compartilhamento de dados pessoais e dados pessoais sensíveis, realizado em ambiente interconectado e totalmente digital, o risco de ocorrer tratamento irregular e incidente de segurança é alto".[4]

Para mitigar as chances dessa vulnerabilidade efetivamente ocasionar danos ao paciente, foram criados instrumentos jurídicos preventivos e paliativos. São aquilo que a Lei Geral de Proteção de Dados 13.709/2018 (LGPD) denomina, em seu Capítulo VII, como boas práticas de segurança de dados. A norma parte da premissa de que, em uma sociedade de riscos, não é mais possível garantir que um dano não irá ocorrer. Por isso, a LGPD deixa de exigir daqueles (denominados controladores ou operadores, artigo 5º, incisos VI e VII) que tratam[5] dados de outros indivíduos (definidos pelo inciso V do artigo 5º como titulares) a obrigação de não permitir (em qualquer circunstância ou hipótese) que haja utilização indevida de dados.

A LGPD concretiza a compreensão de que faz mais sentido exigir que controladores e operadores passem a adotar as melhores condutadas possíveis para evitar a materialização desse risco. Evidentemente que os dados de saúde ganham proteção mais especial. Haja vista seu tratamento irregular poder ocasionar danos mais severos ao titular, são classificados como sensíveis, ganhando, com isso, uma maior capa protetiva.

É nesse contexto que surge o incidente de segurança, compreendido como um importante instrumento de defesa do titular. Trata-se de um sistema com duas bandeiras. A amarela, preventiva, revela situações pelas quais as medidas existentes para a preservação de dados não foram suficientes ou estão comprometidas. Apesar disso,

---

4. Proteção de dados na telemedicina (313-325). In: DALLARI, Analluza Bolivar; MONACO, Gustavo Ferraz de Campos (Coord.). *LGPD na saúde*. São Paulo: Thompson Reuters, 2021. p. 314.
5. A expressão tratamento de dados é utilizada pela LGPD (Artigo 5º, inciso X) para significar toda e qualquer ação efetuada com dados pessoais. Eis o conteúdo do dispositivo:

   X – tratamento: toda operação realizada com dados pessoais, como as que se referem a coleta, produção, recepção, classificação, utilização, acesso, reprodução, transmissão, distribuição, processamento, arquivamento, armazenamento, eliminação, avaliação ou controle da informação, modificação, comunicação, transferência, difusão ou extração.

   Como ensina José Augusto Fontoura Costa, "tratar dados" tem um sentido amplíssimo, reforçado pela utilização de lista exemplificativa e não taxativa. Sua caracterização não depende de qualquer transformação das informações disponíveis; basta qualquer ação, digital ou analógica que tenha por objeto quaisquer dados. Tratamento e transferência de dados de saúde: limites ao compartilhamento de dados sensíveis (89-102). In: DALLARI, Analluza Bolivar; MONACO, Gustavo Ferraz de Campos (Coord.). *LGPD na saúde*. Thompson Reuters, São Paulo, 2021. p. 90.

não há ainda danos efetivos ao titular, devendo ser adotadas soluções adequadas para que prejuízos não sejam concretizados. A vermelha, paliativa, pela qual há a constatação de que dessa falha derivaram prejuízos ao titular. Em razão de tal constatação, hão de ser adotadas medidas para mitigar a dimensão desses danos.

Dentro desse cenário, a sequência do presente artigo é voltada a demonstrar como se dá o incidente de segurança no âmbito da telemedicina.

Importante reforçar o recorte metodológico deste trabalho, na medida em que expressões desse artigo ('incidente de segurança' e 'telemedicina') são polissêmicas. Por isso, serão lidas dentro da semântica que os dispositivos legais emprestam. Estamos a falar, de início, do conteúdo do artigo 48 da LGPD que define 'incidente de segurança' como qualquer fato ou ato, relativo a dados, que possa atrair riscos ou danos ao titular. Falamos também da 'telemedicina', compreendida a partir do conteúdo do artigo 3º da Lei 13.989/2020, o qual *"dispõe sobre o uso da telemedicina durante a crise causada pelo coronavírus"*. Referido dispositivo define como telemedicina como o *"exercício da medicina mediado por tecnologias para fins de assistência, pesquisa, prevenção de doenças e lesões e promoção da saúde"*.[6]

2. NOÇÕES GERAIS SOBRE A TUTELA JURÍDICA DO DIREITO À INTIMIDADE

Por que existe o sigilo médico?

A resposta mais simples poderia ser: porque o Código de Ética Médica (CEM) o impõe. Fosse somente isso, bastaria a revogação desse dispositivo normativo para que o sigilo profissional não fosse mais obrigatório na Medicina. O sigilo médico existe, na verdade, como um dever irradiado do direito individual, fundamental e constitucional (artigo 5º, inciso X)[7] à intimidade, privacidade, a honra e a imagem da pessoa.[8]

---

6. O conceito legal é útil, não só em razão dissonância de conceitos técnicos e acadêmicos, mas, especialmente, em relação de sua amplitude. Fernanda Schaefer, a esse propósito, também construiu conceito acadêmico amplo, a bem de facilitar o enfrentamento de questões envolvendo telemedicina: *a medicina a distância é o exercício da Medicina combinada com recursos avançados de informática e telecomunicações (Telemática em Saúde) que possibilitam o diagnóstico, o tratamento e o acompanhamento de pacientes distantes fisicamente dos médicos, bem como, permitem a educação, o controle epidemiológicos, a coleta de dados e a troca de informações entre agentes de saúde e médicos, entre outras inúmeras utilidades. Telemedicina e proteção de dados de saúde* (p. 123-147). In: CORREA, Felipe Abu-Jamra (Coord.). Diálogos entre direito e medicina: estudos em homenagem ao CRM/TO. Instituto Memória, Curitiba, 2019. p. 129.

7. Art. 5º Todos são iguais perante a lei, sem distinção de qualquer natureza, garantindo-se aos brasileiros e aos estrangeiros residentes no País a inviolabilidade do direito à vida, à liberdade, à igualdade, à segurança e à propriedade, nos termos seguintes:
    [...]
    X – são invioláveis a intimidade, a vida privada, a honra e a imagem das pessoas, assegurado o direito a indenização pelo dano material ou moral decorrente de sua violação;

8. Mesmo havendo diferenças entre a natureza jurídica de imagem, privacidade e intimidade, esse artigo, para fins meramente didáticos, trata todos como sinônimos.

A questão reside na lógica de que as pessoas têm o constitucional direito de preservar sua intimidade. Por isso, não só não são obrigadas a revelar uma série de informações a seu respeito, como podem resistir a tentativas de violação e ainda exigir do Estado uma série de posturas, com vistas a garantir a inviolabilidade da sua intimidade.

Apesar disso, existirão situações nas quais o indivíduo se verá compelido a revelar certos traços de sua intimidade, e a busca por atenção médica será uma delas. Não raramente, para além de informações acerca de corpo, o indivíduo haverá de apresentar para o profissional médico seus hábitos pessoais, sua orientação e suas predileções sexuais, por exemplo. Sem abrir ao profissional da Medicina tais informações, a pessoa, provavelmente, não conseguirá um diagnóstico e, ainda que consiga, haverá grandes chances de ser equivocado ou parcial.

Diante desse cenário, o indivíduo se vê em uma encruzilhada: ou revela traços marcantes de sua intimidade (aqueles que ela, provavelmente, não abre a mais ninguém, nem mesmo para as pessoas mais próximas)[9] ou não poderá acessar os serviços médicos que tanto necessita. É de se notar, portanto, que a revelação da intimidade não é um ato protagonista e deliberado. Muito pelo contrário, estamos diante de uma ação acessória, colateral e mandatória, sem a qual a pessoa não poderá receber cuidados para a sua saúde.

É nesse contexto que surge o sigilo na Medicina. Havendo uma enorme coerção para que o indivíduo abra sua intimidade, surge um dever deontológico ao profissional médico de se valer desses dados exclusivamente em benefício do paciente.[10] Por sua vez, a utilização indevida desses dados, e mesmo a displicência em sua preservação (a bem de evitar que terceiros tenham acesso), deve ser encarada seriamente como uma infração ética e moral.[11] Afinal de contas, o paciente depositou extrema confiança no profissional para que este não só utilizasse seus dados em favor de sua saúde, mas também acreditou que haveria uma intensa blindagem, capaz de proteger suas informações íntimas de acessos de terceiros. Dentro desse contexto, já há muito o regime jurídico brasileiro tutela fortemente a intimidade e dispõe sobre repercussões sérias sobre quem viola esse dever. A própria Consti-

---

9. A esse propósito, relevante o pensamento de Gustavo Artese e Marina Alves Mandetta: São boas as razões que fazem com que as pessoas se preocupem em manter seu histórico médico confidencial. Por exemplo, certas doenças desde muito estão associadas a grande estigma (e.g lepra ou doenças psiquiátricas), outras enfermidades são correlacionadas a determinados hábitos ou estilos de vida (e.g doenças sexualmente transmissíveis) e certas outras podem alterar a percepção das capacidades e potencialidades do doente na vida social (doenças inabilitantes ou degenerativas). Ser doente em público equivale a se colocar ou ser colocado em posição para ser discriminado ou como alvo de situações de constrangimento público. Privacidade na saúde: para muito além do segredo (164-187). In: BRAGA, Reinaldo; SOUSA, Felipe (Coord.). *Compliance* na saúde: presente e futuro de um mercado em busca da autorregulação. Sanar. Salvador.2016. p. 167.
10. O sigilo, ensina Fernanda Schaefer, *é o lacre que atribui a qualidade de secreto*. Telemedicina e proteção de dados de saúde (p. 123-147). In: CORREA, Felipe Abu-Jamra (Coord.). *Diálogos entre direito e medicina*: estudos em homenagem ao CRM/TO. Instituto Memória, Curitiba, 2019. p. 139.
11. Esse artigo trabalha com o conceito de que a ética é a moral positivada.

tuição, quando eleva a intimidade ao status de direito fundamental, garante a justa indenização quando de sua violação.

Em decorrência disso, o Código Civil assegura o direito do indivíduo de que o Judiciário adote *providências necessárias para impedir ou fazer cessar*[12] atos que violem o direito à intimidade. Por sua vez, o Código Penal define como crime a divulgação de segredos em geral, bem como aponta como crime mais específico, e mais grave, a revelação de informação sigilosa recebida em razão de exercício profissional.[13] Mesma proteção é dada pelo Marco Civil da Internet.[14] As legislações processual, civil e penal[15] também protegem a intimidade do indivíduo, ao impedir o testemunho, mesmo em processos que tramitem em segredo de justiça, por pessoas que tiveram acesso à informação sigilosa em razão de seu ofício.[16] Finalmente, o Código de Ética Médica (CEM) reconhece a violação do direito à intimidade como uma transgressão dos princípios éticos da profissão, caracterizando-a como infração.[17] Essa capitulação é fundamental para ampliar a proteção da intimidade do paciente.

3. SIGILO E PROTEÇÃO DE DADOS

Compreendida a extensão do direito à intimidade, é de se ter em mente que o sigilo, atualmente, configura-se em um dever muito maior do que a não exposição deliberada dos dados do paciente a terceiros. Para além desse *non facere*, incide sobre os profissionais da Medicina uma série de obrigações comissivas, voltadas a proteger o paciente, com vista a dificultar o acesso indevido ou não consentido aos dados que estão sob sua tutela.

Tempos atrás, quando a atuação médica era pré-digital, os dados do paciente eram pouco ou nada interessantes para terceiros. Talvez porque a estratificação daquilo que poderia ser clandestinamente mercantilizado fosse também muito mais difícil. Para comprovar isso, basta notar que nunca se teve notícia de tentativas de invasão de instalações médico-hospitalares para furto ou roubo em massa de prontuários, com a finalidade de acessar os dados neles constantes.

---

12. Art. 21. A vida privada da pessoa natural é inviolável, e o juiz, a requerimento do interessado, adotará as providências necessárias para impedir ou fazer cessar ato contrário a esta norma.
13. Art. 153. Divulgar alguém, sem justa causa, conteúdo de documento particular ou de correspondência confidencial, de que é destinatário ou detentor, e cuja divulgação possa produzir dano a outrem:
    Pena: detenção, de um a seis meses, ou multa, de trezentos mil réis a dois contos de réis.
    [...]
    Art. 154. Revelar alguém, sem justa causa, segredo, de que tem ciência em razão de função, ministério, ofício ou profissão, e cuja revelação possa produzir dano a outrem:
    Pena: detenção, de três meses a um ano, ou multa de um conto a dez contos de réis.
14. Lei 12.965/2004. Artigo 7º, inciso I.
15. Artigo 448 do Código Civil e artigo 207 do Código de Processo Penal.
16. O consentimento do indivíduo cuja intimidade está protegida pode relativizar essa vedação.
17. Inciso XI dos princípios fundamentais e Capítulo IX.

Atualmente, os dados clínicos são objeto de cobiça financeira para fins que raramente se voltam ao bem-estar do paciente,[18-19] como ensina Fernanda Schaefer:

> A digitalização do corpo humano provoca sua maior exposição e, por consequência, produz questionamentos quanto à valorização econômica das informações obtidas com base em dados clínicos identificados ou identificáveis. Justamente para evitar a absoluta mercantilização do corpo humano é que se propõe o redimensionamento da intimidade [...].[20]

Daí a razão de os dados do paciente passarem à tutela do profissional médico, que assume um *status* de um verdadeiro guardião. Esse ônus é extremamente complexo de ser exercido, na medida em que a realidade social passa a revelar a existência de pessoas focadas a capturar ilicitamente esses dados, fato que inexistia tempo atrás.

Mesmo diante da complexidade de honrar com tal encargo, as repercussões por seu descumprimento são numerosas e intensas, como se verá adiante. E o que mais chama atenção nesse novo ambiente de proteção de dados, a partir da lógica do incidente de segurança, é que surge o dever de noticiar não só as hipóteses materializadas de vazamento, mas também todo e qualquer fato que importe majoração do risco dessa materialização.

4. AS PROVIDÊNCIAS A SEREM ADOTADAS EM RAZÃO DE INCIDENTES DE SEGURANÇA NO ÂMBITO DA TELEMEDICINA

Incidentes de segurança são situações nas quais os dados do titular se encontram num *status* de majorada vulnerabilidade. Como já visto, sua caracterização não depende necessariamente do vazamento dos dados, tampouco de danos ao titular. Basta que os mecanismos de proteção dos dados se revelem, ainda que temporariamente, insuficientes para desempenhar seu papel de preservação.

Também como assinalado, a telemedicina potencializa esse risco. Uma marca interessante desse agravante é o tráfego de dados. Dados de saúde trafegam dentro e entre controladores e operadores de dados. É como explicam Analluza Bolivar Dallari e Amanda Cunha Mello Smith Martins:

> Dados de saúde trafegam e precisam trafegar dentro da cadeia de modo a garantir a melhor assistência do paciente e titular de dados. Exame de sangue e imagem realizados em um certo

---

18. Recente matéria jornalística revelou que cibercriminosos cobiçam dados de saúde em razão de serem *bastante específicos em relação ao paciente, criando janelas de oportunidade para golpes*. https://tecnologia.ig.com.br/2021-04-10/hackers-querem-roubar-dados-sobre-a-sua-saude--saiba-por-que-e-se-proteja.html. Aceso em: 20 jan. 2022.
19. Nessa mesma linha, matéria do O Globo destacou que, para empresas de cibersegurança, *os dados de saúde são os que mais vabelm para os hackers, eles têm valor de venda, porque há grande conteúdo*. https://oglobo.globo.com/saude/crescimento-da-telemedicina-fez-aumentar-venda-clandestina-de-dados-de-saude-aponta-levantamento-25205986. Acesso em: 20 jan. 2022.
20. SCHAEFER. Fernanda. Telemedicina e proteção de dados de saúde (p. 123-147). In: CORREA, Felipe Abu--Jamra (Coord.). *Diálogos entre direito e medicina*: estudos em homenagem ao CRM/TO. Instituto Memória, Curitiba, 2019. p. 135.

laboratório podem ser acessados pelo médico e pela equipe assistencial de um hospital para impedir a repetição desnecessária desses exames, tudo para a adequada tutela da saúde do paciente.

Dados de saúde podem ser acessados até mesmo pelo plano de saúde, desde que de forma segura e sigilosa, seja para liberar um reembolso, seja para autorizar um pagamento, seja até mesmo para evitar a exposição desnecessária à radiação, com a realização repetitiva de exames como PET-Scan, que prejudicam a saúde do paciente titular de dados [...].[21]

entro desse contexto, é de se esperar que o tráfego desses dados já os exponham a um determinado nível de vulnerabilidade.[22] Mas, estamos a falar em um nível admitido pelo Direito, mesmo essa admissão não significando a ausência de responsabilidade de controladores e operadores pelo acesso irregular.[23] Assim o sendo, operadores e controladores devem: (i) adotar as melhores práticas para evitar a materialização desse risco (compreendidas no tripé da segurança da informação – confidencialidade, integridade e disponibilidade);[24] (ii) atuar para mitigar os efeitos dessa materialização e; (iii) responder pela materialização do risco, especialmente para indenizar os dados experimentados pelo titular.

O incidente de segurança e suas bandeiras (amarela e vermelha) devem ser iniciados nas situações (i) e (ii). Sua função é evitar a materialização do dano e, se tal não for possível, minorar seus efeitos. Metaforicamente, uma vez identificada a

---

21. Proteção e compartilhamento de dados entre profissionais e estabelecimentos de saúde. (117-138). In: DALLARI, Annalluza Bolivar; MONACO, Gustavo Ferraz de Campos (Coord.). *LGPD na saúde*. Thompson Reuters, São Paulo, 2021. p. 121.
22. No âmbito da telemedicina, há uma ampliação desse risco quando esse trafego de dados envolve pessoas menos preparadas para os proteger. E aqui destacamos o próprio paciente. Nas hipóteses em que a atenção ao paciente se der fora do ambiente físico prestacional, o paciente provavelmente acionará os sistemas virtuais para atendimento telepresencial de dispositivos com menores nível de segurança do que aqueles utilizados pelo prestador. Para além disso, o paciente tende a ter menor atenção e até habilidade para lidar com os riscos inerentes à telemedicina. O paciente é, no âmbito da telemedicina, um risco a si mesmo.
23. Aqui é aplicada a teoria do risco, pela qual, mesmo sem culpa, operadores e controladores respondem pelos danos causados ao titular. O nexo de causalidade é ínsito à decisão de tratar dados de terceiros.
24. As melhores práticas de proteção de dados são assim compreendidas por constarem no Código de prática para controles de segurança da informação. Constam da ABNT NBR ISSO/IEC 27002:2013. Segundo Lilian Cristina Pricola e Vladimir Ribeiro Pinto Pizzo, as características dos pilares fundamentais são.
No âmbito da confidencialidade: a. garantir que a informação do cidadão somente será acessada por profissionais envolvidos no seu cuidado. b. conceder ao cidadão o direito de revogar o acesso de determinado profissional. c. promover mecanismos de acesso à informação em caso de urgência (break the glass), para a salvaguarda da vida do paciente. d. implantar controles de monitoração, controle de ciberataque e prevenção contra vazamento de informação.
No âmbito da integridade: a. garantir que os dados sejam inseridos por profissionais da saúde e estejam associados aos seus cuidados, procedimento realizados e aos resultados válidos de seus exames e imagens. b. evitar qualquer acesso indevido que possa comprometer a completude da informação ou provocar adulteração dos dados, incluindo sequestro de dados (ransomware).
No âmbito da disponibilidade: a. garantir que os sistemas devem estar disponíveis e com informações atualizadas e íntegras, para que o cidadão receba os cuidados de acordo com as prescrições registradas pelos profissionais da saúde assim como para documentar os cuidados e os procedimentos realizados durante a atenção à saúde. b. implantar controles de detecção, resposta a incidentes e continuidade de negócios, evitando a perda do dado. Segurança da informação na saúde: requisitos para coleta e tratamento de dados na área da saúde (140-157). In: DALLARI, Annalluza Bolivar; MONACO, Gustavo Ferraz de Campos (Coord.). *LGPD na saúde*. Thompson Reuters, São Paulo, 2021. p. 142-143.

ampliação da vulnerabilidade dos dados do titular, um botão é apertado, para que uma série de ações (necessariamente premeditadas) sejam executadas. A LGPD, em seu artigo 48, relaciona abstratamente essas ações, o que significa que deve existir um plano de contingência customizado a cada controlador.

A primeira medida a ser adotada é a notificação às autoridades competentes. A LGPD determina que a Autoridade Nacional de Proteção de Dados (ANPD) seja notificada. Mas, no âmbito da telemedicina, os Conselhos Regionais têm orientado que sejam eles também comunicados.[25] A orientação é embasada na lógica do extravio de prontuário, que é, por definição regulamentar (artigo 87 do CEM), o documento (ainda que virtual) no qual os dados clínicos para a boa condução do caso devem ser armazenados. Mas, isso não significa que outros dados, que não aqueles constantes no prontuário, não devam receber intensa proteção, tampouco que a ampliação de sua vulnerabilidade não deva ser noticiada ao Conselho competente.

Ainda no âmbito das orientações dos CRMs, estão o registro de um boletim de ocorrência (especialmente se houver suspeita de roubo ou furto), bem como a tentativa de restauração (naquelas hipóteses em que os dados não forem mais acessíveis pelo controlador). Essa última providência é fundamental, especialmente sob a perspectiva de que os dados constantes em prontuário são fundamentais para a continuidade do tratamento do paciente.

Tanto a LGPD (ainda no *caput* do artigo 48) quanto os Conselhos Regionais determinam que o titular seja informado do incidente de vulnerabilidade ou exposição indevida de seus dados. Essa postura é conectada com uma lógica de *disclosure*, pela qual o controlador assume explicitamente a ocorrência de uma falha, seja pelo direito do titular em ser informado de fatos dos quais possam lhe causar danos, seja para que o próprio titular também assuma um papel decisivo na defesa de sua esfera de direitos. É de se lembrar, à luz do artigo 21 do Código Civil e do artigo 7º do Marco Civil da Internet, que o titular pode buscar a tutela jurisdicional para impedir a utilização indevida de seus dados. O titular pode requerer ao Judiciário o bloqueio de *sites* e mídias sociais, por exemplo, que sejam palco para a utilização indevida de dados que foram objeto do incidente de segurança. Tolher o titular do exercício desse direito pode representar a ele uma ampliação desnecessária dos prejuízos, ampliando a carga indenizatória em desfavor do controlador.

Até por isso, a LGPD impõe que essa comunicação *seja feita em prazo razoável* (§ 1º do artigo 48). É preciso reconhecer que quão mais despreparado o controlador estiver para lidar com incidentes de segurança, maior será o tempo para comunicá-los. A razão é simples: nessas hipóteses há grandes chances de o controlador sequer saber da ocorrência do incidente. Por certo que o desconhecimento pode de alguma forma legitimar a não comunicação. Entretanto, deixa a porta aberta para uma pergunta

---

25. Vide Parecer Consulta 01/2017 do CRM/ES, Parecer 2041/2009 e Consulta 63.568/02 do CREMESP.

constrangedora, qual seja, o porquê do desconhecimento.[26] A resposta evidenciará a fragilidade do sistema de proteção de dados do controlador, ampliando sua culpa acerca do incidente, com consequentes sanções e condenações indenizatórias mais severas.[27]

As autoridades notificadas devem receber informações sobre os titulares cujos dados foram expostos, bem como a natureza desses dados.[28] É preciso compreender, sob esse viés, que essas informações servem não só para apurar o grau de responsabilidade do controlador, mas também aperfeiçoar o sistema macro de proteção de dados. É que essas autoridades têm uma visão mais holística, podendo identificar padrões, gerar estatísticas, orientar preventivamente outros controladores, titulares e a sociedade em geral.

Outra providência a ser adotada pelo controlador, no âmbito do incidente de segurança, é a avaliação dos riscos.[29] O controlador precisa aferir se da ampliação da vulnerabilidade, derivada do comprometimento de seu sistema de segurança, houve ou não tratamento irregular ou acesso ilícito aos dados do titular. Essa medida é fundamental e preparatória para outra, qual seja, a adoção de ações para *reverter ou mitigar os prejuízos*.[30]

A LGPD, nesse ponto, deixa claro que a ampliação da vulnerabilidade, por si só, é um prejuízo, ainda que não tenha havido tratamento irregular ou acesso ilícito. Mas essa primeira hipótese é aquilo que denominamos de bandeira amarela. O prejuízo prescrito se refere à ampliação da vulnerabilidade em si. Portanto, o papel do controlador será o de encerrar ou consertar as fragilidades do seu sistema de proteção de dados permissivas da ampliação da vulnerabilidade. Essa atuação provavelmente será executada sob a vigilância da ANPD, a qual poderá, inclusive, definir as medidas a serem adotadas.[31]

A bandeira vermelha é aquela pela qual o prejuízo significa efetivamente um dano ao titular. Aqui, por certo, o controlador precisa agir de forma mais intensa e rápida, pois os danos podem crescer em larga projeção (quantitativa e qualitativamente). Os dados podem estar em acesso público, podem ser infinitamente multiplicados, de modo a tornar quase impossível a reversão. São ações desse perfil que podem fazer com que o acesso irregular ou ilícito seja de uma pessoa e não de um milhão.

---

26. A esse propósito, o inciso V do artigo 48 impõe que o controlador informa a razão da demora na comunicação, na hipótese em que ela não for imediata. Por sua vez, o inciso III do § 1º do artigo 48 determina que o controlador informa as medidas técnicas que utiliza para a proteção de dados.
27. A média de tempo para se identificar vazamento de dados em saúde é de 329 dias. Vide: BONAFÉ, Lucas; GUTIERREZ, Teresa. MAGALHÃES. Lucas. *Startups* de saúde: aspectos específicos da responsabilidade pelo tratamento e proteção de dados sensíveis. (341-356). In: DALLARI, Analluza Bolivar; MONACO, Gustavo Ferraz de Campos (Coord.). *LGPD na saúde*. Thompson Reuters, São Paulo, 2021. p. 344.
28. Incisos I e II do § 1º do artigo 48 da LGPD.
29. Inciso IV do § 1º do artigo 48 da LGPD.
30. Inciso VI do § 1º do artigo 48 da LGPD.
31. Inciso II do § 2º do artigo 48 da LGPD.

Nessas hipóteses, uma das medidas que são impostas pela ANPD é a ampla divulgação do fato. Isso ocorre quando o incidente impacta um número significativo de pessoas (provavelmente indeterminado), a bem de que elas também possam protagonizar a defesa de sua esfera de direitos. O caso recente de incidente ocorrido na plataforma *Conecte SUS* é um bom exemplo disso. A comunicação em massa permitiu uma série de providências por parte dos titulares, como alteração de senhas e a impressão do certificado vacinal, por exemplo.

Compreendidas as etapas de providências impostas pela LGPD quando da ocorrência de incidente de segurança, fica claro seu caráter preventivo e paliativo. Ao impor condutas intensas e ágeis, a LGPD proporciona uma camada protetora e mitigadora de impactos nocivos aos titulares. Isso também irradia benefícios aos controladores, na medida em que diminuem os danos que haverão de ressarcir e auxilia na instalação de uma cultura protetiva dos dados. Na telemedicina isso significa muito, especialmente para aumentar sua confiabilidade, viabilizando que seus benefícios sejam aproveitados pela sociedade.

5. REPERCUSSÕES JUDICIAIS EM RAZÃO DE INCIDENTES DE SEGURANÇA NO ÂMBITO DA TELEMEDICINA

Pelo fato de a telemedicina ser uma realidade relativamente recente, o universo acessível de incidentes de segurança a ela associados é significativamente restrito. Além disso, muitos desses incidentes não se tornam públicos. Nada obstante, ainda é possível depreender lições importantes de alguns recentes precedentes judiciais que já se pautaram pela LGPD.

Talvez o mais relevante até o momento seja o julgamento de ação indenizatória promovida em desfavor do Município de Barueri/SP.[32] O Tribunal de Justiça de São Paulo (TJSP), em 2021, determinou que o Município indenizasse paciente portador de HIV que tinha seus dados de saúde acessíveis por qualquer pessoa que conhecesse seu CPF e sua data de nascimento. O TJSP, ao considerar que a ausência de senha de acesso torna a informação, na prática, pública, compreendeu a facilitação de acesso aos dados do paciente equivaleu ao próprio vazamento. Conformou-se aqui a interpretação de que o prejuízo se consolida com a ampliação da vulnerabilidade, não necessitando a prova do acesso por terceiro, para que haja a indenização.

Em 2020, o mesmo TJSP condenou médico a indenizar paciente em razão de permitir que terceiro tivesse acesso ao seu prontuário.[33] O fato interessante desse julgado é que o profissional médico foi enganado pelo terceiro, que se fez passar pela paciente para conseguir acesso ao prontuário. Nesse julgado, também foi expressada a compreensão de que não há necessidade de demonstração do dano para

---

32. TJ-SP – AC: 10168440320208260068 SP 1016844-03.2020.8.26.0068, Relator: Heloísa Martins Mimessi, Data de Julgamento: 05.07.2021, 5ª Câmara de Direito Público, Data de Publicação: 07.07.2021.
33. TJ-SP – AC: 10131323020168260008 SP 1013132-30.2016.8.26.0008, Relator: Hertha Helena de Oliveira, Data de Julgamento: 23.09.2020, 2ª Câmara de Direito Privado, Data de Publicação: 23.09.2020.

a condenação indenizatória, bastando a prova do acesso à informação reveladora da intimidade para a caracterização do dever de indenizar.

O Superior Tribunal de Justiça (STJ) possui também caso relevante, especialmente para demonstrar que é possível exigir condutas mínimas de titulares de dados, em especial os sensíveis de saúde. Em 2020,[34] o STJ negou condenação de uma operadora de plano de saúde pelo fato de terceiro ter tido acesso à informação de saúde de um beneficiário. A condenação foi negada, em razão de o próprio beneficiário ter fornecidos as informações a terceiros, necessárias para acesso ao sistema da operadora.

Cotejando os casos, fica claro que os Tribunais já revelam sua orientação em repreender o agente de tratamento de dados em casos de incidentes de segurança, mesmo que não haja prova de dano. Considerando a sensibilidade, que é característica dos dados relativos ao âmbito da saúde, os Tribunais conferem grande proteção aos dados dos pacientes, mas reconhecem que há dever dos titulares dos dados em contribuir com a proteção de sua própria intimidade.

6. OUTRAS REPERCUSSÕES EM RAZÃO DE INCIDENTES DE SEGURANÇA NO ÂMBITO DA TELEMEDICINA

Na seara da telemedicina, as implicações legais da existência de incidentes de segurança são diversas. Além das repercussões no âmbito da responsabilidade civil e penal, há a possibilidade de sanção pelas instâncias de controle PROCONs e ANDP. Especificamente naquilo que interessa à Medicina, os próprios CRMs podem aplicar sanções ao profissional médico, em razão da violação do dever de sigilo.

Na seara consumerista, é importante destacar a possibilidade da atuação fiscalizatória e punitiva dos PROCONs, naquilo que concerne às relações desenvolvidas no âmbito da telemedicina. Isso se retira do Decreto 2.181/97, o qual estabelece que aos PROCONs cabe fiscalizar as relações de consumo, funcionando, no âmbito administrativo, como instância de instrução e julgamento das infrações das normas de defesa do consumidor, as quais estão sujeitas às sanções previstas nos artigos 55 e seguintes da Lei 8.078/90.

Exemplo disso é o célere caso protagonizado pelo PROCONSP. Em 2020, instaurou processo investigativo em face de hospital no qual ocorreu vazamento de dados pessoais e de saúde de pacientes diagnosticados e internados por Covid-19.[35]

Outra repercussão jurídica originada a partir da configuração de incidentes de segurança diz respeito às sanções administrativas previstas nos artigos 52 a 54 da LGPD. A partir destes dispositivos, depreende-se que a violação às normas da LGPD sujeita os agentes de tratamento de dados a sanções que variam da advertência à proi-

---

34. STJ. ARESP 1653927 (2020/00176797-5), Relatora: Maria Isabel Gallotti, decisão monocrática. Data de Julgamento: 07.08.2020, 4ª Turma.
35. Disponível em: https://www.procon.sp.gov.br/procon-sp-notifica-hospital-albert-einstein/. Acesso em: 20 jan. 2022.

bição total do exercício de atividades relacionadas a tratamento de dados, passando pela aplicação de multa diária.

A partir disso, é evidente que qualquer violação de qualquer dos dispositivos da LGPD sobre segurança e boas práticas, incluindo as obrigações legais que devem ser observadas em caso de incidentes de segurança (artigo 48 da LGPD), implica a possibilidade de ser aplicado ao prestador de serviços de telemedicina as sanções administrativas previstas na LGPD. Nesse sentido, cumpre destacar que, com base no artigo 46 da LGPD, é possível inclusive a aplicação de sanções administrativas em face do agente de tratamento de dados que deixe de adotar medidas de segurança para proteger dados pessoais de terceiros. A esse respeito, a ANPD noticiou o acompanhamento do incidente de violação do aplicativo *Conecte SUS*.[36]

Dito tudo isso, é caso de versar sobre as consequências de incidentes de segurança no âmbito da telemedicina no que concerne à ética médica. Entre outros diplomas, os principais são o Código de Ética Médica (Resolução =2.217/18), no qual estão previstas as normas relativas ao sigilo profissional e aos documentos médicos, e a Lei 3.268/57, a qual prevê as sanções que podem ser aplicadas pelos Conselhos Regionais de Medicina.

Entre os dispositivos do Código de Ética Médica, destacam-se seus artigos 73, a partir do qual se estabelece que é vetado ao médico revelar fato de que tenha conhecimento em virtude do exercício de sua profissão, e 89, o qual dispõe que é vetado ao médico liberar cópias do prontuário sob sua guarda. Nessa ordem de ideias, e partindo do pressuposto de que os dados pessoais de pacientes, ainda que acondicionados de forma eletrônica, são considerados como parte do prontuário médico para fins de proteção, é possível extrair que embora os incidentes de segurança no âmbito da telemedicina não representem, por si próprios, infrações éticas, a divulgação intencional de dados pessoais por prestadores de serviços de telemedicina é considerada violação à ética médica. Essa, por exemplo, foi a lógica que perpassou a instauração de investigação, por parte do Conselho Federal de Medicina, do notório vazamento de dados sigilosos de ex-primeira dama.[37]

7. REFERÊNCIAS

ALVES MANDETTA, Marina. ARTESE. Gustavo. Privacidade na saúde: para muito além do segredo (164-187). In: BRAGA, Reinaldo; SOUSA, Felipe (Coord.). *Compliance na saúde*: presente e futuro de um mercado em busca da autorregulação. Sanar. Salvador, 2016.

BONAFÉ, Lucas; GUTIERREZ, Teresa; MAGALHÃES, Lucas. *Startups* de saúde: aspectos específicos da responsabilidade pelo tratamento e proteção de dados sensíveis. (341-356). In: DALLARI, Analluza Bolivar; MONACO. Gustavo Ferraz de Campos (Coord.). *LGPD na saúde*. Thompson Reuters, São Paulo, 2021.

---

36. Disponível em: https://www.gov.br/anpd/pt-br/assuntos/noticias/anpd-fiscaliza-incidente-ao-site-do-conectsus. Acesso em: 20 jan. 2022.
37. Disponível em: https://oglobo.globo.com/politica/conselho-de-medicina-investiga-vazamento-de-dados-de-dona-marisa-no-sirio-libanes-20868586. Acesso em: 20 jan. 2022.

DALLARI, Analluza Bolivar. Proteção de dados na telemedicina (313-325). In: DALLARI, Analluza Bolivar; MONACO. Gustavo Ferraz de Campos (Coord.). *LGPD na saúde*. Thompson Reuters, São Paulo, 2021.

DALLARI, Analluza Bolivar; SMITH MARTINS, Amanda Cunha de Mello. Proteção e compartilhamento de dados entre profissionais e estabelecimentos de saúde. (117-138). In: DALLARI, Analluza Bolivar; MONACO, Gustavo Ferraz de Campos (Coord.). *LGPD na saúde*. Thompson Reuters, São Paulo, 2021.

FONTOURA COSTA, José Augusto. Tratamento e transferência de dados de saúde: limites ao compartilhamento de dados sensíveis (89-102). In: DALLARI, Analluza Bolivar; MONACO, Gustavo Ferraz de Campos (Coord.). *LGPD na saúde*. Thompson Reuters, São Paulo, 2021.

GASPARINI KIATAKE, Luis Gustavo. Sistemas de prontuário eletrônico e digitalização: impacto da LGPD (327-340). In: DALLARI, Analluza Bolivar; MONACO, Gustavo Ferraz de Campos (Coord.). *LGPD na saúde*. Thompson Reuters, São Paulo, 2021.

SCHAEFER, Fernanda. Telemedicina e proteção de dados de saúde. In: CORREA, Felipe Abu-Jamra (Coord.). *Diálogos entre direito e medicina*: estudos em homenagem ao CRM/TO. Instituto Memória, Curitiba, 2019.

LEI GERAL DE PROTEÇÃO DE DADOS PESSOAIS, TELEMÁTICA EM SAÚDE E PROTEÇÃO DE DADOS DE SAÚDE DURANTE A PANDEMIA

Fernanda Schaefer

Pós-Doutorado no Programa de Pós-Graduação *Stricto Sensu* em Bioética da PUC-PR, bolsista CAPES. Doutorado em Direito das Relações Sociais na Universidade Federal do Paraná, curso em que realizou Doutorado Sanduíche nas Universidades do País Basco e Universidade de Deusto (Espanha) como bolsista CAPES. Professora do UniCuritiba. Coordenadora do Curso de Especialização em Direito Médico e da Saúde da PUC-PR. Assessora Jurídica CAOP Saúde MPPR. E-mail: ferschaefer@hotmail.com.

"A Ciência dos Dados representa nossas mais acalentadas esperanças e aspirações bem como nossos mais obscuros temores e desentendimentos" (Jeremy Rifkin, 1998).

Sumário: 1. Introdução: a dimensão informativa dos dados de saúde – 2. Dados de saúde na Lei Geral de Proteção de Dados Pessoais; 2.1 Exceções ao tratamento de dados de saúde na LGPD e sua aplicação durante a pandemia – 3. Considerações finais – 4. Referências.

1. INTRODUÇÃO: A DIMENSÃO INFORMATIVA DOS DADOS DE SAÚDE

Os dados pessoais (nominativos ou de caráter pessoal) são integrados por informações referentes a pessoas naturais identificáveis ou identificadas. São dados "capazes de criar uma relação de associação a uma pessoa determinada ou determinável em concreto, autorizando, em contrapartida, uma garantia protetiva à sua intimidade e vida privada".[1]-[2]

Assim, dados de saúde, em sua ampla concepção,[3] são dados pessoais no âmbito sanitário[4] que se referem ao estado de uma pessoa identificada ou identificável,

---

1. CACHAPUZ, M. C. *Intimidade e vida privada no novo código civil brasileiro* – uma leitura orientada no discurso jurídico. Porto Alegre: Sérgio Antonio Fabris, 2006. p. 255.
2. Segundo a Lei 13.709 (LGPD), dados pessoais se definem como a "informação pessoa relacionada a pessoa natural identificada ou identificável" (art. 5º, I). A sua definição legal é, portanto, *numerus apertus*, podendo a sua delimitação decorrer de certo contexto ou circunstância.
3. De La Cueva trabalha um conceito ainda mais amplo de dado médico, agrupando nessa categoria todo e qualquer dado relativo ao corpo humano, mesmo aqueles que só mantenham conexão indireta com os fins relacionados à saúde, como por exemplo, os seguros de saúde, as estatísticas e as atividades científicas. Pela dificuldade de manejo desse conceito, optou-se por uma concepção um pouco mais restrita, embora ainda considerada bastante ampla (DE LA CUEVA, P.L.M. El derecho fundamental a la protección de los datos relativos a la salud. In: CARULLA, S.R. (Ed.); MARTRUS, J.B. (Coord.). *Estudios de protección de datos de carácter personal en el ámbito de la salud.* Madrid, Espanha: Agência Catalana de Protecció de Dades, 2006. p. 21-43).
4. Não se deve confundir informações em saúde com dados clínicos. Aquelas são compostas por noções amplas formuladas a partir de estatísticas, censos etc.; estes são a representação de informações obtidas de uma determinada pessoa, sobre a qual se aplica a noção de confidencialidade.

titularizados por um sujeito de direitos (por isso, a informação como atributo da personalidade). No entanto, vale frisar, não se tratam apenas de dados coletados em atos médicos propriamente ditos, mas de dados que se referem à saúde física e mental do seu titular e que podem ser coletados das mais diferentes formas e com a intermediação das mais diversas ferramentas (como aplicativos, *smartwatches*, *werables*) e para as mais diferentes finalidades.

Os dados pessoais para que sejam considerados como dados sensíveis,[5] devem se referir a uma pessoa determinada ou determinável, sendo capazes de revelar algum aspecto objetivo deste indivíduo, como o estado (passado, presente e/ou futuro) de saúde física e psíquica de seu titular, bem como, sua divulgação pode fazer surgir uma condição físico-psíquica capaz de conduzir[6] à discriminação ou causar prejuízo ao seu titular, familiares ou pessoas próximas.[7]

Então, dados de saúde são aqueles que abarcam dois elementos: o elemento material (é a sua base física, tudo que dá suporte físico à informação, como o histórico e documentos clínicos); e o elemento imaterial (formado pelo conjunto de informações obtidas da história clínica do paciente e de documentos médicos diversos e que pode assumir diferentes funções – inclusive política e econômica – dependendo do destino que se pretende dar a eles). Esses elementos devem ser igualmente considerados bens da personalidade (pois detentores de informação pessoal – atributo da personalidade), uma vez que compõem parte do indivíduo, e, por isso, protegidos pelo direito à privacidade e pela autodeterminação informativa, observadas as singularidades de seu objeto.[8]

Dessa forma, a dimensão informativa dos dados de saúde, encarada quanto aos elementos materiais e imateriais, pode ser vista sob três aspectos: a coleta de dados; sua gestão e tratamento[9] e seu acesso. Essa extensão informativa dos dados de saúde

---

5. Segundo a Lei n. 13.709 (LGPD), dados pessoais sensíveis como, art. 5º, II, a "dado pessoal sobre origem racial ou étnica, convicção religiosa, opinião política, filiação a sindicato ou a organização de caráter religioso, filosófico ou político, dado referente à saúde ou à vida sexual, dado genético ou biométrico, quando vinculado a uma pessoa natural". A linguagem utilizada pela norma é exaustiva, embora se reconheça que o conjunto de dados considerados sensíveis seja bastante amplo.
6. O tipo aqui é o tipo de perigo abstrato porque não exigem propriamente a lesão concreta a um bem jurídico já que descrevem comportamentos que podem conduzir a um resultado injusto.
7. SCHAEFER, Fernanda. *Proteção de dados de saúde na sociedade de informação*. Curitiba: Juruá, 2010.
8. SCHAEFER, Fernanda; GONDIM, Glenda Gonçalves. Telemedicina e Lei Geral de Proteção de Dados Pessoais. In: ROSENVALD, Nelson; MENEZES, Joyceane; DADALTO, Luciana. *Responsabilidade civil e medicina*. Indaiatuba, SP: Foco, 2020. p. 187-202. p. 191.
9. Por tratamento deve-se entender qualquer operação (com ou sem meios informáticos) efetuada sobre dados pessoais, como coleta, registro, organização, armazenamento, consulta, utilização, comunicação, difusão etc. O tratamento automático utiliza meios informáticos para realizar essas operações independente do conhecimento ou consentimento do titular dos dados.
Segundo o art. 5º, X, Lei 13.709/18, tratamento é "toda operação realizada com dados pessoais, como as que se referem a coleta, produção, recepção, classificação, utilização, acesso, reprodução, transmissão, distribuição, processamento, arquivamento, armazenamento, eliminação, avaliação ou controle da informação, modificação, comunicação, transferência, difusão ou extração". A lista é exemplificativa e a caracterização como ato de tratamento não depende de qualquer transformação das informação disponível, basta qualquer ação realizada sobre um dado.

se revela na valoração qualitativa da atividade médica, ou seja, quanto mais informações sobre o enfermo o facultativo tiver, melhor tende a ser a prestação ofertada na atividade sanitária. Da mesma forma, quanto mais informações o Poder Público tiver sobre a saúde de sua população, melhor podem ser as ações, os serviços e as políticas públicas de saúde.

Certo é que a utilização dos dados de saúde deve ser sempre feita de maneira limitada à persecução de um determinado fim (esclarecido previamente ao titular dos dados), que indubitavelmente estará circunscrita à dignidade da pessoa humana. A dimensão informativa e documental dos dados de saúde pode ser garantida por alguns direitos conferidos ao paciente (ou a seus responsáveis), como, por exemplo: a) de ser informado sobre os serviços sanitários disponíveis e sobre os requisitos para ser por ele atendido; b) a confidencialidade de toda informação relacionada com seu atendimento sanitário; c) de ser advertido se o procedimento (diagnóstico ou terapêutico) a ser aplicado é experimental ou não e com ele (dis)concordar; d) de se submeter a procedimentos que não provoquem riscos adicionais a sua saúde; e) de lhe ser designado um médico que será considerado responsável pelo seu acompanhamento e fará a comunicação entre o paciente e a equipe que lhe assiste; f) a participar de comunidades sanitárias; g) a utilizar as vias de reclamação administrativas e judiciais; bem como apresentar sugestões; h) a escolher o médico, quando houver essa possibilidade; i) a obter medicamentos e produtos sanitários necessários à promoção, cura e prevenção de doenças; k) de consentir (ou não) com a disponibilização de seus dados para fins de pesquisa,[10] direitos que se relacionam à tutela estabelecida pela vigente Lei Geral de Proteção de Dados Pessoais, especialmente no art. 18 (Lei n. 13.709/18).[11]

Sabe-se que os dados de saúde não só comportam uma indiscutível potencialidade de desenvolvimento da Medicina em todas as suas dimensões (curativa, preventiva e promocional), mas também contém em si grande potencial de ferir diversos direitos humanos e fundamentais. Daí, a necessidade de regular o seu tratamento de uma maneira bastante restritiva uma vez que "as novas ferramentas representam a última expressão do controle humano".[12]

A História[13] humana por mais de uma vez já demonstrou que embora os discursos (especialmente aqueles que pregam a desagregação dos dados-fonte de seus

---

10. DE LA CUEVA, op. cit., p. 26.
11. SCHAEFER; GONDIM, op. cit., p. 191-192.
12. RIFKIN, Jeremy. *O século da biotecnologia*. Trad. Arão Sapiro. São Paulo: Makron, 1998, p. 01.
13. Se o passado é prelúdio do futuro não se pode esquecer que as formas de discriminação e classificação social com base em dados médicos não são uma novidade na História da Humanidade, vide: o desenvolvimento dos leprosários (a partir de 1350 a.C., no Egito); varíola (a partir do século X); a tese da higiene racial (EUA a partir de 1890 e Alemanha nazista a partir de 1934); ebola (Zaire a partir de 1976); HIV (EUA a partir dos anos 80); SARS e H1N1 (a partir de 2003 e 2009 respectivamente). A breve análise desses eventos históricos demonstra que medidas de segregação baseadas em dados clínicos não são novidade, nem parecem ser questionadas pela população em geral que costuma aceitá-las passivamente, pois apresentadas em discursos que as sustentam como medidas necessárias à proteção do bem-estar geral (SCHAEFER, op. cit.).

titulares) sejam sempre muito sedutores, não podem fazer esquecer os riscos trazidos a direitos e liberdades com o mau uso de dados de saúde (aqui incluídos também os dados genéticos). Por isso, a informação neles contida deve ser encarada não apenas em seu valor individual, mas também em seu valor coletivo, uma vez que "a plenitude da esfera pública depende diretamente da liberdade com a qual pode ser construída a esfera privada".[14]

2. DADOS DE SAÚDE NA LEI GERAL DE PROTEÇÃO DE DADOS PESSOAIS

Os avanços das tecnologias de comunicação e informação nas últimas décadas deram lugar a um novo e tentador instrumento: o tratamento de dados de saúde para diferentes fins desde os mais nobres (como buscar o diagnóstico ou a cura de uma doença e controle de epidemias) até os mais perigosos (como a eutanásia eugênica).

É nesse contexto de permeabilidade da pele, de digitalização do corpo humano, de segregação dos dados de seus titulares, que se apresentam discursos que afirmam a redução das dimensões da privacidade em favor de uma suposta segurança pública. O resgate da ideia do 'homem de vidro'[15] agora associada à ideia de 'casa de vidro' obriga ao redimensionamento da tutela da privacidade (nunca sua extinção!), valorizando-se o que se denomina de autodeterminação informativa, especialmente no que toca aos dados sensíveis.

A Lei Geral de Proteção de Dados desempenha não só o importante papel de finalmente intensificar as discussões sobre o tema no Brasil, mas também de inibir o tratamento de dados sensíveis, estabelecendo a proibição de tratamento como regra que, no entanto, admite algumas exceções (art. 4º, III, LGPD). Por isso, "o tratamento de dados pessoais sensíveis ligados à saúde, deve estar voltado ao interesse das pessoas naturais e da sociedade, em uma visão ligada às políticas públicas",[16] compreendendo-se a privacidade como a proteção conferida a escolhas de vida e liberdade de escolhas existenciais.

As regras de boa governança de dados trazidas pela LGPD colocam em destaque os princípios de segurança e prevenção,[17] balizas legais de comportamento.

---

14. RODOTÀ, Stefano. *A vida na sociedade de vigilância*. A privacidade hoje. Rio de Janeiro: Renovar, 2008. p. 115.
15. "Assediados por computadores, espiados por olhos furtivos, filmados por telecâmeras invisíveis. Os cidadãos da sociedade da informação correm o risco de parecer homens de vidro: uma sociedade que a informática e a telemática estão tornando totalmente transparente" (RODOTÀ, 2008, p. 09). O risco dessa absoluta transparência está intimamente ligado a variadas formas de controle social e condutas discriminatórias que se distancia cada vez mais do arcabouço da dignidade da pessoa humana.
16. COLOMBO, Cristiano; GOULART, Guilherme Damasio. Ética algorítmica e proteção de dados pessoais sensíveis: classificação de dados de geolocalização em aplicativos de combate à pandemia e hipóteses de tratamento. In: BARBOSA, Mafalda Miranda; BRAGA NETTO, Felipe; SILVA, Michel César; FALEIROS JÚNIOR, José Luiz de Mourda. *Direito digital e inteligência artificial*. Indaiatuba, SP: Foco, 2021. p. 271-288. p. 277.
17. Segurança pode ser compreendida pela: utilização de medidas técnicas e administrativas aptas a proteger os dados pessoais de acessos não autorizados e de situações acidentais ou ilícitas de destruição, perda, alteração, comunicação ou difusão (art. 6º, VII, LGPD).

Estas balizas reforçam todo o argumento em prol da construção de uma estrutura de governança que (i) estabeleça políticas e salvaguardas adequadas com base em procedimentos de avaliação de impactos e riscos à privacidade, bem como que (ii) tenha por objetivo determinar relação de confiança com o titular, por meio de atuação transparente e que assegure mecanismos de participação do titular.[18]

Os dados de saúde obtidos pelos mais diferentes meios podem dar acesso a informações muito importantes sobre os seus titulares e que, como já demonstrou a História, podem ser usados para selecionar, excluir, discriminar e até mesmo matar. Por isso, não só é importante protegê-los porque dados pessoais, mas, especialmente a tutela deve ser conferida em razão da sua alta sensibilidade.

Por tudo isso, evidencia-se que o problema de tutela da privacidade na Sociedade de Informação deve ser analisado a partir dos horizontes que se apresentam para além da mera tutela individual, uma vez que o valor da informação é obtido também do contexto (especialmente político e econômico) em que se inserem e das finalidades a que se destinam.

Confere-se à privacidade, portanto, um sentido mais amplo do que aquele classicamente idealizado e que pode ser identificado como a "tutela das escolhas de vida contra toda forma de controle público e de estigmatização social",[19] visando, com isso, conferir autonomia às pessoas no controle de suas próprias informações e não apenas o direito ao segredo sobre elas. É possível, portanto, deduzir a proteção dos dados pessoais da tutela da privacidade, mas nesse direito a autodeterminação informativa não se esgota.

2.1 Exceções ao tratamento de dados de saúde na LGPD e sua aplicação durante a pandemia

A privacidade no contexto da Sociedade de Informação é continuamente desgastada e desconsiderada, muitas vezes sob o falso pretexto de prevalência de interesses sociais. Tendem a prevalecer definições funcionais da privacidade que muitas vezes acabam também distanciando o sujeito do controle sobre suas próprias informações, reduzindo a pessoa perigosamente a meras funcionalidades biológicas.

Por isso, o controle de dados de saúde não pode se subsumir apenas ao estudo da confidencialidade médica, uma vez que o rápido e surpreendente desenvolvimento das tecnociências, a hipervalorização da informação,[20] a lentidão da capacidade de

---

Prevenção pode ser compreendida pela: adoção de medidas para prevenir a ocorrência de danos em virtude do tratamento de dados pessoais (art. 6º, VIII, LGPD).

18. FOJA, Rafael Goto; MESSIAS, Aline de Almada. Regras de boas práticas e de governança: experiência no âmbito hospitalar. In: DALLARI, Analluza Bolivar; MONACO, Gustavo Ferraz de Campos. *LGPD na saúde*. São Paulo: Ed. RT, 2021.
19. RODOTÀ, op. cit., p. 92.
20. A informação em si, não tem valor, o que lhe agrega valor é o contexto em que é utilizada e a sua finalidade. Por seu caráter imaterial, no entanto, a informação permite o desenvolvimento de políticas que tendem ao totalitarismo e que, no entanto, na sua grande dimensão são imperceptíveis à maioria das pessoas.

compreensão dos processos sociais e o apelo utilitarista do século XXI permitem que o ser humano seja visto de acordo com uma visão reducionista, cindida da realidade e que nega ao indivíduo sua indissociabilidade.

O ser humano segmentado, digitalizado, abre espaço para a dissociação de seus dados pessoais, despersonalizando-os e tornando esses dados apenas bens de valor econômico, objeto de manipulação política e econômica que se sobrepõe ao respeito ao ser humano. Essa crescente e preocupante desmaterialização não pode, pois, ser enfrentada apenas redefinindo-se categorias jurídicas clássicas, é necessário que se apresentem valores existenciais que se pretendem proteger a longo prazo. Nesse sentido, adverte Rifkin que,

> Ao contrário dos bens materiais, a informação não desaparece ao ser consumida, e, até mais importante, o valor da informação pode ser ampliado indefinidamente através de constantes adições de nova informação já existente. Assim, as pessoas vão continuar a visualizar a informação que elas e outros criaram, até mesmo após ter sido usada.[21]

É possível então afirmar que a privacidade não morre na Sociedade de Vigilância, ela se ressignifica a partir do reconhecimento da autodeterminação informativa como um direito autônomo. Por isso, limitações legais à privacidade só devem ser admitidas para fins específicos que não podem interferir na própria essência da autodeterminação, devendo ser consideradas a partir da própria noção de dignidade da pessoa humana.

Sabe-se que a informação não é facilmente atingível pela destruição causada pelo tempo e, por isso, quando se transforma em objeto primário da atenção econômica e política vai exigir uma proteção maior, robusta, pautada na proteção da pessoa. Não se trata, advirta-se, de negação à tecnologia em si (até mesmo porque pode trazer muitos benefícios), mas sim, de se questionar como se fará o uso, com que finalidade e que riscos razoavelmente podem ser admitidos.

No Brasil, a LGPD admite excepcionalmente o tratamento de dados de saúde sem o consentimento do seu titular quando: necessário à execução de políticas públicas previstas em leis e regulamentos (art. 11, II, *b*); para a realização de estudos por órgão de pesquisa, garantida quando possível a anonimização dos dados (art. 11, II, *c*); para proteção de vida ou da incolumidade física do titular ou de terceiro (art. 11, II, *e*); para tutela da saúde, exclusivamente, em procedimento realizado por profissionais de saúde, serviços de saúde ou autoridade sanitária (art. 11, II, *f*). A lei embora exaustiva nos fatos que autorizam a exceção à regra, é propositadamente aberta aos descrever as situações.

No entanto, as hipóteses concretas não poderão se apresentar justificadas sob o genérico pretexto do interesse público, devendo o interesse social ser demonstrado objetivamente (inclusive em atos normativos, conforme determina o art. 13, LGPD)

---

21. RIFKIN, op. cit., p. 228.

para realmente ser autorizador do tratamento de dados de saúde, uma vez que, sendo a proteção de dados sensíveis expressão da liberdade e da dignidade humana, não se pode tolerar que se transforme um sujeito em objeto de vigilância constante e onipresente do Estado.

Por isso, por sua natureza especial, dados de saúde não podem ser tratados automaticamente, a menos que sejam previstas garantias legais e/ou ainda que se tenha consentimento expresso de seu titular. No entanto, a mera proibição geral de coleta e tratamento desses dados também não é aconselhável pelo simples fato de existirem situações em que a utilização desses dados será considerada legítima e necessária como, por exemplo, a necessidade de controle de epidemias (o que se evidenciou durante o combate à Covid-19).

A pandemia provocada pelo SARS-CoV-2 trouxe mais um desafio à tutela de dados de saúde: com proteger a autodeterminação informativa quando autoridades públicas estabelecem medidas vigilantistas e para o fazerem precisam cruzar os mais diferentes tipos de dados pessoais para tentar controlar o novo vírus?

A pergunta que se pretende responder, no entanto, não é propriamente se as autoridades públicas podem promover tratamento de dados pessoais para conter pandemias, mas, sim, uma vez que o façam como está garantida a proteção dos seus titulares. A discussão é difícil e desafiadora porque os limites entre o interesse social e o interesse individual na área de saúde nem sempre estão tão claros. Os riscos são tão portentosos quanto compensadores e envolventes e, por isso, a inviolabilidade da pessoa deve ser reconfigurada a partir do respeito ao ser humano em todas as suas dimensões.

Durante a pandemia (2020-2022) a China foi o primeiro país a abertamente declarar que estava fazendo cruzamento de dados utilizando os dados de saúde coletados de atendimentos médico-hospitalares ou obtidos a partir de autodeclaração e dados de geolocalização recebidos de operadoras de telefonia.

O aplicativo desenvolvido pelo governo chinês na modalidade de *contact tracing*[22] (rastreamento de contatos ou controle de comunicantes) não só permite a coleta de dados não autorizada expressamente pelo seu titular, mas também autoriza ao

---

22. Explicam Colombo e Goulart (op. cit., p. 280) que "buscando evitar eventuais desvios, tem-se utilizado com frequência, para os aplicativos de *contact tracing*, um protocolo específico de registro de contatos que foi construído com foco na preservação da privacidade e proteção de dados de seus usuários. Chamado de *Privacy-Preserving Contact Tracing*, o protocolo funciona por meio do uso de *bluetooth*. Em resumo, o aplicativo recolhe um registro randomizado de todas as pessoas que o usuário do aplicativo teve contato (informações essas que não permitem identificar cada uma das pessoas e são enviadas por meio de *bluetooth*). Uma vez por dia o sistema faz download das indicações dos registros das pessoas que foram infectadas, verifica-se se o usuário tem algum daqueles identificadores aleatórios armazenados em seu celular. Quando isso ocorre, o protocolo prevê o envio de uma notificação para o usuário que ele teve contato com alguém infectado. Para o usuário, o aplicativo não indica quem é a pessoa infectada, apenas avisa que ele manteve contato com alguém infectado". A anonimização do infectado é garantia de sua segurança e, por isso, esse protocolo vem sendo o mais recomendado.

usuário verificar se teve contato ou estava próximo de alguém contaminado, sendo sua utilização obrigatória por quem deseja circular nas ruas chinesas.

Pouco ou nada se falou sobre o assunto, até porque outros países,[23] incluindo o Brasil rapidamente incorporaram a ideia e seguiram o mesmo rumo, criando sistemas de monitoramento inteligente (associados a *self-correcting* e *machine learning*) baseados na necessidade sanitária do controle de aglomerações, assistência social e interrupção de cadeias de infecção. Essas tecnologias podem ser implantadas para: realizar a comunicação eletrônica dos casos; para rastreamento de sinais e sintomas; para determinar isolamento e quarentena; para identificação rápida de contatos; para dispersão de aglomerações, entre inúmeras outras utilidades.

Uma vez que o atraente discurso de proteção da saúde pública parece ter prevalecido sem grandes oposições, a grande dúvida está em tentar se identificar a legalidade da conduta, até porque normalmente acompanhada de falta de transparência, ausência de informação clara, precisa e objetiva aos titulares dos dados e potencialidade de condutas discriminatórias e até violentas contra contaminados.

Tanto o Regulamento Sanitário Internacional (RSI, Decreto 10.212/20) quanto a lei que estabeleceu as medidas para o enfrentamento da emergência de saúde pública de importância internacional (Lei 13.979/20) afirmam a dignidade da pessoa humana, os direitos humanos e as liberdades individuais como direitos indisponíveis mesmo durante o combate à pandemia (embora possam sofrer algumas restrições). Por isso, quando se opta por dispositivos de *contact tracing* as informações de saúde devem ser mantidas em sigilo e preferencialmente processadas anonimamente.

O art. 45, § 1º, do RSI, permite o tratamento de dados pessoais de saúde "quando for essencial para os fins de avaliação e manejo de risco para a saúde pública",

> Garantindo que os dados pessoais sejam (i) processados de modo justo e legal, e sem outros processamentos desnecessários e incompatíveis com tal propósito; (ii) adequados, relevantes e não excessivos em relação a esse propósito; (iii) acurados e, quando necessário, mantidos atualizados, garantindo-se que todas as medidas razoáveis serão tomadas para garantir que dados imprecisos ou incompletos sejam apagados ou retificados; e (iv) conservados apenas pelo tempo necessário.[24]

Portanto, ao adotar a estratégia do *contact tracing*, aplicando-se inteligência artificial para análise de dados de saúde, padrões mínimos de proteção da pessoa humana devem ser obedecidos e, entre eles, está o princípio da finalidade. Se os

---

23. Os aplicativos mais usados na China foram plug-ins para os aplicativos WeChat e Alipya; na Itália o Immuni; na Áustria o Stop Corona (Cruz Vermelha); em Singapura o Safe Entry eo Tracetogether; no Brasil alguns aplicativos foram desenvolvidos por governos municipais como Porto Alegrem Recife, Rio de Janeiro e pelo Estado de São Paulo (SIMI-SP). Mais sobre esses aplicativos leia: FALEIROS JUNIOR, José Luiz; COSTA, Guilherme Spillari. A proteção de dados como vetor dos sistemas de inteligência artificial: o controle de aglomeração por algoritmos durante a pandemia. *Revista dos Tribunais*, v. 1026/2021, p. 149-178, abr. 2021.
24. ZANATTA, Rafael Augusto Ferreira; FREITAS, Márcia Araújo Sabino; MONTEIRO, Renato Leite; FAVARO, Isamine Lima. Covid-19 e contact tracing: tecnologia e proteção de dados pessoais em situações excepcionais de pandemia. In: DALLARI, Analluza Bolivar; MONACO, Gustavo Ferraz de Campos. *LGPD na saúde*. São Paulo: Ed. RT, 2021. p. 404.

dados foram coletados para fins sanitários, por exemplo, não podem ser utilizados para persecução penal.

A utilidade pública declarada na justificativa legislativa deve ser interpretada restritivamente, não podendo os benefícios sociais genericamente serem apontados direta ou indiretamente como a contrapartida oferecida aos cidadãos. Por isso, nessas hipóteses, a atenção deve se deslocar dos meios de reação individual para os instrumentos de controle social contidos nas autorizações normativas para tratamento de dados sensíveis.[25] É preciso demonstrar como o melhor interesse público se realizará na medida tomada, uma vez que se pressupõe que o melhor interesse público só poderá realizar o verdadeiro sentido da solidariedade social se efetivamente representar um interesse que tenha valor maior para a efetivação da dignidade da pessoa humana.

Se o rastreamento digital é ferramenta governamental importante em tempos de pandemia (ferramenta de telemática em saúde), mais importante ainda é garantir que os fins a que se destinam sejam realmente respeitados e a anonimização[26] realizada, garantindo-se o melhor uso possível em benefício da coletividade.

O princípio da finalidade[27] (art. 6º, I, LGPD) garante que o fim a que se destina o tratamento de dados deva ser conhecido antes mesmo da sua coleta, o que de fato não aconteceu nos aplicativos desenvolvidos e/ou utilizados por entes públicos brasileiros. Vale ainda ressaltar que embora a LGPD só tenha entrado em vigor em 18 de setembro de 2021,

> [...] um arcabouço principiológico reconhecido e aprovado pelo legislador brasileiro, estando em plena harmonia com outros textos legais vigentes no país e que formam um microssistema de proteção ao titular de dados. Nesse âmbito, podem ser citados, dentre outros, o Código de Defesa do Consumidor, o Marco Civil da Internet e a Lei de Acesso à Informação, além da Constituição da República. Além disso, em maio de 2020, o Supremo Tribunal Federal reconheceu o direito

---

25. SCHAEFER, Fernanda. A divulgação de dados de vacinados contra a Covid-19: entre a LGPD (Lei n. 13.709/2018) e a LAI (Lei n. 12.527/2011): divulgar ou não, eis a questão! *Revista de Direito Médico e da Saúde*, Anadem, n. 24, p. 79-93, set. 2021.
26. O art. 5º, III, LGPD conceitua dado anonimizado como "dado relativo a titular que não possa ser identificado, considerando a utilização de meios técnicos razoáveis e disponíveis na ocasião de seu tratamento'. O art. 5º, XI, define anonimização como à utilização de meios técnicos razoáveis e disponíveis no momento do tratamento, por meio dos quais um dado perde a possibilidade e associação direta ou indireta, a um indivíduo. Destaque-se que a anonimização, por si só, não é garantidora da proteção do titular dos dados, outros princípios constitucionais e previstos na LGPD devem também ser garantidos. Faleiros Junior e Costa (2021) advertem que fala-se em 'meios técnicos razoáveis', mas não se esclarece quais são os critérios para dizê-los como tal; fala-se, ainda, em 'meios disponíveis por ocasião do tratamento', mas não se considera as conjecturas dessa disponibilidade, que pode ser afetada pela finalidade do tratamento, pela natureza da atividade explorada pelo agente de dados ou mesmo pela técnica de anonimização empregada; assevera-se, também, a necessidade de parametrização objetiva dos critérios de aferição de razoabilidade, embora o próprio exemplo indicado na norma (custo e tempo de reversão, no art. 12, §1º.) seja baseado em aspectos que podem variar conforme o caso concreto".
27. O Regulamento Sanitário Internacional (RSI 2005 e Decreto n. 10.212/20) adotado no âmbito da Organização Mundial de Saúde exige, quando essencial o tratamento de dados pessoais para a avaliação e o manejo de um risco para a saúde pública, a garantia de que os dados pessoais manipulados sejam "adequados, relevantes e não excessivos em relação a esse propósito" e "conservados apenas pelo tempo necessário." (artigo 45, § 2º, alíneas *b*, *d*).

fundamental à proteção de dados ao suspender a Medida Provisória 954, que determinava o compartilhamento dos dados pessoais dos usuários de telefonia pelas empresas telefônicas ao IBGE.[28]

Trata-se, portanto, de dar garantias à tutela de um direito fundamental: a autodeterminação informativa,[29] ainda que haja um interesse público relevante sobre os dados tratados. Assim, os dados de saúde e de localização só podem ser utilizados especificamente para fins (princípios da finalidade e da pertinência) de controle da pandemia (princípio da utilização não abusiva), demonstrada também a necessidade e a respectiva proporcionalidade desse tratamento (arts. 13 e 26, LGPD).

Soma-se a esses princípios, o princípio da necessidade que segundo Rodotà, constitui uma forma de oposição à tendência humana de utilizar sempre toda e qualquer inovação tecnológica disponível, uma vez que essas podem conduzir a sistemas totalitários. O princípio visa "circunscrever a coleta de informações ao mínimo indispensável de modo a garantir a maior liberdade possível".[30] E aqui reside outro grande desafio: determinar o que realmente seria esse mínimo, uma vez que passível de diversas quantificações.

Por isso, por exemplo, não se pode simplesmente autorizar a qualquer órgão de pesquisa o acesso aos dados de saúde coletados. A lei autoriza que os órgãos de pesquisa[31] (não especificados) tenham acesso a bases de dados (também não elencadas), com a restrição de que sejam tratados, exclusivamente, dentro do órgão e apenas para a finalidade a que se destina e preferencialmente de forma anonimizada (arts. 11, II, c; 13, da LGPD.)[32] De se destacar que o dispositivo legal menciona o ambiente seguro

---

28. FALEIROS JUNIOR; COSTA, op. cit.
29. Por isso, os aplicativos devem ser construídos observando-se a "'ética por definição (*ethics-by-default*) e desde a concepção (*ethics-by-design*)', a fim de que seja preservada a dignidade da pessoa humana, em uma ética algorítmica antropocêntrica, para 'estar sempre ao serviço do ser humano e nunca ao contrário', maximizando benefícios e 'reduzindo riscos'" (COLOMBO; GOULART, op. cit., p. 285).
30. RODOTÀ, Stefano, op. cit.
31. Como a lei, talvez propositadamente, tenha deixado a identificação desses órgãos lacunosa, o Governo Federal viu aí uma brecha (ainda que não vigente à época a LGPD) e editou a MP n. 954/20 que determinava que as operadoras de telefonia cedessem imediatamente dados pessoais de seus usuários ao IBGE para que este pudesse dar continuidade às pesquisas durante o período de isolamento social. No entanto, certo de que a exceção não está na LGPD para esse tipo de órgão de pesquisa o Conselho Federal da OAB propôs Ação Direta de Inconstitucionalidade (Adin 6387) questionando a legalidade da MP. Ao confirmar a ilegalidade da MP o STF afirmou: "a inconstitucionalidade formal da medida provisória impugnada, por inobservância dos requisitos da relevância e da urgência previstos no art. 62 da CF, bem como a sua inconstitucionalidade material, por afronta ao postulado fundamental da dignidade da pessoa humana e às cláusulas fundamentais asseguratórias da inviolabilidade da intimidade, da vida privada, da honra e da imagem das pessoas, bem como do sigilo de dados e da autodeterminação informativa (arts. 1º, III, e 5º, X e XII, da Lei Maior)". Afirmou, ainda que, "o cenário de urgência decorrente da crise sanitária deflagrada pela pandemia global da Covid-19 e a necessidade de formulação de políticas públicas que demandam dados específicos para o desenho dos diversos quadros de enfrentamento não podem ser invocadas como pretextos para justificar investidas visando ao enfraquecimento de direitos e atropelo de garantias fundamentais consagradas na Constituição". A MP não apresentou mecanismos técnicos ou administrativos aptos a proteger acessos não autorizados a esses dados, como também não demonstrou o interesse público justificador da norma e a necessidade/proporcionalidade da medida.
32. Art. 13, LGPD. Na realização de estudos em saúde pública, os órgãos de pesquisa poderão ter acesso a bases de dados pessoais, que serão tratados exclusivamente dentro do órgão e estritamente para a finalidade

e controlado, preocupação essa que perpassa toda a legislação, mas que em nome de supostos interesses públicos vem sendo desconsiderada por diversas autoridades. É nesse contexto que a defesa da privacidade assume significados diversos e que as técnicas tradicionais de tutela parecem se mostrar insuficientes.

Vale ainda lembrar que, qualquer que seja a hipótese, a LGPD determina que o controlador deverá realizar relatório[33] de impacto à proteção de dados quando o tratamento de dados puder gerar riscos a direitos fundamentais (art. 38, parágrafo único e 55-J, XIII, LGPD, impondo-o como uma obrigação e não como uma faculdade (princípio da responsabilização e da prestação de contas). Recomenda-se, ainda, que os dados sejam apagados tão logo sua finalidade seja atingida.

Se das novas tecnologias emergem muitas promessas, delas também nascem crescentes preocupações, novos perigos e modelos diferenciados de responsabilização. Os problemas trazidos pelas novas tecnologias são complexos e irredutíveis a respostas fáceis e imutáveis. Não se trata, portanto, de se optar por uma rejeição das novas ferramentas, nem de recusar a privacidade na Sociedade de Informação e de Vigilância, mas sim, de se discutir uma qualificada aceitação das novas tecnologias e a proteção integral da pessoa humana.

Não são alarmistas as predições feitas sobre o destino da privacidade de dados, mas sim são prelúdios de uma necessária reflexão sobre os perigos dos usos ilimitados de dados de saúde, ainda que se refiram a situações excepcionais que se justificam pela proteção da saúde coletiva.

As discussões provocadas pela pandemia sobre a telemática em saúde e o uso de dados de saúde para auxiliar no desenvolvimento de políticas públicas de contenção do vírus não podem irracionalmente justificar uma exacerbação do coletivo porque isso poderia conduzir a programas autoritários e até seletivos. Trata-se aqui de efetivamente identificar o interesse social que pode prevalecer (e não de forma absoluta) sobre o direito à privacidade quando pensado exclusivamente sob o viés individual. Frise-se, "não se trata de absorver o individual no público, mas sim de

---

de realização de estudos e pesquisas e mantidos em ambiente controlado e seguro, conforme práticas de segurança previstas em regulamento específico e que incluam, sempre que possível, a anonimização ou pseudonimização dos dados, bem como considerem os devidos padrões éticos relacionados a estudos e pesquisas.

§ 1º A divulgação dos resultados ou de qualquer excerto do estudo ou da pesquisa de que trata o caput deste artigo em nenhuma hipótese poderá revelar dados pessoais.

§ 2º O órgão de pesquisa será o responsável pela segurança da informação prevista no caput deste artigo, não permitida, em circunstância alguma, a transferência dos dados a terceiro.

§ 3º O acesso aos dados de que trata este artigo será objeto de regulamentação por parte da autoridade nacional e das autoridades da área de saúde e sanitárias, no âmbito de suas competências.

§ 4º Para os efeitos deste artigo, a pseudonimização é o tratamento por meio do qual um dado perde a possibilidade de associação, direta ou indiretamente, a um indivíduo, senão pelo uso de informação adicional mantida separadamente pelo controlador em ambiente controlado e seguro.

33. O art. 38, parágrafo único, LGPD, determina que "o relatório deverá conter, no mínimo, a descrição dos tipos de dados coletados, a metodologia utilizada para a coleta e para a garantia da segurança das informações e a análise do controlador com relação a medidas, salvaguardas e mecanismos de mitigação de risco adotados".

adotar uma perspectiva pública que permita a convivência social, estabelecendo competências e limites".³⁴

A saúde como direito fundamental, deve ser tida como a convergência de interesses públicos e privados, não podendo haver entre estes colisão, mas sim, a prevalência de situações que tendem a realizar o princípio da dignidade da pessoa humana.

3. CONSIDERAÇÕES FINAIS

A pessoa que busca atendimento médico goza de uma vulnerabilidade especial gerada pela própria condição em que se encontra.³⁵ Visando a cura ou a amenização desse sofrimento esse indivíduo acaba se desapropriando de uma série de informações íntimas relativas não apenas a si, como também à sua família.

"La 'cessione' di informazioni si realizza dunque in clima di necessità che rende marginale il profilo volontaristico o, per meglio dire, lo circoscrive alla fase di costituzione del rapporto del cura".³⁶ Então, aquela vulnerabilidade especial, acaba se agravando justamente pela dificuldade de controle do titular sobre essas mesmas informações, especialmente quando a defesa da coletividade é genericamente invocada como justificativa do tratamento de dados.

O direito à proteção de dados de saúde tem por fim último a defesa da dignidade da pessoa humana, valor-fonte do ordenamento jurídico brasileiro (art. 1º, III, CF) o que confere uma nova roupagem dada a um velho direito liberal que, apesar de reconhecida existência secular ainda não logrou êxito em sua plena efetividade e encontra cada vez mais dificuldade de realização na Sociedade de Informação.

A árdua tarefa de compreender as transformações da privacidade não só se justifica pelos discursos envolventes que acabam levando as pessoas a dela abrirem mão nas mais diferentes situações, como também o discurso público, em nome de interesses sociais nem sempre prevalentes, acabam justificando indevidamente o tratamento de dados de saúde. A privacidade não se extingue na Era da Informação, ela se renova e se ressignifica!

Nesse sentido, afirma Delgado³⁷ que a autodeterminação informativa se trata de uma extensão de um princípio raiz (dignidade da pessoa humana) com pleno assentamento no direito à privacidade pessoal e familiar e com implicações em outros direitos igualmente fundamentais como a honra e o direito à própria imagem. Desse

---

34. LORENZETTI, Ricardo Luis. *Teoria da decisão judicial*. Fundamentos de direito. São Paulo: Ed. RT, 2009, p. 314.
35. SCHAEFER, op. cit.
36. Tradução livre: "a cessão de informações se realiza em clima de necessidade que marginaliza a vontade, ou, melhor dizendo, circunscreve-a à fase de constituição do relatório de cura" (ZAMBRANO, V. Tratamento di dati personali in ambito sanitario. In: SICA, S.; SRANZIONE, P. *La nuova disciplina della privacy* – La riforme del diritto italiano. Itália: Zanichelli Editore, [s.d.]. p. 307).
37. DELGADO, L.R. Derechos de la personalidad y datos personales. *Revista de Derecho Político*, Espanha, n. 44, p. 180. 1998.

preceito decorre para todo o ordenamento jurídico a determinação de estabelecer normas que fixem um sistema de proteção dos dados de saúde que impeçam a utilização abusiva da tecnologia da informação sobre esses dados e todas as formas de apropriação sobre eles.

O debate público é necessário. Se é verdade que a pandemia evidenciou as diversas tecnologias que utilizam dados de saúde para combater o vírus, também evidenciou que poucos se dedicam a analisar ou apontar os perigos e riscos dessas ferramentas. O fluxo de informações sustentado apenas com o grande arcabouço da emergência sanitária cria armadilhas, seduz em discursos acientíficos e esconde as ameaças a direitos fundamentais.

Por isso, o debate não pode ser marginalizado e deslocado para a mera análise do sigilo dos dados de saúde a partir da noção de simples reação individual contra intromissões indevidas. Deve-se também percebê-lo como meio de resistência a formas de controle, contrapondo-se, com isso, o verdadeiro significado da informação para o desenvolvimento científico e social.

4. REFERÊNCIAS

CACHAPUZ, M. C. *Intimidade e vida privada no novo código civil brasileiro* – uma leitura orientada no discurso jurídico. Porto Alegre: Sérgio Antonio Fabris, 2006.

COLOMBO, Cristiano; GOULART, Guilherme Damasio. Ética algorítmica e proteção de dados pessoais sensíveis: classificação de dados de geolocalização em aplicativos de combate à pandemia e hipóteses de tratamento. In: BARBOSA, Mafalda Miranda; BRAGA NETTO, Felipe; SILVA, Michel César; FALEIROS JÚNIOR, José Luiz de Mourda. *Direito digital e inteligência artificial*. Indaiatuba, SP: Foco, 2021.

DE LA CUEVA, P. L. M. El derecho fundamental a la protección de los datos relativos a la salud. In: CARULLA, S.R. (Ed.); MARTRUS, J.B. (Coord.). *Estudios de protección de datos de carácter personal en el ámbito de la salud*. Madrid, Espanha: Agência Catalana de Protecció de Dades, 2006.

DELGADO, L.R. Derechos de la personalidad y datos personales. *Revista de Derecho Político*, Espanha, n. 44, 1998.

FALEIROS JUNIOR, José Luiz; COSTA, Guilherme Spillari. A proteção de dados como vetor dos sistemas de inteligência artificial: o controle de aglomeração por algoritmos durante a pandemia. *Revista dos Tribunais*, v. 1026/2021, p. 149-178, abr. 2021.

FOJA, Rafael Goto; MESSIAS, Aline de Almada. Regras de boas práticas e de governança: experiência no âmbito hospitalar. In: DALLARI, Analluza Bolivar; MONACO, Gustavo Ferraz de Campos. *LGPD na saúde*. São Paulo: Ed. RT, 2021.

LORENZETTI, Ricardo Luis. *Teoria da decisão judicial*. Fundamentos de direito. São Paulo: Ed. RT, 2009.

RIFKIN, Jeremy. *O século da biotecnologia*. Trad. Arão Sapiro. São Paulo: Makron, 1998.

RODOTÀ, Stefano. *A vida na sociedade de vigilância*. A privacidade hoje. Rio de Janeiro: Renovar, 2008.

SCHAEFER, Fernanda. *Proteção de dados de saúde na sociedade de informação*. Curitiba: Juruá, 2010.

SCHAEFER, Fernanda; GONDIM, Glenda Gonçalves. Telemedicina e Lei Geral de Proteção de Dados Pessoais. In: ROSENVALD, Nelson; MENEZES, Joyceane; DADALTO, Luciana. *Responsabilidade civil e medicina*. Indaiatuba, SP: Foco, 2020.

SCHAEFER, Fernanda. A divulgação de dados de vacinados contra a Covid-19: entre a LGPD (Lei 13.709/2018) e a LAI (Lei 12.527/2011): divulgar ou não, eis a questão! *Revista de Direito Médico e da Saúde*, Anadem, n. 24, p. 79-93, set. 2021.

ZAMBRANO, V. Tratamento di dati personali in ambito sanitario. In: SICA, S.; SRANZIONE, P. *La nuova disciplina della privacy* – La riforme del diritto italiano. Itália: Zanichelli Editore, [s.d.].

ZANATTA, Rafael Augusto Ferreira; FREITAS, Márcia Araújo Sabino; MONTEIRO, Renato Leite; FAVARO, Isamine Lima. Covid-19 e contact tracing: tecnologia e proteção de dados pessoais em situações excepcionais de pandemia. In: DALLARI, Analluza Bolivar; MONACO, Gustavo Ferraz de Campos. *LGPD na saúde*. São Paulo: Ed. RT, 2021.

(TELE)CUIDADOS PALIATIVOS

Luciana Dadalto

Doutora em Ciências da Saúde pela Faculdade de Medicina da UFMG. Mestre em Direito Privado pela PUC Minas. Advogada com atuação exclusiva em saúde. Administradora do portal www.testamentovital.com.br. Professora universitária. Contato: luciana@lucianadadalto.com.br.

Taíssa Barreira

Mestranda pela Universidade Federal do Rio de Janeiro no Mestrado Profissional de Atenção Primária à Saúde (APS) em parceria com a Faculdade de Medicina e o Instituto de Atenção à Saúde São Francisco de Assis. Inscrita como advogada habilitada no portal www.testamentovital.com.br.

> "Conheça todas as teorias, domine todas as técnicas, mas, ao tocar uma alma humana, seja apenas outra alma humana."
>
> Carl Jung

Sumário: 1. Considerações iniciais – 2. Por uma medicina mais humana: o surgimento dos cuidados paliativos – 3. Por um fim de vida mais respeitoso: a possibilidade do telecuidado – 4. Por um cuidado verdadeiro: a telemedicina como aliada dos cuidados paliativos – 5. Considerações finais – 6. Referências.

1. CONSIDERAÇÕES INICIAIS

Nos últimos anos, a interface entre Tecnologia e Medicina tem revolucionado os cuidados médicos e impactado sobremaneira a relação paciente-profissional de saúde, impondo um desafio: como equacionar o – necessário e benéfico – uso da tecnologia em saúde com a – imprescindível – característica humanista desta relação?

Tal desafio é ainda mais pungente nos Cuidados Paliativos, abordagem de cuidado que visa o controle de sintomas e a qualidade de vida do paciente. Se, por um lado, é inegável que a abordagem paliativa também tem sido transformada com a tecnologização da saúde, por outro, não se pode negar a necessidade de analisar os impactos que o uso da tecnologia traz para os Cuidados Paliativos.

Em resumo: é preciso compreender que a telemedicina está posta na nossa realidade. Cabe a nós usá-la em prol do melhor interesse do paciente gravemente enfermo.

A telemedicina e os Cuidados Paliativos têm um ponto convergente: ambas as práticas são novas e cercadas por pré-conceitos. E o presente trabalho pretende traçar linhas iniciais para desmistificarem ambas as práticas, defendendo a defesa da possibilidade de realização dos Cuidados Paliativos por meios telemáticos, sem qualquer pretensão de esgotar o tema.

Para tanto, primeiramente, apresenta ao leitor a história dos Cuidados Paliativos desde o seu surgimento até os dias atuais, a fim de demonstrar a importância dessa abordagem. Em um segundo momento, discute a telemedicina e o telecuidado, propondo uma nova definição para esta abordagem a partir dos aprendizados da pandemia da Covid-19. Por fim, demonstra os benefícios e os desafios do telecuidado na abordagem paliativa.

2. POR UMA MEDICINA MAIS HUMANA: O SURGIMENTO DOS CUIDADOS PALIATIVOS

Os Cuidados Paliativos são a abordagem de cuidado de saúde que melhor atende às necessidades específicas de enfrentamento de doenças graves e ameaçadoras da existência humana, pois visam oferecer qualidade de vida para o paciente e sua família, sendo então um cuidado ativo ofertado durante todo o tratamento, independentemente de a doença ser ou não curável.[1]

Surgiram no Reino Unido na década de 1960, com a fundação do movimento *hospice* por Cicecly Sauders, assistente social, enfermeira e médica. Em 1967, Cicely fundou, ainda o *Christophers Hospice*, em Londres e defendeu que os Cuidados Paliativos deveriam basear-se no tripé assistência, ensino e pesquisa.[2] O pioneirismo de Cicely Sauders inspirou Elisabeth Kübler-Ross, médica psiquiatra suíça residente nos Estados Unidos, a levar o movimento para a América. Entre os anos de 1974 e 1975, foi fundado o primeiro *hospice* americano na cidade de Connecticut (Estados Unidos).[3]

No Brasil, o primeiro serviço de Cuidados Paliativos foi inaugurado no Hospital das Clínicas de Porto Alegre, no ano de 1983; seguido pelo Hospital Conceição, na mesma cidade, em 1986; pela Santa Casa de São Paulo, também em 1986 e pelo Instituto Nacional do Câncer (INCA), no Rio de Janeiro, em 1989.[4]

Em 1990, a Organização Mundial de Saúde (OMS) publicou o primeiro conceito de Cuidados Paliativos, recomendando sua prática.[5] Em 2005, foi fundada a Acade-

---

1. SÁ, Maria de Fátima Freire de; NAVES, Bruno Torquato de Oliveira. Autonomia para aceitar ou recusar Cuidados Paliativos. In: DADALTO, Luciana (Coord.). *Cuidados Paliativos*: Aspectos Jurídicos. Indaiatuba: Editora Foco, 2021, p. 285.
2. GOMES, Ana Luiza Zaniboni; OTHERO, Marília Bense. Cuidados Paliativos. *Medicina*: Estudos Avançados, 30 (88), Set-Dez 2016. Disponível em: https://www.scielo.br/j/ea/a/gvDg7kRRbzdfXfr8CsvBbXL/?lang=pt, acesso em: 13 dez. 2021.
3. Op. cit.
4. FIGUEIREDO, Maria das Graças Mota Cruz de Assis. História dos Cuidados Paliativos no Brasil e no Mundo. In: CASTILHO, Rodrigo Kappel; PINTO, Cristiane da Silva; SILVA, Vitor Carlos Santos da (Ed.). *Manual de Cuidados Paliativos*. 3. ed. São Paulo: Atheneu, 2021, p. 9.
5. GOMES, Ana Luiza Zaniboni; OTHERO, Marília Bense. Cuidados Paliativos. *Medicina*: Estudos Avançados, 30 (88), Set-Dez 2016. Disponível em: https://www.scielo.br/j/ea/a/gvDg7kRRbzdfXfr8CsvBbXL/?lang=pt, acesso em: 13 dez. 2021.

mia Nacional de Cuidados Paliativos que possui representação multiprofissional da prática paliativa no Brasil.[6]

Em 2006, O Conselho Federal de Medicina (CFM) publicou a Resolução 1.805 reconhecendo a possibilidade de suspensão de procedimentos e tratamentos que prolonguem o sofrimento e garantindo ainda todos os cuidados necessários para aliviar os sintomas que levam ao sofrimento humano, sem, contudo, usar o termo Cuidados Paliativos.[7] Apenas em 2009, com o novo Código de Ética Médica, o CFM passou a usar o termo em suas normas e a tratar os Cuidados Paliativos como "regra para a condição de terminalidade da vida".[8]

Segundo o conceito mais atual da OMS, Cuidados Paliativos são uma "abordagem de melhoria da qualidade de vida dos pacientes (adultos ou crianças) e de seus familiares que enfrentam problemas associados a doenças que ameacem a vida. Previne e alivia sofrimento por meio da investigação precoce, uma avaliação correta e do tratamento da dor e de outros problemas físicos, psicossociais ou espirituais".[9]

A *International Association for Hospice & Palliative Care* (IAHCP) revisou seu próprio conceito em 2019, para evidenciar que "os Cuidados Paliativos são cuidados holísticos ativos, ofertados a pessoas de todas as idades que se encontram em intenso sofrimento relacionados à sua saúde proveniente de doença grave especialmente aquelas que estão no final da vida. O objetivo dos Cuidados Paliativos é, portanto, melhorar a qualidade de vida dos pacientes, de suas famílias e de seus cuidadores".[10]

Todavia, apesar desses conceitos deixarem clara a importância dos Cuidados Paliativos para a Humanidade, a *World Hospice and Palliative Care Association* (WHPCA) estimou que, em 2020, 56.8 milhões de pessoas precisam de CP a cada ano, sendo 25.7 milhões no final da vida e que 76% dessas pessoas vivem em países em desenvolvimento.[11]

Ressalte-se que a pandemia da Covid-19, declarada pela OMS[12] em março de 2020, evidenciou urgência da prestação desses serviços, diante do intenso sofrimento

---

6. ACADEMIA NACIONAL DE CUIDADOS PALIATIVOS. *Quem somos*. Disponível em: https://paliativo.org.br/ancp/quem-somos/ , acesso em 13 dez. 2021.
7. CONSELHO FEDERAL DE MEDICINA. *Resolução 1.805/2006*. Brasília, DF: Presidência da República, [2006]. Disponível em: https://sistemas.cfm.org.br/normas/visualizar/resolucoes/BR/2006/1805 , acesso em: 13 dez. 2021.
8. TAVARES, Ricardo. Aspectos jurídicos. In: CASTILHO, Rodrigo Kappel; PINTO, Cristiane da Silva; SILVA, Vitor Carlos Santos da (Ed.). *Manual de Cuidados Paliativos*. 3. ed. São Paulo: Atheneu, 2021, p. 294-297.
9. SEPÚLVEDA, Cecília; MARLIN, Amanda; YOSHIDA, Tokuo; ULLRICH, Andreas. Palliative care: the World Health Organization's global perspective. *Journal of Pain and Sympton Management*, v. 24, n. 02, p. 91, agosto 2002. Disponível em: https://www.jpsmjournal.com/article/S0885-3924(02)00440-2/fulltext , acesso em: 15 dez. 2021.
10. INTERNATIONAL ASSOCIATION FOR HOSPICE AND PALLIATIVE CARE (IAHPC). *Global consensus based palliative care definition*. The International Association for Hospice and palliative care. Houston, 2019. Disponível em: https://hospicecare.com/what-we-do/projects/consensus-based-definition-of-palliative-care/definition/.Acesso em: 15 dez. 2021.
11. WORLD HOSPICE AND PALLIATIVE CARE ASSOCIATION. *Global Atlas of Palliative Care*. 2. ed. 2020. Disponível em: http://www.thewhpca.org/resources/global-atlas-on-end-of-life-care, acesso em: 15 dez. 2021.
12. ORGANIZAÇÃO MUNDIAL DE SAÚDE. OPAS Brasil. *Folha informativa – COVID-19 (doença causada pelo novo coronavírus)*. Disponível em: https://www.paho.org/bra/index.php?option=com_content&view=article&id=6101:covid19&Itemid=875. Acesso em: 13 dez. 2021.

físico causado pela falta de ar e o sofrimento psíquico causado pelo afastamento de muitos pacientes de seus afetos, que sofreram muito dentro das unidades de saúde. As conclusões, já de outubro de 2021, demonstram a necessidade de que todos os profissionais dos serviços de saúde tenham formação prática em Cuidados Paliativos.[13]

3. POR UM FIM DE VIDA MAIS RESPEITOSO: A POSSIBILIDADE DO TELECUIDADO

É direito humano e fundamental de toda pessoa ter acesso à prestação de serviços de saúde e é incontestável que esse serviço deve ser prestado, preferencialmente, de modo presencial, a fim de que o paciente tenha contato pessoal com os profissionais de saúde. Essa importância se exacerba nos Cuidados Paliativos, pois essa abordagem de cuidado tem como principal pilar a atenção à biografia e aos valores do paciente.

Por outro lado, é irrefutável que a expansão da tecnologia gera inúmeras ferramentas que possibilitam o acesso ao serviço de saúde por meio virtual, proporcionando assim a efetivação do direito à saúde para pessoas que têm uma condição de saúde que impede o deslocamento à instituição e também para populações carentes e/ou que vivam em locais de difícil acesso, especialmente considerando a urgência de determinados casos de demandas de fim de vida.

Cicely Sauders criou o conceito de dor total,[14] introduzindo no mundo a ideia de que sofrimento é "um complexo afetivo que envolve também os aspectos psíquicos, sociais e espirituais do ser humano"[15] e que os Cuidados Paliativos se centram em mitigar essa dor. Por isso, a prestação de assistência paliativa por meio da telemedicina deve ser vista como uma importante maneira de efetivar o direito humano e fundamental aos Cuidados Paliativos.[16]

Um estudo feito em um centro médico neurológico na região da Baviera, Alemanha, analisou durante nove meses, teleconsultas realizadas por pacientes com doenças neurológicas ou com doenças neoplásicas cerebrais, que recebiam cuidados paliativos. Os achados sugerem dois grandes grupos de beneficiários: a) pacientes; (b) sistema de saúde.

---

13. ORGANIZAÇÃO MUNDIAL DE SAÚDE. *WHO takes steps to address glaring shortage of quality palliative care services*. Disponível em: https://www.who.int/news/item/05-10-2021-who-takes-steps-to-address-glaring-shortage-of-quality-palliative-care-services, acesso em: 13 dez. 2021.
14. SAUNDERS, Cicely. Ito the valley of the shadow of death: A personal therapeutic journey. *British Medical Journal*, 1996;313:1599-1601.
15. FIGUEIREDO, Maria das Graças Mota Cruz de Assis. História dos Cuidados Paliativos no Brasil e no Mundo. In: CASTILHO, Rodrigo Kappel; PINTO, Cristiane da Silva; SILVA, Vitor Carlos Santos da (Ed.). *Manual de Cuidados Paliativos*. 3 ed. São Paulo: Atheneu, 2021, p. 9.
16. Sobre o tema recomenda-se a leitura de: BUSSINGER, Elda; MAINART, Catherine F; VASCONCELOS, Camila. Aspectos jurídicos dos Cuidados Paliativos: tratados internacionais sobre Direitos Humanos e a legitimação do acesso aos Cuidados Paliativos no Brasil como Direito Humano. In: DADALTO, Luciana (Coord.). *Cuidados Paliativos*: aspectos jurídicos. Indaiatuba: Foco, 2021, p. 1-20.

Em relação aos pacientes, os pesquisadores concluíram que: (i) para os pacientes acamados, com graves problemas de comunicação, a teleconsulta permitiu que o cuidado pela equipe de cuidados paliativos ambulatoriais, que quase nunca conseguia atender pacientes em casa; (ii) houve fortalecimento do vínculo entre paciente e equipe; (iii) houve um aumento claro na satisfação dos pacientes e de seus familiares com a qualidade dos cuidados prestados; (iii) é preciso proporcionar aos pacientes acesso a dispositivos que tenham uma tela maior, pois os pacientes reclamaram de dificuldade em enxergar o profissional.[17]

Em relação ao sistema de saúde, as conclusões foram: (i) pode trazer solução à demanda crescente de saúde; (ii) permite o fornecimento de opinião médica especializada mesmo a partir de longas distâncias; (iii) o suporte pode ser transportado para praticamente qualquer lugar; (iv) torna viável o acompanhamento domiciliar de pacientes com doenças avançadas.[18]

Uma pesquisa estadunidense intitulada ENABLE CHF-PC Randomized Clinical Trial,[19] publicada em 2020, confirmou esses achados e foi além. Realizou um ensaio clínico randomizado acompanhando por dezesseis semanas, 415 adultos, sendo 55% adroamericanos, com insuficiência cardíaca em estágio C ou D de acordo com a classificação do *American College of Cardiology*. Os pacientes acompanhados tinham uma boa qualidade de vida no início do estudo e fizeram uma teleconsulta de forma precoce que, apesar de não ter melhorado a qualidade de vida ou o humor, "melhorou a intensidade da dor e a interferência da dor na vida diária ao longo de 16 semanas".[20]

Percebe-se, assim, é que a telemedicina é um fenômeno contemporâneo que, cada vez mais, tem mostrado benefícios para a abordagem paliativa,[21] situação que ficou ainda mais evidente com a pandemia da Covid-19.[22] Ao redor do mundo, foram os profissionais paliativistas os responsáveis por organizar, em tempo recorde, as visitas virtuais e produzir materiais voltados para comunicação de más notícias

---

17. WECK, Christiane Eva et al. Telemedicine in Palliative Care: Implementation of New Technologies to Overcome Structural Challenges in the Care of Neurological Patients. *Frontiers in neurology* v. 10 510. 24 May. 2019, disponível em: https://www.ncbi.nlm.nih.gov/pmc/articles/PMC6542948/, acesso em: 15 dez. 2021.
18. Op. cit.
19. BAKITAS, Marie A., et al. Effect of an Early Palliative Care Telehealth Intervention vs Usual Care on Patients With Heart Failure: The ENABLE CHF-PC Randomized Clinical Trial. *JAMA Internal Medicine* v. 180,9 (2020): 1203-1213. Disponível em: https://www.ncbi.nlm.nih.gov/pmc/articles/PMC7385678/, acesso em: 15 dez. 2021.
20. Op. cit.
21. STEINDAL, Simen, et al. Patients' Experiences of Telehealth in Palliative Home Care: Scoping Review. *Journal of Medical Internet Research*. v. 22, n. 5. 5 May. 2020, Disponível em: https://www.ncbi.nlm.nih.gov/pmc/articles/PMC7238080/, acesso em: 16 dez. 2021.
22. FLORÊNCIO, Raquel Sampaio; CESTARI, Virna Ribeiro Feitosa; SOUZA, Lorena Campos de; FLOR, Amanda Caboclo; NOGUEIRA, Vitória Pessoa; MOREIRA, Thereza Maria Magalhães; SALVETTI, Marina de Góes; PESSOA, Vera Lúcia Mendes de Paula. Cuidados paliativos no contexto da pandemia de COVID-19: desafios e contribuições. *Acta Paul Enferm.*, v. 33, eAPE20200188, out. 2020. Disponível em: https://acta-ape.org/article/cuidados-paliativos-no-contexto-da-pandemia-de-covid-19-desafios-e-contribuicoes/, acesso em: 16 dez. 2021.

em ambiente virtual para auxiliar profissionais de saúde que não tinham expertise com essa prática.[23]

Isso porque, se é verdade que a realização de teleconsultas pode ser feita de forma democrática pelas diferentes especialidades médicas, é também verdade que a comunicação de notícias difíceis tem sido encarada como atribuição dos profissionais paliativistas[24-25] e, diante de uma pandemia mortal como a da Covid-19, coube a esses profissionais redefinir o conceito de telecuidado.

Historicamente, o telecuidado é compreendido como "o uso de telecomunicações e tecnologias informáticas na prestação de cuidados de enfermagem à distância, para o seguimento de adultos e idosos em casa por meio de ligações telefônicas, videoconferências, consultas virtuais e/ou mensagens no celular";[26] contudo, com a pandemia da Covid-19 foi preciso reconceituar o termo, compreendendo que o cuidado não é atribuição específica dos profissionais de enfermagem, mas sim um dever de todos os profissionais de saúde. Afinal, não se pode olvidar que a interdisciplinaridade é característica intrínseca da abordagem paliativa, que deve ofertar cuidado à pessoa doente e à sua família, para além da necessidade de diagnósticos e prescrições.

Ocorre que, para cuidar é preciso se comunicar. Por isso, a competência comunicacional é uma habilidade indispensável para o profissional de saúde, notadamente para o paliativista[27] e um pilar essencial do telecuidado; fato que se exacerbou durante a pandemia da Covid-19.

Nos Estados Unidos, a *Vital Talks* – organização que se auto intitula a "principal organização de treinamento para médicos que buscam aprimorar suas habilidades de comunicação", publicou o manual "Dicas Práticas de Comunicação Covid-19",[28] no qual apresenta dicas para realizar as visitas virtuais e também para comunicação de óbito por telefone. O manual foi disponibilizado gratuitamente, em formato digital, em 25 idiomas.

O projeto da *Vital Talks* foi traduzido para o português, mas pesquisadores brasileiros também produziram um material próprio, intitulado "Comunicação difícil e

---

23. HUMPHREYS, Jessi et al. Rapid implementation of inpatient telepalliative medicine consultations during COVID-19 pandemic. *J Pain Symptom Manage*. 2020;60(1):e54-9. Disponível em: https://pubmed.ncbi.nlm.nih.gov/32283219/, acesso em: 16 out. 2021.
24. EKBERG, Stuart, et al. Communicating with patients and families about illness progression and end of life: a review of studies using direct observation of clinical practice. *BMC Palliat Care*. 2021 Dec 8;20(1):186. Disponível em: https://www.ncbi.nlm.nih.gov/pmc/articles/PMC8651503/, acesso em: 16 dez. 2021.
25. FONTES, Cassiana Mendes Bertoncello et at. Communicating bad news: an integrative review of the nursing literature. *Rev Bras Enferm*. 2017 Sep-Oct; 70(5):1089-1095. Disponível em: https://www.scielo.br/j/reben/a/RXphfYkZZNcX5sgKZ8kSyPD/?lang=en, acesso em: 16 dez. 2021.
26. HERCULES, Ana Beatriz Serra; MACHADO, Tallita Mello Delphino; SANTANA, Rosimere Ferreira. Telecare Central: nursing intervention perspective. *Cogit. Enferm*; 25: e66666, 2020. Disponível em: https://revistas.ufpr.br/cogitare/article/download/66666/40366, acesso em: 15 dez. 2021.
27. TROVO, Monica Martins; SILVA, Silvana Maria Aquino da. Competência comunicacional em Cuidados Paliativos. In: CASTILHO, Rodrigo Kappel; PINTO, Cristiane da Silva; SILVA, Vitor Carlos Santos da (Ed.). *Manual de Cuidados Paliativos*. 3. ed. São Paulo: Atheneu, 2021, p. 39-42.
28. VITAL TALKS. Covid-19 *Communication Skills*. Disponível em https://www.vitaltalk.org/guides/covid-19-communication-skills/, acesso em: 15 dez. 2021.

Covid-19: Recomendações práticas para comunicação e acolhimento em diferentes cenários da pandemia".[29] Neste, apresentaram um fluxo para boletim e visitas virtuais que engloba pressupostos básicos da relação médico-paciente e da prática médica: (i) consentimento do paciente; (ii) reconhecimento de que o direito à informação é um direito do paciente e de seus familiares; (iii) respeito pela condição clínica do paciente; (iv) capacidade de adaptação sempre visando o melhor interesse do paciente.

Fluxo 1: Realização do Boletim e Visita Virtual para pacientes Covid-19 internados

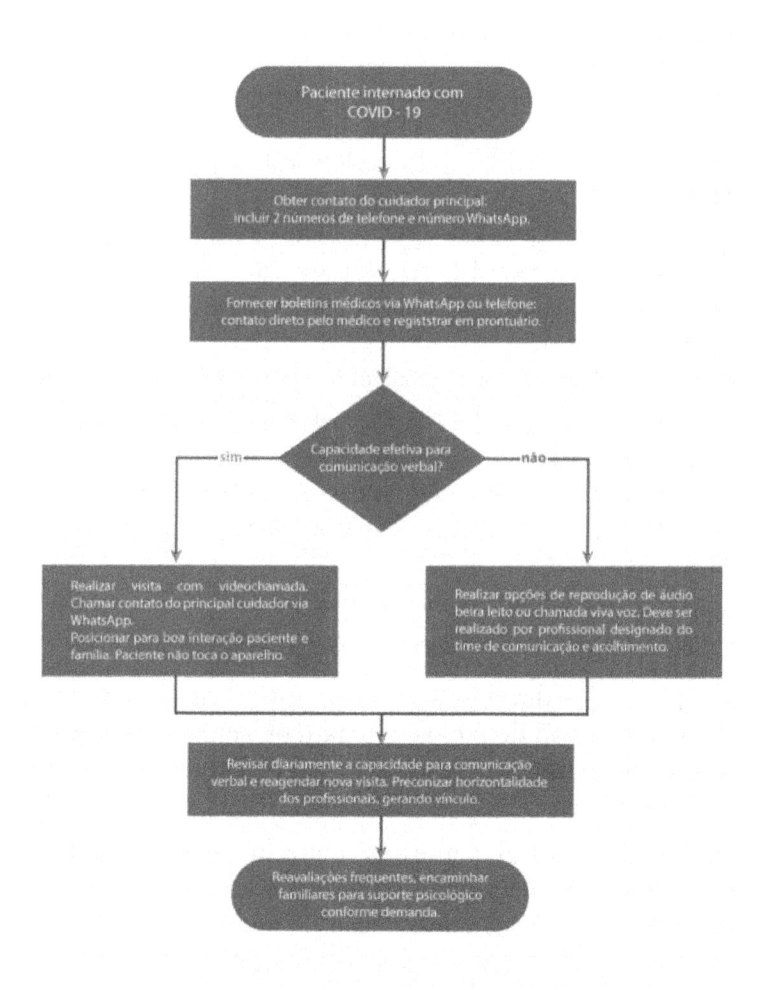

```
┌─────────────────────────┐
│  Paciente internado com │
│        COVID - 19       │
└───────────┬─────────────┘
            │
┌───────────▼─────────────────────────────────┐
│ Obter contato do cuidador principal:        │
│ incluir 2 números de telefone e número      │
│ WhatsApp.                                   │
└───────────┬─────────────────────────────────┘
            │
┌───────────▼─────────────────────────────────┐
│ Fornecer boletins médicos via WhatsApp ou   │
│ telefone: contato direto pelo médico e      │
│ registrar em prontuário.                    │
└───────────┬─────────────────────────────────┘
            │
        ◇───▼───◇
       Capacidade efetiva para
         comunicação verbal?
      sim ◇───────◇ não
       │           │
┌──────▼──────┐ ┌──▼──────────┐
│ Realizar    │ │ Realizar    │
│ visita com  │ │ opções de   │
│ videochamada│ │ reprodução  │
│ ...         │ │ de áudio... │
└──────┬──────┘ └──────┬──────┘
       │               │
       └───────┬───────┘
               ▼
   Revisar diariamente a capacidade
   para comunicação verbal e reagendar
   nova visita...
               │
               ▼
   Reavaliações frequentes, encaminhar
   familiares para suporte psicológico
   conforme demanda.
```

---

29. CRISPIM, Douglas; et. al. *Comunicação Difícil e Covid-19*. Disponível em: https://www.sbmfc.org.br/wp-content/uploads/2020/04/comunicao-COVID-19.pdf, acesso em: 15 dez. 2021.

O uso das ferramentas telemáticas tem se mostrado promissor e complementar às ações que visam efetivar o cuidado como um direito intrínseco ao direito à saúde. Está-se, assim, diante de uma nova forma de praticar a abordagem paliativa, que não exclui o cuidado presencial.

4. POR UM CUIDADO VERDADEIRO: A TELEMEDICINA COMO ALIADA DOS CUIDADOS PALIATIVOS

Pesquisadores da Universidade do Alabama, em Birmingham, revisaram as lições aprendidas com os modelos iniciais de telemedicina em cuidados paliativos e resumiram em doze dicas para os profissionais que utilizam esse modelo de atendimento:[30]

> 1. Reserve um tempo para conhecer o paciente e sua família, aprender algo sobre o paciente e sua família
>
> 2. Reserve um tempo para perguntar ao paciente, e à família, se presente, sobre algo "local" antes de iniciar a consulta
>
> 3. Contato com os olhos: olhe para a câmera, não para a imagem do paciente no centro da tela
>
> 4. Reconheça a estranheza potencial do meio de telessaúde
>
> 5. Apresente-se e, em seguida, peça ao paciente e ao cuidador (ou qualquer outra pessoa na sala) para se apresentarem
>
> 6. Use palavras em vez de ações, pois a comunicação por meio da linguagem corporal é limitada
>
> 7. Conduza a sessão em um ambiente privado bem iluminado, limpo e organizado
>
> 8. Evite usar roupas apertadas e que possam causar distração
>
> 9. Posicione a câmera para garantir que esteja no nível dos olhos e estável
>
> 10. Resuma a visita e discuta as próximas etapas, incluindo se e quando o paciente sente que precisa de uma visita pessoal
>
> 11. Forneça tempo e espaço para perguntas ou preocupações
>
> 12. Não presuma que a telessaúde sempre aumentará a produtividade do clínico

Essas lições podem – e devem – ser usadas por profissionais de todo o mundo e deixam evidente que o uso de meios telemáticos para a prestação de Cuidados Paliativos não substitui o atendimento presencial e nem sempre deve ser encarado como um meio de eficiência.

Um estudo realizado recentemente no Canadá mostrou resultados satisfatórios aos serviços de *telehospice* como um complemento ao atendimento domiciliar de Cuidados Paliativos. E, apesar da constatação de que o *telehospice* não atende em mesma proporção como ocorre com as visitas presenciais, os pacientes compreen-

---

30. WATTS, Kristen Allen; et al. Can you hear me now? Improving palliative care access through telehealth. *Res Nurs Health*. 2021; 44: 226-237. Disponível em: https://onlinelibrary.wiley.com/doi/10.1002/nur.22105, acesso em: 16 dez. 2021.

dem a influência positiva do acesso aos serviços, pelas chamadas de vídeo para seus cuidados de fim de vida.[31]

O presente estudo demonstra que o uso da telemedicina pode funcionar como um aliado à ampliação do acesso aos Cuidados Paliativos e não tem como o foco a substituição do formato presencial para o virtual. Ao contrário, o objetivo é fortalecer o acesso aos Cuidados Paliativos, que funcionam como forte agente de cuidados em saúde humanizados, ou seja, que atendem os pacientes em todas as suas dimensões de dor, considerando as suas preferências e valores individuais.

A pretensão de expansão não é cega. O movimento de ampliação dos serviços de Cuidados Paliativos não deixa de lado a prestação de serviços em sua essência, ou seja, no formato presencial, com o fortalecimento da presença física do profissional de saúde. Mas reconhece que a telemedicina pode propiciar acesso aos Cuidados Paliativos a populações menos favorecidas, a pessoas que não possuem condições físicas de se deslocarem até uma instituição de saúde e também perpetuar o cuidado após a realização de algumas consultas presenciais.

Nota-se, ainda, que, para além da efetivação do acesso ao direito à saúde, a telemedicina nos Cuidados Paliativos é uma ferramenta capaz de efetivar o direito à autodeterminação e à morte digna, comprovando que, quando bem utilizada, a tecnologia pode produzir efeitos benéficos para além do que inicialmente foi projetado. Pesquisa realizada em Ontário, no norte de Toronto, avaliou o uso de videoconferências em atendimento interdisciplinar para melhor integração dos cuidados paliativos precoces em um ambiente de ILPI; concluindo que com o uso das videochamadas ocorreu um aumento na confiança para dar início a conversas sobre planejamento antecipado de cuidados com os residentes e seus familiares.[32]

Saliente-se que há, no mundo, uma crescente demanda de Cuidados Paliativos nas Instituições de Longa Permanência (ILPI), mas faltam serviços. O estudo supracitado concluiu que, apesar de os familiares de pacientes em ILPI preferirem o atendimento presencial, 71% desses afirmaram preferir uma videoconferência caso isso simbolizasse Cuidados Paliativos mais cedo ou mais frequentemente do que em visitas pessoais.[33] Demonstrou, ainda, que o uso das videochamadas, independente de alguns problemas técnicos, a maioria das pessoas envolvidas no corpo clínico e os familiares dos pacientes, ficaram satisfeitos com o uso das videoconferências e ficaram dispostos a usá-las novamente.[34]

---

31. SLAVIN-STEWART, Claire; PHILLIPS, Amber; HORTON, Robert. A Feasibility Study of Home-Based Palliative Care Telemedicine in Rural Nova Scotia. *J Palliat Med.* 2020 Apr; 23(4):548-551. Disponível em: https://pubmed.ncbi.nlm.nih.gov/31523325/, acesso em: 16 dez. 2021.
32. PERRI Giulia-Anna; et. al. Early integration of palliative care in a long-term care home: A telemedicine feasibility pilot study. *Palliat Support Care.* 2020 Aug;18(4):460-467. Disponível em: https://pubmed.ncbi.nlm.nih.gov/32066517/, acesso em: 16 dez. 2021.
33. PERRI Giulia-Anna; et. al. Early integration of palliative care in a long-term care home: A telemedicine feasibility pilot study. *Palliat Support Care.* 2020 Aug; 18(4):460-467. Disponível em: https://pubmed.ncbi.nlm.nih.gov/32066517/, acesso em: 16 dez. 2021.
34. Op. cit.

É preciso, contudo, compreender que o sucesso da telemedicina em Cuidados Paliativos depende, ainda, de condições operacionais, ou seja, um pacote de dados que funcione bem e equipamentos que mantenham a qualidade de áudio e vídeo.[35-36] Segundo a OMS, o bom funcionamento da estrutura necessária à realização das chamadas de vídeo pode simbolizar uma verdadeira ampliação do acesso aos serviços de Cuidados Paliativos, tão urgente e necessária, conforme conclui a OMS.[37]

Fato é que os problemas com a *Internet* podem perturbar o delicado manejo das necessidades dos pacientes que enfrentam uma doença grave e/ou ameaçadora de vida, razão pela qual é importante que a implementação do telecuidado seja precedida por uma análise das condições operacionais e, eventualmente, por estratégias de melhoria destas.[38] Entretanto, não se pode olvidar que ao sopesar interesses, é melhor que o serviço seja prestado e as condições sejam melhoradas durante, do que se espere para prestá-los até que haja condições operacionais necessárias, pois maior violação é não ter acesso aos Cuidados Paliativos.

Segundo o Atlas dos Cuidados Paliativos no Brasil, publicado pela Academia Nacional de Cuidados Paliativos em 2019, o país conta hoje com 191 serviços de Cuidados Paliativos hospitalares. Contudo, 105 destes estão na região Sudeste, demonstrando que a desigualdade no acesso aos Cuidados Paliativos é uma realidade brasileira. O documento afirma ainda que "há, em média, um serviço de Cuidados Paliativos para cada 1,1 milhão de habitantes, sendo essa proporção de um serviço para cada 1,33 milhão de usuários do SUS e de aproximadamente um serviço para cada 496 mil usuários do sistema de saúde suplementar. [...] Como referência, a Associação Europeia de Cuidados Paliativos recomenda dois serviços especializados de Cuidados Paliativos a cada 100.000 habitantes (uma equipe de assistência domiciliar e uma equipe de nível hospitalar)".[39]

Assim, o telecuidado precisa ser encarado como uma urgência e os profissionais de saúde precisam ser treinados para prestá-los por meio de uma política pública de "Educação em telecuidado", capaz de ensinar aos profissionais a teoria e a prática do uso dos meios telemáticos para a prestação de Cuidados Paliativos.

Essa política deve ter como meta fazer com que os profissionais de saúde compreendam que o uso desses meios deve ser feito de forma ética e humanizada, ou seja, que os preceitos existentes para a prestação do serviço presencial continuam vigentes na prestação telemática.

---

35. Op. cit.
36. SLAVIN-STEWART, Claire; PHILLIPS, Amber; HORTON, Robert. A Feasibility Study of Home-Based Palliative Care Telemedicine in Rural Nova Scotia. *J Palliat Med*. 2020 Apr;23(4):548-551. Disponível em: https://pubmed.ncbi.nlm.nih.gov/31532325/, acesso em: 16 dez. 2021.
37. ORGANIZAÇÃO MUNDIAL DE SAÚDE. *Palliative Care*. Disponível em: https://www.who.int/health-topics/palliative-care, acesso em: 16 dez. 2021.
38. Op. cit.
39. ACADEMIA NACIONAL DE CUIDADOS PALIATIVOS. *Atlas dos Cuidados Paliativos 2019*. Disponível em: https://api-wordpress.paliativo.org.br/wp-content/uploads/2020/05/ATLAS_2019_final_compressed.pdf, acesso em: 16 dez. 2021.

Um fato recente no Poder Judiciário brasileiro evidencia essa necessidade:[40] No dia 26.04.2019, uma paciente foi submetida a uma cirurgia bariátrica. Durante a internação, os profissionais de saúde se comunicavam com o marido da paciente por mensagens via Whatsapp já que ele estava cuidado do filho menor do casal e não tinha condições de ir ao hospital. Ocorre que, quatro dias após o procedimento cirúrgico, a paciente faleceu e o marido foi comunicado por mensagem via Whatsapp. Alegando que essa comunicação foi danosa, o marido ajuizou uma ação de indenização por danos morais em seu nome e em nome do filho menor.

No dia 16.11.2021, a 4ª Câmara de Direito Privado do Tribunal de Justiça de São Paulo (TJ-SP) manteve a sentença de primeira instância, que condenou um médico, um hospital e uma operadora de saúde a indenizar os autores em R$5.000,00 (cinco mil reais). Segundo o acórdão:

> Houve afronta à dignidade da pessoa humana, uma vez que os réus não observaram a ética médica, tampouco a questão humanitária envolvendo o assunto. Ora, a mera troca de mensagens sobre o estado da paciente não autoriza que a notícia sobre a morte ocorra da mesma forma, já que se trata de assunto extremamente delicado, que deve ser tratado com mais cuidado e zelo pelos réus. [...] Desta maneira, está configurado o dano moral diante da angústia e desgosto suportados pelos autores, que foi ampliado em decorrência da falta de sensibilidade do médico na comunicação do óbito.[41]

Em sua defesa, os réus alegaram "inexistir código de ética que determine como um aviso de morte deve ser transmitido", alegação que foge do limite do razoável. Isso porque o Código de Ética Médica brasileiro dispõe em seu sexto princípio que o médico "deve guardar absoluto respeito pelo ser humano, mesmo depois da morte".

Apesar de o caso em tela não ter relação direta com os Cuidados Paliativos, vez que a paciente não recebia essa linha de cuidados, ele ilustra a necessidade de que o profissional de saúde receba educação para o telecuidado e não se olvide de sua formação humanística, afinal, a Medicina – ainda que praticada por meios telemáticos – continua a ser uma relação entre humanos.

5. CONSIDERAÇÕES FINAIS

O surgimento de algo que mude o *status quo* é, em geral, visto com ressalvas pela comunidade. Com a telemedicina não foi diferente. Há inúmeros temores de que a telemedicina acabe com a Medicina e muitos deles justificam-se na realidade atual.

Era esperado que, nos Cuidados Paliativos, esse temor fosse ainda maior já que há uma relação intrínseca entre a abordagem paliativa e a humanização da Medicina. Contudo, percebeu-se, ao longo do presente trabalho, que o uso de meios telemáticos

---

40. TRIBUNAL DE JUSTIÇA DE SÃO PAULO. Apelação Cível 1026187-61.2019.8.26.0196. 4ª Câmara de Direito Privado. DP 16. 11.2021. Disponível em: https://esaj.tjsp.jus.br/cjsg/getArquivo.do?cdAcordao=15190228&cdForo=0, acesso em: 16 dez. 2021.
41. Op. cit.

na abordagem paliativa – quando feito de maneira parcimoniosa, produz inúmeros benefícios para o paciente, para o profissional e para o sistema de saúde.

Ao longo da História, o Direito foi forjado sob alicerces dicotômicos (lícito x ilícito; legal x ilegal; pode x não pode) e esses alicerces ainda hoje são usados na análise das novas tecnologias. Mas a verdade é que esses argumentos binários não se sustentam mais na contemporaneidade. Portanto, deve-se aceitar que o uso das tecnologias nas relações sociais é um fato social e que, cabe aos operadores do Direito traçar as bases para que esse uso não descaracterize o verdadeiro alicerce de nossas relações: a humanização.

Neste contexto, inserem-se as relações paciente-profissionais de saúde e, especificamente, as relações entre pacientes gravemente enfermos e profissionais paliativistas. Assim, o telecuidado – quando usado de maneira adequada – deve ser visto como uma ferramenta benéfica ao paciente e aos demais atores do sistema de saúde, cabendo a esses atores e aos operadores do Direito desenvolverem parâmetros para o seu uso ético e jurídico. Afinal, a principal meta dos Cuidados Paliativos é o alívio do sofrimento e a tecnologia tem se mostrado uma grande aliada.

6. REFERÊNCIAS

ACADEMIA NACIONAL DE CUIDADOS PALIATIVOS. *Atlas dos Cuidados Paliativos 2019*. Disponível em: https://api-wordpress.paliativo.org.br/wp-content/uploads/2020/05/ATLAS_2019_final_compressed.pdf, acesso em: 16 dez. 2021.

BAKITAS, Marie A et al. Effect of an Early Palliative Care Telehealth Intervention vs Usual Care on Patients With Heart Failure: The ENABLE CHF-PC Randomized Clinical Trial. *JAMA Internal Medicine*, v. 180,9 (2020): 1203-1213. Disponível em: https://www.ncbi.nlm.nih.gov/pmc/articles/PMC7385678/, acesso em: 15 dez. 2021.

BUSSINGER, Elda; MAINART, Catherine F; VASCONCELOS, Camila. Aspectos jurídicos dos Cuidados Paliativos: tratados internacionais sobre Direitos Humanos e a legitimação do acesso aos Cuidados Paliativos no Brasil como Direito Humano. In: DADALTO, Luciana (Coord.). *Cuidados Paliativos: aspectos jurídicos*. Indaiatuba: Foco, 2021.

CONSELHO FEDERAL DE MEDICINA. *Resolução 1.805/2006*. Brasília, DF: Presidência da República, [2006]. Disponível em: https://sistemas.cfm.org.br/normas/visualizar/resolucoes/BR/2006/1805. Acesso em: 13 dez. 2021.

CRISPIM, Douglas et. al. *Comunicação Difícil e Covid-19*. Disponível em: https://www.sbmfc.org.br/wp-content/uploads/2020/04/comunicao-COVID-19.pdf , acesso em: 15 dez. 2021.

EKBERG, Stuart; et al. Communicating with patients and families about illness progression and end of life: a review of studies using direct observation of clinical practice. *BMC Palliat Care*. 2021 Dec 8;20(1):186. Disponível em: https://www.ncbi.nlm.nih.gov/pmc/articles/PMC8651503/, acesso em: 16 dez. 2021.

FIGUEIREDO, Maria das Graças Mota Cruz de Assis. História dos Cuidados Paliativos no Brasil e no Mundo. In: CASTILHO, Rodrigo Kappel; PINTO, Cristiane da Silva; SILVA, Vitor Carlos Santos da (Ed.). *Manual de Cuidados Paliativos*. 3. ed. São Paulo: Atheneu, 2021.

FLORÊNCIO, Raquel Sampaio et. atl. Cuidados paliativos no contexto da pandemia de COVID-19: desafios e contribuições. *Acta Paul Enferm.*, v. 33, eAPE20200188, out. 2020. Disponível em: https://acta-ape.org/article/cuidados-paliativos-no-contexto-da-pandemia-de-covid-19-desafios-e-contribuicoes/, acesso em: 16 dez. 2021.

FONTES, Cassiana Mendes Bertoncello et at. Communicating bad news: an integrative review of the nursing literature. *Rev Bras Enferm*. 2017 Sep-Oct; 70(5):1089-1095. Disponível em: https://www.scielo.br/j/reben/a/RXphfYkZZNcX5sgKZ8kSyPD/?lang=en, acesso em: 16 dez. 2021.

GOMES, Ana Luiza Zaniboni; OTHERO, Marília Bense. Cuidados Paliativos. *Medicina*: Estudos Avançados, 30 (88), Set-Dez 2016. Disponível em: https://www.scielo.br/j/ea/a/gvDg7kRRbzdfXfr8CsvBbXL/?lang=pt, acesso em: 13 dez. 2021.

HERCULES, Ana Beatriz Serra; MACHADO, Tallita Mello Delphino; SANTANA, Rosimere Ferreira. Telecare Central: nursing intervention perspective. *Cogit. Enferm*; 25: e66666, 2020. Disponível em: https://revistas.ufpr.br/cogitare/article/download/66666/40366, acesso em 15 dez. 2021.

HUMPHREYS, Jessi et al. Rapid implementation of inpatient telepalliative medicine consultations during COVID-19 pandemic. *J Pain Symptom Manage*. 2020;60(1):e54-9. Disponível em: https://pubmed.ncbi.nlm.nih.gov/32283219/, acesso em: 16 dez. 2021.

INTERNATIONAL ASSOCIATION FOR HOSPICE AND PALLIATIVE CARE (IAHPC). *Global consensus based palliative care definition*. The International Association for Hospice and palliative care. Houston, 2019. Disponível em: https://hospicecare.com/what-we-do/projects/consensus-based-definition-of-palliative-care/definition/, acesso em: 15 dez. 2021.

ORGANIZAÇÃO MUNDIAL DE SAÚDE. *WHO takes steps to address glaring shortage of quality palliative care services*. Disponível em: https://www.who.int/news/item/05-10-2021-who-takes-steps-to-address-glaring-shortage-of-quality-palliative-care-services, acesso em: 13 dez. 2021.

ORGANIZAÇÃO MUNDIAL DE SAÚDE. OPAS Brasil. *Folha informativa* – COVID-19 (doença causada pelo novo coronavírus). Disponível em: https://www.paho.org/bra/index.php?option=com_content&view=article&id=6101:covid19&Itemid=875, acesso em: 13 dez. 2021.

PERRI Giulia-Anna et. al. Early integration of palliative care in a long-term care home: A telemedicine feasibility pilot study. *Palliat Support Care*. 2020 Aug;18(4):460-467. Disponível em: https://pubmed.ncbi.nlm.nih.gov/32066517/, acesso em: 16 dez. 2021.

NAVES, Bruno Torquato de Oliveira; SÁ, Maria de Fátima Freire de. Autonomia para aceitar ou recusar Cuidados Paliativos. In: DADALTO, Luciana (Coord.). *Cuidados Paliativos*: Aspectos Jurídicos. Indaiatuba: Editora Foco, 2021.

SAUNDERS, Cicely. Ito the valley of the shadow of death: A personal therapeutic journey. *British Medical Journal*, 1996;313:1599-1601.

SEPÚLVEDA, Cecília; MARLIN, Amanda; YOSHIDA, Tokuo; ULLRICH, Andreas. Palliative care: the World Health Organization´s global perspective. I: *Journal of Pain and Symptom Management*, v. 24, n. 02, p. 91, agosto 2002. Disponível em: https://www.jpsmjournal.com/article/S0885-3924(02)00440-2/fulltext, acesso em: 15 dez 2021.

SLAVIN-STEWART, Claire; PHILLIPS, Amber; HORTON, Robert. A Feasibility Study of Home-Based Palliative Care Telemedicine in Rural Nova Scotia. *J Palliat Med*. 2020 Apr;23(4):548-551. Disponível em: https://pubmed.ncbi.nlm.nih.gov/31532325/, acesso em: 16 dez. 2021.

STEINDAL, Simen A et al. Patients' Experiences of Telehealth in Palliative Home Care: Scoping Review. *Journal of Medical Internet Research*. v. 22, n. 5. 5 May. 2020, Disponível em: https://www.ncbi.nlm.nih.gov/pmc/articles/PMC7238080/, acesso em: 16 dez. 2021.

TAVARES, Ricardo. Aspectos jurídicos. In: CASTILHO, Rodrigo Kappel; PINTO, Cristiane da Silva; SILVA, Vitor Carlos Santos da (Ed.). *Manual de Cuidados Paliativos*. 3. ed. São Paulo: Atheneu, 2021.

TRIBUNAL DE JUSTIÇA DE SÃO PAULO. Apelação Cível 1026187-61.2019.8.26.0196. 4ª Câmara de Direito Privado. DP 16.11.2021. Disponível em: https://esaj.tjsp.jus.br/cjsg/getArquivo.do?cdAcordao=15190228&cdForo=0, acesso em: 16 dez. 2021

TROVO, Monica Martins; SILVA, Silvana Maria Aquino da. Competência comunicacional em Cuidados Paliativos. In: CASTILHO, Rodrigo Kappel; PINTO, Cristiane da Silva; SILVA, Vitor Carlos Santos da (Ed.). *Manual de Cuidados Paliativos*. 3. ed. São Paulo: Atheneu, 2021.

VITAL TALKS. Covid-19 *Communication Skills*. Disponível em https://www.vitaltalk.org/guides/covid--19-communication-skills/, acesso em: 15 dez. 2021.

WATTS, Kristen Allen et al. Can you hear me now? Improving palliative care access through telehealth. Res Nurs Health. 2021; 44: 226-237. Disponível em: https://onlinelibrary.wiley.com/doi/10.1002/nur.22105, acesso em: 16 dez. 2021.

WECK, Christiane Eva et al. Telemedicine in Palliative Care: Implementation of New Technologies to Overcome Structural Challenges in the Care of Neurological Patients. *Frontiers in neurology* v. 10, n. 510. 24 May. 2019, disponível em: https://www.ncbi.nlm.nih.gov/pmc/articles/PMC6542948/, acesso em: 15 dez. 2021.

WORLD HOSPICE AND PALLIATIVE CARE ASSOCIATION. *Global Atlas of Palliative Care*. 2. ed. 2020. Disponível em: http://www.thewhpca.org/resources/global-atlas-on-end-of-life-care, acesso em: 15 dez. 2021.

DESAFIOS REGULATÓRIOS PARA UM FUTURO QUE JÁ ACONTECEU: A TELEMEDICINA NO ÂMBITO DOS CONSELHOS REGIONAIS E FEDERAL DE MEDICINA

Eduardo Dantas

Doutorando em Direito Civil pela Universidade de Coimbra. Mestre em Direito Médico pela *University of Glasgow* (2007). Especialista em Direito de Consumo pela *Universidad de Castilla-La Mancha* (2001). Bacharel em Direito pela Universidade Federal de Pernambuco (1995). Professor do VI Curso de Pós-Graduação em Bioética do CDIP – Centro de Investigação de Direito Privado da Faculdade de Direito da Universidade de Lisboa. (Portugal); Professor do Curso de Pós-Graduação em Direito de Família da Universidade Federal de Pernambuco – UFPE (Recife – PE); Professor do curso de pós-graduação em Direito Médico e Hospitalar da EPD – Escola Paulista de Direito (São Paulo – SP); Professor do curso de pós-graduação em Direito Médico, Odontológico e da Saúde do IGD – Instituto Goiano de Direito (Goiânia – GO); Professor do curso de pós-graduação em Direito Médico e Saúde Suplementar do Instituto Luiz Mário Moutinho (Recife – PE); Professor do curso de pós-graduação em Direito Médico, da Saúde e Bioética da Faculdade Baiana de Direito (Salvador – BA); Professor do curso de pós-graduação em Direito Médico e Odontológico da Sociedade Brasileira de Direito Médico e Bioética (Brasília – DF). Procurador Jurídico do Conselho Regional de Odontologia de Pernambuco. Ex-Vice-Presidente e membro do *Board of Governors* da *World Association for Medical Law*. Autor de livros e de diversos artigos publicados no Brasil, Portugal, Israel, EUA, Polônia, República Checa e França. Advogado, inscrito nas Ordens do Brasil e de Portugal. E-mail: eduardodantas@eduardodantas.adv.br.

Sumário: 1. Introdução – 2. O histórico da telemedicina no Brasil – 3. Novos dilemas à espera de soluções no âmbito dos conselhos – 4. A LGPD e o atendimento em ambiente não presencial – 5. Considerações finais – 6. Referências.

1. INTRODUÇÃO

Talvez as palavras mais importantes do longo título deste pequeno artigo sejam "Desafios", "Futuro" e "Telemedicina". Desafio, por razões óbvias, uma vez que todas as previsões foram atropeladas pela pandemia da COVID-19, alterando comportamentos e hábitos em uma velocidade jamais vista pela humanidade fora dos períodos de guerra declarada entre povos, etnias, reinos ou nações.

Futuro, porque muito tempo foi perdido discutindo alterações, possibilidades e regras que simplesmente perderam o sentido, em virtude da implementação forçada por uma realidade que se impôs à teoria, cabendo àqueles que terão a missão de regulamentar o porvir, enfrentar um cenário em que as mudanças profundas já ocorridas tornam impossível o retorno a um estado anterior. O que não foi realizado por opção tem um caráter de irreversibilidade latente, e os formuladores de pressupostos ético-deontológicos passarão à condição de administradores de consequências.

E telemedicina, por ser a linha-mestra da análise aqui desenvolvida, representando a face mais visível da virtualização das relações sociais aplicadas à atividade médica, permitindo seu exercício à distância, com consulta, tratamento e diagnóstico em seus mais diversos modelos e denominações, tais como a teleconsulta, o teleatendimento, a telepatologia, a telerradiologia, o telemonitoramento, a telecirurgia e o uso das mais diversas tecnologias de interação não presencial.

Ao falar em telemedicina, incorporamos ao cenário dois importantes componentes: a velocidade da produção do conhecimento humano nas ciências da saúde, que atingiu níveis vertiginosos e exponenciais nas últimas cinco décadas, impactando de forma definitiva formas de tratamento, diagnósticos, qualidade e expectativa de vida da população, permitindo a construção de um novo modelo de sociedade; e o desenvolvimento da tecnologia, que trouxe conceitos e funcionalidades antes atribuídas apenas aos mais ousados devaneios e elucubrações no campo da ficção científica.

A ideia, portanto, é discutir o futuro da telemedicina pós-pandemia, mais precisamente os seus aspectos ético-deontológicos que eventualmente precisarão ser regulados pelo Conselho Federal de Medicina em um contexto em que as premissas e alicerces já foram alterados, à revelia dos formuladores de políticas e balizas deontológicas, pela realidade.

2. O HISTÓRICO DA TELEMEDICINA NO BRASIL

Até o alvorecer do ano de 2020, a telemedicina tinha sua regulamentação ética disciplinada pela Resolução CFM 1.643/2002[1]. Já existia um consenso de que havia (e há) necessidade de atualização de determinados conceitos e padrões, uma vez que a evolução tecnológica, e mesmo social das últimas duas décadas tornou obsoletos alguns instrumentos limitantes, e desnecessárias algumas das preocupações ali expostas, uma vez que a possibilidade de comunicação interpessoal não presencial, em tempo real, ganhou contornos e funcionalidades até então sequer imaginadas no ano de 2002.[2]

---

1. Segundo Diogo Manganelli "O histórico da telemedicina no Brasil é extenso e complexo. Ainda em 2002, o Conselho Federal de Medicina (CFM) havia publicado a Resolução no 1.643 em que definia os conceitos acerca do que seria tido como telemedicina sem, contudo, trazer definições mais assertivas sobre os limites da sua utilização, como requisitos, gerando grau considerável de incerteza e, consequentemente, desencorajando sua aplicação de maneira extensiva no país. Além disso, até aquele momento, não existiam normativas do governo federal que autorizassem expressamente a prática, o que contribuiu para sua subutilização". *Telemedicina veio para ficar mesmo após o fim da crise da Covid-19?*, publicado em: https://www.conjur.com.br/2021-abr-26/manganelli-telemedicina-ficar-mesmo-covid-19?imprimir=1, acesso em: 05 jan. 2022.
2. Sobre o tema, Luiz Felipe Conde e Abner Brandão Carvalho acrescentam: "O Skype, um dos softwares de videoconferência mais conhecidos da atualidade, só conheceria a luz do mundo virtual em 2003. A principal plataforma de vídeos da internet (YouTube) só passaria a existir em 2005 e o WhatsApp, em 2009. Outras plataformas de transferência de imagens, vídeos e dados, são ainda mais recentes. Aliás, os próprios smartphones tiveram seu início a partir de 2007, quando Steve Jobs, da Apple, anunciou o primeiro Iphone. A Google lançaria seu sistema operacional, o Android, no ano seguinte. A partir de então, os celulares se popularizariam ainda mais, entre as mais diversas camadas da sociedade". A responsabilidade civil do médico no uso da telemedicina, disponível em: https://www.conjur.com.br/2020-set-01/responsabilidade-civil-medico-uso-telemedicina?imprimir=1, acesso em: 05 jan. 2022.

No ano de 2018, foi publicada a Resolução CFM 2.227/2018, que buscava justamente regulamentar o uso de novos serviços de telemedicina, tendo em vista a evolução das tecnologias, buscando adequar os parâmetros éticos à realidade. Objeto de múltiplas críticas, formuladas por diversas entidades e setores vinculados à saúde, dita resolução foi revogada, dias depois, antes mesmo de entrar em vigência, para adequação e análise, estando pendente até a presente data, de nova publicação.

Entre um momento e outro, o Código de Ética Médica (CEM) passou por duas modificações (Resoluções CFM 1.931/2009 e 2.217/2018), sendo a última redação vigente, dada ao seu artigo 37 especialmente crítica e limitante do uso da telemedicina, proibindo ao médico "prescrever tratamento ou outros procedimentos sem exame direto do paciente, salvo em casos de urgência ou emergência e impossibilidade comprovada de realizá-lo, devendo, nesse caso, fazê-lo imediatamente após cessar o impedimento".

Sobrevindo a pandemia do Covid-19, com as medidas de quarentena, *lockdown* e distanciamento social, bem como o remanejamento de praticamente todos os recursos (humanos e técnicos) para o atendimento da emergência mundial, tornou-se imperativo o uso e o atendimento médico a partir de novas formas, como maneira de evitar a paralisação de tratamentos e atendimentos os mais diversos, com suas já conhecidas, possíveis e previsíveis consequências deletérias.

Reconheceu o CFM, portanto, em caráter emergencial, a possibilidade (inclusive sob parâmetros éticos) de uso da telemedicina como paliativo ao problema. Este reconhecimento se deu a partir da edição do Ofício CFM 1.756/2020 COJUR, que seguiu em consonância com a Portaria 467/2020, do Ministério da Saúde, que disciplinou a telemedicina de forma excepcional e temporária, portaria essa precursora da Lei 13.989/2020, publicada e promulgada em 15.04.2020 atualmente em vigor, que regulamenta a matéria durante o período em que perdurar a pandemia causada pelo coronavírus.

Importante destacar que a referida lei, uma vez encerrado período emergencial, ainda que não possua – por óbvio – a delimitação de seu marco temporal, previa a devolução de competência para disciplinar a matéria ao Conselho Federal de Medicina, em seu artigo 6º. Todavia, tal artigo foi vetado pela Presidência da República, sob o argumento de que "a regulação das atividades médicas por meio de telemedicina após o fim da atual pandemia é matéria que deve ser regulada, ao menos em termos gerais, em lei, como se extrai do art. 5º, incisos II e XIII, da Constituição",[3] e teve seu veto derrubado pelo Congresso Nacional, sendo republicada em 20.08.2020, tendo em seu artigo 6º a seguinte redação: "competirá ao Conselho Federal de Medicina a regulamentação da telemedicina após o período consignado no art. 2º desta Lei."

---

3. Consoante pode ser visto em: https://www2.camara.leg.br/legin/fed/lei/2020/lei-13989-15-abril-2020-790055-veto-160406-pl.html. Acesso em: 05 jan. 2022.

3. NOVOS DILEMAS À ESPERA DE SOLUÇÕES NO ÂMBITO DOS CONSELHOS

Uma vez posto o atual enquadramento normativo-legislativo da telemedicina, é de se verificar um dos principais pontos de conflito ético sobre o tema: a regulamentação prevista pelo Código de Ética Médica, bem como aquela prevista na já mencionada Resolução CFM 1.643/2002 não encontram espaço para fundamentar a análise do comportamento ético do médico que atua realizando telemedicina.

Recentemente, durante o mês de novembro de 2021, tivemos a oportunidade de atuar em processo ético-profissional em um Conselho Regional de Medicina, em que o médico estava tendo sua conduta analisada, sob a alegação de possível infração aos artigos 82 e 87 do Código de Ética Médica.

No caso concreto, o médico denunciado estava sendo acusado de "aparentemente não ter confeccionado prontuário médico" referente ao atendimento telepresencial de uma colega médica, com suspeita de estar infectada pela Covid-19, sem ter aberto prontuário nos moldes tradicionais, pelo que entendeu o conselheiro sindicante ser caracterizada possível infração ética.

A argumentação utilizada em sua defesa ressaltava o fato de que não se poderia afastar da análise do caso a existência de uma situação excepcionalíssima na história, com a pandemia da COVID-19, cujos efeitos e consequências ainda se faziam presentes, e que à época dos fatos, havia muito mais restrições a deslocamentos, atendimentos e cuidados, especialmente entre profissionais de saúde atuantes na linha de frente do combate à pandemia.

Naquele contexto, o denunciado atendeu uma colega médica por meio de teleconsulta, em momento no qual aquela apresentava sintomas sugestivos da COVID-19, realizando tanto a consulta como o monitoramento, facilitado pelo fato de a paciente ser também médica, por meio de aplicativos telefônicos com recursos audiovisuais.

Ao fazê-lo (repita-se, em situação atípica, extremamente estressante e extenuante de um contexto de pandemia mundial, buscando dar celeridade ao atendimento e fazê-lo com segurança para a paciente), utilizou do receituário da instituição hospitalar na qual se encontrava, não se atentando naquele momento para uma situação nova, em que o atendimento era realizado com um paciente fisicamente ausente.

Vale salientar – até mesmo com o intuito de garantir a correta contextualização – que o denunciado se encontrava no hospital realizando evolução clínica. E não há, no Código de Ética Médica, ou no artigo em comento, disposição que mencione de forma expressa que o paciente não possa estar em teleatendimento, estando o médico presente na instituição, como foi o caso. A expressão "fora da instituição a que pertençam tais formulários" contida no artigo, é inaplicável ao caso aqui discutido, portanto.

O que se pretendia comprovar, como de fato ocorreu, para além da ausência de qualquer tipo de dolo, é que existia um contexto em toda a situação que necessita ser levado em consideração, de modo a mitigar os efeitos dos dispositivos do CEM. Aplicá-lo literalmente, sem qualquer ponderação, contrariaria os mais básicos princípios de razoabilidade.

O que se buscava era – como sempre foi – atender uma situação séria, potencialmente grave, trazendo segurança à paciente e às pessoas com quem poderia ela ter contato, especialmente em sua condição de médica atuante efetivamente com pacientes.

Entender como infracional a conduta adotada, diante do caótico cenário existente no momento dos fatos seria adotar uma postura draconiana, por demais severa, fugindo aos preceitos essencial e primordialmente educativos que devem pautar a fiscalização dos Conselhos de Medicina, mormente quando não houve dolo, intenção de fraude, ou sequer prejuízo à paciente ou à instituição hospitalar.

A situação trazida ao atendimento requeria ações rápidas de investigação, vigilância quanto aos sintomas, e necessidade de isolamento para fins de evitar o contágio de outros profissionais e pacientes com quem a médica-paciente, por força do ofício, pudesse continuar a ter contato. O uso do receituário, portanto, estava longe de poder ser considerado uma infração ética, em virtude de todas as questões ali indicadas.

O que se requeria, portanto, era a ponderação da situação fática, de modo a, devidamente contextualizada, se reconhecer a inexistência de infração ética. Não se encontrava, no caso concreto, relação entre a capitulação e a realidade. A conduta tipificada como infração ética era *deixar de elaborar prontuário legível*. Como o verbo do ilícito ético é *deixar de elaborar*, presume-se uma conduta passiva do médico infrator, posto que o artigo não traz a previsão de infração na modalidade ativa (comissão).

Efetivamente, o que se tinha é que as informações pertinentes ao atendimento estavam todas registradas no aplicativo de mensagens onde se operou a troca de informações. Ou seja, uma situação não prevista pelo Código de Ética Médica, mas recepcionada pela legislação que regulamenta a telemedicina.

Mais que isso: da forma como se encontrava registrado, havia uma clara linha do tempo, com perguntas, respostas, medidas adotadas e seus resultados, tudo documentado de maneira fidedigna e em ordem cronológica, de maneira absolutamente capaz de apresentar a continuidade de tratamento em qualquer situação.

Não se pode olvidar que, em sendo a paciente também médica, e sendo o acesso àquelas informações disponibilizado diretamente de seu *smartphone* ou em aplicativo *web* em seu computador, todos os dados lhe eram facultados diretamente, em qualquer tempo e lugar, de maneira tão ou mais efetiva quanto um prontuário em papel.

Havia, portanto, elaboração de documentação equivalente a prontuário, o que excluiria a alegada conduta infracional. E se podia ir mais além: não havia dano causado à paciente. Ao contrário, seu atendimento foi realizado da forma mais adequada, segura e célere possível, dadas as circunstâncias já anteriormente relatadas.

Para todos os efeitos daquela situação inusitada e não prevista, havia um prontuário (ou um substituto que fazia seu papel), estando, portanto, a situação tratada no processo ético-profissional localizada fora do âmbito e do escopo da norma ética, por tratar de uma situação inexistente e não prevista à época de sua elaboração.

Diante das circunstâncias de pandemia, a consulta, providências e conversas registradas no aplicativo de mensagens, poderia ser considerada um documento legal, uma vez que a discussão de casos no Whatsapp é frequente entre os médicos. O registro de conversas, nestas situações específicas, pode ser considerado um prontuário não formal, tendo em vista que a beneficiada pelo atestado também era médica, e o registro, da forma como foi feito, tornaria os dados bem mais acessíveis e de maior facilidade de compreensão do que o prontuário convencional.

O registro de conversas no Whatsapp tem sido utilizado como prova em processos judiciais, e, analogicamente, também considera que no âmbito médico possa ser utilizado, principalmente no contexto da pandemia, tendo em vista que o registro contém dados, hora e as condições do paciente, que os dados ali constantes são mais fidedignos e completos do que os constantes no prontuário formal. Este tipo de registro, de certa maneira, contempla o consenso, a liberdade e o sigilo, que são princípios que norteiam a relação médico-paciente, materializando inclusive os esclarecimentos dados ao paciente.

Em outras palavras: até mesmo por não haver previsão de atendimento telepresencial no CEM, que é anterior à Covid-19, não havia previsão de conduta infracional na elaboração do registro da consulta no ambiente de aplicativo de mensagens utilizado entre médico e paciente (e no caso concreto, entre dois médicos). Se não havia previsão de conduta infracional, não havia tipificação, portanto.

Condenar o denunciado, diante de todo aquele contexto apresentado, sem considerar a intenção e os benefícios obtidos ao atendimento da paciente (e de toda uma comunidade que poderia ser potencialmente infectada acaso existisse demora nas condutas adotadas), observando pura e simplesmente a letra fria e impessoal do CEM, seria o equivalente a condenar (multar) um médico que – ao conduzir seu veículo em uma via onde é proibido parar e/ou estacionar, presencia um atropelamento grave, e para seu automóvel para socorrer a vítima. A se pensar desta maneira, a conduta "ética" a ser adotada seria seguir em frente, sem prestar socorro, porque naquele local havia a proibição de interromper o trânsito. Não poderia ser esta a mensagem a ser transmitida por aquele Conselho Regional aos seus jurisdicionados, como de fato não o foi, tendo havido o reconhecimento da inexistência de infração ética durante o julgamento daquele PEP.

Esse é um dos exemplos de situação que pode advir do descompasso entre a normativa ética é a legislação vigente. A necessidade de harmonização se mostra patente em virtude, inclusive, de outro elemento legislativo recentemente incorporado à realidade médica: a Lei Geral de Proteção de Dados.

4. A LGPD E O ATENDIMENTO EM AMBIENTE NÃO PRESENCIAL

A LGPD (Lei 13.709/2018) trouxe em seu artigo 5º, inciso I, a definição de dados pessoais, classificando-os como "informação relacionada a pessoa natural identificada ou identificável". Um contexto absolutamente amplo, que serve para todas as formas de coleta de dados que tornam únicos (identificáveis) os seres humanos, para todos os fins sociais, econômicos, comerciais, enfim, de vida em sociedade. Aí, se incluem documentos pessoais (RG, CNH, CPF etc.), filiação, endereços, registros bancários, informações econômicas e fiscais, e toda uma gama de dados que podem ser intercruzados, possibilitando o seu tratamento para os mais diversos fins.

Dentre estes dados existem, claro, alguns de ordem mais pessoal, íntima, que foram considerados pela LGPD (no inciso II do mesmo artigo) como dados pessoais sensíveis, e definidos como "dado pessoal sobre origem racial ou étnica, convicção religiosa, opinião política, filiação a sindicato ou a organização de caráter religioso, filosófico ou político, dado referente à saúde ou à vida sexual, dado genético ou biométrico, quando vinculado a uma pessoa natural".

Em se tratando de dados sensíveis em saúde, a proteção se destina aos elementos existenciais da pessoa, sendo um dos pilares dos direitos da personalidade, materializando um dos fundamentos do sistema constitucional brasileiro, qual seja, a dignidade da pessoa humana.

Já seu artigo 6º prioriza a finalidade do tratamento de dados pessoais, com propósitos legítimos e específicos, em meios digitais ou não. Há que se levar em consideração, portanto, a finalidade, a transparência e a segurança, para o paciente, do manuseio de seus dados pessoais sensíveis durante atendimento telepresencial, garantindo-se – na medida do possível e do razoável – medidas de proteção ao trânsito de informações contra o acesso não autorizado de terceiros ou de pessoas alheias à relação, sejam elas de texto, documentos ou audiovisuais.

Há aqui um bom sinal, posto que as alterações pontuais apenas reforçam as garantias já anteriormente estabelecidas. A lição que sobressai é a de que ao profissional de saúde, e às empresas prestadoras de serviços de saúde cabe compreender que sua responsabilidade (em sua acepção mais ampla, e não apenas jurídica) é muito maior, uma vez que os dados coletados, tratados e armazenados são considerados sensíveis, merecendo medidas de proteção ainda mais robustas, uma vez que a falta de segurança e o tratamento irregular, em desconformidade com as normas, acarretam punições muito maiores, tanto por constituir um ilícito civil quanto por descumprir imperativos éticos da profissão.

5. CONSIDERAÇÕES FINAIS

Como se percebe, não há um único prisma a ser analisado quando se busca entender o futuro regulatório da telemedicina. A única certeza é a de que diversos aspectos precisam ser matizados e considerados, de forma a compatibilizar os inegáveis impactos práticos e positivos do uso das tecnologias que permitem atendimento remoto, com os preceitos éticos que devem balizar o exercício da profissão.

A telemedicina não é a solução para todos os males. Mas pode representar um caminho para parte deles. É inegável que existem limitações de ordem real, como a não realização de exame-físico presencial. Isso pode ser minimizado com aparelhos, sensores, ou quaisquer outras tecnologias em desenvolvimento, mesmo não substituindo o contato pessoal.

No momento em que o Conselho Federal de Medicina venha a atualizar sua resolução, e estabelecer novos parâmetros, alguns protocolos deverão ser criados, de modo a dar segurança ao paciente, transparência à relação, e segurança ao profissional, validando seu atendimento e suas condutas.

Ainda que de forma indireta, já se observa um começo de mudanças, mesmo que por vias transversas. É o caso, por exemplo, daquelas consubstanciadas na Resolução CFM 2.299/2021, que regulamenta, disciplina e normatiza a emissão de documentos médicos eletrônicos (dentre eles a prescrição, os atestados, relatórios, solicitação de exames, laudos e pareceres técnicos), parte essencial de um atendimento telepresencial, preparado para a virtualização da medicina.

Os conflitos advindos dos debates a respeito dos efeitos desta resolução são uma prévia do que poderá ocorrer, se não observado pelo CFM os limites impostos pela legislação. Seus artigos 3º[4] e 11, por exemplo, regulamentam a atuação no tocante à guarda, manuseio e confidencialidade de informações de pacientes e de médicos, influência direta da LGPD.

É preciso pensar em todos os aspectos que envolvem o atendimento não presencial, virtualizado: plataformas de prescrição, *softwares* de gestão, armazenamento de dados, segurança no tráfego de informação, ambiente virtual seguro de trocas de áudio, vídeo, imagens e documentos, protegendo-os dos perigos conhecidos (e imaginados) do ambiente virtual.

O ambiente de telemedicina atual é muito diferente daquele de 2002. Obrigações, responsabilidades e diretrizes ético-normativas atuais refletem um novo momento, que não pode prescindir de soluções diferenciadas, e não simplesmente de uma atualização adaptada.

---

4. Art. 3º Os dados dos pacientes devem trafegar na rede mundial de computadores (internet) com infraestrutura, gerenciamento de riscos e os requisitos obrigatórios para assegurar registro digital apropriado e seguro, obedecendo às normas do CFM pertinentes à guarda, ao manuseio, à integridade, à veracidade, à confidencialidade, à privacidade e à garantia do sigilo profissional das informações.
§ 1º A guarda das informações relacionadas aos documentos emitidos deve atender a legislação vigente e estar sob responsabilidade do médico responsável pelo atendimento. Nos estabelecimentos de saúde essa responsabilidade será compartilhada com o diretor técnico das instituições e/ou da plataforma eletrônica.
§ 2º Deve ser assegurado cumprimento integral à Lei Geral de Proteção de Dados (LGPD).

6. REFERÊNCIAS

CARVALHO, Abner Brandão. CONDE Luiz Felipe. A *responsabilidade civil do médico no uso da telemedicina*, disponível em: https://www.conjur.com.br/2020-set-01/responsabilidade-civil-medico-uso-telemedicina?imprimir=1, acesso em: 05 jan. 2022.

CONSELHO FEDERAL DE MEDICINA. Ofício CFM 1.756/2020 COJUR. De 19.03.2020.

CONSELHO FEDERAL DE MEDICINA. Resolução CFM 1.643/2002, de 07.08.2002.

CONSELHO FEDERAL DE MEDICINA. Resolução CFM 2.217/2018, de 27.09.2018.

CONSELHO FEDERAL DE MEDICINA. Resolução CFM 2.227/2018, de 13.12.2018.

CONSELHO FEDERAL DE MEDICINA. Resolução CFM 2.299/2021, de 30.09.2021.

MANGANELLI, DIOGO. *Telemedicina veio para ficar mesmo após o fim da crise da Covid-19?*, disponível em: https://www.conjur.com.br/2021-abr-26/manganelli-telemedicina-ficar-mesmo-covid-19?imprimir=1, acesso em: 05 jan. 2022.

MINISTÉRIO DA SAÚDE. Portaria 467/2020, de 24.07.2020.

REPÚBLICA FEDERATIVA DO BRASIL. Lei 13.709/2018, de 14.08.2018.

REPÚBLICA FEDERATIVA DO BRASIL. Lei 13.989/2020, de 15.04.2020.